Bernd Fischer

Tirol

Nordtirol und Osttirol
Kunstlandschaft und Urlaubsland
an Inn und Isel

DuMont Buchverlag Köln

Umschlagvorderseite: Kufstein

Umschlagrückseite: Burg Heinfels (Osttirol)

Vordere Umschlaginnenklappe: Krippe aus Thaur

Als Dank
den Freunden in Österreich

3. Aufl. 1985

Satz, Druck und buchbinderische Verarbeitung: Boss-Druck, Kleve

Printed in Germany ISBN 3-7701-1157-5

Kunst-Reiseführer in der Reihe DuMont Dokumente

Zur schnellen Orientierung – die wichtigsten Kunststätten Tirols auf einen Blick

(Auszug aus dem ausführlichen Ortsregister S. 325ff.)

Aguntum bei Dölsach (Osttirol) . . . . 197f.
Axams . . . . 201f.
Elbigenalp 222
Finstermünzpaß 267
Fügen 64
Fulpmes . . . . 203f.
Galtür 273
Gnadenwald 79
Gries am Brenner 211
Gschnitz 210
Hall . . . . 79ff.
Hopfgarten . . . . . . 25f.
Imst . . . . 244ff.
Innsbruck . . . . 87ff.
Jenbach 68
Kaltenbrunn . . . . . 217f.
Kauns 217
Kitzbühel . . . . 28ff.
Kössen 51
Kufstein . . . . 20ff.
Kundl . . . . 54f.
Ladis 265
Landeck . . . . 262ff.
Längenfeld 213
Lavant (Osttirol) 198
Lermoos . . . . 242f.
Lienz (Osttirol) . . . . 171ff.
Matrei am Brenner . . . 206f.
Matrei (Osttirol) . . . . 166ff.
Mayrhofen 67
Nassereith 244
Nauders . . . . 267ff.
Neustift . . . . 204f.
Niederndorf . . . . . 51f.
Obermauern (Osttirol) . . 168
Obernberg 211
Ötz 212
Rattenberg . . . . . 56ff.
Reutte . . . . 220f.
Schönberg . . . . . . 205f.
Schwaz . . . . 71ff.
Seefeld . . . . 252ff.
Serfaus . . . . 265f.
Sillian (Osttirol) 196
Sölden 213
Stams . . . . 255ff.
St. Anton . . . . 270f.
Steinach 209
St. Johann i. T. 32
Telfs 254
Thal (Osttirol) 176
Volders . . . . 77f.
Wenns 216
Wörgl 53
Zell am Ziller . . . . . 66f.

Vordere Umschlagklappe: Karte von Tirol

Hintere Umschlagklappe: Geologische Bauelemente von Nord- und Osttirol

Innsbruck. Blick nach Süden, Lithographie von Franz Xaver Schweighofer nach einer Zeichnung von Friedrich Rehberg, um 1830

Inhalt

Vorwort 7

Einleitung 8

Chronik 10

Geschichte der Kunst in Tirol 14

Pforte Kufstein 20
Rund um das Kaisergebirge 23
Im Unterland von Wörgl bis ins Alpbachtal 53
Um den Achensee 62
Das Zillertal 63

Von Jenbach nach Innsbruck 68

Die Landeshauptstadt 87
Schloß Ambras 87
Die Stadtgeschichte – ein Überblick 90
Streifzüge durch die Stadt 93
Maria-Theresien-Straße 96
Die Altstadt 116
Im Bereich der Hofburg 122
An der Universitätsstraße 126

Osttirol 165
Entlang der Isel nach Lienz –
Virgental und Defereggental 166
Lienz 171
Im Pustertal 176
Das Lienzer Becken – in der Sonne und im Schatten Roms . . 197

Von Innsbruck nach Süden 200
Kaiser, Dichter und Touristen auf der Brennerstraße 200
Franz de Paula Penz, ein Priester als Baudirektor 203
Ötztal – Pitztal – Kaunertal 211

Pforte Reutte 219
Links und rechts des Lech 219
Über den Fernpaß zum Inn 224

Von Innsbruck zum Reschenpaß 248
Nördlich des Inn von Innsbruck bis Telfs 250
Im oberen Inntal 255

Aus Vorarlberg nach Tirol 270
Vom Arlberg ins Inntal 270
Das Paznauntal 273

Zur Geologie Tirols *von Helmut Wopfner* 275
Die Nordtiroler Kalkalpen 278
Westliche Zentralalpen 283
Östliche Zentralalpen 285
Lienzer Dolomiten und Karnischer Kamm: Die südliche Grauwackenzone 289

Pflanzen- und Tierwelt Tirols *von Inge Wopfner* 292
Die Pflanzenwelt 292
Die Tierwelt 303

Anmerkungen 309
Literaturhinweise 310
Bildnachweis 311

Praktische Reisehinweise 313
Viele Wege führen nach Innsbruck 313
Tirol als Verkehrskreuz im Alpenraum 314
Klima 315
Wandern und Sport 315
Museen 318
Brauchtum und Jahreskreis 320
Wo und was ißt man in Tirol? 321
Wichtige Adressen 323

Register 325

Vorwort

Tirol ist Urlaubsland! Wer wüßte es nicht? Tirol ist Kunstlandschaft. Auch das ist geläufig. Ist es allzu geläufig? Für viele der alljährlich allein aus Deutschland eintreffenden Touristen scheinen die freskengeschmückten Häuser, Burgen und Kirchen ein selbstverständliches Attribut ihres Reiseziels zu sein. Wird aber nicht gerade hier in Tirol, wo Kunst ein so wesentlicher und so offenliegender Teil der Landschaft ist, das Erleben dieser Kunst viel zu selten bewußt in den Urlaub mit einbezogen?

An die Gäste Tirols habe ich gedacht, als ich diesen Reiseführer schrieb. Die Dankbarkeit gebietet festzustellen, daß mir, dem Nicht-Österreicher, dabei die Veröffentlichungen der einheimischen Wissenschaftler außerordentlich hilfreich gewesen sind. Soweit es die Wertung und Beschreibung der Kunstwerke betrifft, wären sie zweifellos die Berufeneren. Aber wer von ihnen verbringt schon seinen Urlaub in Tirol, und wenn doch, wer durchreist es so wie ein Ausländer?

Einleitung

Der Europa-Reisende weiß es längst: Geographische und politische Räume stimmen selten überein, und ein Gebiet, das wir mit einem bestimmten Namen zu nennen gewohnt sind, kann seine Grenzen im Laufe der Geschichte mehrmals geändert haben.

Tirol, das bis 1271 schlicht ›Land im Gebirge‹ hieß, war Durchgangsland nicht nur für die deutschen Kaiser auf ihrem Weg nach Rom und damit zur Kaiserkrone. Auch die Kaufleute benutzten die wichtigen Handelsrouten über Brenner und Reschen, an der Sicherung dieser Pässe mußten demnach Politik und Wirtschaft gleichermaßen interessiert sein. Deshalb belehnten die Kaiser die Bischöfe von Brixen und Trient mit den so wichtigen Gebieten, konnten die geistlichen Würdenträger ohne Erbnachfolger doch wenigstens nicht auf die Idee kommen, den höchsten weltlichen Herrscher aus dynastischen Interessen mit der Sperrung der Übergänge unter Druck zu setzen. Dennoch erhielt das Land schließlich seinen Namen von weltlichen Herren, den Grafen von Tirol, die ihrem geistlichen Lehnsherrn um die Wende vom 12. zum dreizehnten Jahrhundert die Macht endgültig entrissen. Nach dem Erlöschen des Tiroler Geschlechts (1253) und einer etwa hundertjährigen Regentschaft der Grafen von Görz-Tirol übernimmt 1363 Rudolf IV. von Habsburg die Regentschaft über das Land, beim Haus Habsburg bleibt es bis zur Auflösung der Monarchie 1918.

Der Friedensvertrag von 1919 macht schließlich aus dem Gebiet südlich des Brenner eine italienische Provinz, so daß wir heute unter Tirol nurmehr das österreichische Bundesland verstehen. Aber auch dies ist – als Folge der friedensvertraglichen Regelung – kein in sich geschlossenes Gebiet. Von dem Land links und rechts des Inn räumlich durch den westlichen Teil des Salzburger Pinzgaus getrennt liegt Osttirol, das mit Nordtirol keine gemeinsame Grenze hat.

Wenn Tirol auch im Zeitalter des modernen Tourismus für viele Reisende, die es in die italienischen Badeorte oder zu den Kunstschätzen von Ravenna, Venedig, Florenz und Rom zieht, Durchgangsland geblieben ist, wählten und wählen vor allem aus dem Norden kommende Urlauber das Land selbst als Ferienziel. Lobesworte über die Schönheit seiner Landschaft (obgleich sie nicht selten, wie die weitgehend naturnahen Lebensräume überall, durch die industrielle Entwicklung bedroht ist), erübrigen sich an dieser Stelle; angemerkt sei nur, daß dieser Schönheit die vieler Tiroler Kunstwerke getrost an die Seite gestellt werden kann.

Die Frömmigkeit seiner Menschen und ihre Art, sie auszudrücken und zu leben, hat das ›Heilige Land Tirol‹ geprägt. So wundert es den Reisenden nicht, wenn er hauptsächlich auf Werke der sakralen Kunst trifft. Sie aber sind nicht nur vielfältig in ihren Formen, sondern desgleichen so zahlreich, daß er auswählen muß. Auch ein Kunst-Reiseführer muß sich diese Beschränkung auferlegen; weder kann er auf alle Kirchen hinweisen, auch wenn sie am Wege liegen, noch jedes sehenswerte Detail in den besuchten Gotteshäusern erwähnen. Doch ist das für denjenigen, der auch die eigene Entdeckerfreude zu ihrem Recht kommen lassen will, eher ein Vorteil: Ihm wird dieses Buch wertvolle Hinweise geben, ihn jedoch nicht einschränken.

Chronik

Um 2000 v. Chr.	In der Jungsteinzeit sind die Hauptterrassen des Landecker und Rieder Beckens bereits besiedelt, von einer Besiedlung zu dieser Zeit zeugt auch die Tischofer Höhle im Kaisertal bei Kufstein. Dort liegen dann auch die frühbronzezeitlichen Siedlungszentren.
Um 1000 v. Chr.	In der Urnenfelder Zeit – Zentrum dieser Kultur ist der Raum um Innsbruck mit dem Kupferbergbau bei Schwaz – werden auch erstmals die Seitentäler des Inntals besiedelt.
15 v. Chr.–50 n. Chr.	Die Stiefsöhne des Augustus, Drusus und Tiberius, erobern den zentralen Alpenraum und das Alpenvorland bis zur Donau. Unter Kaiser Claudius entsteht die Provinz Rätien. Dagegen wird der Bereich Osttirol-Pustertal nicht mit Waffengewalt unterworfen und auch nicht militärisch verwaltet. Das Eindingen und die Entwicklung römischer Kultur werden dadurch begünstigt. Aguntum, von Claudius zur Stadt erhoben, wird zum politischen, wirtschaftlichen und kulturellen Mittelpunkt im Bereich zwischen dem heutigen Spittal a. d. Drau und der Westgrenze der Provinz Noricum.
Um 200 n. Chr.	Septimus Severus läßt die Brennerverbindung über Veldidena (Wilten) – Fernpaß – Augsburg ausbauen. Sie löst damit die alte über den Reschenpaß führende Via Claudia Augusta als Hauptverkehrsweg ab.
Um 400	Das Christentum setzt sich im römischen Reich als Staatsreligion endgültig durch. Laurentius-, Stephanus-, Petrus- und Andreaspatrozinien deuten auf frühe Christianisierung auch im Bereich des heutigen Tirol. Während jedoch in Nordtirol lediglich eine in Imst aufgefundene Chorschrankenplatte mit Christogramm eindeutig das Bestehen einer Gemeinde in dieser Zeit belegt, fand man in Osttirol mehrere Zeugnisse für die Existenz christlicher Gemeinschaften. Aguntum war Sitz eines Suffraganbischofs von Aquileia.

Um 550	Die Bajuwaren wandern ins Inntal ein und stellen das Gebiet unter die Verwaltung des Herzogtums Bayern. Sie vermischen sich mit der rätoromanischen Bevölkerung und gründen neue Siedlungen. (Ortsnamen mit der Endung -ing, wie zum Beispiel Haiming, weisen darauf hin.)
Um 610	Beim Zusammenstoß der von Westen kommenden Bajuwaren mit den aus dem Osten heraufziehenden Slawen wird Aguntum zerstört. Neue Grenzen bilden sich in der Folgezeit aus. Das Pustertal gehört später zum Herzogtum Bayern, das Gebiet östlich der Lienzer Klause zum Herzogtum Kärnten.
7.–8. Jh.	Besiedlung des ganzen heutigen Tirol durch die Baiern. Irische und angelsächsische Missionare beginnen mit der Christianisierung dieses Herzogtums, die bis 730 durch Rupertus von Salzburg und Korbinian von Freising abgeschlossen wird.
738/39	Bonifatius legt die Bistumsgrenzen im Unterland fest: Die Gebiete südlich des Inn und östlich des Ziller werden Salzburg zugesprochen, westlich von Ziller und Habach dem Bistum Säben (Brixen) und der Streifen nördlich des Inn zwischen Habach und Zell bei Kufstein dem Bistum Freising.
788	Das Herzogtum Bayern wird in das fränkische Reich Karls des Großen eingegliedert.
1004	Heinrich II. gibt dem Bischof von Trient die Mark Trient zum Lehen, weil er den Weg nach Italien zur Kaiserkrone durch einen loyalen Lehnsmann gesichert wissen will.
1027	Konrad II. bestätigt Lehnsverhältnis wie Lehnsterritorium und fügt letzterem noch die Grafschaften Bozen und Vinschgau hinzu. Gleichzeitig erhält der Bischof von Brixen die Grafschaft Norital zum Lehen, sie umfaßt ein Gebiet von Bozen über den Brenner bis ins Inntal (einschließlich jenes Verkehrsknotenpunktes am Inn, an dem später Innsbruck entsteht).
1091	Der Bischof von Brixen wird mit der Grafschaft Pustertal belehnt.
12. Jh.	Während die Grafen von Andechs und Tirol ihre geistlichen Lehnsherren um immer größere Machtanteile bringen, werden sie zu den bedeutendsten Territorialherren im Kerngebiet des nachmaligen Tirol.
1180	Die Grafen von Andechs verlegen den Markt vom nördlichen auf das südliche Innufer. ›Insprucke‹ wird erstmals urkundlich genannt.

1190–1253	Albert III. von Tirol fallen durch Heirat die Grafschaften Pustertal und Unterinntal mit Innsbruck (1248) zu. Damit ist die Vereinigung der Grafschaften um den Brenner vollzogen; das Jahr 1248 gilt der tirolischen Geschichtsschreibung als »Geburtsjahr Tirols«.
1258–95	Meinhard II. von Görz-Tirol festigt die Einheit des Landes. Sein Besitz wird erstmals ›Herrschaft Tirol‹ genannt.
1273	Meinhard II. gründet die Zisterzienserabtei Stams, die seelsorgerisches und kulturelles Zentrum im oberen Inntal wird.
1363	Margarethe Maultasch von Görz-Tirol übergibt, nachdem mit dem Tod ihres Sohnes Meinhard III. das Geschlecht der Grafen von Görz-Tirol erloschen ist, das Land an Rudolf IV. aus dem Hause Habsburg, bei dem Tirol bis zur Auflösung der K. u. K. Monarchie verbleibt.
1406–1439	Herzog Friedrich IV., genannt ›mit der leeren Tasche‹
1420	Innsbruck wird Landeshauptstadt
1446–1490	Herzog (ab 1477 Erzherzog) Sigmund, genannt ›der Münzreiche‹
1487	Erzherzog Sigmund wird vom Tiroler Landtag unter Kuratel gestellt; ein Vorgang, der einer Entmachtung nahekommt.
1490	Maximilian I. wird durch die Abdankung Erzherzog Sigmunds Landesfürst in Tirol.
1500	Leonhard, der letzte Görzer Graf, stirbt, und sein gesamtes Gebiet (Pustertal mit Herrschaft Lienz) fällt gemäß den Erbverträgen von 1361 und 1462 an Maximilian I.
1504	Maximilian verleibt die Landgerichte Kufstein, Kitzbühel und Rattenberg Tirol ein.
1564–95	Ferdinand II. Er initiert in Tirol die Gegenreformation.
1665	Die Linie der Tiroler Habsburger stirbt mit Erzherzog Sigmund Franz aus. Die Regierungsgewalt für Tirol übernimmt von nun an der Wiener Hof.
1703	Im spanischen Erbfolgekrieg zwischen Österreich und Frankreich marschieren Truppen des mit den Franzosen verbündeten bayrischen Kurfürsten Max Emanuel in das Land ein. Sie werden von Tiroler Schützenkompanien und dem Landsturm zurückgeschlagen.
1783	Nach der Auflösung des königlichen Damenstifts in Hall durch Kaiser Josef II. untersteht die Herrschaft Lienz wieder landesfürstlicher Verwaltung.
1796/97	Krieg zwischen dem revolutionären Frankreich und Österreich. Französische Truppen in Tirol.

1805/06	Dritter österreichisch-französischer Krieg; Sieg der Franzosen in Austerlitz. Im Vertrag von Preßburg fallen Tirol und Vorarlberg an Napoleon, der sie unter bayrische Verwaltung stellt. Salzburg, und damit also auch Teile des Brixen- und Zillertals, werden Österreich zugesprochen. – Osttirol östlich der Toblacher Wasserscheide kommt zu den Illyrischen Provinzen des Königreichs Italien (es verbleibt dort bis 1814).
1809	Freiheitskampf der Tiroler gegen die bayrische Besatzung im Rahmen des österreichisch-französischen Krieges. Nach anfänglichen Erfolgen der Tiroler unter Führung Andreas Hofers wird ihr Aufstand schließlich niedergeschlagen. Im Friedensvertrag von Schönbrunn wird Tirol erneut unter bayrische Verwaltung gestellt.
1814/15	Der Wiener Kongreß gibt Tirol an die Habsburger zurück. Salzburgische Gerichte im Brixen- und Zillertal werden endgültig mit Tirol vereinigt.
Ab 1850–1914	Tirol wird für den Fremdenverkehr erschlossen. Im Zuge dieser Entwicklung werden die Eisenbahnstrecke im Inntal (1858), die Brennerstrecke (1857) und der Tunnel durch den Arlberg (1884) eröffnet. Das Gebiet von Osttirol erhält 1871 durch die Pustertalbahn Anschluß an die Brennerstrecke. 1901/02 wird die Zillertalbahn von Jenbach über Zell nach Mayrhofen in Betrieb genommen. Die großen Wintersportgebiete am Arlberg, bei Kitzbühel und in den Ötztaler Alpen werden eingerichtet.
1914–18	Erster Weltkrieg
1919	Im Frieden von Saint Germain muß das Land südlich des Brenner an Italien abgetreten werden. Nur der Bezirk Lienz bleibt, abgesehen von einzelnen Gemeinden, bei Österreich. Dadurch Isolierung Osttirols von Nordtirol, mit dem es keine gemeinsame Grenze hat.
1938	Einmarsch Hitlers in Österreich. Auflösung des Staates Österreich und Errichtung des Gaues Tirol-Vorarlberg innerhalb des ›Großdeutschen Reiches‹. Osttirol wird mit dem Gau Kärnten vereinigt.
1939–45	Zweiter Weltkrieg
1945	Kapitulationsverhandlungen im Gasthof ›Post‹ in Söll. Die Franzosen lösen die Amerikaner als Besatzungsmacht ab.
1947	Osttirol wird wieder ein Verwaltungsbezirk Tirols.
1955	Abzug der Besatzungstruppen nach dem Abschluß des Österreichischen Staatsvertrags.

Geschichte der Kunst in Tirol

Das heutige österreichische Bundesland Tirol besitzt nur wenige Zeugnisse aus der romanischen Epoche. Bezüglich der romanischen Architektur sind wir auf Reste im Mauerwerk einiger Kirchen und Burgen angewiesen, entsprechend spärlich vertreten – jedenfalls im Vergleich zu den bedeutenden Werken dieser Art in Südtirol – sind auch die Wandmalereien aus der Zeit der Romanik; die frühesten Fresken dieser Epoche in Nordtirol finden sich in der St. Leonhardskapelle zu Nauders, das bedeutendere Zeugnis romanischer Wandmalerei ist allerdings in der Kirche St. Nikolaus nahe Matrei (Farbabb. 54, Abb. 57) zu bewundern, also auf Osttiroler Gebiet.

Zur Zeit der Gotik läßt sich auch für das heutige Tirol jene Achse zweifelsfrei ausmachen, die während einiger Jahrhunderte das Kunstschaffen in Tirol weitgehend prägen sollte. Aus dem Süden wurde die Bauweise der Bettelorden, Dominikaner und Franziskaner für die heimische Steinmetzkunst adaptiert, schwäbischen und bayrischen Einfluß machen der Hallenumgangschor der Bozener Pfarrkirche und die Spitalkirche in Meran deutlich. Die weite Halle, in der die Säulen tragen und stützen, aber nicht trennen sollen, bestimmt den Kirchenbau des Landes bis weit ins 15. Jahrhundert hinein, diesem Typus folgen in Nordtirol hauptsächlich die Pfarrkirchen von Hall und Schwaz (Abb. 19). In den meisten Fällen wurden allerdings bereits bestehende ältere Gotteshäuser einfach gotisiert, vor allem die Türme mit ihren gekoppelten Rundbogenfenstern aus romanischer Zeit wurden in die neugeplanten Bauten einbezogen. – Beispiele gotischer Profanarchitektur sind selten geworden. Da gibt es das ›Goldene Dachl‹ (Abb. 60–62) in Innsbruck, jenen unter Maximilian I. erbauten Prunkbalkon, das Stubenhaus in Hall und das ›Fuggerhaus‹ zu Schwaz.

Auf dem Gebiet der Malerei und Plastik liegt der Schwerpunkt des Kunstschaffens ohne Zweifel jenseits des Brenner. Der Brixener Domkreuzgang stellt geradezu eine Anthologie der Malerei jener Jahrzehnte (etwa ab 1390) dar. Die Wandbilder der Franziskanerkirche zu Lienz zeigen die Ausstrahlungskraft der ›Brixner Schule‹ nach Osttirol, die Fresken von St. Veit in Defereggen erinnern an die Maltradition der ›Bozner Schule‹, und schließlich läßt die Kunst Simon von Taistens (etwa in der Kirche ›Unsere Liebe Frau‹ zu Obermauern, Farbabb. 55/56, Abb. 33/34) den Einfluß der ›Pustertaler Schule‹ noch deutlich erkennen. Daß die ›Bozner Schule‹ wahrscheinlich auch nördlich des Brenner Nachfolger gefunden hat, läßt sich zum Beispiel an den Wandgemälden in der Margarethenkapelle zu Pians ablesen.

Etwa hundert Jahre älter sind die Fresken in der 1315–1340 erbauten Pfarrkirche in Fügen. Hier arbeitete ein bayrischer Wandermaler, wahrscheinlich aus Regensburg, der auch die Wandbilder in der Burgkapelle von Aufenstein bei Matrei (Farbabb. 33/34) am Brenner gemalt haben dürfte, bevor er nach Brixen weiterzog. Ebenso entstanden in dieser Zeit die Wandmalereien in Umhausen, in der Johannes-Kirche in Prutz und in der alten Pfarrkirche von Serfaus, geschaffen von Wandermalern, denn das Land war ja noch ohne städtisches Zentrum, in dem die Künstler an eine Zunft gebunden gewesen wären.

1420 löst das verkehrsgünstiger gelegene Innsbruck Meran als Landeshauptstadt ab. Der südliche Landesteil bleibt jedoch bis gegen Ende des 15. Jahrhunderts in seiner Kunsttätigkeit dem nördlich des Brenner überlegen. Persönlichkeiten wie der überragende Michael Pacher und der sehr produktive Friedrich Pacher scheinen diese Vormachtstellung festzuschreiben. Doch dann ist es Michael Pachers bedeutendster Schüler, der um 1460 geborene Marx Reichlich, welcher im Raum Innsbruck tätig wird, und mit ihm beginnt Nordtirol den künstlerischen Vorsprung des Südens aufzuholen. Lehnt er sich zunächst an Friedrich Pacher an, so ist später eine Verbindung zu Michael unverkennbar, der ihn wohl auch nach Salzburg holte. Dessen Altersstil greift er auf, läßt in seine Werke aber auch Anregungen aus Venedig (Bastiani) und der Lombardei (Borgognone) einfließen. Als Beispiel für Reichlichs kräftige, farbglühende Kunst sei der für die Waldaufkapelle in der Pfarrkirche von Hall gemalte Flügelaltar genannt, dessen Tafeln heute im Stadtmuseum aufbewahrt werden.

In der Architektur entwickelt sich um die Mitte des 15. Jahrhunderts eine spezifisch tirolische Bauweise, die ihren Rückhalt durch die in Schwaz und Rattenberg gegründeten Bauhütten findet. Hier entstehen Straßenzüge mit großen erker- und arkadengeschmückten Häusern, die sich durch weite Toreinfahrten und gemeißelte Portal- und Fensterrahmungen auszeichnen: Ausdruck des wachsenden Wohlstandes. Auch im Oberland, in den Marktgemeinden Imst, Reutte und Landeck setzt eine lebhafte Bautätigkeit ein. Die seit 1460 hier erbauten Kirchen prägen auch das Gesicht einer Reihe von anderen Gotteshäusern.

Drei Ereignisse bewirken eine tiefgreifende Wandlung in fast allen Lebensbereichen: die Erfindung der Buchdruckerkunst (nach 1450), die Wiederentdeckung Amerikas (1492) und die Reformation (1517). Diese Daten stehen für den Anbruch der Neuzeit und des sich mit ihr entwickelnden neuen Weltbildes.

Stellten die mittelalterlichen Künstler dem Schauenden die religiöse Glaubenswahrheit und -wirklichkeit vor Augen, so orientieren sich die Künstler jetzt an den eher diesseitigen Interessen ihrer Epoche. Doch während die Kunst der Renaissance, jener neue italienische Stil der ›wiedergeborenen‹ Antike, obgleich um fast hundert Jahre verzögert, in Mittel- und Norddeutschland Fuß faßt, finden sich in Tirol nur wenige

Bauwerke aus dieser Zeit. Noch um 1550 baut man hier gotisch. In der Plastik entsteht allerdings ein bedeutendes Werk: das Grabmal Kaiser Maximilians I. in der Hofkirche zu Innsbruck. Doch auch hier vermag man, wenn auch nur in der Komposition der Bronzefiguren, das gotische Element zu erkennen.

Das Hauptwerk in der Freskomalerei des Unterlandes – am Übergang von der Spätgotik zur Renaissance – ist der Passionszyklus im Kreuzgang des Franziskanerklosters von Schwaz. Eigenständige Arbeiten im Oberland dokumentieren sich vor allem in groteskfiguralen Szenen und Wappendarstellungen an den Fassaden von Bürgerhäusern und Gasthöfen (›Platzhaus‹ in Wenns, ›Stern‹ in Ötz).

Mit der vom Kaiser und den geistlichen Mächten getragenen Gegenreformation setzt eine rigide Barockisierung der sakralen Bauwerke ein. Für Tirol mag das Stift Stams als markantes Beispiel gelten, dessen Kirche einen barocken Innenraum mit entsprechender Ausstattung erhält. Der von Bartholomäus Steinle aus Weilheim (1605–1628) geschaffene Hochaltar aus reich verschlungenem Astwerk gehört zu den Spitzenleistungen seiner Art. Die neue Kunstrichtung erfaßt jedoch auch kleinste Landstädte und Dörfer. Die Künstler ziehen es vor, aufs Land zu gehen, wo sie nicht durch Zunftbestimmungen eingeengt sind. So kommt es, daß man ihre Werke heute noch in den entlegensten Dorfkirchen finden kann. Nie ist Tirol so reich an einheimischen Malern und Bildschnitzern gewesen.

Bei den überaus zahlreichen Werken barocker Kunst in Tirol liegt es nahe, nach den Interessen zu fragen, die eine derart umfassende Verbindlichkeit des einen Formenkanons durchsetzen. Kaiser und Papst, Landesfürsten und Kirche ist daran gelegen, ihren Anspruch auf absolute Macht sinnfällig zu demonstrieren. Der äußeren Erfüllung kirchlicher Pflichten wird größter Wert beigemessen; Versäumnisse oder Fehlhandlungen werden unnachsichtig geahndet. Aus der einheitlichen Religionsausübung aber zieht nicht allein die Kirche, sondern auch der jeweilige Landesherr Vorteile, und deshalb muß solche Einheitlichkeit zu den wichtigsten Voraussetzungen für das Kunstschaffen des Barock gezählt werden. Erzherzog Ferdinand fördert neben dem Damenstift in Hall, wo seine Schwester Magdalena als Leiterin eine spezifisch frühbarocke Frömmigkeitsbewegung in Gang setzt, auch die beiden Jesuitenkollegs in Innsbruck und Hall, und selbstverständlich bestimmen staatspolitische Erwägungen diese Maßnahmen.

So sehr also das Erstarken der Religion auch auf innerkirchliche Reformbestrebungen zurückzuführen ist, wie sie auf dem Tridentinischen Konzil (1545–1563) beschlossen wurden, kann doch daran kein Zweifel bestehen, daß es gleichfalls in den Intentionen der absolutistisch verfaßten Fürstenschaft begründet liegt.

Am ›österreichischen Barock‹ partizipiert Tirol kaum, es zeigt sich weiterhin von Italien und dem süddeutschen Raum beeinflußt. Während beim großen Umbau des Brixener Doms der italienische Geschmack vorherrscht, bestimmt auf dem Alpennordkamm weitestgehend der süddeutsche Barock die Baukunst. Der Füssener Johann Jakob Herkomer (1648–1717) entwirft die Pfarrkirche von Innsbruck, Georg Anton Gumpp (1682–1754), der begabteste der Architektenfamilie, das Landhaus, und in Stams übernimmt er den Umbau der Stiftskirche.

Wie in der Baukunst werden auch für die Malerei bayrische Kräfte engagiert. Kosmas Damian Asam (1686–1739) aus München malt das Deckenfresko in der Stadtpfarrkirche von Innsbruck, in Wilten und Götzens arbeitet sein Schüler Matthäus Günther (1705–1788). Aber auch einheimische Künstler können daneben zunehmend bestehen, und meist sind es entlegene Dorfkirchen, die sie mit ihren Wandbildern schmükken, wie zum Beispiel Josef Anton Zoller (1695–1768) in Gschnitz und Schmirn.

Charakteristisch für das Kunstschaffen der Barockzeit ist die Gründung von regelrechten Baufirmen, Familienbetrieben, die nicht nur die Maurerarbeit von neuen Bauten planen und ausführen, sondern auch die Stukkatur, die Zimmermannsarbeiten und die Ausstattung vermitteln. Als Beispiel sei das Baugeschäft der Singer genannt, das im Inntal mit den Malern Johann Georg Höttinger und Christof Anton Mayr, im Raum Kitzbühel mit Simon Benedikt Faistenberger zusammenarbeitet. Man findet kaum eine Singer-Kirche, bei der ein anderer Maler beteiligt war. Eine Folge dieses ›Systems‹ ist, daß viele Künstler ohne Aufträge bleiben und deshalb Tirol verlassen, um in Schwaben, Bayern, Vorarlberg, Kärnten, Niederösterreich, Wien, Ungarn und Prag, aber auch in Luxemburg und Frankreich zu wirken. Auch die Volkskunst steht zur Zeit des Spätbarock und Rokoko in Blüte. Davon zeugen Bauernmöbel (besonders die Zillertaler), Weihnachtskrippen und nicht zuletzt die zahlreichen Hausfresken. Christof Anton Mayr (Rathaus in Schwaz, Gasthof ›Post‹ in Söll) ist einer der volkstümlichsten Barockmaler.

Eine Sonderstellung nimmt während der Barock-Epoche **Osttirol** ein. Bis zum Jahr 1500 hatten auf Schloß Bruck zu Lienz die Grafen von Görz residiert, von wo sie das Pustertal, Oberkärnten und Friaul regierten. Als Fürsten des Heiligen Römischen Reiches brachten sie dem Land einen soliden Wohlstand, der eine rege Bautätigkeit bis in die kleinsten Landgemeinden ermöglichte. Dann jedoch fiel das Territorium für Jahrhunderte in politische und wirtschaftliche Bedeutungslosigkeit. Gerade dieser wirtschaftlichen Schwäche aber verdanken wir den Erhalt so zahlreicher gotischer Kunstwerke. Die baufreudige Barockzeit erforderte finanzielle Mittel, die hier nur sehr begrenzt zur Verfügung standen. Neue Kirchen konnten kaum gebaut werden; man mußte sich darauf beschränken, die alten Innenräume zeitgemäß umzugestalten, während die Bausubstanz erhalten blieb. Am einfachsten war es, die gotischen Wandmalereien zu übertünchen; gerade dadurch wurden sie aber konserviert. Restaurierungsarbeiten in unserer Zeit fördern diese Freskenschätze wieder zutage.

Die Epoche des Klassizismus ist in Österreich eng mit dem Namen Kaiser Josefs II. verbunden, der in Österreich die Ideen der Aufklärung auch durch Regierungsakte durchzusetzen versucht. Unter anderem hebt er alle Bruderschaften, Stiftungen und alle nicht in der Seelsorge tätigen Klöster auf, um die »Würde der Religion wiederherzustellen«, doch das Volk wehrt sich gegen die kaiserliche Bevormundung. Wenn auch die staatlichen Verordnungen in Tirol, das ja von Wien weit entfernt war, nicht rigoros verwirklicht werden können, so sind doch viele Einrichtungen im klösterreichen Tirol von den Verfügungen betroffen.

Nicht nur die Regierung Josefs II., sondern auch die kriegerischen Ereignisse zwischen 1796 bis 1815 sind besonders der Bautätigkeit im sakralen Bereich abträglich. Einen vorbildlichen klassizistischen Langhausbau errichtet jedoch Andrä Hueber mit der Pfarrkirche von Reith bei Brixlegg (1801–1805). Das Gotteshaus demonstriert die Abkehr vom überschäumenden, sinnlichen Barock und Rokoko und die Hinwendung zu maßvollen, strengen Formen. Bis weit in die klassizistische Epoche hinein wirkt allerdings der Barock in der Malerei. Josef Schöpf aus Telfs malt die Fresken der Kirchen in Brixen im Thale, St. Antonius in St. Johann, Reith bei Brixlegg und auch zahlreiche Altarbilder (Brixen, Reith, Schwaz), bevor er in Rom die neue Malweise übernimmt.

Auch als Reaktion auf die Nüchternheit des Klassizismus verstand sich die Romantik. Eine besonders krasse Ablehnung des hauptstädtischen Klassizismus Mengs'scher Prägung praktizierte der ›Lukasbund‹, ein Zusammenschluß Wiener Künstler, die sich später zusammen mit kleindeutschen Gleichgesinnten zur Gruppe der Nazarener formierten. Sie visierten eine »neudeutsch-religiös-patriotische Kunst« an.

Die Werke der Nazarener sind beeinflußt vom überragenden Tiroler Maler der Romantik, von Josef Anton Koch aus Elbigenalp (1768–1839), der ab 1800 von Naturgefühl erfüllte heroische Landschaftsbilder malt. Solche Darstellungsweise wird weitergeführt und vollendet durch die Historienmalerei Franz von Defreggers aus Dölsach/Osttirol.

Werke, die dem Klassizismus, Biedermeier und Historismus zuzurechnen sind, finden wir auf dem Territorium Österreichs fast nur in Wien und dessen nächsten Umkreis. Aus allen Ländern kommen die Architekten und Bildhauer in die Hauptstadt, und auch die Tiroler Künstler Franz Anton Zauner (1746–1842), Josef Klieber (1773–1850), Johann Nepomuk Schaller (1777–1842) und Heinrich Natter (1846–1892) zieht die Metropole an. Schallers Andreas Hofer-Grabmal in Innsbrucks Hofkirche und Natters Hofer-Denkmal auf dem Berg Isel können nur als Ausnahmen angesehen werden. Nicht anders ist es auf dem Gebiet der Malerei: Josef Anton Koch, Theodor Hörmann bleiben nicht in der Heimat, und Franz von Defreggers Bild ›Das letzte Aufgebot‹ im Tiroler Landesmuseum hat unter diesem Aspekt schon einen geradezu hintergründigen Titel.

Neben dem nazarenischen Stil, Biedermeier und Historismus suchen einige Künstler einen anderen Weg aus der Strenge des Klassizismus. Theodor Hörmann (1840–1895) zeigt sich in seinen Landschaftsschilderungen vom Impressionismus beeinflußt, breiter aufgenommen wird dieser Stil jedoch erst später. Auch die Arbeiten des Bildhauers Ludwig Penz (†1918) bleiben zunächst nahezu unbemerkt.

Tiroler Landsturm im Jahre 1809. Gemälde von Josef Anton Koch. Privatbesitz

Eine wesentliche Wandlung in der tirolischen Kunst vollzieht Albin Egger-Lienz im 20. Jahrhundert. Auch sein Thema sind wieder monumentale Berglandschaften, ländliches Leben und historische Szenen, doch betont er nicht wie Defregger das folkloristische, festtägliche Moment, sondern den Alltag der Bauern im harten Kampf ums Überleben. Entsprechend wählt er die Farben aus, die unmittelbar dem Erdboden entnommen zu sein scheinen: Grün, Braun, Gelb und Schwarz.

Durch die Erneuerungsbewegung der Kirche und durch öffentliche Förderung werden nach dem Zweiten Weltkrieg künstlerische Aktivitäten unterstützt. Auf dem Gebiet der Architektur ist vor allem Clemens Holzmeister aus Fulpmes zu nennen, der die Kirche in Erpfendorf baute und zahlreiche Gotteshäuser umgestaltete (zum Beispiel in Galtür, Pians, Mayrhofen). Aus der Reihe der bedeutenden Maler soll hier nur Max Spielmann erwähnt werden.

Pforte Kufstein

Die meisten Reisenden aus dem Norden passieren bei Kufstein die Grenze zwischen der Bundesrepublik Deutschland und Österreich. Manchen wird aufgefallen sein, daß die natürlichen Gegebenheiten des Ortes diese Passage geradezu anbieten, unabhängig davon, ob hier nun eine Staatsgrenze verläuft oder nicht. Der Inn, der zwischen den steil abfallenden Wänden des Kaisergebirges und den Thierseer Bergen ins bayrische Voralpenland hinaustritt, hat ein Einfallstor gebildet, das allerdings schon immer von großer strategischer Bedeutung war und folglich oftmals hart umkämpft worden ist. Daran denkt der Reisende jedoch kaum mehr, wenn er die wenigen Grenzformalitäten erledigt, und nur die Burg über Kufstein mag ihn etwa an die Zeit erinnern, als Kaiser Maximilian seine eigene Festung beschießen lassen mußte, weil sein Burghauptmann Hans von Pienzenau abtrünnig geworden war.

Landschaftlich wird das Gebiet östlich von Kufstein vom Kaisergebirge geprägt. Während der Zahme Kaiser mit der Pyramidenspitze noch unter 2000 Meter bleibt, klettert man im Wilden Kaiser (Farbabb. 15) gleich viermal über diese Marke hinaus: Scheffauer, Sonneck, Ackerlspitze und schließlich zum Ellmauer Halt mit 2344 Meter Gipfelhöhe. Gemessen an anderen Alpenregionen erscheinen solche Höhen ›mäßig‹, der Formenreichtum des Gebirges jedoch überrascht und bezaubert schon den Bahnreisenden, der von Wörgl nach Kitzbühel und St. Johann fährt. Und die passionierten Bergsteiger finden in den verschiedenen Wänden und Graten Kletterrouten aller Grade.

Orten mit solch verkehrsgeographischer Lage wie **Kufstein** (Umschlagvorderseite) scheint ihr wechselvolles Schicksal vorgeschrieben. Funde in der Tischofer Höhle im Kaisertal lassen die Tätigkeit von Steinzeitjägern schon vor 30 000 Jahren vermuten, nachzuweisen ist eine systematische Besiedlung der Talenge zwischen Inn und Gebirge jedoch erst seit der Bronzezeit. Illyrer, Kelten, Römer und Bajuwaren zogen nacheinander hier ein. Während die Ansiedlung am rechten Innufer schon 788 urkundlich festgehalten wird, ist die *Burg* (Abb. 1) auf dem kufenförmigen Felsen erst seit 1205 bezeugt.

Enthauptung Hans von Pienzenaus vor König Maximilian I. (Holzschnitt aus dem ›Weisskunig‹)

Damals gehörte Kufstein dem Bistum Regensburg, unterstand dann den bayrischen Herzögen, bis es 1329 Kaiser Ludwig dem Bayern zufiel. Er verlieh dem Markt die Rechte und Freiheiten der Stadt München. Durch die Heirat von Ludwigs Sohn mit Margarethe Maultasch fiel Kufstein 1342 erstmals an Tirol, kam 1363 zu den Habsburgern und schon 1369 wieder zu Bayern. 1415 wurde die Burg im gotischen Stil erweitert. Im Landshuter Erbfolgekrieg (1504–06) vereinigte Maximilian I. 1504 den bayrischen Anteil am Unterinntal, die drei Landgerichte Rattenberg, Kufstein und Kitzbühel, mit der tirolischen Inntalgrafschaft. Zwar hatte sich der Festungskommandant Hans von Pienzenau den Wittelsbachern angeschlossen, als der Kaiser dann aber mit den beiden größten Kanonen ›Weckauf‹ und ›Purlepaus‹ die Burg beschießen ließ, mußte der Rebell klein beigeben.

Maximilian erneuerte die Feste und ergänzte sie durch einen weiteren Turm, den ›Kaiserturm‹, der selbstverständlich die beiden anderen, Bürgerturm und Fuchsturm, überragt. Die zwischen 4 und 7,5 Meter dicken Mauern umschließen mehrere Etagen, die zum Teil durch Zwischenwölbungen voneinander getrennt sind. Noch zweimal wurde die Burg ausgebaut: 1552–62 und 1730–40. Heute beherbergt sie das Heimatmuseum.

Stadt und Festung Kufstein. Radierung von Lorenz Jascha, um 1790

Sein mittelalterliches Stadtbild hat Kufstein zum Teil bereits im Spanischen Erbfolgekrieg 1703 eingebüßt. Der Tiroler Befreiungskrieg 1809 und die Bombardierung 1944 zerstörten weitere historische Gebäude. Auch an der *Pfarrkirche St. Veit,* die nur mit Mühe ihren Platz zwischen den dicht gedrängt stehenden Häusern scheint behaupten zu können, läßt sich manch gewaltsamer Eingriff ablesen. Die erste karolingische Kirche an dieser Stelle wurde in spätgotischer Zeit völlig erneuert: Man errichtete einen Hallenbau mit dreiseitig geschlossenem Chor und zog an der Südwestecke einen Turm hoch. Aus dieser Zeit stammen einige gut gearbeitete Grabsteine an der Südwand (Abb. 2/3). Besonders eindrucksstark ist der von dem Wasserburger Meister Wolfgang Leb für einen Hans Paumgartner gearbeitete Stein, der unter dem Halbbild des Verstorbenen einen von Würmern angefressenen Leichnam zeigt. Wie schon mit dem Wappengrabstein des Christian Tänzl (1491) und der Anna Hofer (1493) in der Pfarrkirche von Schwaz (s. S. 73) stellt sich Leb auch hier »als routinierter Meister der eleganten Meißeltechnik vor, der dem Bildnis des spätgotischen Menschen in seiner frommen Gesinnung und dem Kostüm der Zeit ebenso gerecht wird wie der vom subtilen Rankenwerk der Helmzier gekennzeichneten Heraldik« (1).

1707 wurde auch der spätgotische Bau erneuert, 1840 erhielt er seine spätklassizistische Einrichtung. In unserem Jahrhundert schuf 1931 der Bozener Künstler Rudolf Stolz die Deckenmalereien, und 1959, als man die letzten Kriegsschäden beseitigte, wurden die gotischen Arkaden freigelegt.

Sehenswert ist auch die sich südlich der Pfarrkirche anlehnende doppelgeschossige *Dreifaltigkeitskapelle* aus der Zeit um 1500. Auch hier stehen an der Außenwand ein paar bemerkenswerte Grabsteine. In der unteren Kapelle fällt ein schönes Flechtgitter auf; die obere besitzt einen kunstvollen Rokoko-Altar von 1765 mit vergoldeten Schnitzfiguren.

Rund um das Kaisergebirge

Zehn Kilometer südlich von Kufstein, am rechten Ufer des Inn, liegt der durch seine Moorbäder bekannt gewordene Ort **Kirchbichl.** Der Tiroler Baumeister Jakob Singer baute hier 1733–35 ein neues Gotteshaus, das weit über die Bedürfnisse des Dorfes hinausging. Das schlichte Äußere der *Pfarrkirche Unserer Lieben Frau* kontrastiert mit dem prächtigen Rokoko-Innenraum, der von den in zarten Pastelltönen gehaltenen Deckenfresken Matthias Ruefs überspannt wird. Auf dem Hochaltar, zwischen den Heiligen Benedikt und Scholastika, eine moderne Marienstatue.

Da dieses Gotteshaus für die Barockkirchen des Unterlands nicht untypisch ist, seien hier einige allgemeinere Betrachtungen über den Barock in dieser Region eingefügt, denn selbst in Tirol gibt es keine andere Landschaft, die so ausschließlich von dieser Epoche geprägt wird wie das Gebiet zwischen Kaisergebirge und Brixental.

Die Anstöße waren aus Bayern gekommen, nachdem dort die Schlierseer Schule um 1700 von der Aiblinger Schule abgelöst worden war, deren erster Baumeister Wolfgang Dienzenhofer (†1747) das gotisierende Raumschema zugunsten streng wirkender, ›klassischer‹ Wandpfeilerkirchen (Pfarrkirche in Kössen) aufgab. Den entscheidenden Impuls für das Unterland aber gab Abraham Millauer (†1758) von Haustatt bei Aibling. Der Zeitgeschmack bevorzugte möglichst aufwendige Kirchbauten, und so wurden denn auch die Pläne Millauers denen Dienzenhofers vorgezogen, als es um den Neubau der Dekanatskirche von St. Johann ging (1724–1728, Abb. 8). (Die Kirche in Reith bei Kitzbühel, 1729, folgte dann der von St. Johann bis in die Stukkaturen.) Millauers größtes Werk ist die Pfarrkirche von Ebbs (1748–1754), die deutlich die Wandlung im Stil des Baumeisters zum Rokoko hin zeigt.

Die Gründung eigener tirolischer Baufirmen (s. S. 17) nach dem Vorbild des Schwaben Johann Jakob Herkomer, der in Innsbruck die Pfarrkirche baute, und des Bayern Abraham Millauer schuf die handwerkliche Grundlage für die lebhafte Bautätigkeit im Spätbarock. Im 18. Jahrhundert führte das von Jakob Singer 1726 in Schwaz ins Leben gerufene Baugeschäft über zwei Drittel aller Neu- und Umbauten der Kirchen des Unterlandes durch. Das Tiroler Bauhandwerk erstarkte und konnte ausländischen Kräften immer mehr Aufträge abnehmen.

Alle Singerkirchen zeichnen sich durch schlichte Gestaltung des Äußeren aus, während das Innere im Formen- und Farbenreichtum schwelgt, den der Barock zur Verfügung stellt. Die Flachkuppelfolge – 1720 im Tiroler Raum beim Bau der Innsbrucker Pfarrkirche eingeführt, 1741 in der Fiechter Stiftskirche erstmals von Jakob Singer verwendet und seitdem alle Bauten Kassian Singers kennzeichnend (siehe auch die gleichen Raumlösungen bei Franz de Paula Penz im Stubaital, S. 203ff.) – bot den Freskanten eine vorzügliche Arbeitsgrundlage. Die Stukkaturen, zu Beginn der Epoche noch als Ersatz für die nun funktionslos gewordenen Gewölberippen eingesetzt, mußten bald einem großflächigen Bildprogramm weichen. Mit den Mitteln der illusionistischen Malerei wurde der Raum überhöht. Zunächst spielte der Bayer Matthäus Günther (Pfarrkirche Rattenberg, 1736; Stiftskirche Fiecht, 1743–1751; Basilika in Wilten, 1754) noch eine führende Rolle, doch erlangt der einheimische Maler Simon Benedikt Faistenberger (1695–1759) immer stärkere Bedeutung. Er schloß sich nicht der süddeutschen Ausprägung des Barock an, sondern bildete seine Kunst am figurenreichen Stil des Wieners Johann Michael Rottmayr. Die Grafen Lamberg in Kitzbühel finanzierten Faistenberger eine Ausbildung bei den großen Meistern der barocken Malerei in Salzburg, nach deren Abschluß er zum fruchtbarsten Freskomaler im nordöstlichen Teil Tirols wurde.

In der zweiten Hälfte des 18. Jahrhunderts waren es dann fast ausschließlich österreichische Freskanten (Christof Anton Mayr aus Schwaz, Josef Adam Mölk aus Wien, Franz Anton Zeiller, Josef Schmutzer von Innsbruck und Matthias Ruef von Volders), die die Ausstattung der Kirchen besorgten.

In nächster Nachbarschaft Kirchbichls liegt ein weiterer Kurort: **Bad Häring.** Bereits 1442 wird der Flecken erwähnt, doch hieß er früher schlicht *Häring,* wohl weil man hier nach Erz gegraben hat (aerigent = Erz führend). In der Nähe befindet sich das einzige Braunkohlenbergwerk Tirols. Zum Heilbad wurde der Ort, als man eine Bitterwasserquelle entdeckte, die durch einen seit Jahrhunderten schwelenden unterirdischen Grubenbrand auf 30 °C erwärmt wird. Die *Pfarrkirche* stammt von 1397, doch wurde sie wiederholt umgebaut und erweitert.

Bevor wir unsere Rundfahrt um den Kaiser fortsetzen, machen wir von Wörgl, mit dem wir uns später während der Unterinntalfahrt noch näher beschäftigen wollen, einen Abstecher nach Süden in das romantische Hochtal **Wildschönau.**

Da kommen wir zuerst nach **Niederau** (828 m). Über der Ansiedlung ragt der spitze Turmhelm der spätgotischen *Sixtus-und-Oswald-Kirche* in den Himmel. 1740 wurde das Schiff des Gotteshauses barock umgestaltet und 1970 erweitert.

Etwa hundert Meter höher liegt **Oberau.** Der uralte *Gasthof ›Kellerwirt‹* lädt zur Jause ein, während auf der anderen Straßenseite die *Pfarrkirche St. Margareta* einen Besuch wert ist. Man kann sie nicht übersehen, denn für ein Bergdorf besitzt der 1751/52 nach Plänen von Hans Holzmeister errichtete Rokoko-Bau (er trat an die Stelle einer durch Brand zerstörten gotischen Kirche) erstaunliche Ausmaße. Drei Hauben übereinander bekrönen den in Weiß, Rosa und Grün bemalten schönen Turm. Über dem Marmorportal der Westfassade, in einer gemalten Nische, sehen wir eine geschnitzte Margaretenstatue. Im Innern des Gotteshauses umgibt der Rokoko-Stuck der Wände die von Josef Adam Mölk geschaffene reichgegliederte Deckenmalerei wie ein Rahmen. Szenen aus der Margaretenlegende füllen die Felder des Schiffes, Heiligenbilder die Bandmedaillons. Von der Einrichtung sind außer den Altären mit den vergoldeten Schnitzfiguren von Gregor Fritz die Kreuzwegbilder sehenswert, die der Maler Christof Anton Mayr aus Schwaz 1762 schuf.

Nur wenig weiter talaufwärts, noch im Ort, liegt der kleine achteckige Zentralbau der *Antonius-Kapelle* von 1706–1708, der sich durch eigenartige Fresken in der Kuppel mit Szenen aus dem Leben des hl. Antonius auszeichnet. Der Hauptaltar stammt von Franz Länner.

Für den Kunstliebhaber mag Oberau der besuchenswerteste Ort der Wildschönau sein, das Tal ist jedoch hier noch nicht zuende. Während die Talstraße weiter nach Auffach führt, zweigt bei Mühltal eine Straße nach Thierbach ab, beides Orte, die einen erholsamen Urlaub ermöglichen.

Es schadet nichts, daß wir nun dieselbe Straße wieder zurück, talabwärts, fahren müssen. Sicher entdecken wir manches, was wir vorher übersehen haben: zum Beispiel die volkstümlichen *Wandmalereien* im Schellhornhof und am ›Kasten‹.

Wieder in Wörgl, biegen wir nach Osten ab und erreichen **Hopfgarten,** einen alten, aus einem Haufendorf entstandenen Marktort. Weithin sichtbar wird er überragt von

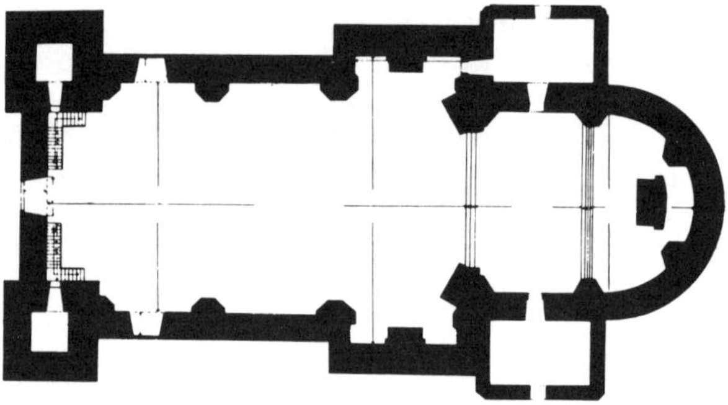

Pfarrkirche Hopfgarten. Grundriß

der auf einem Hang angelegten doppeltürmigen *Pfarrkirche St. Leonhard und Jakob* (Abb. 5), die Kassian Singer 1758 anstelle eines mittelalterlichen Vorgängerbaus zu errichten begonnen hatte und schließlich von Andrä Hueber vollendet wurde.

Großartig ist die Fassade: Ein geschwungener Giebel bekrönt den Mittelteil zwischen den beiden viereckigen Türmen; bemerkenswert ist die originelle Gliederung durch die eigenartigen Fensterrahmungen. Im Innern gefallen besonders die Deckengemälde von Johann Weiß.

Am Ende des Ortes verlassen wir bei der zweiten Brücke nach rechts die B 170 und statten der spätgotischen *Elsbethenkapelle* einen Besuch ab. Sie liegt am Hang, unterhalb der überwachsenen Mauerreste der ehemaligen *Burg Engelsberg*. Gleich hinter dem kleinen Gotteshaus – das Innere wurde in der Barockzeit umgebaut – steigt dunkler Nadelwald empor.

Dann setzen wir unsere Fahrt durch das anmutige Brixental fort. Links der Bundesstraße erhebt sich Hopfgartens Hausberg, die Hohe Salve (1829 m). Dort oben sollten wir einen Blick in die dem hl. Johannes d. Täufer geweihte *Kapelle* werfen, ein Neubau von 1612 mit einem Hochaltar aus der 2. Hälfte des 17. Jahrhunderts.

Brixen im Thale ist der älteste Ort des Tals, mit ehemaligen Silber- und Kupferminen, die dem Gebiet erheblichen Reichtum sicherten. Zeugnis für den Wohlstand der Bevölkerung legt die doppeltürmige *Pfarrkirche Mariä Himmelfahrt* ab, deren Schiff von drei hintereinander folgenden Kuppeln überspannt wird. Der Kitzbüheler Andrä Hueber, der mit der Vollendung des Kirchbaus in Hopfgarten seine Meisterlaufbahn begonnen hatte, errichtete 1789–95 das Gotteshaus hier in Brixen und setzte dabei seine vom Rokoko bestimmten Vorstellungen gegen die Pläne des Salzburger Hofverwalters Wolfgang Hagenauer durch, der eine dem Klassizismus verpflichtete Konzeption mit vier Kuppelräumen vorgesehen hatte.

Baukompositorisch wurde die zentralisierende Raumauffassung des Rokoko zwar gewahrt, im Innern stellen wir jedoch fest, daß sich die Salzburger klassizistischen Ele-

Brixen im Thale um 1840. Lithographie von Josef Stiessberger

mente teilweise doch auch behaupten konnten: Sämtliche Stuckarbeiten führte Peter Pflauder aus, und auch für die Gemälde der Nebenkuppeln mußte ein Salzburger verpflichtet werden: Andreas Nesselthaler. Für die Ausmalung der Hauptkuppel dagegen wurde der Tiroler Josef Schöpf herangezogen, dessen farbenprächtige Marienkrönung die Fresken seines Konkurrenten in den Schatten stellt. Auch das Bild des klassizistischen Hochaltars, das die Himmelfahrt Mariens darstellt, stammt von Schöpf.

Im Ort fallen die *Einhöfe* mit ihrem charakteristischen Mittelflur auf.

Der nächste Ort im Brixental ist das am Fuße des Hahnenkamms (1655 m) gelegene **Kirchberg.** Seine *Pfarrkirche St. Ulrich* wurde 1511 anstelle eines älteren Gotteshauses errichtet, 1737 durch Jakob Singer erweitert und barock ausgestaltet. Die Deckenfresken schuf der Kitzbüheler Meister Simon Benedikt Faistenberger um 1739. Erwähnenswert ist auch der Rokokozentralbau der *Kirchangerkapelle* von 1765–68.

Bevor wir das berühmte Kitzbühel besuchen, entdecken wir links der Hauptverkehrsstraße ein Hinweisschild auf **Reith.** Abraham Millauer baute 1729–31 die jetzige *Pfarrkirche;* von dem gotischen Vorgängerbau übernahm er lediglich den Nordturm. Auch hier malte Simon Benedikt Faistenberger und zwar im Chor unter anderem die Kirchenpatrone Sylvester und Ägidius.

Ebenfalls noch auf dem Weg nach Kitzbühel statten wir dem spätgotischen *Schlößchen Münichau* (Abb. 7) einen Besuch ab. Der Wohnbau mit runden Türmen und rechteckigem Zwinger wurde wiederholt restauriert; heute wird er als Hotel geführt.

Kitzbühel (Abb. 6) ist wohl der Ort Tirols, der für die meisten Schlagzeilen gesorgt haben dürfte. Dem sogenannten Jet-Set, der sich im Winter hier ein Stelldichein gab, hat das Städtchen es auch zu verdanken, daß Kitzbühel in den Ruf kam, sündhaft teuer zu sein. Tatsächlich ist es – zumindest im Sommer und Herbst – eher bürgerlich und familiär. Und selbst im Winter zieht es die ›Großkopfeten‹, die Prinzen, Filmstars und Industriellenkinder, seit kurzem an weiter westlich gelegene Pisten und Bars.

Was mich immer wieder irritiert, wenn ich, von Wörgl kommend, mit der Bahn nach Kitzbühel hineinfahre: Ich sehe dieselben Kirchtürme zweimal, bevor der Zug im Bahnhof hält. Ein Blick auf den Stadtplan zeigt dann auch, daß die Strecke in einer Haarnadelkurve um die Stadt herumgeführt worden ist.

Da liegt zuerst wie eine dunkle Perle der Schwarzsee. Sein Wasser ist moorhaltig, und die heilkräftigen Moorvorkommen in Kitzbühels Umgebung waren auch die Basis des Fremdenverkehrs lange vor dem Wintersport. Wie der Wettkampf »Spital oder Sport« entschieden wurde, ist bekannt; so kommt es, daß die Stadt heute nicht »Bad Kitzbühel« heißt.

Links der See, rechts die Grasberge. Dann die Kirchtürme vor dem Hintergrund des Wilden Kaisers: St. Andreas, die Liebfrauenkirche (Farbabb. 17), St. Katharina. Und schon jetzt fragt man sich, wie so viel Schönheit und Harmonie die oft kriegerischen Jahrhunderte hat überstehen können.

Lange bevor man an Fremdenverkehr auch nur dachte, verstanden es die Bewohner, ihren Wohlstand zu mehren. Seit der Römerzeit verläuft hier der bedeutende Handelsweg von Italien über Lienz, die Hohen Tauern und den Paß Thurn nach Bayern mit der Abzweigung nach Westen zum Inn. Eine Burg sollte beide Wege sichern. Der heutige *Pfleghof* an der Südecke der Altstadt liegt wahrscheinlich an diesem Platz. Mit dem großen Eckturm und dem anstoßenden Treppenturm (16. Jahrhundert) bietet der Bau auch jetzt ein burgartiges Bild. Westlich schließt der alte Getreidekasten an, in dem heute das *Heimatmuseum* mit Sammlungen Tiroler Volkskunst untergebracht ist. Das ursprüngliche Balkengefüge ist vollständig erhalten.

Um 1165 wurde der Ort zum ersten Mal urkundlich genannt. Kirchenrechtlich gehörte er zum Bistum Bamberg. 1271 verlieh ihm Herzog Ludwig II. die gleichen Rechte wie München. 1505 vereinigte Maximilian ihn – wie auch Kufstein und Rattenberg – endgültig mit Tirol.

Bereits ein Jahrhundert vorher hatten die Kitzbüheler begonnen, die Silber- und Kupfervorkommen abzubauen. Neben Markt und Handel blühte nun auch der Bergbau. Bergordnung, -revier, -verwaltung und -gericht regelten die neue Industrie. Auswärtige Arbeitskräfte wurden angeworben, die verschiedensten Kapitalgeber und Landesherren teilten sich die Gewinne.

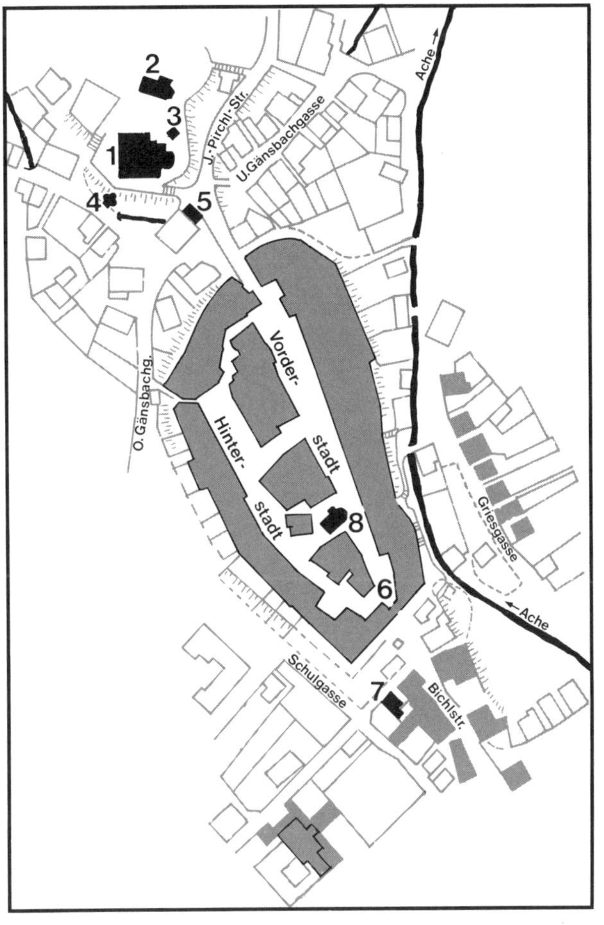

Stadtplan Kitzbühel

1 *Pfarrkirche*
2 *Liebfrauenkirche*
3 *Ölbergkapelle*
4 *Johann-Nepomuk-Kapelle*
5 *Bürgerspitalkapelle*
6 *Pfleghof*
7 *Berggericht*
8 *Katharinenkirche*

Selbstverständlich suchten die Bewohner ihr Gemeinwesen vor Angriffen von außen zu schützen; außer der Burg wurde eine mächtige Stadtmauer angelegt, die jedoch bereits im 16. Jahrhundert zum größten Teil wieder niedergelegt wurde, weil man Platz für neue Häuser brauchte. Und bisher hatte man die Mauer nicht benötigt; Kitzbühel war weder belagert noch angegriffen worden. Ja, bis heute blieb die Stadt von allem Kriegsgeschehen verschont. So bietet sich uns im Ortskern ein Bild von harmonischer Geschlossenheit: Zwei parallel verlaufende Straßenzüge, die Vorder- und die Hinterstadt, werden in der Mitte durch einen breiten Durchgang und im Norden und Süden durch zwei Tore verbunden, von denen das Südtor im Pfleghof noch erhalten ist. Die

Vorderstadt erweitert sich in ihrer Mitte zum Marktplatz. Interessant ist ein Vergleich der Kitzbüheler Bürgerhäuser mit den Hausformen der Inn- und Salzachstädte: Während dort die in der Straßenfront schmalen Häuser mit den verbindenden ›Grabendächern‹ vorherrschen, bestimmt hier der behäbige Bauernhaus-Typus mit breiter Front und Giebeldach das Bild.

Selten wird man so viele Gotteshäuser auf so engem Raum beieinander finden wie hier. Der Kirchbühel ist die südliche, der Stadt zugewandte Spitze des Lebenbergs, und er trägt neben der Pfarrkirche und der Liebfrauenkirche noch drei Kapellen.

Da ist zuerst am Fuß des westlichen Aufgangs zum Hügel der kleine barocke Zentralbau der *Johann-Nepomuk-Kapelle,* überwölbt von einer schindelgedeckten Kuppel, die im Innern von Simon Benedikt Faistenberger bemalt wurde. Gegenüber, am östlichen Treppenaufgang, liegt die *Bürgerspitalkapelle,* ein spätklassizistischer Neubau (1837) mit einer wertvollen gotischen Kreuztragungsgruppe. Die Figuren sind fast lebensgroß und farbig bemalt. Die dritte Kapelle gehört zum Friedhof; es ist die spätgotische *Ölbergkapelle,* deren Turm als Totenleuchte in Form eines Bildstocks sich an den rundbogig geöffneten Kapellenkörper anlehnt.

Am Bau der *Pfarrkirche St. Andreas* war Stefan Krumenauer beteiligt. (Krumenauer, ein Schüler des großen Hans von Burghausen, vollendete auch die Franziskanerkirche in Salzburg.) Bereits 1180 wird ein kleines romanisches Gotteshaus erwähnt, auf das man den für das heutige Langhaus eigentlich zu schmächtigen Turm zurückführt. 1506 wurde die neue Kirche geweiht, 1785 im Innern durch den einheimischen Baumeister Andrä Hueber barockisiert. Davon blieben jedoch nur im Chor Reste erhalten; das Schiff wurde im Zuge einer 1896 durchgeführten ›Restaurierung‹ mit neuen Stukkaturen und Fresken bedacht. In unserem Jahrhundert gelang es, die Pfeiler und den Triumphbogen auf ihre gotische Form zurückzuführen und im Chor Wandmalereien des 15. Jahrhunderts freizulegen.

Eine kühle Strenge strahlt der in Schwarz und Gold gefaßte Hochaltar aus, mit dem der Bildhauer Benedikt Faistenberger 1663 sein Hauptwerk schuf. Das Altargemälde malte Johann Spillenberger, einer der großen deutschen Künstler des Frühbarock. Sehenswert sind auch das von Franz Offer fein geschnitzte Chorgestühl (1762), zwei Ölbilder von Simon Benedikt Faistenberger (an der Südwand die Heiligen Drei Könige und auf der Orgelempore die Kreuzigung) und eine Schöne Madonna aus Lindenholz in der Rosa-Kapelle.

Mit der *Liebfrauenkirche* besitzt Kitzbühel in zweifacher Hinsicht eine Kostbarkeit: Sie ist eine Doppelkapelle, eine Bauform, die in Tirol ganz selten vorkommt. Wahrscheinlich ließ sich eine wohlhabende Familie hier eine Gruftkapelle errichten. 1373 schon ist die Unterkirche bezeugt, eine Zeit, aus der auch der untere Teil des mächtigen quadratischen Turms datiert. Die 1735 barock ausgestaltete Oberkapelle enthält die zweite Kostbarkeit dieser Kirche: die Fresken Simon Benedikt Faistenbergers, in denen Maria immer wieder das Leitmotiv darstellt. Diese Wandmalereien zählen zu den wichtigsten Werken des Kitzbüheler Meisters. Das Bild im Hochaltar ist eine

Kopie des Mariahilf-Gemäldes von Lucas Cranach im Innsbrucker Dom. Zwei Werke der Schmiedeeisenkunst verdienen Beachtung: ein Türgitter von 1739 und vor allem das herrliche Rosengitter vor dem Hochalter.

Alle diese Kirchen liegen außerhalb des ehemaligen Mauerrings. Innerhalb der Stadtbefestigung (heute am Hauptplatz) lag die 1365 erstmals erwähnte *Katharinenkirche,* ein einschiffiger Bau, dessen Turm in einem hohen spitzen Helm über acht Erkern gipfelt. Der in gotischen Formen erneuerte Innenraum dient heute als Kriegergedächtnisstätte. Sehenswert ist der Flügelaltar aus dem 16. Jahrhundert, der sogenannte Kupferschmidaltar.

Noch einmal bummeln wir durch die malerischen Straßen und Gassen, vorbei am Gebäude der *Bezirkshauptmannschaft* (Hinterstadt Nr. 30) und dem *Berggericht* (Nr. 28). Ein Laubengang aus dem 17. Jahrhundert verbindet die beiden Häuser. Noch älter ist der benachbarte *Gasthof ›Goldener Greif‹,* der mit seinem schönen Wirtshausschild über dem gotischen Portal zur Einkehr einlädt.

Und ein letztes Mal steigen wir auf den Lebenberg. Hier steht, oberhalb des Kirchhügels, das gleichnamige *Schloß,* das seit dem 17. Jahrhundert lange Zeit im Besitz der Grafen Lamberg war (heute ist es ein Hotel-Restaurant, in dem ein ›Ritterliches Mahl‹ angeboten wird, bei dem der Gebrauch von Messer und Gabel verpönt ist).

Den Grafen Lamberg gehört heute noch *Schloß Kaps,* ein typisch tirolischer Adelssitz, rechteckig gebaut mit Eckerkern, im Süden der Stadt (nahe der Hornbahn-Talstation). An den Besitz grenzen Golfplätze.

Ungefähr acht Kilometer südlich von Kitzbühel, die Ache aufwärts, liegt **Jochberg.** Die *Pfarrkirche St. Wolfgang* (1748–1750) ist das erste Werk Kassian Singers, der hier auch die Stukkaturarbeiten ausführte. Die Deckenfresken von Simon Benedikt Faistenberger gehören zum Besten, was der Künstler geschaffen hat. In kräftigen Farben sind vor allem Menschengestalten dargestellt, der heilige Wolfgang, die Kirchenväter, Petrus und Paulus, und sie alle erinnern in ihrer Bewegtheit an Rubenssche Figuren.

Zurück über Kitzbühel weist uns die Ache den Weg nach Norden, er führt uns nach **Oberndorf.** Jakob Singer aus Schwaz hat auf dem Platz, auf dem ursprünglich ein gotischer Vorgängerbau stand (von ihm ist nur noch der Turm erhalten), 1733–34 die *Kuratialkirche St. Philipp* erstellt. Die Innendekoration schufen ebenfalls Tiroler Künstler: Johann Singer die feinen Stukkaturen, der Kitzbüheler Simon Benedikt Faistenberger die vorzüglichen Fresken. Einen eigenartigen Kontrast zu diesem bewegten barocken Formen- und Farbenspiel bilden die drei strengen schwarzen Altäre aus dem 17. Jahrhundert.

An die Bergbautradition dieser Gegend erinnert die *Kapelle des hl. Johannes Nepomuk* auf dem Röhrerbichl. Die kleine Bergmannskapelle wurde ein Jahr vor der Oberndorfer Kirche ebenfalls von Jakob Singer als einfacher zweijochiger Tonnenbau errichtet. Und auch die beiden anderen erwähnten Künstler arbeiteten hier: Von Johann

Singer stammt der feine Laub- und Bandwerkstuck, Simon Benedikt Faistenberger malte drei kleine Deckenfresken.

In der Ebene zwischen dem Kitzbüheler Horn und den Ausläufern des Wilden Kaisers, wo heute aus allen vier Himmelsrichtungen die Straßen zusammentreffen, liegt **St. Johann,** ein Haufendorf, dessen Anlage ins frühe Mittelalter zurückreicht. Es war bis zur Mitte des 12. Jahrhunderts Zentrum der alten Leukentalgrafschaft und eine der ersten Pfarren des Gebietes. Um den Ortskern gruppieren sich noch ein paar schöne Barockhäuser. Vor allem ist der Pfarrhof zu erwähnen, der einst den Bischöfen von Chiemsee als Sommersitz diente und im ersten Stock noch Freskenreste aus dem 15. Jahrhundert aufweist.

Anstelle eines früheren gotischen Baus erhielt die Pfarre, die ja bereits 1215 urkundlich genannt wird, ihre jetzige *Kirche* (Abb. 9) 1724–28 durch Abraham Millauer. Glanzstück außen ist die ausladende Westfassade, die von zwei Türmen mit barocken Hauben eingefaßt ist. Dazwischen tritt man durch ein Säulenportal unter einem Giebelrelief in den architektonisch und farblich harmonisch gestalteten Innenraum. Rosa, Gelb und Blaugrau bewirken zusammen mit braunen und goldenen Tönen eine frische und doch warme Atmosphäre. Unter den Fresken Simon Benedikt Faistenbergers verdient das Hauptbild des Chors, eine Darstellung der Kirchenpatronin Maria mit der Hl. Dreifaltigkeit, Beachtung.

Von der Einrichtung sind die Altäre des Salzburgers Georg Doppler (1740) mit Bildern von Jakob Zanusi und eine Schöne Madonna (um 1450, rechter Seitenaltar) bemerkenswert.

Nur wenige Schritte vom Hauptplatz mit der Pfarrkirche entfernt liegt an der Bahnhofstraße der Friedhof des Ortes. Dort steht die *Antoniuskapelle,* ein wiederholt durch Blitzschlag und Kriegseinwirkungen zerstörter und immer wieder restaurierter kleiner Zentralbau aus dem 17. Jahrhundert, mit dem eindrucksvollen Kuppelfresko von Josef Schöpf (1803). Es zeigt die Apotheose (Verklärung) des hl. Antonius über der Landschaft von St. Johann mit dem Wilden Kaiser.

St. Johann besitzt ein drittes sakrales Bauwerk: die *Spitalkirche* in der Weitau. Um sie zu erreichen, wenden wir uns vom Hauptplatz in westlicher Richtung durch die Kaiserstraße, überqueren die Kitzbüheler Ache und kommen nach Kreuzung der Paß-Thurn-Straße in die Innsbrucker Straße. Während der **Ortsteil Weitau** sich dann rechts der Straße hinaufzieht, liegt das (bereits 1262 gestiftete) Spital links. Die heutige, in ihrer Bausubstanz noch weitgehend gotische Kirche wurde um 1744 barockisiert: Josef Adam Mölk schuf die Malereien an den Chorwänden (Szenen der Passion) und die Apotheose des hl. Johannes Nepomuk an der Westwand. Die Deckenfresken im Schiff malte – wieder einmal – der überaus produktive Simon Benedikt Faistenberger. An die Zeit der Entstehung des jetzigen Gotteshauses erinnert ein Wandrelief von 1493 aus rotem Marmor, in dem Maria, St. Andreas und der Stifter der Kirche, Johann Strauß, dargestellt sind. Am wertvollsten aber ist das gotische Glasgemälde im Chor-

1 KUFSTEIN Festung

2/3 KUFSTEIN Pfarrkirche. Grabstein des Stadthauptmanns Freiherr Karl Schurff von Balthasar Mass, 1626, und Grabstein des Caspar Dreyling

4 MARIASTEIN Votivgabe, eine Wallfahrt nach der berühmten Kapelle darstellend

5 HOPFGARTEN Pfarrkirche St. Leonhard und Jakob

6 KITZBÜHEL Liebfrauenkirche (links) und Pfarrkirche (Mitte)

7 SCHLOSS MÜNICHAU bei Kitzbühel vor der Felskulisse des Wilden Kaisers

8 ELLMAU am Fuße des Wilden Kaisers

9 ST. JOHANN in Tirol Pfarrkirche Mariä Himmelfahrt

10 HINTERSTEINERSEE an den südwestlichen Ausläufern des Wilden Kaisers

11 RATTENBERG Kreuzgang des Servitenklosters, 1410–1430

12 BRANDENBERG Schrank von 1766

13 RATTENBERG Stadtfront am Inn

 Zell am Ziller/Zillertal Pfarrkirche. Deckengemälde von Franz Anton Zeiller

VI. Station.
Jesus trocknet sein Angesicht mit
dem Schweißtuche der hl. Veronika.

16 FÜGEN/Zillertal Pfarrkirche. Spätgotische Beweinungsgruppe vom rechten Seitenaltar

◁ 15 FÜGEN/Zillertal Pfarrkirche. ›Opferung des Isaak‹ von Franz Xaver Nißl, um 1770

17 BURG LICHTWER bei Brixlegg, rechts Burg Matzen ▷

18 SCHWAZ Pfarrkirche. Spätgotische Schreingruppe von Christof Scheller, um 1500, im rechten Seitenaltar

19 SCHWAZ Pfarrkirche, Innenansicht ▷

20/21 SCHWAZ Pfarrkirche. Bronzeepitaph des Ulrich Fugger, 1531, von Leonhard Magt, gegossen von Stefan Godl, am Mittelpfeiler der beiden Chöre und Madonna, 17. Jh., am Mittelpfeiler der Westfassade

22 SCHWAZ Blick auf die Stadt von Südosten

23 HALL Magdalenen-/Allerheiligenkapelle, ›Haller Weltgericht‹, Fresko von 1466

24 HALL Pfarrkirche St. Nikolaus. Palmeselgruppe, 1420

25 HALL Pfarrkirche. Schnitzstatuen der vier Kirchenväter, Ende des 17. Jh.

 St. Martin im Gnadenwald

schlußfenster, das einzige vollständig erhaltene in Nordtirol. In zehn Feldern zeigt es verschiedene Heiligengestalten.

Von St. Johann aus bieten sich drei Routen zur Fortsetzung der Reise an: Nach Osten kämen wir bald ins Salzburger Land, von dort reichen die Leoganger und Loferer Steinberge nach Tirol hinein; auch die nördlich gelegenen Orte, nahe der bayerischen Grenze, verdienen die Aufmerksamkeit des Kunstinteressierten. Zuerst aber wollen wir den Wilden Kaiser noch einmal aus nächster Nähe erleben, und so wenden wir uns also nach Westen. Die Strecke zwischen St. Johann und Söll gehört zweifellos zu den landschaftlichen Höhepunkten unserer Tirol-Fahrt. Mögen die einzelnen Orte an dieser Europa-Straße 17 sich darum streiten, welcher von ihnen der schönste sei, den Reisenden ziehen sie alle an.

Da ist zuerst **Going,** 800 Meter hoch in diesem Tal am Fuß des Wilden Kaisers gelegen. Der alte Dorfkern mit der *Pfarrkirche Zum Hl. Kreuz* liegt südlich der Bundesstraße. Wie so oft hatte auch dieses Gotteshaus einen gotischen Vorgängerbau, als es 1774–75 von Andrä Hueber erbaut wurde. Es fällt dem Betrachter wegen der verspielten Rokoko-Stukkaturen und den in ihrer Farbenpracht heiter wirkenden Deckenmalereien schwer, den ernsten Hintergrund ihres Themas (die Legende von der Wiederauffindung des Kreuzes durch die hl. Helena) zu erfassen.

Wir können nun auf der Bundesstraße weiterfahren oder auch (südlich) parallel zu ihr einen etwa halbstündigen Spaziergang nach **Ellmau** (Abb. 8) machen. Der kleinen Gemeinde fiel es im 14. und 15. Jahrhundert offensichtlich nicht leicht, überhaupt ein Gotteshaus zu bauen, denn der 1382 begonnene Bau wurde erst 1511 geweiht. Jakob Singer stellte 1740–46 die jetzige schlichte Barockkirche an seine Stelle. Im Zuge einer 1950 durchgeführten Restaurierung entdeckte man im Innern Fresken von Johann Georg Höttinger (1746), unter ihnen auch das Bildnis des Kirchenpatrons St. Michael.

Rechts der Straße, die uns weiter nach Westen führt, liegen dann Scheffau und schließlich **Söll.** Baumeister Franz Bock aus Kufstein errichtete 1764–68 den großen Bau der *Pfarrkirche St. Peter und Paul.* Steil ragt der Doppelhaubenturm über das schwere und außen fast schmucklose Langhaus hinaus. Umso überraschter sind wir im Innern über den reichen Schmuck an Altären, Kanzel und Beichtstühlen. Vor allem die Deckenbemalung von Christof Anton Mayr, der auch das Gemälde des Hochaltars schuf, geben dem Raum farbige Lebendigkeit.

Mayr war sich auch nicht zu schade dafür, die Fassade eines sehr weltlichen Gebäudes zu schmücken: Die Geschichte des *Gasthofs ›Post‹* reicht bis ins 14. Jahrhundert zurück, und stets verfügten die Wirte des Hauses über ein ansehnliches Vermögen. Da sie als Schützenhauptleute im Tiroler Freiheitskampf eine nicht unbedeutende Rolle spielten, war ihr Gasthof 1809 den Plünderungen der Franzosen und Bayern ausgesetzt.

Von Söll aus fahren wir nach St. Johann zurück und von dort in südöstlicher Richtung weiter bis **Fieberbrunn.** Schon seit dem 14. Jahrhundert ist der Ort bekannt durch seine heilkräftigen Schwefelquellen. Margarethe Maultasch, Herzogin von Tirol, soll 1354 hier von einer Fieberkrankheit geheilt worden sein.

Älter als die heutige in neuromanischen Stilformen errichtete und 1955 modern umgestaltete Pfarrkirche ist die *Johann-Nepomuk-Kapelle* von 1760/61. Matthäus Günther aus Augsburg, der das äußerlich unscheinbare Kirchlein innen ausmalte, stellte den Namenspatron mehrfach dar: an der Decke seine Verklärung, hier sieht man den Heiligen unter der Dreifaltigkeit, umgeben von Maria und den drei Kardinaltugenden, sowie im Hintergrund seinen Todessturz von der Prager Brücke und schließlich an der Westwand in einer besonders ansprechenden Darstellung als Beichtvater der böhmischen Königin.

Vom Bahnhof in südlicher Richtung liegt der rechteckige Baukörper von *Schloß Rosenegg,* flankiert von halbkreisförmigen Ecktürmen, und gleich daneben Neu-Rosenegg, erbaut 1634.

Da wir das Bundesland Tirol hier nicht verlassen wollen, fahren wir zwei Kilometer zurück und biegen nach rechts in ein zunächst enges Tal ein, das sich dann kurz vor **St. Jakob** weitet. Dessen von Lawinen zerstörte Pfarrkirche wurde gegen Ende des 17. Jahrhunderts unter Verwendung der alten gotischen Mauern neu errichtet.

Von hier erreichen wir bald den kleinen Ort **St. Ulrich,** dessen 1865 regotisierte *Pfarrkirche* noch die von Simon Benedikt Faistenberger 1751 gemalten Fresken besitzt. Bemerkenswert sind daneben vor allem Heiligenfiguren der spätesten Salzburger Gotik, wie wir sie auch von der Orgelempore in Zell am See kennen.

Der schmale Pillersee beginnt dort, wo das Dorf eigentlich schon zuende ist, und nicht weit von seinem Nordufer entfernt, außerordentlich stimmungsvoll gelegen, schmiegt sich an den links aufsteigenden Hang eine alte Wallfahrtsstätte in das Tal zu Füßen der Loferer Steinberge: die *Kapelle St. Adolari.* Bereits 1013 wird das Heiligtum erwähnt, der jetzige Bau stammt jedoch aus dem frühen 15. Jahrhundert. Ein spitzer Dachreiter krönt das hohe, mit Schindeln gedeckte Giebeldach. Schöne, farbenprächtige Rokoko-Altäre im Innern und ein gotisches Vesperbild auf dem Hauptaltar ziehen den Blick an, der an den Fresken im Chor haften bleibt. Die in warmen Farben gehaltenen Bilder zeigen im Gewölbe Szenen aus dem Marienleben, in den Wandfeldern Propheten und Heilige. Ein kniender Ritter soll wohl den Stifter der Kapelle darstellen. All dies ist 1957 außerordentlich geschickt freigelegt worden, so daß wir hier ein fast vollständiges Hauptwerk Nordtiroler Wandmalerei aus dem frühen 15. Jahrhundert bewundern können.

Übrigens: Hier scheint ein ›wallfahrtsträchtiges‹ Gebiet zu sein. Nur sieben Kilometer Luftlinie entfernt, in einem Hochtal der Loferer Steinberge, schon auf Salzburger Territorium, liegt der ›Pinzgauer Dom‹ von Maria Kirchenthal, eine der berühmtesten Wallfahrtskirchen des Landes. Kein Geringerer als Johann Bernhard Fischer von Erlach erbaute sie. Wir können uns später entscheiden, ob wir sie besuchen wollen, denn nach **Waidring** müssen wir zunächst auf jeden Fall.

Aus dem hübsch gelegenen Haufendorf ragt die stattliche *Pfarrkirche St. Veit* weithin sichtbar heraus. Neben dem kleinen Turm mit der zierlichen Doppelhaube wirkt das hohe, abgewalmte Dach geradezu mächtig, als solle der ganze Ort darunter Schutz suchen können. Bereits 1381 stand hier eine Kirche, die jedoch 1505 durch einen spätgotischen Bau ersetzt wurde. Von ihm blieb nur der Turm erhalten, als man sich in der Rokoko-Zeit abermals zu einem Neubau entschloß. Kassian Singer aus Kitzbühel und nach dessen Tod Andrä Hueber errichteten 1757–60 ein dreijochiges durch Flachkuppeln überwölbtes Langhaus. Der herrliche Baldachinaltar im Innern von Josef Martin Lengauer erinnert an den der Wiltener Pfarrkirche (s. S. 96) in Innsbruck.

Wer den erwähnten Abstecher ins Salzburger Land machen und eine kleine ›Pinzgauer Wallfahrt‹ unternehmen möchte, muß nun in östlicher Richtung auf Lofer zufahren, während die Nur-Wanderfreudigen im Nordwesten von Waidring das schöne Höhenwandergebiet Steinplatte (1400–1800 m) durchstreifen sollten.

Der nächste Ort westlich von Waidring ist **Erpfendorf.** 1957 baute Clemens Holzmeister hier ein schlichtes modernes Kirchlein, das in seiner äußeren Gestalt, vor allem in dem schmalen, schlanken, in die Höhe strebenden Turm an gotische Dorfkirchen erinnert und sich harmonisch in die Landschaft einfügt. Im Innern stützt ein kräftiger Querbalken das Kirchendach und trägt eine Kreuzigungsgruppe.

In **Kirchdorf** beeindruckt die *Pfarrkirche St. Stephan,* genauer gesagt, ihr kräftiger Westturm, der über sechs Geschosse in die Höhe strebt. Bereits 1197 ist das Gotteshaus urkundlich erwähnt, um 1500 wurde es jedoch neu errichtet und mußte nach einem Brand von 1809 wieder Veränderungen, diesmal in klassizistischen Formen, über sich ergehen lassen. Von der alten gotischen Kirche blieb nur der Turm fast unverändert. Im Erdgeschoß besitzt er zwei Zugänge; der Raum unter der Sternrippenwölbung dient als westliche Vorhalle. Die Deckenmalerei im Langhaus schuf Josef Schöpf.

Im tirolisch-bayerischen Grenzort **Kössen** bewundern wir zahlreiche schöne Unterinntaler Häuser mit ihren bunten Fassadenmalereien. Unter ihnen fällt besonders der *Gasthof ›Erzherzog Rainer‹* mit seinem spätgotischen Spitzbogenportal auf.

Die *Pfarrkirche St. Petrus und Paulus* ist ein barocker Neubau, in den die beiden Baumeister Wolfgang Dienzenhofer und Abraham Millauer Turm und Erdgeschoß des gotischen Vorgängerbaus einbezogen. In jüngerer Zeit wurden Fresken von Simon Benedikt Faistenberger (1722) freigelegt, die im Westjoch eine Kreuzigung Petri, in den Gewölbezwickeln verschiedene Engeldarstellungen und an den Wänden gute Kreuzwegbilder zeigen.

Mit schönen Wandmalereien des 18. Jahrhunderts sind auch die Bauernhäuser in **Walchsee** geschmückt. Der hübsche Ort am Fuße des Kaisergebirges liegt an einem kleinen See, dessen moorhaltiges Wasser im Sommer eine Temperatur von 20°–24° Celsius hat.

Niederndorf liegt ebenfalls zu Füßen des Zahmen Kaisers. Die äußerlich schlichte *Pfarrkirche St. Georg* ist bereits 1399 erwähnt, wurde aber 1685–87 von Simon Weiser erneuert. So sind die Außenwände jetzt durch Pilaster gegliedert, der Westturm erhielt ein romanisierendes Doppelfenster. Die Ölberggruppe stammt aus barocker Zeit.

1948 entdeckte man im Inneren unter der Deckenmalerei des 19. Jahrhunderts Fresken, die 1750 von Josef Adam Mölk geschaffen worden waren. Neben dem Kirchenpatron sind die hll. Margareta und Martin, aber auch Szenen der Verkündigung und Geburt Christi dargestellt. Von der Inneneinrichtung sind zwei Schnitzfiguren (die hll. Katharina und Margareta) aus der 2. Hälfte des 15. Jahrhunderts erwähnenswert.

Auf dem Friedhof steht die gotische *Margaretenkapelle* von 1520. Das Rautensterngewölbe im Inneren ist mit Rankenmalereien geschmückt.

Unsere Fahrt rund um das Kaisergebirge endet in **Ebbs.** Das stattliche Dorf liegt in der weiten, fruchtbaren Ebene des Unterinntales; schöne *Bauernhöfe* (zum Beispiel Talstraße 23 und 24) beleben das Ortsbild.

Im ›Arnonischen Güterverzeichnis‹ (Indiculus Arnonis) von 791 bestätigt Karl der Große dem damaligen Erzbischof und Metropoliten von Bayern, Arno, unter anderem auch den Besitz der Pfarre Ebbs, die für 788 bezeugt wird. Die heutige *Kirche Unserer Lieben Frau Geburt* wurde 1748–50 von dem bayrischen Baumeister Abraham Millauer und seinen Söhnen Philipp und Leonhard neu errichtet; lediglich der asymmetrische Nordturm steht auf mittelalterlichen Fundamenten. Dieses Gotteshaus ist Millauers größtes Werk. Bei der Ausgestaltung des Innenraums wurde auf Stuck weitgehend verzichtet; Altäre, Kanzel und die Malerei bilden die Hauptelemente der Dekoration. Josef Adam Mölk schuf die Fresken, in denen Szenen aus dem Marienleben überwiegen. In zwölf Nischen stehen Apostelfiguren von Josef Martin Lengauer (1755), von dem auch der herrliche Hochaltar stammt; eine gotische Marienstatue hat darin Platz gefunden. Besonders eindrucksvoll ist die Kanzel, die mit einem Beichtstuhl kombiniert wurde.

Im Ortsteil Buchberg, etwa 2 km östlich von der Dorfmitte Ebbs', liegt die kleine spätgotische *Kapelle St. Nikolaus,* die durch ihren Schnitzaltar berühmt wurde. Bei 1961 begonnenen Restaurierungsarbeiten erwies sich der heutige Altar als Kopie eines älteren.

Nordöstlich vom Dorfzentrum liegt der Weiler Wagrain. Weithin sichtbar, reizvoll auf einem Hügel gelegen, das *Schloß*, ehemals im Besitz der Grafen von Ebbs.

Eines der schönsten Hochtäler Tirols (800–2400 m) ist das Kaisertal im Süden von Ebbs. Es gehört zum großen Naturschutzgebiet ›Kaisergebirge‹ und ist ein Dorado für Wanderer.

Statt erst in Kufstein können wir diese Fahrt ›Rund um das Kaisergebirge‹ auch schon früher beginnen: Wir verlassen, von Norden kommend, die Inntalautobahn bereits bei der Ausfahrt Erl. (Wenn wir mit der Bahn fahren, steigen wir in Oberaudorf aus.) Auf einer Länge von etwa 12 km bildet der Inn die Grenze zwischen Tirol und Bayern, eine Grenze, über die mehrere Brücken führen. Eine dieser Brücken führt uns nach **Erl,** einem Dorf, dessen Bewohner seit 1613 alle vier Jahre Passionsspiele veranstalten. Weil 1933 das alte Passionsspielhaus abgebrannt war, erhielt Robert Schuler den Auftrag, ein neues zu entwerfen. 1959 wurde es fertiggestellt: ein weithin ins offene Tal leuchtender, weißer Betonrundbau. Hinter der segelartigen Fassade ist das Bühnenhaus untergebracht, während die Zuschauer – bis zu 1500 finden Platz – von den seitlichen Berghängen her das Gebäude betreten.

In den Jahren zwischen den Passionsspielen liegt die Spielstätte nicht etwa brach. Für Konzerte, Mysterienspiele und Oratorien werden alljährlich namhafte Solisten, Chöre und Orchester gewonnen.

Nicht weit von Erl, jedoch in einem westlichen Seitental des Inn versteckt, hat sich seit 1799 ein anderes Tiroler Spielzentrum entwickelt: Vorder- und Hinter-**Thiersee.** Es sind zwei kleine Gemeinden, in deren Spiel die ursprüngliche Sinnenhaftigkeit solcher Aufführungen noch besonders lebendig ist.

Im Unterland von Wörgl bis ins Alpbachtal

Zentrum des Tiroler Unterlandes nennt sich die über 8000 Einwohner zählende Stadt **Wörgl.** Sie ist eine junge Stadt, die sich als Eisenbahnknotenpunkt, durch ihre bedeutenden Industrieanlagen und den größten Weinhandel im Lande einen Namen gemacht hat.

Nach solcher Einleitung überrascht vielleicht, daß Wörgl einigen namhaften Künstlern zu Inspirationen verholfen hat. Da ist zunächst Michael Haydn, der ein Singspiel ›Der Baßgeiger von Wörgl‹ schrieb, dann entdeckte Wilhelm Busch auf seinen Wanderungen mit Münchener Künstlerfreunden hier einen Schneidermeister Böck, vor dessen Haus die Ache floß; die Idee zum dritten Max-und -Moritz-Abenteuer wurde geboren. Und schließlich widmete der amerikanische Dichter Ezra Pound der Stadt Wörgl mit seinem 74. Pisaner Canto ein Preisgedicht auf das 1932 dort berühmt gewordene ›Schwundgeld‹. Der damalige Bürgermeister Unterguggenberger hatte – nicht ohne Erfolg – versucht, der Arbeitslosigkeit und Geldnot durch Einführung von Ersatzgeld Herr zu werden. Dieses Geld mußte rasch ausgegeben werden, weil sonst sein Wert sank. Daher der Name ›Schwundgeld‹.

Eine Kostbarkeit beherbergt die barocke *Pfarrkirche:* die berühmte ›Wörgler Madonna‹ aus der Zeit um 1500.

Die Umgebung der Stadt verlockt zu interessanten Wanderungen: Auf der Hundalm (1600 m) kann die einzige *Eishöhle* Tirols besichtigt werden. Die *Burgruine Weerberg* (12. Jahrhundert) ist seit dem 14. Jahrhundert verfallen. **Bad Eisenstein,** südlich von Wörgl, besitzt eine radioaktive Quelle.

Noch in Wörgls unmittelbarer Umgebung steht auf einem zur Talebene steil abfallenden Felsen **Mariastein** (Farbabb. 18, Abb. 4).

Mariastein. Schloß und Wallfahrtsstätte, Stich von Adam Klein und Christian Erhard nach einer Zeichnung von Karl Viehbeck, um 1820

Als die Herren von Freundsberg um 1350 hier eine Burg errichteten, gaben sie ihr den Namen ›Stein‹; sie sollte die alte Inntalstraße am linken Ufer des Flusses sichern. Aus jener Zeit stammen noch die unteren Geschosse des hohen, auf fünfeckigem Grundriß erbauten *Wohnturms*. Erst im 16. Jahrhundert entstanden die niedrigeren Gebäude, die sich um den kleinen Hof gruppieren.

Den heutigen Namen erhielt die Burg 1587, als über der ersten Kapelle (mit einem Rokokoaltar und einer gotisierenden Decke von 1550) eine zweite, die sogenannte *Gnadenkapelle*, eingerichtet wurde. Hier stellte man das Bild auf, das zum Ziel einer Wallfahrt wurde: die thronende Muttergottes mit Kind (um 1470), ein Hauptwerk der Tiroler Bildschnitzkunst.

Das im Osttrakt untergebrachte *Museum* (›kleiner Rittersaal‹) hat eine schöne Kassettendecke aus der zweiten Hälfte des 16. Jahrhunderts und beherbergt aus der früheren Schatzkammer der Burg unter anderem die tirolischen Fürsteninsignien.

Von Wörgl fahren wir in südwestlicher Richtung das Inntal aufwärts und sind schon bald in **Kundl.** Bereits für 788 ist hier ein Gotteshaus bezeugt, die heutige *Pfarrkirche Mariä Himmelfahrt* ist jedoch ein vierjochiger Saalbau von 1735/36. Gute Stuckarbeiten von Anton Gigl aus Wessobrunn, der Hochaltar, Fresken und eine schöne Orgel zeichnen den Innenraum aus.

Weithin bekannt wurde Kundl durch die abseits des Ortes gelegene *Wallfahrtskirche St. Leonhard auf der Wiese.* Ob das ursprüngliche Gotteshaus tatsächlich von Kaiser Heinrich II. 1012 gestiftet und von Papst Benedikt VIII. 1020 geweiht wurde, ist nicht eindeutig nachzuweisen. Der heutige Bau wurde 1480–1512 von Christian Nickinger und Jörg Steyrer ausgeführt.

Die Außenmauer des Chores profilieren vorstehende Streben, die am Schiff fehlen. Ein barockes Christophorus-Fresko schmückt die Südwand. Über der Südwestecke des Langhauses ragt der hohe, durch Spitzbogenfriese gegliederte Turm.

Der große einschiffige Raum wird von einem bemerkenswerten Rautengewölbe mit quadratischen Schlußsteinen überspannt. An romanische Symbolik erinnern die Konsolen der Wandpfeiler im Chor und vor allem die Sockel des Triumphbogens: Löwe und Lindwurm (rechts) stehen einem honigschleckenden Bären und einem Engel mit Spruchband (links) gegenüber. Frei aufgestellt im Choreingang ist eine Steinfigur des Kirchenpatrons von 1481. Sie wirkt ungeheuer massig und weich. Lediglich die ausgeprägte S-Schwingung des Körpers erinnert noch an die spätgotischen Figuren des Schönen (Weichen) Stils. Die Kirche bezieht zweifellos einen guten Teil ihres Reizes aus solchen verschiedentlich auftretenden Anachronismen.

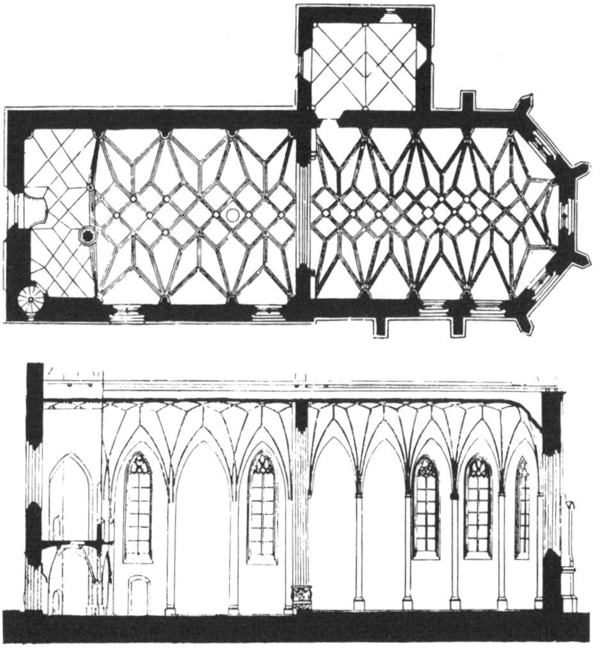

Kundl. St. Leonard, Grund- und Aufriß

Das Hauptstück der Einrichtung ist der Hochaltar mit guten Plastiken des frühen Barock. Die Chordecke hinter ihm fällt durch ihre reiche florale Ornamentik aus der Zeit der Spätgotik auf. Auch ein großes Kreuzigungsfresko an der Nordwand des Schiffs stammt noch aus dem 16. Jahrhundert, während die reizvolle bäuerliche Einrichtung mit Altären, Kanzel, Chor- und Betgestühl dem 17. Jahrhundert angehört.

In Kundl selbst lädt der *Gasthof ›Post‹* zur Einkehr, der uns durch den mächtigen Doppeladler im Bogenportal und die reiche Wandmalerei aufgefallen ist.

Am Ortsausgang – von Wörgl kommend links – führt eine schöne gedeckte Brücke in die wildromantische *Kundlerklamm,* die den Ort im Unterinntal auf direktem und sehr empfehlenswertem (Wander-)Weg mit der Wildschönau verbindet. Von der Kundlburg sind nur noch Mauerreste auf einem Felskopf über der Klamm erhalten.

Dort, wo Inn und der sich gegen den Fluß schiebende Bergfelsen ein schmales Dreieck in der Ebene freilassen, liegt die mit 900 Einwohnern kleinste Stadt Tirols: **Rattenberg** (Farbt. 33, Abb. 13). Bereits 1074 wird die Siedlung urkundlich erwähnt, 1393 zur Stadt erhoben. Damals war sie, vor allem durch den im 15. Jahrhundert aufkommenden Bergbau, wichtiger bayrischer Grenzort, der es zu ansehnlichem Wohlstand brachte. Auch als 1505 die Stadt durch Maximilian endgültig mit Tirol vereinigt wurde, behielt sie zunächst ihre Bedeutung als Bergbau- und Handelsplatz. Maximilian ließ die Burg ausbauen und übertrug das Bergrecht den Fuggern, die von hier aus die wichtigsten Nordtiroler Grubengebiete in ihre Hand brachten. Erst im 17. Jahrhundert verlor Rattenberg mit dem Niedergang des Bergbaus seine bedeutendste Geldquelle, ohne indessen völlig ohne Einkünfte zu sein, denn bis weit ins 20. Jahrhundert hinein verlief hier die Hauptdurchgangsstraße nach Innsbruck. Allerdings war es auch ein Alptraum für viele Autofahrer; die Straßenverhältnisse waren und blieben beengt, weil an dem mittelalterlichen Baubestand nichts verändert werden durfte. Heute führt die Autobahn an Rattenberg vorbei, und wer sich den Ort anschauen möchte, parkt sein Fahrzeug vor der Stadt.

Auf einer Bergterrasse über dem Ort thront die Ruine der alten *Burg;* der Unterbau ihres romanischen Bergfrieds datiert aus dem 11. Jahrhundert. Von den um 1300 und 1340 durchgeführten Umbauten stammen die Reste der Hauptburg und der obere Teil des Bergfrieds. Unter Maximilian I. wurde die Burg zu einer imposanten Festung ausgebaut; äußerer Mauerring und Wachtturm sind in Mauerresten heute noch zu erkennen. Damals entstand auch die mit fünf Türmen bewehrte Oberburg.

Ihren mittelalterlichen Charakter hat die Stadt auf vorbildliche Weise erhalten. Fluß und Berg halfen ihr gewissermaßen dabei, sich vor sich selbst zu schützen, denn da ist kein Platz für ein regelloses Sich-Ausdehnen oder gar für Vorstädte mit den üblichen modernen ›Zweckbauten‹. Das, was gebaut wurde, war auf wenig Raum angewiesen, und so besteht der Ort fast nur aus einer einzigen Straße, die sich vor dem östlichen Torausgang zu einem kleinen Platz weitet. Torbögen aus rotem Marmor, Erker, Rokoko-Stukkaturen und kunstvoll geschmiedete Wirtshausschilder schmücken die alten Häuser.

In der Südostecke der Stadt, am Fuße des Burgbergs, steht die zweischiffige und doppelchörige spätgotische Halle der *Pfarrkirche St. Virgil* mit einem hohen grauen Schindeldach. Bei diesem Gotteshaus wich man von der sonst üblichen Bauweise (Bruchsteinmauern mit quaderverstärkten Ecken, Zierbändern, Portal- und Fensterumrahmungen) ab und führte die Kirche ganz aus Quadern auf. St. Virgil ist damit eines der wenigen Gotteshäuser in Tirol überhaupt – und das größte in Nordtirol –, das ein solches Mauerwerk besitzt.

Drei runde Marmorpfeiler trennen die beiden Innenschiffe, von denen das südliche den Bergleuten und ihren Angehörigen, das nördliche dem Bürgerstand vorbehalten war. Die lichte Farbigkeit der Chor-Fresken Simon Benedikt Faistenbergers und der Langhaus-Deckenbilder von Matthäus Günther umrahmen die zarten Stukkaturen des Wessobrunner Meisters Anton Gigl. Selten hat sich gotische Architektur so glücklich mit barocker Um- und Ausgestaltung verbunden. Die Bilder der beiden Hochaltäre malte Jakob Zanusi; besonders hervorzuheben sind auch die herrlichen Holzplastiken von Johann Meinrad Guggenbichler aus Mondsee am südlichen Altar. Auch die übrige Ausstattung, von der vor allem die anderen Rokoko-Altäre und die schöne Kanzel zu erwähnen sind, fügt sich harmonisch in die festliche Stimmung ein.

Ein Wort noch zu dem kleinen, fast unscheinbaren Schönen Vesperbild: Ins Inntal wurde die Kunst des Weichen Stils über Salzburg vermittelt. (Das hiesige Vesperbild zeigt das im salzburgischen Bereich häufig angetroffene ›Dreihändemotiv‹: Die Linke der Madonna liegt auf den überkreuzten Händen des toten Christus.) Auf Kosten der idealisierten Darstellung erfuhren die Madonnen und Vesperbilder dabei allerdings eine Wandlung zu mehr Geschlossenheit in den Umrissen und Linien. Die Gesichter wurden voller, beinahe bäuerlich, ihr Ausdruck (wie hier der der Trauer) unmittelbarer.

Hart am Ufer des Inn wurde um 1400 das *Servitenkloster* gegründet. Im Ostflügel des schönen spätgotischen netzrippengewölbten Kreuzgangs (Abb. 11), werfen wir einen Blick in die Hoferkapelle mit ihrer Schnitzmadonna aus dem frühen 16. Jahrhundert.

Über der Kapelle erhebt sich der einzeln stehende Turm der *Servitenkirche St. Augustin*. Ihr barocker Neubau unter dem breiten Giebeldach ist außen streng gegliedert und öffnet sich im Innern nach der Vorhalle hin in ein kreuzgewölbtes Langhaus und einen von ovaler Kuppel überspannten Chor. Johann Josef Waldmann schuf 1711 die Wand- und Deckenfresken, in den Zwickeln die vier Evangelisten und darüber die Glorie des heiligen Augustin sowie Szenen aus seinem Leben. Von den Grabsteinen an der Kirchenwand erinnert einer an den Stifter des Klosters Hans Kumersprucker und seine Gemahlin. »Dies ist der älteste (ca. 1396) in Tirol erhaltene Bildnisgrabstein eines nobilis.« (2)

Rattenberg. Stahlstich von F. Hablitscheck nach einer Zeichung von F. K. Würthle ▷

Rattenberg gegenüber auf der anderen Innseite liegt **Kramsach**, ein Dorf, an dessen Nordrand auf einer langgestreckten Geländestufe gleich drei sehr anmutige, kleine Seen liegen. Das ganze Gebiet ist den Spaziergängern, Wanderern, Badefreunden vorbehalten; kein Motorbootlärm stört die Stille an den verträumten Gewässern.

Unbedingt empfehlenswert ist auch ein Besuch des seit einigen Jahren unweit von Kramsach eingerichteten *Freilichtmuseums*. Originalgetreu wurden hier Bauernhäuser wieder aufgestellt, die ein wohlhabender Geschäftsmann in verschiedenen Gegenden Tirols erworben hatte. Da stehen zum Beispiel ein ›Troadkasten‹ (Getreideschober) von 1544, der früher auch als Weinkeller gedient hat, ein Zillertaler Kleinbauernhof, ein Backofen aus dem 17. Jahrhundert und ein behäbiges Haus aus der Wildschönau mit Herrgottswinkel und Kachelofen. Auch eine kleine Kapelle aus dem 18. Jahrhundert wurde aufgestellt, und der kunstvoll aus Lärchenholzplatten zusammengesteckte Zaun zeigt, wie schön und gleichzeitig haltbar Zäune waren, als man noch keinen Stacheldraht kannte.

Nordwestlich von Kramsach liegt etwas versteckt das ehemalige Dominikanerinnenkloster **Maria Thal**, eine Gründung der Herren von Freundsberg und von ihnen als Grablege gewählt. Unter Joseph II. wurde das Kloster 1782 säkularisiert, und heute wird das dem hl. Dominikus geweihte Gotteshaus als *Pfarrkirche* benutzt. Sie ist nach einem Brand von 1682 im Äußeren ein schmuckloser Neubau vom Ende des 17. Jahrhunderts; der viereckige Turm trägt eine niedrige Zwiebelhaube. Auch die Innenarchitektur von Hauptschiff und Chor ist schlicht und streng, so daß der prächtige Hochaltar in Schwarz und Gold, Kanzel sowie Orgel kräftige Akzente setzen. Die kleine Gnadenkapelle enthält ein holzgeschnitztes Wallfahrtsbild (Anfang des 16. Jahrhunderts) und ein schönes spätbarockes Schmiedeeisengitter.

Wieder hinüber auf die andere Innseite! Dem Tal zugewandt hat sich **Brixlegg** ausgebreitet. Ins Innere der spätgotischen *Pfarrkirche Unserer Lieben Frau* führt das rote Marmorportal. Die Decke malte Christof Anton Mayr aus und erreichte einen glücklichen Zusammenklang mit der schönen Stukkatur. Das Bild im Hochaltar (Vermählung Mariens) schuf Kaspar Waldmann 1692.

Kurz hinter Brixlegg fährt man auf der Bundesstraße 171 in Richtung Innsbruck an drei Burgen vorüber, von denen zunächst die *Burg Matzen* (12. Jahrhundert) mit ihrem kräftigen romanischen Bergfried ins Blickfeld rückt (Abb. 17). Dem Wohntrakt sind zwei reizvolle Höfe angegliedert, von denen der westliche durch schöne mehrgeschossige Lauben besticht. Im Mittelalter gehörte sie zeitweilig den Herren von Freundsberg, später den Fuggern. Die heutigen Besitzer der 1873 wiederhergestellten Burg betreiben hier ein Hotel.

Im benachbarten *Schloß Neu-Matzen* wohnte Ende des 19. Jahrhunderts der Komponist Hugo Wolf.

Nicht weit von Matzen liegen *Burg Lichtwer* (Lichtenwerth) und, auf einem Bergkegel, die *Ruine Kropfsberg*. Erstere wurde im 13. Jahrhundert als Wasserburg ursprüng-

Burg Matzen.
Grund- und Aufriß

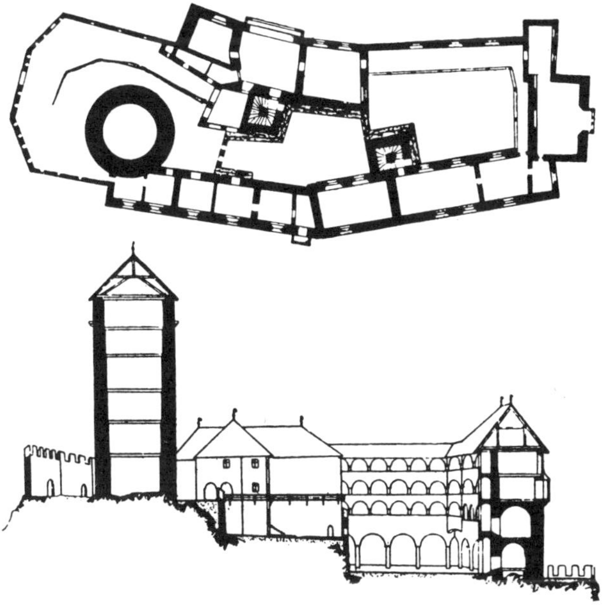

lich auf einer Inn-Insel angelegt. Auch sie ist heute in Privatbesitz und bewohnt. Die erhaltenen Teile von Kropfsberg schließlich zeugen immer noch von der einstigen Bedeutung der Burg, die das Erzstift Salzburg im 12. Jahrhundert mit doppelter Ringmauer und zwei Bergfrieden zum Schutz des Zillertaleingangs angelegt hatte.

Auf breiter Talstufe zwischen Ziller und Alpbacher Ache, nur wenige Autominuten oberhalb von Brixlegg, liegt an einem kleinen See **Reith**, eine alte Rode-Siedlung, die schon 976 als ›Riute‹ urkundlich erwähnt wird. In dem freundlichen Ort mit seinen schönen Bauernhäusern wird altes Brauchtum besonders eifrig gepflegt. Einen harmonischen Eindruck vermittelt auch die *Pfarrkirche St. Petrus.* Dem inzwischen betagten Kitzbüheler Barockbaumeister Andrä Hueber gelang 1801–03 mit diesem seinem letzten Werk der Anschluß an die Bauweise des Klassizismus. Lediglich der Unterbau des Turms und ein achteckiger Taufstein aus rotem Marmor stammen noch von dem alten gotischen Gotteshaus. Gegenüber dem nüchternen Äußeren überrascht der großartig gestaltete Innenraum, in dem Weiß, Gold und Grün an Wänden, Kapitellen und Decke zusammenklingen mit den braunen, grauen und rosa Tönen der Altäre und der Kanzel. Josef Schöpf malte die Fresken und auch die Altarbilder.

Fahren wir noch das kurze Stück bis **Alpbach,** einem ganz modernen und – einschließlich der Kirche – immer wieder modernisierten Ort, der im Mittelalter aus einer fuggerischen Knappensiedlung entstand. Trotz Luxushotels und Skibetrieb haben es die Bewohner verstanden, ihrem Ort Züge eines Tiroler Bergdorfes zu bewahren.

In Alpbach kommt einmal jährlich das *Europäische Forum* zusammen: Wissenschaftler und Politiker (hauptsächlich Österreicher) aus allen Fachbereichen treffen sich zu einem Erfahrungsaustausch und zu Diskussionen über die Auswirkung der neuesten wissenschaftlichen Erkenntnisse auf die heutige europäische Gesellschaft. Die Tagungen werden von einem kulturellen Rahmenprogramm begleitet.

Um den Achensee

Wir sind über den wohl am stärksten frequentierten Grenzübergang vor Kufstein in Tirol eingefahren. Es gibt jedoch von München aus noch zwei weitere Straßen, die nach Innsbruck führen. Der kürzeste Weg ist der über Garmisch, Mittenwald, den Scharnitzpaß und Seefeld. Landschaftlich besonders eindrucksvoll ist jedoch die Strecke am Tegernsee entlang zum Achenpaß. Von der dortigen Grenzstation sind es nur zehn Kilometer zum größten der zahlreichen Tiroler Bergseen, dem Achensee. Eingebettet zwischen Rofan- und Karwendelgebirge zieht er sich neun Kilometer lang nach Süden. Die Straße führt am Ostufer entlang, so daß man schließlich einen schönen Blick auf den gegenüber liegenden Ferienort **Pertisau** werfen kann. Segel- und Ruderboote beleben die Wasserfläche, sogar ein Personendampfer verkehrt. Am Südende des Sees hat sich **Maurach** angesiedelt, wo im Winter die Rofan-Seilbahn ein vielseitiges Skigebiet erschließt. Wer vom Inntal aus zum 930 Meter hoch gelegenen Achensee fährt, also in relativ kurzer Zeit einige hundert Meter Höhe gewonnen hat, der wird die großartige Lage des Bergsees besonders zu rühmen wissen.

Am Ortseingang von Maurach liegt der kleine Kirchweiler **Eben,** wo wir die *Pfarrkirche St. Notburga* besuchen wollen. Die fromme Magd aus Rattenberg, Schutzpatronin der Bauern und Dienstmägde, ist hier beigesetzt. An Chor und Nordturm des alten gotischen Gotteshauses baute Jakob Singer 1736–38 ein neues Schiff an. Prächtige Stukkaturen umrahmen die Deckenbilder, die in mehreren Szenen aus der Notburga-Legende berichten. Landschaft und Kostüme sind mit großer Liebe gestaltet. Im Mittelpunkt des in Silber und Gold strahlenden Hochaltars ruht in einem Glasschrein der Leib der Heiligen, Ähren und Sichel in der Knochenhand, den Totenschädel verschleiert. Gerade dadurch, daß die Fresken in Landschaft und bewegten Szenen den (als irdisch heiter idealisierten) heimischen Alltag darstellen und nicht – wie meist in den Kuppeln großer Dome – die Herrlichkeit des Himmels, entsteht die reizvolle Spannung zum Memento mori im Altarschrein.

Das Zillertal

Seit 1816 erst gehört das Zillertal zu Tirol, und doch identifiziert man keine andere Landschaft so sehr mit diesem österreichischen Bundesland. »Die Tiroler sind lustig«, man hört es nicht nur in den Diskotheken zwischen Fügen und Mayrhofen, sondern ebenso in den Bier- und Folkloreschuppen des Auslands. (Noch im fernen Tokio kann man ›Bei Rudi‹ erleben, wie mandeläugige, dirndlbekleidete Japanerinnen mit unbewegter Miene jodeln – »Zilleltal, du bist mei Fleud!«) Es überrascht daher nicht, daß Mayrhofen mit mehr Übernachtungen aufwarten kann als Salzburg, sicher haben dazu auch die günstigen Verkehrsverbindungen zum ganzen süddeutschen Raum beigetragen. Das Tal ist über den Achenpaß schnell zu erreichen, so daß man sich am Wochenende, nach einem fragenden Blick auf die Wetterwolken, noch rasch zu einer Fahrt entschließen kann. Ob und gegebenenfalls wo man dann noch ein Bett bekommt, ist allerdings eine andere Frage. Doch nehmen wir einmal an, dieses Problem sei gelöst. Was erwartet dann den Gast? Um es kurz zu sagen: saftige und – je nach der Jahreszeit – bunte Wiesen in der Talsohle und an den Hängen, Wälder, schäumende Gebirgsbäche, schroffe Gipfel, daneben auch ein paar Orte, in denen die Zillertaler Naturschönheit zu Geld machen, und das nicht ungeschickt. In der Regel tun sie der Landschaft keine Gewalt an. Hotels und Frühstückspensionen, die in den letzten Jahrzehnten wie Pilze aus dem Boden schossen, halten sich an den herkömmlichen Stil, breit und behäbig, mit vorspringenden Dächern und umlaufenden hölzernen Balkonen. Die Einwohner haben erkannt, daß sich mit dieser ›landschaftsgebundenen‹ Baukonzeption am meisten verdienen läßt. Und als besonders geschäftstüchtig gelten die Zillertaler in ganz Tirol schon seit Jahrhunderten. Dabei ist das Tal, im Vergleich mit anderen Gebieten des Landes, noch gar nicht so lange besiedelt. Auf dem Durchzug verloren gegangen mag die Bronzenadel sein, die man auf dem Tuxerjoch gefunden hat, dem Anschluß ans Wipptal und damit dem seit frühesten Zeiten stark frequentierten Brennerweg. Wenn auch der Fluß in seinem Namen eine illyrische Wurzel (›til‹) führt und in alten Urkunden ›Cilares‹ genannt wird, so überwiegen im Zillertal die deutschen Ortsbezeichnungen. Sie deuten darauf hin, daß es bajuwarische Holzarbeiter und Bauern waren, die das Gebiet seit dem sechsten Jahrhundert rodeten und auf Dauer besiedelten.

Für den Kunstinteressierten beginnt die Fahrt durchs Zillertal gleich an seinem Eingang in **Strass,** wenn er sich dort auch nicht lange aufhalten wird. Erwähnenswert ist die *Pfarrkirche St. Jakob d. Ä.* mit ihrem schönen rundbogigen, von Renaissance-Pilastern eingefaßten Westportal aus rotem Marmor.

Schloß Thurneck, jetzt auch nach dem benachbarten Weiler Rotholz genannt, ist ein Neubau (Anfang des 18. Jahrhunderts) des ehemaligen Gerichtssitzes Rottenburg. Die Decke der saalartigen Kapelle hat Johann Josef Waldmann 1706 ausgemalt.

Auch **Schlitters** mit der 1740 barockisierten gotischen *Pfarrkirche St. Martin* und ihren Deckenfresken von Christof Anton Mayr kann nur eine Station auf dem Weg nach

Fügen sein, der bedeutendsten Pfarrei im Zillertal. Zwar wird sie erst 1163 urkundlich genannt, dürfte aber in karolingische Zeit zurückreichen. Die heutige *Pfarrkirche Mariä Himmelfahrt* ist ein spätgotischer Bau, dessen zwei spitzbogige rotmarmorne Portale in den einschiffigen Raum führen. Hier sind es vor allem die Freskenreste aus dem frühen 14. Jahrhundert (im Chor, an der Triumphbogenwand und an der Orgelempore), die den kunsthistorischen Wert des Gotteshauses ausmachen. Auch plastische Arbeiten der Gotik sind erhalten geblieben: am modernen Hochaltar Reliefs mit den Brustbildern der zwölf Apostel, auf dem linken Seitenaltar eine Maria mit Kind und auf dem rechten eine Beweinungsgruppe (Abb. 14). Von der Barockausstattung sind vor allem Johann Georg Grasmayrs Stationsbilder und die Holzskulpturen von Franz Xaver Nißl an den Wänden des Schiffes zu nennen (Abb. 15). Der Zillertaler Nißl (1731–1804) war zweifellos damals der führende Meister des Unterinntals, der sich durch einen unverwechselbaren Stil im Kreis der Tiroler Bildschnitzer des 18. Jahrhunderts auszeichnete. Der Einfluß des Münchener Hofbildhauers Johann Baptist Straub, bei dem Nißl als Gehilfe beschäftigt gewesen war, ist nicht zu übersehen, doch führt er seine Figuren zu einem naturnahen, organisch-realistischen Ausdruck, der für jene Zeit einzig ist.

Die *Michaelskapelle* wurde im Zuge der Baumaßnahmen im späten 15. Jahrhundert der Pfarrkirche angefügt. Das Fresko über der Eingangstür zeigt die Landschaft von Fügen und die Stifter. Besondere Aufmerksamkeit verdienen auch das Dreikönigs-Wandgemälde (Ende des 16. Jahrhunderts), die spätgotische Ölberggruppe aus Ton in der Vorhalle sowie ein Altar von 1623 mit dem Bild des heiligen Michael und den hinzugefügten Altarflügeln.

Schloß Fügen geht auf einen Wohnturm zurück, den Georg von Keutschach 1550 bauen ließ. Er steht heute noch in der Südwest-Ecke der von 1695–1702 durch Ferdinand Graf Fueger in die jetzige Form gebrachten Gesamtanlage. Sehenswert sind das breite Rundbogenportal aus rotem Marmor und in der Kapelle ein Altar von 1681.

Die schon um 1300 erwähnte und im späten 15. Jahrhundert neu gebaute *Wallfahrtskirche St. Pankraz* liegt am Westhang oberhalb des Ortes. Die drei Altäre und die Kanzel des Gotteshauses stammen aus der Zeit kurz vor 1700, ebenso die beiden Schnitzfiguren St. Pankraz und St. Barbara, während die drei Bischofsstatuen am linken Seitenaltar noch der Spätgotik angehören. – Wer St. Pankraz besucht, kommt außerdem in den Genuß einer prachtvollen Aussicht über das Tal.

Ein mehr folkloristisches Moment ist schließlich noch anzumerken: Fügen gesellt sich zu der Handvoll salzburgischer und oberösterreichischer Orte, deren Name mit dem Lied von der stillen und heiligen Nacht verbunden ist. »Dieses schlichte, in Wort und Weise beinahe kunstlose Gebilde« (K. H. Waggerl) brachte der Kapfinger Orgelbauer Karl Mauracher aus dem Salzburgischen mit, und die Fügener Sängergruppe ›Die Rainer‹ verbreitete es von hier in alle Welt.

Bei **Hart**, auf der anderen Seite des Ziller, steht auf der Höhe eine weitere *Wallfahrtskirche*, die allerdings erheblich jünger ist als St. Pankraz. Das 1652 erbaute Gotteshaus

Die Geschwister Rainer, Lithographie von Otto Speckter, 1827

wurde erst 1726 der heiligen Maria geweiht. Spätgotische Nachklänge an Turm und Portal sind nicht zu übersehen. Wolfram Köberl malte 1954 das Deckenbild mit der Darstellung Jesu im Tempel.

Die *Pfarrkirche St. Bartholomäus* ist ein Rokoko-Neubau mit Stukkaturen und Altären aus dieser Zeit.

Wenn wir auch schon viele Gotteshäuser gesehen haben, die sich äußerlich ähnlich sind, so birgt doch meistens jedes im Innern irgendeine sehenswerte Besonderheit. Auch die *Pfarrkirche St. Briccius* in **Uderns** erinnert an manche anderen Gotteshäuser, die Bauteile aus spätgotischer Zeit, meist wie hier Turm und Chor, aufweisen. Diese versteckt unter der Orgelempore ein Bild der Geburt Christi, das wahrscheinlich Franz Anton Maulpertsch gemalt hat. Beachtenswert sind auch die Schnitzfiguren von Franz Xaver Nißl: die heilige Magdalena (an der Orgelempore) und die heilige Anna mit Maria (am Triumphbogen).

In der *Johannes-Kirche* in **Ried** (spätgotisches Westportal aus rotem Marmor) sollten wir uns vor allem die Deckenbilder von Josef Schmutzer (1790) im breiten Schiff anschauen.

Stumm gehörte seit 1132 als Salzburger Schenkung zur Grundherrschaft des Klosters Herrenchiemsee, das hier bis 1803 die niedere Gerichtsbarkeit besaß. Das *Schloß* ist ein typischer Tiroler Edelsitz des 16. Jahrhunderts, dessen rechteckiger, dreigeschossiger Baukörper charakterisiert wird von den vier Eckerkern und dem Walmdach. Je ein flacher dreiseitiger Erker ziert noch die Eingangs- und die Rückseite.

Das Patronat der *Pfarrkirche St. Rupert* erinnert an die Verbindung dieses Platzes zu Salzburg. Der heutige Bau entstand Ende des 15. Jahrhunderts und wurde um 1700 verlängert und im Innern barockisiert. Dem heiligen Rupert begegnen wir dann in den Deckenbildern Christof Anton Mayrs (1756). Die Statuen an der linken Chorwand schuf Franz Xaver Nißl 1765 für den ehemaligen Hochaltar, der durch den jetzigen (aus der Fieger-Kapelle in der Pfarrkirche von Hall) ersetzt wurde.

Dort, wo der Gerlosbach von Osten kommend in den Ziller mündet, liegt der Hauptort des Zillertals, **Zell.** Wie zum Beispiel bei Zell am See im Pinzgau leitet sich auch hier der Ortsname von einer Mönchszelle her, die der Überlieferung nach im 8. Jahrhundert vom heiligen Rupert gegründet wurde.

Die heutige *Pfarrkirche St. Veit* ist ein 1772–1782 errichteter Neubau, zu dem der Salzburger Wolfgang Hagenauer die Pläne lieferte. Sein Tiroler Gegenspieler Andrä

Zell am Ziller, um 1850. Stahlstich und Zeichnung von P. Ahrens

Hueber aus Kitzbühel führte diese Pläne aus, wenn auch nicht frohen Herzens und nicht, ohne einige Veränderungen durchzusetzen. Die fruchtbare Konkurrenz dieser beiden Meister hat jedoch – wie wir schon in Brixen im Thale gesehen haben (s. S. 26) – zu guten Ergebnissen geführt.

Von der alten gotischen Kirche ist nur der spitzhelmige Turm übriggeblieben, der die Ansicht der Kirche beherrscht. Erst im Innern wird man der Wirkung des an den Turm angefügten mächtigen Rokoko-Zentralbaus inne, vor allem beeindruckt die große Kuppel über dem Hauptraum. Franz Anton Zeiller hat sie mit einem einzigen riesigen Fresko bemalt, das die Heilige Dreifaltigkeit mit Vertretern des Alten und Neuen Bundes darstellt (Abb. 14). Von Zeiller stammen auch die übrigen Deckengemäle, das Hochaltarbild mit dem Martyrium des Kirchenpatrons und wahrscheinlich die Blätter der Seitenaltäre. Gegenüber diesen grandiosen Gemälden treten die an der Rückseite der Vorhalle aufgedeckten Reste gotischer Wandmalereien in den Hintergrund.

Bedeutendere Kunstwerke sind nun nicht mehr zu erwarten. In den folgenden Orten können wir uns deshalb damit begnügen, auf wenige Details zu achten. Zum Beispiel in der Pfarrkirche von **Hippach** auf die freigelegten Fresken Josef Michael Schmutzers, der 1746 die ganze Decke ausgemalt hat, und in **Mayrhofen** auf die schönen Häuser mit ihren umlaufenden Balkonen.

Nicht erst seit 1945, als Erich Kästner und viele deutsche Künstler in Mayrhofen ein Obdach während der letzten Kriegs- und ersten Nachkriegsmonate fanden, wird die Gastfreundschaft gepflegt. Schon im 19. Jahrhundert wußten Reisende die Schönheit der vier Täler zu rühmen, die hier vom weiten Talgrund aus unter die Gipfelkette der Zillertaler Alpen führen. Im Südosten der Zillergrund, im Süden das Stillupptal und der Zemmgrund sind immer noch kaum besiedelt und nur am von Westen heranfließenden Tuxbach haben sich zahlreiche Ortschaften gebildet. Wer den Weg nach **Lanersbach** nicht scheut, mag sich dort die *Pfarrkirche St. Thomas* mit ihrem schönen Hochaltarbild anschauen, das in der Art Johann Georg Grasmayrs in der ersten Hälfte des 18. Jahrhunderts gemalt wurde.

Von Jenbach nach Innsbruck

Auf unserer Fahrt den Inn aufwärts kommen wir durch **Jenbach**, dessen Ortsbild durch den Bau mehrerer phantasieloser Wohnblöcke Schaden genommen hat. Unsere Beachtung verdient jedoch die *Pfarrkirche St. Wolfgang* mit ihren zwei spätgotischen Nebenportalen. Das barockisierte einschiffige Langhaus beherbergt auf einem Seitenaltar eine spätgotische Madonna (Farbabb. 22).

Die Rechnungsbücher dieser Pfarre erlauben einen guten Einblick in die Finanzierung des Kirchenbaus gegen Ende des 15. Jahrhunderts. Daß die Dorfbewohner allein durch Almosen die erforderlichen Geldmittel zum Bau und Unterhalt ihres Gotteshauses nicht aufbringen konnten, leuchtet ein. Und nennenswerte Spenden auswärtiger Besucher fielen nur in Wallfahrtsorten an. Grundlage jedes Bauvorhabens waren also die Eigenmittel der Pfarreien, die aus zinspflichtigen Gütern flossen, und Sonderzuwendungen. Im Erzbaugebiet stammten diese Sondereinnahmen aus dem Anteil, der dem Landesfürst, den Bergherren und Knappen an den Erträgen der Erzproduktion zustand. Laut Erich Egg (3), dem wohl gründlichsten und zuverlässigsten Kenner von Tirols Geschichte und Kunst, weist das Rechnungsheft der Wolfgangkirche von Jenbach im Baujahr 1489/1490 von den Gesamteinnahmen in Höhe von 977 Gulden mehr als die Hälfte an solchen Sonderzuwendungen (Erz- und Geldspenden) aus. (Die große Pfarrkirche von Schwaz erhielt ein Jahr später bei Gesamteinnahmen in Höhe von 4240 Gulden gar 3600 Gulden an Silber- und Kupfererzspenden.)

Von Jenbach fahren wir zum **Schloß Tratzberg** (Farbabb. 8, 9, 28) hinauf, das neben Ambras das bedeutendste und besterhaltene in Nordtirol ist. Als die Grenzen Bayerns noch bis hierher reichten, bauten die tirolischen Landesfürsten 1296 eine Schutzfeste, die 1346 den Freundsbergern verpfändet wurde. 1491 brannte sie völlig aus, wurde aber schon ab 1500 von der Familie Tänzl, die die Ruine von Maximilian erworben hatte, wiederaufgebaut. Ein halbes Jahrhundert später vervollständigte der neue Besitzer Georg Ilsung aus dem Augsburger Patriziergeschlecht den Tänzlschen Bauplan, und so erstand auf dem breiten Felsen am Ostabhang des Karwendelgebirges eine Anlage von seltener Geschlossenheit. Sie zeigt an ihrer Südseite gegen das Tal zu eine dreigeschossige Front, die von zwei seitlichen und einem mittleren Turm gegliedert wird. So trutzig diese Schauseite auch scheinen mag, deuten doch allein die vielen Fenster

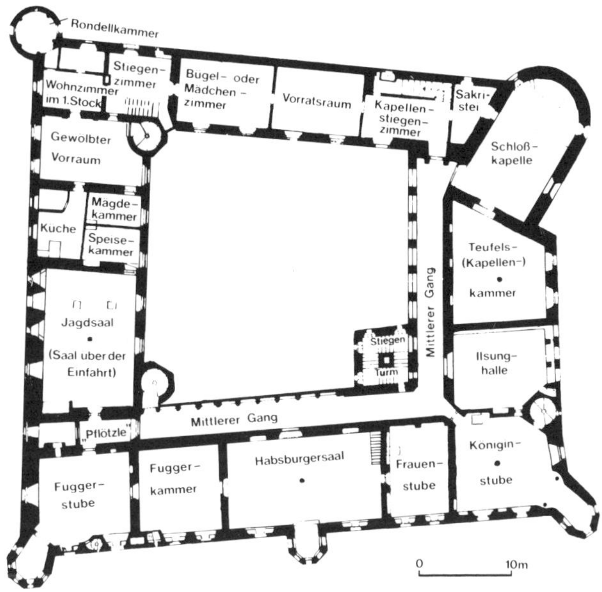

Schloß Tratzberg.
Grundriß des ersten Stockwerks

an, daß der Plan für den Wiederaufbau weniger auf Verteidigung als auf Wohnlichkeit gerichtet war.

Von Westen betritt man den fast quadratischen, allseitig umbauten Innenhof (Farbabb. 29). Der große Treppenturm in der Südostecke, die spitzbogigen Arkadenhallen im spätgotischen Ostflügel und die Fresken an den Fassaden des West- und Nordtraktes fallen ins Auge. 1589 erbten die Fugger das Schloß, und auf sie gehen auch die bis heute gebräuchlichen Namen der einzelnen Räume zurück, wenn auch die nachfolgenden Besitzer hier und da die Zimmereinteilung änderten oder neue Einrichtungsgegenstände anschafften.

Im Erdgeschoß des Südflügels sollten wir uns die *Rüstkammer* ansehen, die nicht nur wegen der hier ausgestellten Waffen und einer Sammlung alter Totenschilde interessant, sondern auch wegen ihrer Balkendecke und einer achteckigen Säule der Beachtung wert ist. Im ersten Stock gilt die Aufmerksamkeit der *Fuggerstube* mit ihrer schön geschnitzten Tür und der *Fuggerkammer,* vor allem aber dem *Habsburgersaal.* Hier ruht die gewaltige Kassettendecke auf einer einzigen gewundenen Säule aus rotem Marmor. 46 Meter lang ist das die Wände überziehende Gemälde (wahrscheinlich von Hans Maler aus Schwaz) mit den Bildern von 148 Ahnen Kaiser Maximilians. Der Raum ist ein vorzügliches Beispiel eines Denkmalsaals der deutschen Renaissance.

Im *Teufelszimmer* – von ihm will die Sage wissen, daß hier ein frevelnder Ritter vom Teufel geholt wurde – wird meist eine wertvolle Gemäldesammlung gezeigt. Die der hl. Katharina geweihte *Schloßkapelle* von 1508 ist in der Nordostecke dieses Traktes untergebracht. Die Schlußsteine im gotischen Netzrippengewölbe zeigen unter anderem den Königsadler Maximilians I. und die Wappen der Tänzl.

Maximiliansstube und *-kammer* im zweiten Stock des Westflügels bestechen durch ihre spätgotische Decke und schöne Einrichtungsgegenstände. Im Südtrakt sei ein Blick in die *Hofmeisterstube* mit ihrer typischen Ausstattung der Ilsung-Zeit angeraten: niedere Wandtäfelung unter Ledertapete und Tafelbildern.

Von Schloß Tratzberg fahren wir nach **Stans** hinein, und dort sollten die Autofahrer ihr Fahrzeug parken, denn die Wolfsklamm, die gleich am nordwestlichen Ortsrand beginnt, lockt zu einer Wildbachwanderung. Am Ende der Schlucht, auf hohem Felsen, thront die *Wallfahrtskirche* mit dem *Kloster St. Georgenberg*. Der bereits vor 1000 genannten Wallfahrtsstätte – das Kloster wird 1138 zur (Benediktiner-)Abtei erhoben – war im Laufe der Jahrhunderte keine ruhige Entwicklung vergönnt. Zwar blühte die Wallfahrt nach einem Kirchenneubau um 1200 zunächst auf, weil jedoch mehrere Brände immer wieder ihr Aufbauwerk zerstörten, verlegten die Mönche 1705 ihr Kloster in das nahe Fiecht. Dreißig Jahre später wurde der Stammsitz Georgenberg wiederhergestellt, im 19. Jahrhundert dann aber so gründlich ›restauriert‹, daß heute nur noch ein paar romanische Reliefplatten – Reste lombardischer Steinmetzkunst – und das Gnadenbild im Hochaltar – eine Pietà von 1415 – an die alte Tradition erinnern.

Einen harmonischen Eindruck bietet in **Fiecht** die *Stiftskirche St. Josef*, die Jakob Singer 1740–44 baute, nachdem – wie erwähnt – die Benediktiner 1705 ihr Kloster von St. Georgenberg hierher verlegt hatten. Der Turm wurde Ende des 18. Jahrhunderts hinzugefügt. Zwar erlitt auch diese Kirche schwere Beschädigungen durch Brand und Erdbeben, eine 1950 durchgeführte gründliche Restaurierung konnte jedoch besonders auch dem Inneren des Gotteshauses durch Neuanschaffung barocker Ausstattungsstücke ein ansprechendes Aussehen geben. Hiervon ist die in der östlichen Chorapsis aufgestellte Immaculata von Cristoforo Benedetti, die originale Bekrönungsfigur der Innsbrucker Annasäule (s. S. 113), hervorzuheben. Seine beschwingte Festlichkeit bezieht der Raum von den feinen Stukkaturen Franz Xaver Feichtmayrs und den kostbaren Fresken Matthäus Günthers.

Ganz in der Nähe liegt das Dorf **Vomp** mit dem ehemaligen *Jagdschloß* Erzherzog Sigmunds des Münzreichen am nördlichen Talhang. 1520–35 hatte hier die erste tirolische Druckerei ihren Sitz. Einen hübschen Anblick bietet die Talseite des Bauwerks mit den übereck gestellten Erkertürmchen.

Am Innufer liegt *Schloß Mitterhart*. Der aus dem 17. Jahrhundert stammende Ansitz wird heute als Gasthof geführt.

Aus der nächsten Umgebung seien noch **Vomperberg** (Reitschule mit sehr schöner Halle) und **Hinterriß** wenigstens erwähnt. Das 930 m hoch gelegene Hinterriß hat nur 60 Einwohner, es ist aber die einzige ganzjährig bewohnte Siedlung im Karwendel. 1200 m hoch liegt der Ahornboden (Farbt. 7), ein mit 500 Jahre alten Ahornbäumen bestandener Talgrund, umrahmt von den Kalkwänden des Karwendels. Allerdings ist dieses einzigartige Naturdenkmal durch den Wasserraubbau in diesem Gebiet stark gefährdet.

Eine der größten Siedlungen im tirolischen Unterinntal ist das schon 930 urkundlich erwähnte **Schwaz** (Abb. 22). Seine Bergbautradition reicht möglicherweise bis in vorgeschichtliche Zeit zurück; im Mittelalter jedenfalls bildete die Gewinnung von Silber und Kupfer die Grundlage für die Entwicklung und den Wohlstand des Gemeinwesens. Damals wurde es »aller Bergwerke Mutter« genannt. Adlige Machthaber, wie die Herren von Andechs, von Freundsberg oder die Fürsterzbischöfe von Salzburg teilten sich den Abbau der Bodenschätze mit reichen Bürgerhäusern wie den Augsburger Fuggern, den Paumgartners aus Kufstein, den Tänzl aus Innsbruck. Zu Beginn des 16. Jahrhunderts warf der Bergbau die höchsten Gewinne ab; an die 20 000 Knappen sollen zeitweilig hier beschäftigt gewesen sein. Schwaz wurde zum Zentrum eines weltweiten Handels. Aber ebenso rasch, wie man die Arbeiter gerufen hatte, wurden sie dann auch wieder entlassen, als man sie nicht mehr benötigte. Mit der Zeit wurden immer größere Investitionen im Bergbau notwendig; die schwächeren Teilhaber sprangen ab, bis schließlich nur noch die Fugger und die Herzöge von Tirol übrigblieben. Und auch das Augsburger Handelshaus zog sich dann etwa Mitte des 17. Jahrhunderts zurück.

Schwaz. Stahlstich von J. Richter nach einer Zeichnung von F. K. Würthle

Im 18. Jahrhundert wird die Stadt dann zum Zentrum barocken Kunstschaffens. Die Baumeister- und Stukkatorenfamilie Singer läßt sich hier nieder und arbeitet mit dem Freskenmaler Christof Anton Mayr erfolgreich zusammen.

Einen verheerenden Rückschlag erleidet Schwaz in den Freiheitskämpfen gegen Bayern und Franzosen 1809. Plünderung und Brand fallen die meisten der schönen Bürgerhäuser zum Opfer. Die Stadtpfarrkirche und das Franziskanerkloster bleiben jedoch unversehrt, so daß der Tiroler Dichter Hermann von Gilm schreibt:

> »Uns ... blieb die Scholle und der schöne Strom,
> der Schiffbeladene, und der Stolz des Marktes:
> der säulenreiche Doppeldom.« (4)

»Doppeldom«, dieser Ausdruck deutet schon darauf hin, daß wir es bei der *Stadtpfarrkirche Unserer Lieben Frau* (Abb. 20/21), wie schon vorher in Rattenberg (s. S. 57), mit einem Gotteshaus zu tun haben, in dem Bergleute und Bürger voneinander getrennt zu beten hatten. 1460 war, nach Plänen Hans Mitterhofers, mit dem Bau begonnen worden; einer dreischiffigen Halle mit fünfjochigem Langhaus, polygonalem Chor und einem Turm, der in den nördlichen Winkel zwischen Schiff und Chor gestellt wurde. Schon wenige Jahre darauf erwies sich infolge des enormen Zuzugs auswärtiger Bergknappen diese Kirche als zu klein, und so beschloß man die Vergrößerung des Gotteshauses in einem zweiten Bauabschnitt: Der Südseite des alten Mittelschiffs wurde symmetrisch ein zweites mit zugehörigem Chor und Seitenschiff angefügt. Gleichzeitig erweiterte man den gesamten Bau nach Westen um zwei Joche. Die Bauführung lag bei dem einheimischen Christof Reichartinger. Daß die Kirche wie aus einem Guß entstanden wirkt, ist dem Architekten und Bildhauer Erasmus Grasser aus München zu verdanken, dem 1492 Maximilian einen Geleitbrief ausgestellt hatte. Ihr an profane Münchener Bürgerbauten (Altes Rathaus) vor allem durch den gotischen Staffelgiebel erinnerndes Äußeres darf deshalb nicht wundernehmen.

Wie das Beispiel des Erasmus Grasser zeigt, war bei aller straffen Organisation der Maurer und Steinmetzen in ihren heimischen Bruderschaften doch auch ihre Freizügigkeit innerhalb der deutschen Lande gesichert. Sie galt für die Wandergesellen ebenso wie für die Meister. Und nur den Angehörigen dieses Handwerks wurden noch von Kaiser Maximilian bedeutende Privilegien gewährt, die ihnen im Reiche eine besondere Rechtsstellung einräumten. So überrascht es nicht, daß gerade in Tirol große Turmbauten von Augsburger Meistern geschaffen wurden, die auf diesem Gebiet einen hervorragenden Ruf genossen. In Schwaz war es Jakob Zwizel aus Augsburg, der von 1509 bis 1513 den mächtigen Quaderturm der Pfarrkirche errichtete. Die Bauführung während der Abwesenheit des Meisters hatte der Frankfurter Conrad Vogel.

Schöne geschnitzte Türen mit bronzenen Löwenköpfen geben den Weg ins Innere des Gotteshauses frei. Sein Langhaus erfährt durch drei Reihen starker Säulen, welche ohne Kapitelle ins Gewölbe greifen, eine ebenso klare wie eindrucksvolle Gliederung (Abb. 19). Da Haupt- und Seitenschiffe fast gleich hoch sind, wirkt die Kirche wie ein

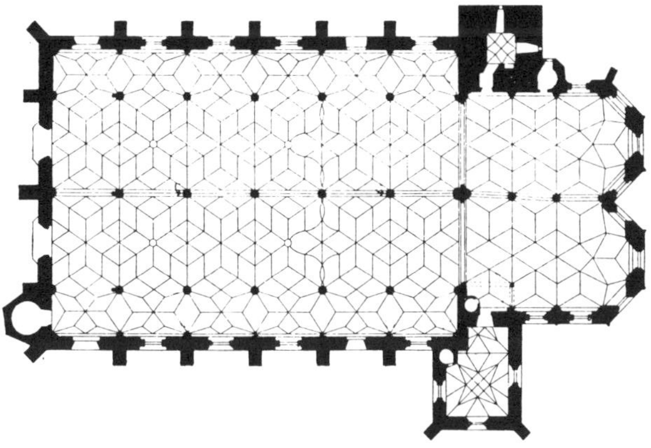

Schwaz. Pfarrkirche, Grundriß

gewaltiger Saal, der beinahe ebenso lang wie breit ist (40 × 36 m). Die breiten, hohen Maßwerkfenster geben dem Raum viel Licht.

Während die nach 1728 von Jakob und Hans Singer durchgeführte Barockisierung Anfang des 20. Jahrhunderts wieder rückgängig gemacht werden konnte, ist von der gotischen Ausstattung nur noch wenig vorhanden. Die ältesten Stücke sind eine thronende Muttergottes von 1430 (mit barockem Kind) im nördlichen Seitenaltar und der Taufstein von 1470. Nicht weniger kostbar sind jedoch auch eine Marienfigur von 1510 im Südchor und die drei Statuen einer hl. Anna Selbdritt und der hll. Elisabeth und Ursula im südlichen Seitenaltar (um 1500, Abb. 18). Die These, dieser Altar sei von Christof Scheller geschnitzt worden, ist umstritten. Sicher aber ist er dem Kreis der Memminger Bildschnitzer um Ivo Strigel und Hans Herlin, zu dem auch Scheller zählte, zuzurechnen.

Die Grabsteine für Christian Tänzl (1491) und Anna Hofer (1493) sind Werke des Wasserburger Bildhauers Wolfgang Leb, von dessen Kunst schon anläßlich der Pfarrkirche zu Kufstein die Rede war (s. S. 23).

Gut erhalten ist die *Totenkapelle* im Norden der Pfarrkirche, 1504–07 von Christof Reichartinger als Doppelkapelle erbaut. Die dem hl. Erzengel Michael geweihte Unterkapelle enthält die Reste einer Ölberggruppe und eine Kreuzigung mit Maria und Johannes (Anfang 16. Jh.), die Oberkapelle (St. Veit) schmückt ein Schnitzaltar des Memmingers Christof Scheller von 1509.

Die Skulptur des hl. Veit im Ölkessel mit dem Hahn in der rechten Hand (um 1510) erinnert in ihrer naturalistischen Gestaltung an eine aus Hall stammende Johannes-Schüssel und eine hl. Anna aus dem Stift Wilten. Diese beiden Werke befinden sich heute im Tiroler Landesmuseum (s. S. 163). Allen dreien ist die kraftvoll ausgeprägte Körperlichkeit gemeinsam.

Der Brand von 1809, der Zweite Weltkrieg, aber auch die Bautätigkeit in jüngster Zeit haben das alte Stadtbild von Schwaz verändert. Einen harmonischen Eindruck vermittelt nur noch ein einziger Straßenzug, die Franz-Josef-Straße, deren Abschluß die Fassade der Pfarrkirche bildet. An dieser Straße steht auch das heutige *Rathaus* der Stadt, das alte Geschäftshaus der Fugger von 1500–09, gleich am Kopfplatz der Innbrücke. Wandmalereien von Christof Anton Mayr schmücken die breite Front, und spitzbogige Laubengänge im Hof verleihen dem Bau Vornehmheit. Das *Fugger-Wohnhaus* in der Ludwig-Penz-Straße (›Kreuzwegerhaus‹) liegt oberhalb des Franziskanerklosters. Hier flankieren den Hof rundbogige Arkadengänge.

Im Äußeren unverändert seit der Entstehungszeit von 1508–15 sind Franziskanerkloster und -kirche. Architekt war Christof Reichartinger, Vorsteher der Schwazer Bauhütte. Einfach und streng, der Regel des Bettelordens entsprechend, ist das Äußere gegliedert, und auch der dreischiffige Innenraum hat dank der sparsam durchgeführten Barockisierung seinen gotischen Charakter in etwa bewahrt. Von der Ausstattung sind eine spätgotische Mariengruppe, das Spätrenaissance-Chorgestühl, vor allem aber der große, in Solnhofener Stein gemeißelte Kruzifixus (1521) des Augsburgers Loy Hering hervorzuheben. Seine kraftvoll ausgearbeiteten Linien weisen bereits deutlich auf die Frührenaissance voraus.

An der Südseite der Kirche liegt der sich in 22 Arkaden öffnende *Kreuzgang*. Die Konsolen und Schlußsteine des Kreuzrippengewölbes sind mit den Bildnissen und Wappen der Stifter geschmückt. Seine kunstgeschichtliche Bedeutung erhält der Kreuzgang durch die spätgotischen Wandbilder des Paters Wilhelm von Schwaben, die vor allem Passionsszenen darstellen. Sie sind nicht als geschlossener Zyklus entworfen, vielmehr schuf der Künstler sie zwischen 1519 und 1526 im Auftrag der verschiedenen Stifter. Dabei hielt er sich in der Komposition offenbar an Holzschnitt- und Kupferstichvorlagen von Schongauer, Dürer und anderen. Außerordentlich kraftvoll wirken die Charakterköpfe der Landsknechte und Schergen. Die Gewölbe wurden erst um 1600 bemalt. Im Osttrakt entdecken wir die *Bonaventura-Kapelle* mit dem Rest eines Kreuzigungsaltars von 1520: ein Kruzifixus mit Magdalena.

Unweit der Franziskanerkirche, in derselben Straße wie das Fugger-Wohnhaus, liegt das *Pfleggericht* (Ludwig-Penz-Straße 13), ein spätgotischer Bau mit Erker und Rundtürmchen, dessen ursprüngliche Form beim Wiederaufbau 1962 stark verändert wurde. Bis zu seiner Zerstörung im Zweiten Weltkrieg hatte das Gebäude den originellen Meistersingersaal beherbergt, dessen Freskoausmalung von Ulrich Funk sich an der Dichtung des Hans Sachs orientierte. Nur wenige Reste davon konnten geborgen und im Heimatmuseum (Burg Freundsberg) ausgestellt werden.

Auf dem Schuttkegel, an dessen Hang die Stadt Schwaz angelegt wurde, liegt die *Burg Freundsberg,* der bereits 1100 urkundlich erwähnte Stammsitz des gleichnamigen Rittergeschlechts. An diese Frühzeit der Burg erinnert jedoch heute nur noch der massive romanische Bergfried, in dessen Stockwerken seit 1949 das Heimatmuseum untergebracht ist. Die *Schloßkapelle,* 1477 erbaut und noch 1634–37 im Stil der Re-

Schwaz. Kreuzgang des Franziskanerklosters. Ausschnitt aus den Fresken Wilhelms von Schwaben

naissance umgestaltet, enthält eine wertvolle Ausstattung. Sehenswert sind die Apostelfresken von Christof Anton Mayr (1750); er malte auch das Moses-Bild im Giebel der weiter unten gelegenen *Wasserkapelle.*

Die Geschichte der Stadt Schwaz zur Zeit des prosperierenden Bergbaus ist von krassen sozialen Gegensätzen geprägt. Die trotz der Zerstörungen in den beiden letzten Jahrhunderten auf uns überkommenen Kunstwerke dürfen nicht die Erinnerung an die elenden Lebensbedingungen der ärmeren Bevölkerungsschichten, Aufstände, Ar-

Schwazer Bergbuch, 1556. Tiroler Landesmuseum. »Vier Dinge verderben ein Bergwerk«; neben Krieg, Tod und Teuerung ist hier erstmals eine Arbeitsverweigerung der Knappen dargestellt, deren Arbeitsbedingungen solche Formen des Widerstands herausforderten.

beitsverweigerungen der Bergknappen und die hier besonders heftigen Glaubenskämpfe verdrängen.

An der Straße von Schwaz nach **Pill** liegt die kleine *Wallfahrtskirche Zum Heiligen Kreuz,* erbaut an der Stelle, an welcher der Legende nach ein von bayrischen Soldaten in den Inn geworfenes Gnadenbild, ein Barockkruzifix, geborgen wurde. Der 1764–66 durch den Hofbaumeister Johann Michael Umhauser errichtete Zentralbau besticht durch seine farbenprächtige Ausmalung, die Christof Anton Mayr ausführte. Das Kreuz bestimmt die Thematik der Fresken, mit denen Mayr eines seiner besten Werke geschaffen hat.

Die *Pfarrkirche St. Anna,* 1516 erbaut, wurde im 18. Jahrhundert barock und im 19. Jahrhundert neugotisch ausgestattet. Die 1931 und 1972 durchgeführten Restaurierungen zeigen wieder den spätgotischen Chor und die von Christof Anton Mayr geschaffenen Gewölbefresken von 1750. Von der Ausstattung ist eine gotische Anna Selbdritt sehenswert.

Zwischen **Wattens,** einem freundlichen Inntaler Ort, und dem benachbarten **Volders** wurde vor einigen Jahren eine *eisenzeitliche Siedlung* ausgegraben, die heute als Freilichtmuseum zugänglich ist.

Volders wird beherrscht vom *Schloß Friedberg* mit seinem wehrhaften Bergfried. Dieser gehört zu den ältesten Teilen der im 13. Jahrhundert gegründeten und Ende des 15. Jahrhunderts umgebauten Anlage, die 1845 in den Besitz der Grafen Trapp überging. Außerordentlich stimmungsvoll ist der Hof mit seiner Zisterne und den spätgotischen Galerien. Auf die Fieger, die um 1490 den Umbau der Burg veranlaßten, geht die heutige Form der dem heiligen Bartholomäus geweihten *Kapelle* zurück. In dem gemalten Stammbaum Christi wurden die Porträts der damaligen Besitzerfamilie untergebracht. Besonders sehenswert ist auch der *Rittersaal;* sein Freskenzyklus von 1510 zeigt Turnier- und Jagdszenen.

Die Grabmäler zweier Fieger entdecken wir in der unmittelbar am Innufer gelegenen eigenartigen *Kirche Zum heiligen Karl Borromäus* (Farbabb. 26). Sie ist das Werk eines Dilettanten. Hippolytus Guarinoni (1571–1654), von Beruf Arzt, darüber hinaus aber außergewöhnlich vielseitig talentiert, hatte die Idee, das Geheimnis der göttlichen Dreifaltigkeit architektonisch zu behandeln. Die im Grunde einfache Lösung, die Dreiheit durch drei Kapellen und die Einheit durch einen Hauptraum darzustellen, während im Turm der Grundriß wieder aufgegriffen wird, führte jedoch hier zum Auseinanderfließen der Architektur. Sieht man von dem heutigen Abschluß des Turms ab, der so nicht geplant war, dann weist der gesamte Bau keine Kanten und ruhenden Flächen auf, alles scheint in Bewegung; die eigenartigen Fensterformen wirken geradezu rätselhaft.

Durch das einzige Portal (in der Westfassade) betritt man zuerst eine kleine Vorhalle, deren Nord- und Südkapelle von je einer Apsis abgerundet werden. Die Nordkapelle Zur Schmerzhaften Muttergottes schmücken Fresken von Kaspar Waldmann;

die andere ist der heiligen Anna geweiht. Hier finden wir auch die beiden oben erwähnten Fieger-Grabmäler. 1765/66 wurde der ganze Innenraum der Kirche im Rokoko-Stil umgestaltet. Georg Gigl brachte Stukkaturen an, Martin Knoller malte das große Kuppelfresko (Farbt. 41) und auch das Bild des Hochaltars. Interessant ist noch das Gemälde von Wilhelm Schöpfer in der (südlichen) Franziska-Romana-Kapelle: In einer Epiphanie-Szene zeigt es unter anderem die Familie des Baumeisters.

Diese Kirche, die Guarinoni dem zugehörigen Serviten-Kloster aus eigenen Mitteln errichten ließ, ist zweifellos ein eigenartiges Bauwerk, dem, wenn man an die Fenster denkt, sogar groteske Züge nicht fehlen. Trotzdem entwickelt sie, vor allem im Inneren, eine durchaus freundliche, harmonische Atmosphäre.

In **Mils** steht auf dem Friedhof die kleine spätgotische *St.-Anna-Kapelle* mit einer hervorragend gearbeiteten Ölberggruppe aus lebensgroßen Schnitzfiguren. Wie man bis heute nicht weiß, ob die um 1505 entstandene Gruppe ursprünglich für Mils angefertigt wurde, so konnte man sie auch noch keinem bestimmten Künstler zuschreiben. Erich Egg sieht allerdings »gewisse Fäden zu Veit Stoß führen« (5), dessen Hochaltar für die Pfarrkirche in Schwaz (1500–1503) leider verschollen ist. Rätsel gibt der Milser Ölberg jedoch nur hinsichtlich seiner Identifizierung auf. Der Realismus der Darstellung beeindruckt durch die Unmittelbarkeit, die er den Figuren zu geben weiß.

Mils. St.-Anna-Kapelle, Ölberggruppe. Schlafende Jünger

Von Mils aus sind es nur wenige Minuten bis zur **Gnadenwalder Höhenstraße.** In einem Land wie Tirol, das so reich ist an landschaftlichen Glanzpunkten, fällt es schwer, den Apfel des Paris zu vergeben. Mir scheint jedoch gerade dieses Gebiet östlich von Innsbruck eines der schönsten zu sein. Hoch über der Betriebsamkeit der Hauptstadt, nach allen Seiten mit freiem Blick ins Inntal, dessen Verkehrswege im Ungewissen zu verlaufen scheinen, umfängt den Betrachter hier eine andere Welt.

St. Martin (Abb. 26) war bereits eine Einsiedelei, als es um 1500 in ein Kloster umgewandelt wurde. Ende des 17. Jahrhunderts vernichtete ein Brand fast alles. Nur der Chor der noch älteren *Kirche* und ihr Turmsockel blieben erhalten. Der Neubau wurde von Michael Ignaz Milldorfer 1743 ausgemalt; er schuf auch die Bilder der Nebenaltäre. An einen Jagdaufenthalt Philipps des Schönen erinnern drei spätgotische Wappenschilde im Klosterhof.

Auf den ersten Blick scheint sich das mittlere Unterinntal in nichts von anderen ehemals landschaftlich reizvollen Gebieten in der Nähe großer Städte, die im Zuge einer expansiven Industrialisierung ihr Gesicht verändert haben, zu unterscheiden, es sei denn durch die unveränderliche Kulisse des Gebirges. Doch die ist ja in Österreich nicht außergewöhnlich.

Wer früher hier von Ort zu Ort reiste, landschaftliche und künstlerische Kostbarkeiten gewissermaßen als ›Einzelstücke‹ er-lebte, er-fährt (im wörtlichen Sinn) heute auf ›großzügig‹ angelegtem Straßennetz ein einziges sich immer noch ausdehnendes Zentralgebiet rund um die Landeshauptstadt Innsbruck. Industrieanlagen und moderne Wohnsiedlungen flankieren die Straßen bis weit vor die Orte, berühren einander, so daß kommunale Grenzen kaum zu erkennen sind.

Wie wohl tut es darum, in **Hall** einen Ruhepunkt zu finden, dessen ansprechendes Stadtbild den Durchreisenden zum Verweilen einlädt. Wir wissen, daß die Stadt ihre Bedeutung dem Salz verdankt, ihr Name sagt es. Schon den Römern waren Fundstellen vor der Karwendelkette bekannt, doch erst im 13. Jahrhundert begann man im großen Stil mit der Salzgewinnung. Und damals wird auch erstmals ein »Hal ze Halle« erwähnt, das Haus also, in dem die Sole versotten wurde. 1303 verleiht der Görzer Herzog Otto dem Ort das Stadtrecht; der wirtschaftliche Aufschwung ist nicht mehr aufzuhalten.

Von Schwaz, dem anderen geschichtlichen Zentrum der Region, unterscheidet sich das weitgehend noch intakte spätmittelalterliche-frühneuzeitliche Stadtbild Halls trotz historischer Parallelen in der Stadtentwicklung. Wie Schwaz verdankte Hall seinen Reichtum den Bodenschätzen, und auch ein Bezug zur Silbergewinnung fehlt nicht. 1477 richtete Erzherzog Sigmund in Hall eine Münzstätte ein, die bis 1809 gearbeitet hat. Das Metall für große Prägeauflagen wurde zunächst aus der benachbarten Stadt, später aus Amerika bezogen. 1975 nahm die Münze ihre Tätigkeit mit der Prägung von Sondermünzen wieder auf, und damit bietet die Stadt ein besonders hand-

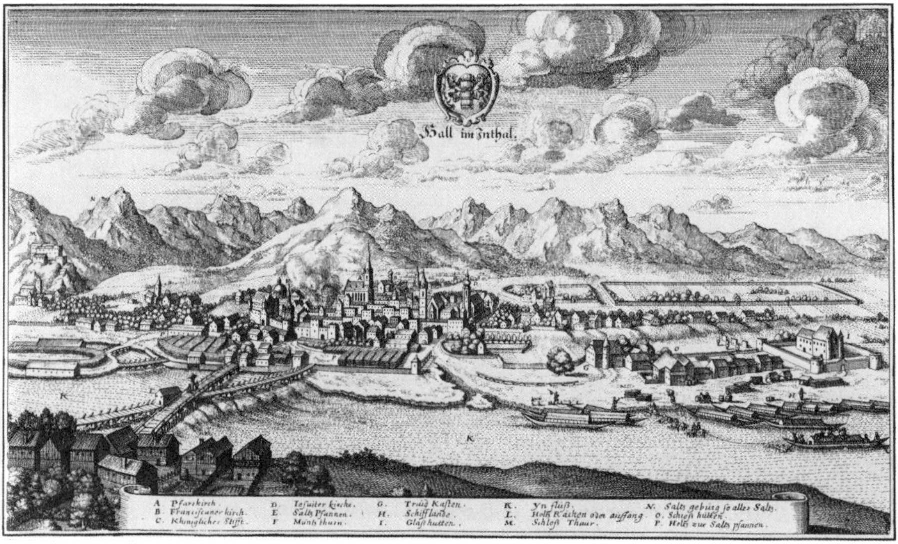

Hall nach Norden. Kupferstich von Matthäus Merian, 1649

greifliches Beispiel dafür, wie sie das moderne Leben an alte Tradition anknüpft. Hall, wir werden es noch sehen, ist kein Museum, in dem alte Zeugnisse der Geschichte lediglich aufbewahrt und gepflegt werden (obwohl es viele schöne alte Dinge gibt), sondern – selten trifft diese Redensart so zu – ›hier ist die Vergangenheit lebendig‹; wie selbstverständlich lebt die Stadt mit ihr und führt sie fort.

So bedeutsam die Salzgewinnung für die wirtschaftliche Entwicklung der Siedlung war, so notwendig war es, den Ort durch geeignete Einrichtungen zu schützen. Die größte Gefährdung drohte vom Inn her, wo mit der Burg Hasegg ein wehrhafter Brückenkopf zum Schutz der Saline und der Schiffahrt entstand. Mit der Erhebung zur Stadt erhielten die Haller Bürger die gleichen Privilegien, die den Innsbruckern zustanden: freie Wahl des Stadtrichters, Verfügungsfreiheit über ihr Vermögen, Marktrecht. Der Handel blühte, die Zollerträge flossen in den Stadtsäckel. Das ringsum befestigte Hall war schließlich doppelt so groß wie Innsbruck. Die jeweiligen Landesfürsten hielten ständigen Kontakt zur Bürgerschaft; ihre Beinamen verraten, warum. Dafür, daß Friedrich ›mit der leeren Tasche‹ und Sigmund ›dem Münzreichen‹ immer wieder aus ihren finanziellen Kalamitäten herausgeholfen wurde, gewährten sie weitere Vergünstigungen: Ein Teil der erzherzoglichen Regierungsgewalt wurde auf 16 Landesvertreter übertragen, die Glashütte wurde unterstützt, die 1668 von den Rotgerbern ausgearbeitete neue Zunftordnung genehmigte Kaiser Leopold I. ohne jeden Abstrich.

Schon in früheren Epochen haben vor allem der große Brand von 1477 und das schwere Erdbeben von 1670 zu einem teilweisen Neuaufbau gezwungen, die moderne Zeit hat vieles verändert und hinzugefügt, doch unverändert reizvoll ist die Altstadt geblieben.

Beginnen wir den Rundgang bei der *Burg Hasegg.* Im Mittelalter war sie die südlichste Bastion der die gesamte Stadt umgebenden Befestigungsanlage. Von den ehemals zwei Türmen ragt der *Münzerturm* (Farbabb. 4) über die heute fast vollständig umbaute Burg hinaus. Sein Name geht auf die erste maschinell arbeitende Münzstätte zurück, die Erzherzog Ferdinand II. 1567 hier einrichtete. Von der Münzergasse her betreten wir den gotischen Innenhof, der durch die verschiedenen Treppen, Erker und Bögen besticht. Er bildet den reizvollen Rahmen für die im Sommer hier stattfindenden Konzertveranstaltungen.

Sehenswert ist auch die spätgotische, dem hl. Georg geweihte *Burgkapelle,* die Maximilian I. 1515 durch Nikolaus d. Ä. und Gregor Türing bauen ließ in Erinnerung an seine Hochzeit auf Hasegg mit Bianca Maria Sforza, seiner zweiten Frau (†1511).

Gehen wir von der Burg Hasegg die Münzergasse hinauf, liegt rechter Hand, die Fassade halb verdeckt, die 1727/28 erbaute *Spitalskirche.* Ein Marmorportal führt in den schlichten Innenraum, den drei Rokoko-Altäre mit guten Bildern schmücken. Links säumt der langgestreckte Bau der *Saline* die Südseite des *Unteren Stadtplatzes.* Hier ist die *Barbarasäule* aufgestellt, ein Bildstock mit Reliefs, den die St.-Barbara-Bruderschaft der Bergherren und -knappen 1486 gestiftet hat.

Doppelreihig übereinander gestaffelt stehen die Fassaden der Altstadt: Das Bild einer Festung, die durch die vielen Fenster und Erker jedoch nicht unfreundlich, abweisend oder gar drohend wirkt. Durch den Langen Graben, vorbei am Sigmundbrunnen, steigen wir hinauf zum *Oberen Stadtplatz* (Farbabb. 2). Vielfalt und Vielseitigkeit kennzeichnen auch ihn, ungleichmäßig im Grundriß, wie aus mehreren kleinen Plätzen zusammengesetzt. Ein schöner Platz, schön, weil er so lebendig ist. Von allen Seiten münden schmale Gassen ein, prägen in den Zwickeln den Platz durch ihren mittelalterlichen Baubestand. Da ist gleich rechts, am Ausgang des Langen Grabens, das *Stubenhaus;* davon zurücktretend das Bergbau-Museum und, an der Ostseite des Platzes, die jahrhundertealte *Hofapotheke.*

Gegenüber haben sich die geistlichen und weltlichen Mächte niedergelassen: Die *Pfarrkirche St. Nikolaus* steht an der Stelle, an der bereits 1281 der Grundstein für eine Kapelle gelegt worden war. Diese erwies sich jedoch schon bald als zu klein, und so entstand in verschiedenen Bauabschnitten bis 1437 die gewaltige dreischiffige Hallenkirche, die zu den bedeutendsten Tirols zählt. Die Westfassade mit vielen Blendfenstern und ihrem hohen Treppengiebel wurde zum Vorbild für die Kirchen in Schwaz, Innsbruck und Imst. Von hohem künstlerischen Wert sind die monumentalen Steinstatuen am Hauptportal, die sich durch den kräfig bewegten Faltenwurf der Gewänder auszeichnen. Stifter ist der Bürgermeister von Hall, Niklas Fieger, 1494.

Auch das Innere hat trotz der 1752 vorgenommenen Barockisierung den Charakter der gotischen Raumarchitektur bewahrt. Auffällig ist die Achsenverschiebung des

Chores, die durch die einseitige Langhauserweiterung 1430 (ausgeführt von Hans Sewer) entstand. Josef Adam Mölk erhielt den Auftrag, im Zuge der barocken Umgestaltung die Decken auszumalen, eine Aufgabe, die er ungemein geschickt und phantasievoll löste. Während er im Mittelschiff Szenen aus dem Leben des Kirchenpatrons darstellte, stimmte er die Gemälde in den Seitenschiffen thematisch auf die dort stehenden Altäre ab (Sebastian, Johannes Nepomuk).

Eine ›Kirche in der Kirche‹ stellt die durch ein kunstvoll geschmiedetes Gitter vom übrigen linken Seitenschiff abgetrennte *Waldaufkapelle* dar, die auf den aus dem Pustertal stammenden Ritter Florian Waldauf von Waldenstein (†1510) zurückgeht. Er brachte nicht nur eine aus aller Welt zusammengetragene Reliquiensammlung hier unter, sondern stattete die Kapelle auch mit wertvollen Kunstwerken aus. Eine spätgotische Muttergottes (wahrscheinlich aus der Pacher-Schule) befindet sich noch dort, dagegen werden Reste des ehemaligen Flügelaltars von Marx Reichlich und ein Totenschild im Stadtmuseum aufbewahrt.

Von der alten gotischen Ausstattung der Pfarrkirche ist nicht mehr viel vorhanden. Aufmerksamkeit verdienen jedoch eine Palmeselgruppe im Chor, etwa von 1420 (Abb. 24), Reste der Glasfenster und eine Monstranz aus der Waldauf-Stiftung. Von 1657 stammt der Hochaltar mit dem Bild des Rubensschülers Erasmus Quellinus.

Im Schatten der großen Pfarrkirche stehen zwei Kapellen: Die Aufnahme des Baubestands der doppelstöckigen *Magdalenenkapelle* erwies, daß hier ursprünglich das älteste Gotteshaus von Hall stand. Der untere Raum mit spätromanischem Gewölbe wurde einst als Gruft benutzt. Darüber liegt die schon 1330 erwähnte Kapelle, geschmückt mit wertvollen Fresken, an der Südwand das berühmte Haller Weltgericht von 1466 (Abb. 23). Der schöne spätgotische Schnitzaltar aus der Magdalenenkapelle im Halltal hat diesem Gotteshaus den Namen gegeben.

Die zweite Kapelle liegt an der Nordostecke der Pfarrkirche. 1698 errichtete man sie an der Stelle eines spätgotischen Vorgängerbaus und weihte sie dem heiligen Josef.

Unmittelbar neben der Pfarrkirche haben sich die weltlichen Vertreter der Stadt etabliert. Das *Rathaus* mit seinem steilen gotischen Dach, den wappengeschmückten Zinnen und dem kleinen Kanzelbalkon zur Verkündung der Ratsbeschlüsse ist sicher das schönste in Tirol. Der westliche Bauteil ist das sogenannte *Königshaus,* das Herzog Leopold IV. 1406 der Stadt schenkte. Nach dem großen Brand von 1447 wurde es in der heutigen Form wieder aufgebaut. Und aus dieser Zeit stammt auch der prächtige Ratssaal (Farbabb. 3), dessen Balkendecke auf einem Mittelpfeiler ruht. Sehenswert ist auch die 1660 getäfelte Bürgermeisterstube.

In einer Nische der Rathausfassade steht die Figur eines geharnischten Ritters, die an Rolandstatuen erinnert. Hans Frosch, Sohn des aus Feldkirch / Vorarlberg zugewanderten Malers Sebastian Frosch, meißelte sie 1522 in den Formen der Frührenaissance. Als Hoheitszeichen der Stadtgerichtsbarkeit stand sie bis 1803 auf dem dann abgetragenen Stadtbrunnen. Das heute im Rathaus untergebrachte *Stadtmuseum* beherbergt interessante Sammlungen.

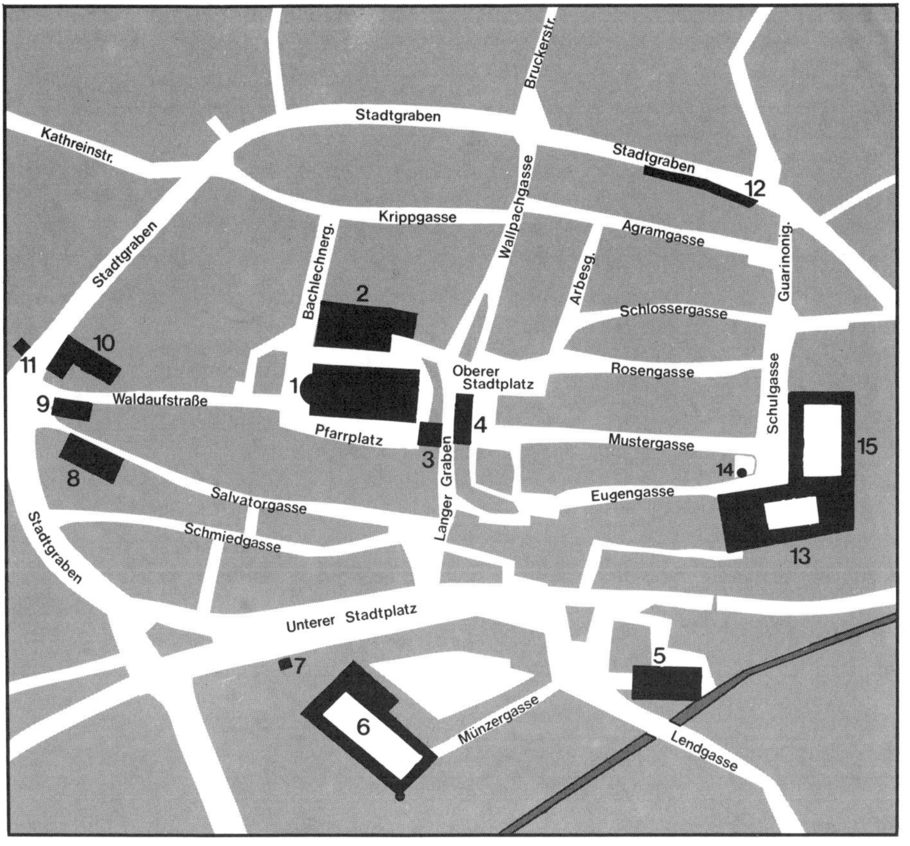

Stadtplan Hall 1 Stadtpfarrkirche – 2 Rathaus – 3 Magdalenenkapelle – 4 Stubenhaus – 5 Spitalskirche – 6 Münzerturm und Burg Hasegg – 7 Barbarasäule – 8 Salvatorkirche – 9 Nagglburg – 10 Schloß Rainegg – 11 Speckbacherdenkmal – 12 Stadtmauer – 13 Stiftskirche – 14 Statue der Erzherzogin Magdalena von Österreich – 15 Jesuitenkirche

Durch die Waldaufstraße hinter der Pfarrkirche steigen wir den alten Pfaffenbühel wieder zur Unterstadt hinab. Da liegen vor der Einmündung in den Stadtgraben die Komplexe von *Schloß Rainegg* und der *Nagglburg* und jenseits der Straße das naturalistische *Denkmal für Josef Speckbacher* (1767–1820), den aus dieser Gegend stammenden Tiroler Freiheitshelden. Wenden wir uns wieder um, sehen wir den hohen Bau der *Salvatorkirche* über die Wohnhäuser ragen. Lange Zeit hat man sie in allen Teilen für neugotisch gehalten, bis man im Chor ein Fresko von 1406 entdeckte, das Christus in der Mandorla zeigt.

Wieder im Häusergewirr der Altstadt, gelangen wir durch die Salvatorgasse – mancher stolpert hier noch über einen sogenannten ›Reiterstein‹, der früher das Besteigen der Pferde erleichterte – erneut zum Langen Graben, den wir überqueren, um den Zugang in die malerische Mustergasse zu suchen. Immer wieder ziehen die alten Häuser – jedes mit seiner eigenen, unverwechselbaren Front – den Blick an, ihre flachen Erker dem spärlich einfallenden Sonnenlicht zugekehrt. Am östlichen Ausgang der Gasse steht auf dem *Stiftsplatz* die Statue Magdalenas von Österreich, eine Arbeit des Metallbildhauers Rudolf Reinhart von 1953. Die Schwester des Erzherzogs Ferdinand II. gründete hier 1566 ein *Damenstift,* dessen Kirche Giovanni Lucchese – schon beeinflußt von den Gestaltungsprinzipien der Renaissance – errichtete. Der Turm wurde nach dem Erdbeben von 1670 in barockem Stil erneuert und mit einem dreifach geschwungenen Kupferhelm gekrönt.

Gleich daneben wurde 1610 die *Jesuitenkirche* geweiht, von ihrer ursprünglichen Fassade ist allerdings nur noch das rote Marmorportal übriggeblieben. 1684 erhielt die Westfront neue Fenster und den geschweiften Giebel; auch der Turm wurde erhöht. Im Inneren ist das Bild im Hochaltar (Allerheiligen) von Matthias Krager aus München sehenswert.

Noch vieles Bemerkenswerte kann der Interessierte bei Streifzügen durch die Stadt entdecken, zum Beispiel die massiven Stützpfeiler vor den Häusern, welche vor allem nach dem großen Erdbeben von 1670 angebracht wurden. Auch sollten wir uns Zeit nehmen, die pittoreske *Schwaighoferstiege* zu suchen, die von der Unterstadt zur Eugengasse und von dort zum Oberen Stadtplatz führt. Ein Stück der alten *Stadtmauer* zeigt der Stadtgraben im Nordosten.

Im Norden von Hall, zu Füßen des Großen und Kleinen Bettelwurfs (2726 m und 2650 m), liegt das vor allem als Wintersportort bekannte **Absam.** Seit 1797 wird in der *Pfarrkirche St. Michael* ein wundertätiges Marienbild verehrt. Strebepfeiler und spitzbogige Fenster weisen noch deutlich auf die gotische Entstehungszeit des Gotteshauses; der Turm erhielt im 18. Jahrhundert eine Rokoko-Haube und 1898 einen Treppengiebel. Im Inneren wurde die alte gotische Halle 1780 stark verändert. Josef Anton Zoller malte sie dem Zeitgeschmack entsprechend aus, jedoch blieb hinter dem Gnadenaltar das Fresko von 1470 erhalten. Es stammt vom Meister des Haller Weltgerichts und ist das bedeutendste Kunstwerk der Kirche. Am Choreingang steht ein geschnitzter Kruzifixus, der durch seine ungemein genaue anatomische Gestaltung beeindruckt. Die dazugehörige Relieftafel mit dem Wappen der Fieger und der Jahreszahl 1492 deutet auf Niklas Fieger, den Bürgermeister von Hall, als Stifter, dem ja auch die Steinskulpturen am Hauptportal der dortigen Pfarrkirche zu verdanken sind (s. S. 81).

Am *Mesnerhaus,* gegenüber der Südfront der Kirche, steht ein schönes spätgotisches Portal. Der Christuskopf (um 1250) neben der Kellertreppe ist stark verwittert.

Von 1617 bis 1683 lebte in Absam der Vater des deutschen Geigenbaus, Jakob Stainer. Im Hause Stainergasse 7, wo er arbeitete, sind verschiedene Erinnerungsstücke ausgestellt; eine echte Stainer-Geige kann im Gemeindehaus besichtigt werden. Auf dem alten Friedhof steht sein Grabstein.

Mitten in einem großen Garten an der Stainergasse liegt das *Herrschaftshaus der Familie von Kripp.* Ein kleiner vorgesetzter Rundturm mit barocker Haube setzt einen anmutigen Akzent.

Ein zweiter Edelsitz ist der nördlich von Absam gelegene *Ansitz Melans.* Vom Haus hat man einen weiten Blick nach Süden. Ein doppelter Bogengang führt zur freistehenden Kapelle, die bereits 1516 bezeugt ist.

Eines der stattlichsten Dörfer des Inntales ist das benachbarte **Thaur.** Die Gliederung des Tiroler Bauernhofs – im mittleren Inntal ist das sogenannte Mittertennhaus besonders häufig vertreten – ist hier schon an der Straßenfront gut zu erkennen. Meist führt ein großes Haupttor zur Tenne, während links und rechts davon zwei kleinere Türen in den Wohnbereich und zum Stall führen. Allerdings sind die beiden Eingänge zur Tenne und zu den Wohnräumen manchmal zu einem zusammengefaßt.

Von diesen Bauernhäusern unterscheidet sich der sogenannte *Afrahof,* der mehr einem herrschaftlichen Anwesen gleicht. Der gewölbte Flur weist auf das hohe Alter des Hofes hin, an den sich unmittelbar die im Kern ebenfalls sehr alte *Kirche St. Ulrich* anschließt. Sie liegt tiefer als das Haus, ist von diesem über eine Empore zu erreichen, besitzt aber auch einen eigenen Eingang. Die flache Holzdecke würde dem Gotteshaus eine außergewöhnlich ansprechende Ausstrahlung verleihen, wenn der Raum geschmackvoller ausgemalt wäre. Lediglich die gotischen Fresken in der Apsis sind sehenswert: In der Mandorla thront Christus zwischen Maria und den Aposteln. Auch die Reste einer Schutzmantelmadonna (links) und die Heiligen Afra und Ulrich sind zu erkennen, doch leider verhindert der zu große Altar die ungestörte Betrachtung dieser Wandbilder. Von der übrigen Ausstattung sind ein Flügelaltar von 1570, eine frühgotische Schnitzfigur (Schmerzensmann) und eine weitere Holzfigur, die den heiligen Ulrich darstellt, erwähnenswert.

Die *Pfarrkirche Mariä Himmelfahrt,* 1244 urkundlich erwähnt, wurde 1497 umgebaut. Aus dieser Zeit stammen die wesentlichen Teile des Außenbaus. Das Innere wurde barockisiert und 1878 renoviert. Bemerkenswert ist die spätgotische Madonna am Hochaltar, deren Bemalung allerdings auch aus der Barockzeit stammt.

Hingewiesen sei noch auf einige *Brunnen* und eine gotische *Pestsäule.* Sehenswert ist auch die im 17. Jahrhundert erbaute *St.-Virgiliuskirche,* die durch ihre auf hölzernen Säulen ruhende Vorhalle auffällt.

Wer darüberhinaus den Anstieg nicht scheut, mag zur *Ruine Thaur,* am steilen Nordhang über dem Ort gelegen, hinaufklettern, den Wanderfesten erwartet auf den nördlichen Höhen zudem die kleine *Wallfahrtskirche St. Peter und Paul,* 1783 auf dem Platz einer früheren romanischen Doppelkapelle errichtet. Den zierlichen Rokoko-Zentralbau schmückt im Inneren ein Fresko von Josef und Franz Giener (1779).

Für den weiteren Weg nach Innsbruck wählen wir nun die südlich der Autobahn verlaufende Straße. Vorbei an einer spätgotischen *Wegsäule* kommen wir in das schon

1256 erwähnte **Ampaß.** Die *Pfarrkirche St. Johannes der Täufer* vereinigt Stilformen aus Gotik, Renaissance und Barock.

Die Aufgaben einer Pfarrkirche oblagen früher der 1521 unmittelbar im Ort errichteten *Kirche St. Veit.* Neben den drei schönen Altären ist eine gotische Holzfigur der hl. Anna sehenswert.

Bevor wir nach Innsbruck hineinfahren, biegen wir bei **Aldrans** nach Süden und sehen nach wenigen Minuten inmitten des Dorfes **Lans** auf einem Hügel die *Pfarrkirche St. Lambert.* Kein Geringerer als Nikolaus Cusanus, der damalige Bischof von Brixen, weihte 1457 den erweiterten Chor des schon rund hundert Jahre vorher erwähnten Gotteshauses. In der Rokoko-Zeit wurde die Kirche außen und innen umgestaltet, so daß nur noch wenig an die spätgotische Anlage erinnert. 1944 bemalte Hans Andre aus Innsbruck die Decke mit Motiven bekannter Tiroler Wallfahrtsstätten.

Die Landeshauptstadt

Nun aber soll kein Abstecher mehr vom Besuch der Metropole **Innsbruck** (Farbabb. 6, Abb. 48) abhalten, der »schönen Stadt am grünen Inn«. Daß dieser Fluß – im Gegensatz zur Donau – seine im Lied besungene Farbe behalten hat, haben wir längst bestätigt gefunden; wie aber steht es mit der »schönen Stadt«? Einige Stimmen sprechen bereits von der Angleichung ihrer Silhouette an die jeder beliebigen Stadt ähnlicher Größenordnung, von einem Gesichtsverlust, der sogar das berühmte Panorama Innsbrucks mit den Felsspitzen der Nordkette bedrohe. (6)

Der Besucher, der vom Schloß Ambras aus auf die Stadt hinunterschaut, die ihm zu Füßen liegt, tut gut daran, sich zunächst mit einem flüchtigen Überblick zufrieden zu geben und seine Erwartungen statt dessen durch die bekannten Namen zu stimulieren: Hofkirche, Maria-Theresien-Straße, ›Goldenes Dachl‹. Im übrigen sollte er aber zunächst Schloß Ambras (Farbabb. 30, Abb. 31) selbst alle Aufmerksamkeit zuwenden, denn die Anlage zählt zu Tirols bedeutendsten Baudenkmälern der Renaissance.

Schloß Ambras

Die Überlieferung spricht von einem römischen Kastell, das von hier aus den südlichen Talabschnitt beherrscht habe; schriftliche Quellen liegen erst aus dem 10. Jahrhundert vor. Damals gehörte das Dorf ›Omarus‹ den Grafen von Andechs, und seit jener Zeit gibt es wohl auch den Konflikt in der Schreib- und Sprechweise: Während man den Innsbrucker Vorort auch heute offiziell als Amras in die Karten aufnimmt, schreibt man das Schloß mit b, und so spricht es sich auch leichter; die lateinisch-römische Benennung *ad umbras* (im Schatten liegend) gibt dieser Form dann auch ihre historisch-philologische Rechtfertigung.

Seine Blütezeit erlebte das Schloß unter Erzherzog Ferdinand II.; er schenkte es, nachdem er 1564 die Regierung über Tirol angetreten hatte, seiner Gemahlin Philippine Welser. Sieben Jahre zuvor hatte der damalige Prinz die Bürgerstochter heimlich geheiratet, ein Ereignis, das im Volk den Nährboden für phantastische Geschichten bildete, Geschichten, die in der angeblichen Ermordung Philippinens im Badezimmer

Schloß Ambras. Kupferstich von Matthäus Merian, 1649

M. Gange darúnter die großenstuck .
N. Thier vnd Lustgarten .
quiteten . O. Hoff kuchen .
en logement .

von Ambras gipfeln. Die Wirklichkeit erscheint uns heute kaum weniger abenteuerlich: Zwanzig Jahre lang haben Ferdinand und Philippine ihre Ehe geheimhalten müssen. Ihre Kinder wurden als Findelkinder auf die Schwelle des Schlosses gelegt und von der Mutter adoptiert. Erst später regelte der Kaiser, der Vater Ferdinands, das Nachfolgerecht, sicher mit Rücksicht auf das in der Reichsstadt Augsburg ansässige vermögende und einflußreiche Patrizierhaus der Welser. 1576 wurde die Ehe auch von Papst Gregor XIII. für gültig erklärt, vier Jahre vor dem Tod Philippinens, die sich bei der Bevölkerung als »Liebhaberin aller betrübten Herzen« einen Namen gemacht hatte. Alexander Colin schuf ihr Grabmal in der Silbernen Kapelle an der Hofkirche.

Von der glücklichen Ehe des Paares zeugt noch heute das Schloß, das Ferdinand ab 1564 zu einer überaus prächtigen Anlage ausbauen ließ. Das Unterschloß mit dem Hauptportal hatte die reichhaltigen Sammlungen des Erzherzogs aufzunehmen (s. auch Farbabb. 37/38): Waffen und Harnische (Abb. 28), Münzen und Medaillen, Kunst- und Wunderkammer, schließlich seine berühmte Bibliothek mit dem Ambraser Heldenbuch, das die einzige Handschrift des – 1817 wiederentdeckten – Gudrunliedes enthält. Wenn auch vieles inzwischen nach Wien gebracht wurde, so ist doch vor allem der größte Teil der alten Waffensammlung hier noch ausgestellt. Den Georgsaltar schnitzte Sebald Bocksdorfer im Stile »der zwischen fürstlicher Repräsentation und bürgerlichem Selbstbewußtsein schwankenden maximilianischen Kunst« (7) zwischen 1508 und 1510. So stellt der heilige Georg im Rittergewand »ein echtes Zeitporträt« dar.

Den fünfeckigen großen Schloßhof überragt die steile Front des höher gelegenen Teils, doch als Bindeglied zum Unterschloß schuf Giovanni Lucchese 1570/71 nach genauen Anweisungen Ferdinands den langen Trakt des ›Spanischen Saales‹ (Farbabb. 31), damals den größten im Stil der deutschen Renaissance. Das architektonisch Besondere war das Fehlen einer Westfassade, denn zunächst bildete natürlicher Felsen hier den Abschluß des Saales. Erst im 19. Jahrhundert wurden neue Lösungen gefunden und 1956 die Wappen angebracht. Das Innere wird bestimmt von den Freskodarstellungen der Tiroler Landesfürsten, über die sich die kostbare und vorzüglich erhaltene Kassettendecke des Haller Meisters Conrad Gottfried spannt.

Das Hochschloß (Abb. 27), ältester Teil der gesamten Anlage, enthielt zu Ferdinands Zeiten die Wohnräume. Der ehemalige Speisesaal im Küchentrakt ist heute eine überdachte Terrasse, von der wir einen weiten Blick ins Tal genießen.

Die Stadtgeschichte – ein Überblick

Nur etwa drei Kilometer westlich vom Ambraser Felsen blickt man von dem knapp 750 Meter hohen Berg Isel auf die Stadt. Das Zentrum der Kämpfe von 1809 wurde zu einer Gedenkstätte (um nicht zu sagen zu einem ›Heiligtum‹) des Tiroler Freiheitskampfes gestaltet, und wir wollen diesen Platz zum Anlaß nehmen, um einen Überblick über die geschichtliche Entwicklung Innsbrucks zu gewinnen.

Unmittelbar unter uns liegt einer der ältesten Stadtteile: Wilten. (Wie nahe er ist, empfinden besonders die Skispringer auf der Olympia-Schanze, wenn sie geradewegs auf den Wiltener Friedhof zuzufliegen scheinen.) Die bis 1903 selbständige Gemeinde hat ihren Ursprung bereits in vorgeschichtlicher Zeit. Dann waren es die Römer, die nach der Unterwerfung der hier ansässigen Volksstämme (die Eroberer nannten sie Räter) zur Sicherung des Brennerweges eine befestigte Straßenstation Veldidena anlegten, um die herum eine Ortschaft wuchs.

Auf der anderen Innseite, dort wo die Brennerstraße den Fluß überquerte, unterhalb des Dorfes Hötting, entstand im 12. Jahrhundert ein Markt, den die Grafen von Andechs 1180 an das südliche Ufer verlegten, nachdem sie den dortigen Grund vom Stift Wilten erworben hatten. 1187 wird ›Innsprucke‹ erstmals urkundlich genannt. Nach einem festen Plan wurde die neue Siedlung ausgebaut; ihren Kern haben wir um die Kreuzung von Kiebach- und Seilergasse anzunehmen. Die Bedeutung des Ortes wuchs so rasch, daß ihm bereits 1239 von dem letzten Andechser Grafen, Otto VII., das Stadtrecht verliehen wurde. Entscheidend für den wirtschaftlichen Aufschwung war die Schlüsselstellung an der Handelsstraße von Italien nach Augsburg und Nürnberg; hier mußte der Weitertransport aller Waren Innsbrucker Unternehmern übertragen werden. Nach Süden, gegen Wilten, entstand die erste Vorstadt (Maria-Theresien-Straße) unter den Grafen von Görz.

Neue Impulse erhielt die Stadt von den Habsburgern, die 1363 Tirol erwarben und deren tirolische Zweiglinie 1420 ihre Residenz von Meran hierher verlegte. Der Silber- und Kupferbergbau Nordtirols stand in voller Blüte, so daß Innsbruck nun zur Hauptstadt eines wirtschaftlich florierenden Landes wurde.

Schon Erzherhog Sigmund ›der Münzreiche‹ hielt hier gerne Hof, sein Nachfolger, Maximilian I., zeichnete sie jedoch vor allen anderen deutschen Städten aus.

Zwei Baumeisterdynastien prägten in der Zeit von etwa 1500 bis zur Mitte des 18. Jahrhunderts das architektonische Bild Innsbrucks: zuerst die aus Schwaben eingewanderte Familie der Türing und dann die Gumpps. Ihre Werke werden wir auf unserem Stadtrundgang noch im Detail kennenlernen.

1665 erlosch die tirolische Linie der Habsburger, jedoch verhalf Maria Theresia der Stadt noch einmal zu neuem Glanz, als sie die Hofburg ausbauen und aus Anlaß der Hochzeit ihres Sohnes 1774 die Triumphpforte errichten ließ.

1805, im Frieden von Preßburg, mußte das von Napoleon I. geschlagene Habsburg Vorarlberg, Brixen, Trient und Tirol an Bayern abtreten. Und damit begannen die Ereignisse, die im Bewußtsein der Tiroler auch heute noch wohl am stärksten nachwirken. Andreas Hofer machte 1809 nach den zunächst siegreichen Kämpfen am Berg Isel Innsbruck zum Sitz auch seiner zivilen Regierungsgewalt, von wo er Tirol »im Namen des Kaisers« verwaltete.

Bekanntlich konnte der Sandwirt diese Befugnisse nur wenige Monate ausüben, nach der Niederlage im November 1809 zerfiel der Widerstand, 1810 wurde Hofer in Mantua erschossen. Innsbruck blieb nicht mehr als nur der Rang einer unbedeutenden

Innsbruck nach Süden. Aquarell von Albrecht Dürer, 1494. Wien Albertina

Provinzstadt, doch war der Name der Stadt zum Symbol der nachfolgenden Erhebung vieler europäischer Nationen gegen Napoleon geworden, eine Erhebung, die 1813/14 schließlich zum Sieg über den französischen Kaiser führte.

Überregionale Bedeutung errang Innsbruck erst wieder in der zweiten Hälfte des 19. Jahrhunderts im Zuge der verkehrstechnischen Entwicklung. 1867 wurde die Eisenbahnlinie über den Brenner, 1884 die durch den Arlberg eröffnet. Damit wurde die Stadt zum Knotenpunkt wichtiger europäischer Nord-Süd- und West-Ost-Verbindungen. Der Fremdenverkehr stieg sprunghaft an und gab der wirtschaftlichen Entwicklung neue Impulse. Durch Zuwanderung und Eingemeindung der umliegenden Dörfer wuchs Innsbruck zur Großstadt, in der sich zahlreiche Mittel- und Kleinbetriebe niederließen. Als Südtirol nach dem Ersten Weltkrieg abgetrennt wurde und dadurch wichtiges Hinterland verlorenging, war es notwendig, der gewerblichen Wirtschaft ein Schaufenster zu schaffen: 1923 wurde die Innsbrucker Messe gegründet, die seitdem alljährlich im September stattfindet.

Auch auf kirchlichem Gebiet hatte die politische Entwicklung Folgen. 1925 wurde die Apostolische Administratur Innsbruck-Feldkirch von der Diözese Brixen abgetrennt. Doch dauerte es noch fast vierzig Jahre, bis Tirols Landeshauptstadt (1964) Sitz eines Diözesanbischofs wurde.

Als 1965 Innsbruck der Ehrentitel ›Europastadt‹ verliehen wurde, sollte sicher nicht nur an die historischen Ereignisse von 1809 erinnert werden, die für unseren Kontinent so bedeutsame Folgen hatten. Der Titel läßt auch an die Persönlichkeiten denken, die in neuerer Zeit von hier aus Einfluß auf das europäische Geistesleben nahmen. Hier muß vor allen Dingen Ludwig von Ficker genannt werden, von 1910 bis 1954 Herausgeber des ›Brenner‹. Diese Zeitschrift war zunächst überwiegend eine Plattform der Expressionisten; Theodor Däubler, Albert Ehrenstein, Klabund, Else Lasker-Schüler und der engste Freund Ludwig von Fickers, Georg Trakl, gehörten zu den regelmäßigen Mitarbeitern, doch veröffentlichten auch Rainer Maria Rilke und Hermann Broch hier. Später setzten Beiträge von Theodor Haecker, Ferdinand Ebner, Gertrud von le Fort einen stärkeren religionsphilosophischen und geistesgeschichtlichen Akzent. Daneben griff die Zeitschrift des öfteren in die laufenden literarischen Auseinandersetzungen ein. Schon im ersten Erscheinungsjahr 1910, als die Hetze gegen Karl May ihren Höhepunkt erreichte, trat der ›Brenner‹ für den Dichter ein.

Mit dem Titel ›Europastadt‹ sollte aber wohl nicht nur an Vergangenes erinnert, sondern gleichzeitig ein Auftrag für die Zukunft erteilt werden. Ob und wie die Stadt diesen Auftrag erfüllt, werden die Innsbrucker und Tiroler, aber gemeinsam mit ihnen auch alle Europäer zu zeigen haben.

Streifzüge durch die Stadt

Wenn man die Gründungslegende des **Klosters Wilten** und der Stiftskirche St. Laurentius betrachtet, fühlt man sich an Götter- und Heldensagen erinnert. Zwei feindliche Riesen, Haymo und Tyrsus, bringen Kampf und Tod; Haymo bereut schließlich seine Freveltat und stiftet zur Buße die alte Kirche. Wenn die Forschung inzwischen auch zwar weniger farbige, aber dafür gesicherte Daten und Fakten zusammengetragen hat, so gab es doch in der Vergangenheit einige Berührungspunkte von Legende und Wirklichkeit.

Beim Vordringen der Bajuwaren um die Mitte des 6. Jahrhunderts geht die auf dem Boden eines römischen Kastells entstandene Siedlung Veldidena zugrunde, doch wächst an dieser Stelle um 900 das Dorf Wilten, in dem zu Ehren des heiligen Laurentius eine Kirche gebaut wird. 1120 ist das Gotteshaus mit einem zugehörigen Kollegiatsstift urkundlich bezeugt; Mönche des Prämonstratenser-Ordens ziehen 1128 ein. Doch zwingen schwere Zerstörungen immer wieder zu einem neuen Anfang. 1299 vernichtet ein Brand fast die gesamte Anlage, und 1432 legt eine neuerliche Feuersbrunst den Wiederaufbau nieder. Erst gegen Ende des 16. Jahrhunderts erholt sich das Kloster und gewinnt an Bedeutung; um 1650 erlebt es eine wirtschaftliche und geistig-kulturelle Blütezeit.

Unter Abt Gregor von Stremer (1693–1719) wird der klar gegliederte Neubau vollendet, dessen Konventsgebäude den Klosterhof mit Kreuzgang rechteckig umschlie-

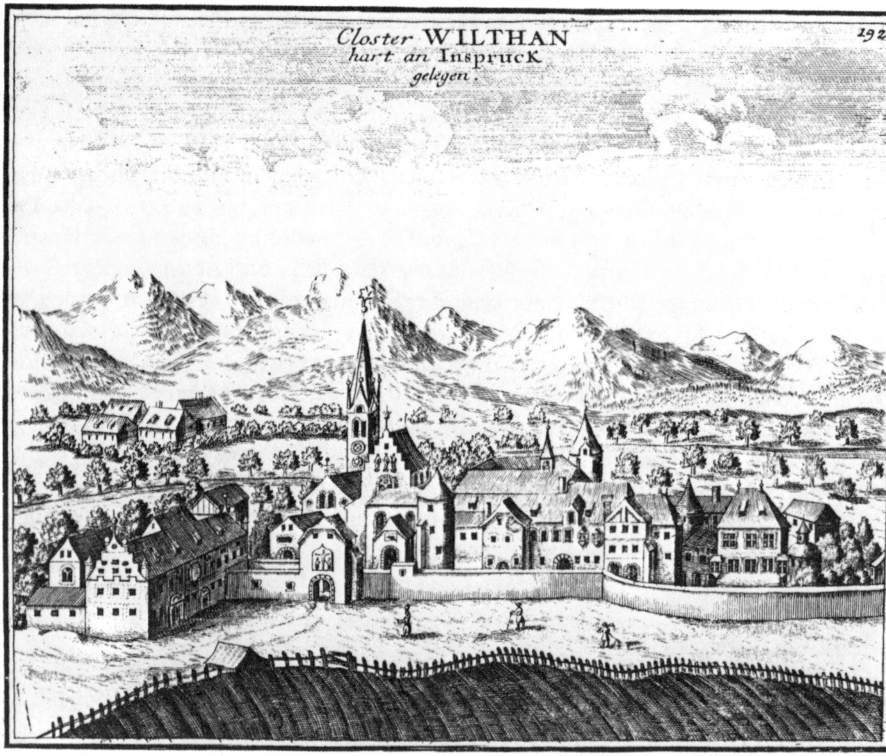

Kloster Wilten. Kupferstich von Gabriel Bodenehr dem Älteren, 1704

ßen. Den Eingang bewacht eine Bronzestatue des bereits erwähnten Haymo, die Kaspar Gras schuf. Über zwei Stockwerke reicht das *Vestibül,* der zentrale Empfangsraum, im oberen Teil (Barockgalerie aus Holz) geschmückt mit Stukkaturen von Bernardo Pasquale und einem Deckengemälde von Egid Schor (1696), das die Vision Norberts, des Gründers des Prämonstratenser-Ordens, zeigt. Wandfresken, Ölbilder und Statuen vervollständigen die Ausstattung. Der *Gartensaal* überrascht durch tiefenillusionistische Malerei von Johann Ferdinand Schor (um 1710); sie schafft Ausblicke in kunstvoll gestaltete Parklandschaften. Orientalische Landschaften stellen die Wandbilder von Franz Altmutter im *Altmuttersaal* dar. Hier ist auch die Kassettendecke bemerkenswert. Das *Jagdzimmer* erinnert an die Verpflichtung der Klöster durch Kaiser Maximilian I., Jagdgesellschaften des Hofes aufzunehmen und zu verköstigen. Kaspar Waldmann bemalte die Wände mit Bildern aus diesem Themenkreis. Er schuf auch die Deckenfresken im geräumigen *Norberti-Saal,* dem ursprünglichen Fest- und Empfangsraum. Im Erdgeschoß des Konventstrakts betritt man den *Kapitelsaal.* Die gotische Halle wird von einem schweren Rippengewölbe überspannt, in dessen Zwickeln Fresken aus dem Umkreis Michael Pachers freigelegt wurden. Hier steht auch der sogenannte Sigmundaltar von 1491, der aus St. Sigmund im Sellraintal hierher gebracht wurde. Der Kapitelsaal ist der letzte erhaltene Raum des mittelalterlichen Stifts. Das *Refektorium* wurde 1708 in barocken Formen umgestaltet und 1958 regotisiert. Die *Bibliothek* aus der ersten Hälfte des 18. Jahrhunderts wurde im 19. Jahrhundert erneuert.

Schließlich sei auch noch das einst reich bestückte *Stiftsmuseum* erwähnt, dessen Musikinstrumentensammlung und Physikalisches Kabinett zwar verloren gingen, das 1961 restaurierte Ludovicazimmer ist jedoch auch heute noch sehenswert.

In der Vorhalle der **Stiftskirche St. Laurentius** (Abb. 29), erinnern die beiden überlebensgroßen Statuen wieder an die Gründungslegende. Bis ins 17. Jahrhundert hinein konnte das Kloster seine romanische Basilika erhalten, doch dann scheinen für tot gehaltene Kräfte wieder erwacht zu sein. Als man 1644 nach dem Grab des angeblichen Stifters Haymo suchte, stürzte der Turm auf die Kirche. Und auch der 1651 nach Plänen des Hofbaumeisters Christof Gumpp begonnene Neubau konnte nicht ohne Störung vollendet werden; unmittelbar nach Fertigstellung des Rohbaus stürzte das Gewölbe ein. Schließlich wurde 1665 im Beisein von Kaiser Leopold I. der Hochaltar geweiht, zwei Jahre später war der schöne nördliche Fassadenturm fertiggestellt; der Plan zu einem südlichen Gegenstück wurde jedoch nie ausgeführt. Eine 1716 vor die Fassade gestellte Vorhalle und auch die zu kräftige Färbung des gesamten Baus in Gelb und Rot geben dem Äußeren ein etwas aufdringlich-barockes Aussehen.

Im Inneren empfängt uns ein mächtiges tonnengewölbtes Langhaus mit Seitenkapellen, niedrigen Emporen und einem wenig eingezogenen Chor. Bernardo Pasquale schuf die Stukkaturen in italienischem Stil, ganz in Weiß, und er erreichte dadurch die helle Raumwirkung. Die großartige Perspektive lenkt den Blick auf die Säulenarchitektur des *Hochaltars* von Paul Huber (1665). Über dem Bild der Rosenkranzkönigin von Egid Schor gipfelt der Altar in einer scheinperspektivischen Bühnenhalle mit dem ›Thron Salomonis‹. – Bemerkenswert ist auch der *Kreuzaltar* mit einem spätgotischen Kruzifix.

Auf demselben alten Boden des römischen Lagers Veldidena liegt die Wiltener **Pfarr- und Wallfahrtskirche Unserer Lieben Frau unter den vier Säulen** (Abb. 30), Innsbrucker Mutterpfarre überhaupt. Schon die Vorgängerbauten des jetzigen Gotteshauses, das als schönste Rokokokirche Tirols bezeichnet wird, bargen das verehrte Marienbild, eine Sandsteinfigur aus dem 14. Jahrhundert. 1751–56 schuf Franz de Paula Penz (s. auch S. 203 ff.) die heutige Basilika. Im Gegensatz zur Stiftskirche wirkt der hellgelb gestrichene Außenbau trotz der reichbewegten, geschwungenen Fassade zwischen den Türmen harmonisch und eher schlicht. Um so mehr überrascht der Innenraum. Das Licht, das durch die eigenwillig geschnittenen Fenster hereinflutet, erhält eine beherrschende Funktion, wird geradezu zum Träger der Dekoration. Wie schwerelos öffnen sich die Gewölbe in Fresken Matthäus Günthers; Maria als Fürbitterin der Menschen und ihre alttestamentlichen Präfigurationen Esther und Judith sind die Themen der Deckengemälde. Rocaille-Ornamentik überzieht Gesimse und Bogen, scheint aus ihnen herauszutropfen. Franz Xaver Feichtmayr aus Wessobrunn ist der Meister dieser schwungvollen Stukkaturen.

Anmutiger Höhepunkt aber ist der unglaublich fein gearbeitete *Säulenbaldachin* über dem *Hochaltar* von Franz Karl Fischer (1775). In einem (modernen) goldenen Strahlenkranz schwebt das alte Gnadenbild, darüber schwingt sich in luftiger Höhe das wellig aufgeworfene Baldachingebälk. Putten, Palmbuschen und zarte Girlanden halten die große vergoldete Krone empor.

Maria-Theresien-Straße

Wir treten nun aus der Wallfahrtskirche heraus, lassen Innsbrucks Schicksalsberg, den Berg Isel, im Rücken und wenden uns dem Stadtzentrum zu. Der Weg durch die Leopoldstraße führt direkt auf die *Triumphpforte* zu. Sie öffnet den südlichen Zugang zur Maria-Theresien-Straße. Maria Theresia hat dieses – römischen Triumphbogen nachempfundene – Ehrentor 1765 anläßlich der Hochzeit ihres Sohnes Leopold, des späteren Kaisers Leopold II., errichten lassen. Den plastischen Schmuck fügte Balthasar Moll, ein Schüler des großen Georg Raphael Donner, 1774/75 hinzu.

Wir sagten schon, daß hier die älteste Vorstadt von Alt-Innsbruck entstanden war. Aus ihrem rechteckigen Marktplatz hat sich die heutige Straße zu einem zentralen, modernen Geschäftsviertel entwickelt.

Auf der linken Straßenseite kommen wir zuerst zum *Servitenkloster* mit der anschließenden *Kirche*. Anna Katharina von Gonzaga, die zweite Gemahlin Erzherzog Ferdinands II., hat Kloster und Kirche gestiftet, die nach einem Brand von Giovanni Speraindio Colleto wiederhergestellt wurden (1620–26). Besonders die Kirche erlitt im Dezember 1943 durch Bombeneinwirkung erhebliche Schäden. Die zerstörten Deckenmalereien von Josef Schöpf und Josef Strickner, die schon die erste Ausmalung von Josef Adam Mölk abgelöst hatten, wurden 1947 von Hans Andre ersetzt. Von ihm stammt auch das farbenprächtige Dreifaltigkeitsfresko an dem aus der Außenwand vorspringenden Erker. Von der Inneneinrichtung sind vor allem die kunstvoll geschnitzten Bänke aus der Mitte des 17. Jahrhunderts erwähnenswert.

Noch einmal begegnen wir einer Arbeit Hans Andres in der *Peregrini-Kapelle*: An der ganz mit zarter Spätbarock-Stukkatur überzogenen Decke malte er die Medaillons. Ein besonderes Kunstwerk stellt der schwarz gebeizte und reich mit Elfenbein verzierte Altar (um 1620) dar. Schwach gedrehte Säulen tragen einen baldachinartigen Aufbau, der bekrönt wird von einem achteckigen Aediculum, das in seinem Mittelteil das Haupt der heiligen Christina und Gebeine des heiligen Vitalis birgt.

27 SCHLOSS AMBRAS Hof des Hochschlosses, Westseite

 SCHLOSS AMBRAS Waffensammlung, Turnierrüstungen

29 KLOSTER WILTEN Stiftskirche St. Laurentius

30 BASILIKA WILTEN Pfarr- und Wallfahrtskirche

31 SCHLOSS AMBRAS

32 Basilika Wilten Langhaus mit den Deckenfresken Matthäus Günthers und Blick auf den Hochaltar von Franz Karl Fischer

33 Goldenes Dachl Gesamtansicht

34 GOLDENES DACHL Relief von der Söllerbrüstung, Moriskentänzer

35 GOLDENES DACHL Relief von der Söllerbrüstung, Kaiser Maximilian zwischen Kanzler und Hofnarr

36/37 HOFKIRCHE Grabmal Kaiser Maximilians. Chlodwig, König der Franken und Zimburgis von Masovien

38/39 HOFKIRCHE Grabmal Kaiser Maximilians. König Artus von England und Theoderich (Dietrich von Bern)

40 Dom Blick auf den Hochaltar mit dem Gnadenbild von Lukas Cranach d. Ä.

41 HOFBURG ›Riesensaal‹ mit dem Deckenfresko von Franz Anton Maulpertsch, 1775/1776

42 HOFBURG Innenhof mit Blick auf die Domkuppel ▷

43/44 Tiroler Volkskunstmuseum Tür eines Bauernhauses von 1658 und Handtuchhalter mit der allegorischen Darstellung von Leben und Tod

45 Tiroler Volkskunstmuseum Barocke Bauernstube

46 Stadtturm

47 Helblinghaus Rokokofassade

48 Stadtfront am Inn mit Blick auf die Dom-Türme

49 TELFES/Stubaital Pfarrkirche St. Pankraz

50/51 FULPMES/Stubaital Pfarrkirche St. Veit. Deckenfresken von Johann Georg Bergmüller, 1747

52 SCHÖNBERG/Stubaital Gasthof Domanig, erbaut 1713

53 NEUSTIFT/Stubaital Pfarrkirche St. Georg. Fresko von Franz Haller, 1772

Gegenüber auf der anderen Straßenseite (Haus Nr. 45) finden wir das *Fugger-Taxis-Palais,* von Johann Martin Gumpp ab 1679 für Graf Hans Otto Fugger erbaut. Neben der reich stukkierten Fassade ist der sogenannte Paris-Saal mit einem Deckenfresko von Martin Knoller (›Urteil des Paris‹) und malerischem Wanddekor bemerkenswert.

Einer der schönsten Profanbauten Tirols schließt sich an: das *Alte Landhaus;* es ist das bedeutendste Werk Georg Anton Gumpps. Die farblich dekorative Hauptfassade fällt vor allem durch den leicht vorgezogenen Mittelrisalit ins Auge. Wuchtige Erdgeschoßpfeiler tragen hier einen steinernen Balkon, dann strebt die Architektur in die Höhe. Alessandro Callegari schuf den plastischen Schmuck in der Oberlichtzone. Vor dem bekrönenden Giebel schwebt eine Kartusche mit dem Adlerwappen Tirols. Während in diesem Mittelteil das vertikale Element betont wird, beherrschen horizontal verlaufende Simse und Querbänder die je vierachsigen Nebenflügel.

Die Ausgestaltung des Inneren folgt dem Prinzip der Steigerung. Das dreischiffige Vestibül mit kassettierter Decke ist noch erstaunlich einfach gehalten; Nischen mit Vasen gliedern die sonst schmucklosen Wände. Auch der Treppenaufgang zeigt zunächst nur in zwei Ecknischen die Statuen von Minerva und Mars (Franz Egg, 1898) und ist erst im zweiten Geschoß reicher geschmückt. Standbilder Dianas und Apolls, Büsten Jupiters und Junos, puttenbesetzte Vasen (Nikolaus Moll, 1728), dichter Laubwerkstuck an Wänden und Decke sowie ein schönes schmiedeeisernes Geländer flankieren den Weg des Besuchers ins erste und zweite Obergeschoß hinauf.

Höhepunkt ist der *Landtagssaal,* Pilaster, von Putten bekrönte Prunkkamine, Figuren in halbkreisförmigen Wandnischen und die Freskomalerei von Kosmas Damian Asam (1734) mit allegorischen Darstellungen der Landschaften und Flüsse Tirols machen ihn zum schönsten Raum des Baus.

Den Kern des Gebäudekomplexes bildet die *Landhauskapelle,* 1729 ebenfalls von Georg Anton Gumpp erbaut. Der vom Grundriß her strenge rechteckige Saal erhält erst durch seine Ausstattung einen festlichen Charakter: In dem reich mit Stuck und Putten geschmückten und mit lichten Farbtönen ausgemalten Raum setzt der Hochaltar aus rotem Marmor mit seinem dunklen St.-Georg-Bild von Johann Georg Grasmayr (um 1732) einen kräftigen und doch vornehmen Akzent.

Auf derselben Straßenseite (Nr. 39) liegt das *Palais Troyer-Spaur,* 1681–83 von Johann Martin Gumpp d. Ä. zweigeschossig erbaut und mit Mittelerker und einem Korbbalkon versehen. Schräg gegenüber das *Palais Trapp-Wolkenstein.* Hier gab Johann Martin Gumpp d. Ä. Ende des 17. Jahrhunderts zwei älteren Gebäuden eine einheitliche Fassade. Unter dem Korbgitterbalkon entdecken wir ein schönes Marienrelief und das Allianzwappen der Trapp und Spaur. Im Inneren des zweiten Stockwerks findet sich eine Rokoko-Stuckdecke.

Eine Insel, an der der Straßenverkehr vorbeiströmt, ist die *Annasäule,* 1706 von Cristoforo Benedetti errichtet. Sie trägt eine Kopie der Immaculata-Statue in der Fiechter Stiftskirche (s. S. 70).

Innsbruck. Das Alte Landhaus mit den Vertretern der Stände. Kupferstich von Michael Ignaz Mildorfer, 1726

Mit dem *Palais Lodron* (Nr. 7), an dem die schöne Stuckfassade von 1749 gefällt, und der *Spitalkirche Zum Heiligen Geist* erreichen wir den nördlichen Beginn der Maria-Theresien-Straße. Nach Plänen Johann Martin Gumpps d. Ä. wurde 1701 anstelle einer gotischen Spitalkirche ein barockes Gotteshaus gebaut, das an der Südseite einen besonders schönen Turm mit Kuppelhaube und Laterne besitzt. Der saalartige Innenraum ist reich mit Stuck ausgestattet. Während das Wandbild über der Orgel noch von Kaspar Waldmann stammt, ersetzte Hans Andre die alte Deckenbemalung 1962 durch kleinfeldrige Fresken.

Die Altstadt

Die nördliche Verlängerung der Maria-Theresien-Straße ist die Herzog-Friedrich-Straße. Von links trifft der Marktgraben, von rechts der Burggraben auf diesen Kreuzungspunkt; sie umfassen in einem Halbring die Altstadt (heute Fußgängerzone) von Süden.

Gleich rechts an der Herzog-Friedrich-Straße liegt das *Alte Stadtrichterhaus (Kohleggerhaus,* Nr. 35). Die Laubengewölbe enthalten noch Fresken aus dem späten 15. Jahrhundert. Gegenüber, auf der anderen Straßenseite, das *Trautsonhaus* (Nr. 22). 1541 baute es Gregor Türing für den Ritter Hans Trautson und errichtete damit das wichtigste Profandenkmal am Übergang von der Gotik zur Renaissance. Während die spitzbogigen Lauben mit ihren Gewölben und das Tor noch eindeutig der früheren Epoche verhaftet sind und auch die Maßwerkfelder noch gotisierende Muster zeigen, weist die Fassadenmalerei, die Erker und Fenster mit Pilastern und Säulen umrahmt, schon deutlich in die Renaissance. Wenige Schritte weiter steht das *Katzunghaus* (Nr. 16). Seine Erker zeigen in Reliefarbeiten, teils in Originalen, teils in Abgüssen erhalten, Turnier- und Spielleuteszenen aus dem frühen 16. Jahrhundert.

Gegenüber erhebt sich eines der Wahrzeichen Innsbrucks: der *Stadtturm* (Abb. 46). Zwischen 1442 und 1450 erbaut, wurde er 1542 von Gregor Türing erneuert. Bis zum Glockengeschoß steigt er vierseitig empor und geht dann ins Achteck über. Der obere Teil mit den vier Erkern, gegliedert und zusammengefaßt von durchlaufenden Querbändern, wird bekrönt von einem schönen Helm, der die Form der kleinen Erkerhelme wieder aufgreift.

Im Vergleich mit dem Turm erscheint der anschließende zweigeschossige Bau des *Alten Rathauses* von 1358 unscheinbar.

Nun aber zu dem, was im Bewußtsein aller Touristen mit Innsbruck beinahe identisch ist, dem ›**Goldenen Dachl**‹ (Abb. 38). Die ganze Herzog-Friedrich-Straße hinauf ist es dem Besucher nicht aus den Augen geraten, denn der (sonst schmucklose) Gebäudekomplex, an den der Prunkerker angebaut ist, schließt die Straße nach Norden ab; sie weitet sich hier zu einem Platz und biegt rechtwinklig nach Westen zum Inn hin ab.

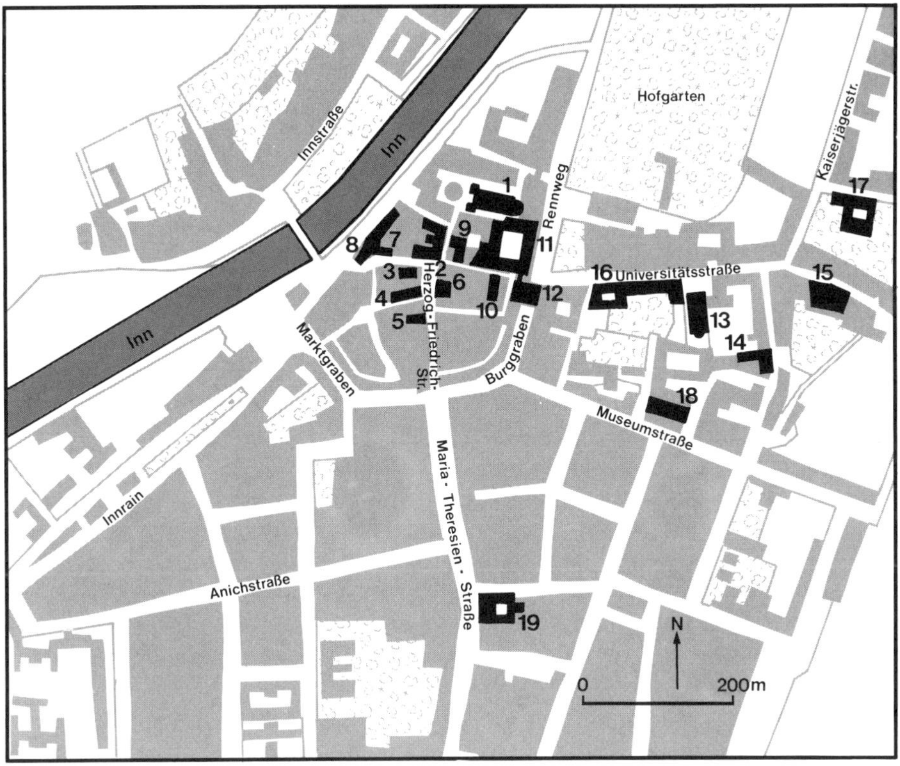

Stadtplan Innsbruck *1 Dom St. Jakob – 2 Goldenes Dachl – 3 Helblinghaus – 4 Katzunghaus – 5 Trautsonhaus – 6 Altes Rathaus mit Stadtturm – 7 Altes Regierungsgebäude – 8 Ottoburg – 9 Deutschordenshaus – 10 Burgriesenhaus – 11 Hofburg – 12 Hofkirche – 13 Dreifaltigkeitskirche – 14 Palais Pfeiffersberg – 15 Palais Tannenberg – Enzenberg – 16 Alte Universität – 17 Kapuzinerkirche – 18 Tiroler Landesmuseum – 19 Altes Landhaus*

Obwohl die Baugeschichte des ›Goldenen Dachl‹ in bezug auf den Auftraggeber, den Zweck, die Entstehungszeit und auch auf den Baumeister heute keine Legendenbildung mehr erlaubt, hält sich doch hartnäckig das Gerücht, der von Kaiser Sigmund geächtete Herzog Friedrich – er führte den Beinamen ›mit der leeren Tasche‹ – habe durch den Bau des Erkers mit dem goldenen Dach beweisen wollen, daß er nun seine Taschen wieder gefüllt habe. Tatsächlich aber stammt aus der Zeit Herzog Friedrichs nicht das ›Goldene Dachl‹, sondern lediglich der sogenannte ›*Neue Hof*‹, jener Gebäudekomplex, den der Herzog im 15. Jahrhundert zur landesfürstlichen Residenz hatte ausbauen lassen. Vor allem unter seinem Sohn Sigmund, der Jagdfeste und Turniere mehr liebte als das Regieren, wurde Innsbruck zu einem der glänzendsten Fürstenhöfe im Reich. Als Maximilian Tirol übernahm, war die Stadt nicht länger Sitz eines ständig hier residierenden selbständigen Fürsten, doch die Feste und die Spiele auf dem Stadtplatz behielt man bei. So ließ Maximilian um 1500 für sich und seinen Hofstaat eine Zuschauerloge bauen, von der aus er den Turnieren beiwohnen konnte, ohne selber gesehen zu werden. Ein prunkvoller Erker wurde an den ›Neuen Hof‹ angebaut, von zwei schlanken Pfeilern in der Parterrenlaube getragen, im ersten und zweiten Obergeschoß stufenweise vorspringend und schließlich bekrönt von jenem Dach aus kupfernen, feuervergoldeten Schindeln, dem das Bauwerk bis heute seinen Namen verdankt. Weniger auffällig, aber nicht weniger wertvoll ist der großartige Fresken- und Reliefschmuck: Unter den vierstufig angeordneten Fenstern des ersten Obergeschosses liegt eine Balustrade mit sechs Wappenreliefs; die Wandbilder links und rechts neben den Fenstern zeigen zwei Bannerträger, ihre Fahnen die Embleme des Reichs und Tirols (gemalt von Jörg Kölderer). Von Konsolen getragen springt der obere Erker vor, dessen Brüstung tiefplastische Reliefs zieren (die Originale werden im Museum Ferdinandeum aufbewahrt). Die beiden mittleren stellen Maximilian mit seinen Gattinnen Maria von Burgund und Bianca Maria Sforza einerseits, mit Kanzler und Hofnarr (Abb. 35) andererseits dar. Die übrigen Reliefs zeigen besonders ausdrucksstark sogenannte Moriskentänzer (Abb. 34), wie wir sie als Holzfiguren vom Münchener Rathaus her kennen, für das sie 1480 Erasmus Grasser schuf. Die Ähnlichkeit ließ auch hier in Innsbruck zunächst auf Grasser als Künstler schließen, doch schreibt man sie heute dem Memminger Nikolaus Türing d. Ä. zu, der auch die gesamte Architektur ausführte. Von diesem Söller, auch hier ist die Rückwand mit Fresken Jörg Kölderers bemalt, schaute der Kaiser mit seinem Gefolge den Spielen auf dem Platz unten zu, von etwaigen Unbilden der Witterung geschützt durch das ›Goldene Dachl‹.

Schräg gegenüber, an der linken Ecke des trichterförmig sich weitenden Marktplatzes, steht das *Helblinghaus* (Abb. 47). Das im Kern spätgotische Eckhaus erhielt kurz nach 1725 eine außerordentlich reichgestaltete Stuckfassade mit Akanthuslaubwerk, Fruchtgehängen, Putten und Masken. Der Wessobrunner Meister Anton Gigl soll der Schöpfer dieser spätbarocken Außendekoration sein, mit der er das Helblinghaus zu einem der schönsten Bürgerbauten machte.

Der älteste *Gasthof* der Stadt ist der ›*Goldene Adler*‹ (Herzog-Friedrich-Straße Nr. 6). Das ursprünglich mittelalterliche Haus wurde mehrfach umgebaut, doch weisen sowohl die Fassadenmalerei als auch ein Fresko im Treppenhaus noch in die erste Hälfte des 16. Jahrhunderts zurück. Eine Tafel in den Lauben zählt viele berühmte Gäste auf, die hier übernachtet haben, darunter Goethe (1786).

Auf der anderen Straßenseite gegenüber sehen wir das aus mehreren Häusern des 15. und 16. Jahrhunderts zusammengewachsene *Alte Regierungsgebäude.* Gegen Ende des 17. Jahrhunderts gab Johann Martin Gumpp d. Ä. dem Komplex eine durchgehende Barockfassade, deren Mitte ein Balkon im zweiten Obergeschoß betont. Neben der ehemaligen spätgotischen Hauskapelle im zweiten Stock mit Netzrippen-

Innsbruck. Herzog-Friedrich-Straße mit Stadtturm (links) und den Eckerkern des Helblinghauses (rechts), um 1850. Lithographie von A. E. Latteux

gewölbe und Wappenschlußsteinen sind besonders ein Saal der Türingwerkstatt aus dem 16. Jahrhundert im Hintertrakt und der darüberliegende Claudia-Saal bemerkenswert, der unter Claudia von Medici mit einer prächtigen Holzkassettendecke und einem Spätrenaissance-Portal ausgestattet wurde. Der schöne Majolikaofen stammt aus Fügen.

Wir sind beim Fluß angekommen. Hier an der Innbrücke passierte man mit dem Inntor die Stadtgrenze, das heutige Weinhaus *Ottoburg* bildete damals seine Flanke. Der Name des turmartigen vierstöckigen Baus mit den übereinandergestellten Erkern erinnert an die älteste Stadtburg der Andechser, die allerdings auf der anderen Seite des Tores lag.

Wieder zurück durch die Herzog-Friedrich-Straße, biegen wir beim ›Goldenen Dachl‹ nach links und kommen auf den kleinen Domplatz, der an seiner Ostseite von der barock geschwungenen Fassade der ehemaligen *Stadtpfarrkirche St. Jakob,* dem heutigen *Dom* (Farbabb. 5), beherrscht wird. Die beiden nach außen gestellten Türme verstärken die Wirkung der ohnehin ausladenden Front, die auf einen Zusammenklang mit der über dem Chorraum stehenden Kuppel verzichtet. So entsteht beim Betrachter leicht der Eindruck einer sich sehr selbstbewußt gebenden, dabei aber auf vordergründige Effekte angewiesenen Architektur.

Der jetzige Bau entstand von 1717 bis 1722 anstelle der durch Erdbeben beschädigten gotischen Pfarrkirche nach Plänen von Johann Jakob Herkomer aus Füssen, die nach dessen Tod sein Neffe und Werkstattnachfolger Johann Georg Fischer ausführte. So großartig und umfangreich die Tätigkeit der Hofbaumeisterfamilie Gumpp in Innsbruck auch war, die Entwicklung einer eigenständigen tirolischen Spätbarockkunst beginnt mit diesem Gotteshaus und seinem Baumeister. Bereits in Füssen und dessen Umgebung hatte Herkomer damit begonnen, den Kirchenraum in eine Abfolge hintereinanderliegender Flachkuppeln zu gliedern. Das Zentrum der Lichtführung verschob er von der Vierung in den Chor, wohin er auch die hohe Tambourkuppel legte (siehe St. Mang in Füssen und St. Moritz in Augsburg). Den Höhepunkt seines Bauschaffens erreichte er mit dem Entwurf zur Innsbrucker Pfarrkirche.

Wirkt das Äußere durch die Verwendung unverputzten Hausteins und der kräftigen, strengen Gliederung im Hinblick auf die Bauzeit eher konservativ (lediglich die zwischen den beiden Türmen eingebogene Fassade entspricht der barocken Neigung zu geschwungenen Linien), so überrascht der ganz auf den Bewegungsrhythmus des Spätbarock eingestellte Innenraum. Die beiden Joche des Langhauses, zwischen mächtigen, von Pilastern nochmals aufgegliederten Wandpfeilern, werden von ovalen Flachkuppeln überspannt, die sich nicht scharf gegeneinander abgrenzen. Eine dritte – gleichgroße – Flachkuppel überwölbt das an beiden Seiten halbkreisförmig ausbuchtende Querschiff. Dann folgt, nach einer Verengung durch den Triumphbogen, der Chor mit dem Hochaltar (Abb. 40), auf den aus der kreisrunden Tambourkuppel mit Laterne die ganze Lichtfülle herabfällt.

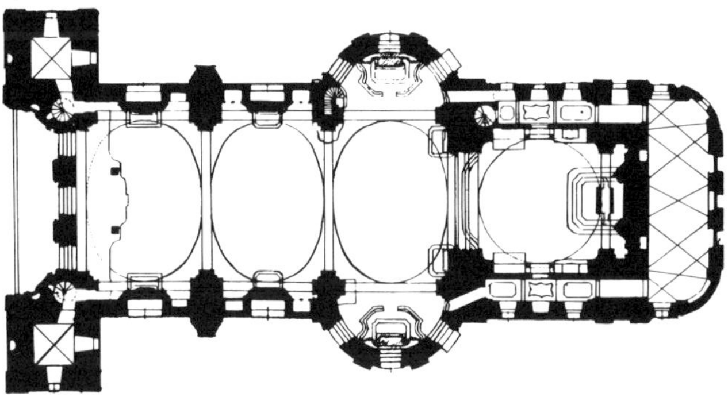

Innsbruck. Dom St. Jakob, Grundriß

Die Ausstattung des Innenraums stammt im wesentlichen von den Brüdern Asam. Während Egid Quirin die Stukkaturen schuf, die bei aller Kraft und Fülle auch schon Ansätze des Bandelwerkstils erkennen lassen, malte Kosmas Damian die tiefenillusionistischen Deckenfresken, die aus dem Leben des Pfarrpatrons erzählen. Nach Zerstörungen im Zweiten Weltkrieg erhielt Hans Andre den Auftrag für das Bogenfresko über dem Hochaltar. Berühmt ist das Gnadenbild ›Mariahilf‹ von Lucas Cranach d. Ä., das 1650 hierher gebracht wurde; für Festtage wurde die kostbare Silberverkleidung des Hochaltarantependiums bestimmt.

Beachtung verdienen ferner die Orgel von 1725 mit perspektivisch angeordneten Pfeifen im Mittelfeld, die Rokokokanzel Nikolaus Molls und das Grabmal Erzherzog Maximilians II., des 1618 verstorbenen ›Deutschmeisters‹, im linken Querschiff, das Heinrich Reinhart 1620 nach einem Modell von Hubert Gerhart in Bronze goß.

Zwei weitere Profanbauten der Altstadt seien noch erwähnt, sie liegen schon in der Nähe der Hofburg. Vom ›Goldenen Dachl‹ aus gelangt man nach rechts in die *Hofgasse*. Hier finden wir das *Deutschordenshaus* (Nr. 3), 1532 im Auftrag des Deutschen Ritterordens wahrscheinlich von Gregor Türing erbaut. Die Fassadenmalerei und der Reliefschmuck der Erker weisen jedenfalls Verwandtschaft mit der Dekoration des neun Jahre später vollendeten Trautsonshauses (s. S. 116) auf.

Das *Burgriesenhaus* in derselben Gasse (Nr. 12), ein spätgotisches Gebäude, ließ Herzog Sigmund für Nikolaus Haidl, den Gatten seiner unehelichen Tochter, erbauen. Haidl, ein Mann von ungewöhnlicher Körpergröße, war auch Türsteher des Herzogs. Aus der Entstehungszeit stammen noch das Portal und der Mittelerker; später wurde das Gebäude zum Gästehaus des Hofes umgebaut.

Im Bereich der Hofburg

Ein Vorgängerbau der späteren **Hofburg** (Farbabb. 5) existierte schon Ende des 14. Jahrhunderts, also zu der Zeit, als die Tiroler Landesfürsten noch in Meran residierten. Die mittelalterliche Burg entstand am damaligen Stadtrand, dem Graben, mit der Hauptfront zum Rennweg. Erzherzog Sigmund ›der Münzreiche‹ und sein Nachfolger, Maximilian I., waren dann die eifrigsten Bauherren. Albrecht Dürer hat auf seiner ersten Italienreise 1495 in zwei Aquarellen das Erscheinungsbild der Burg festgehalten (sie werden in der Wiener Albertina aufbewahrt), bevor Ferdinand I. um 1530 den Westflügel errichten und auch den Haupttrakt erneuern ließ.

Den durchgreifendsten Umbau veranlaßte Maria Theresia ab 1754. Zuerst beauftragte sie den bereits siebzigjährigen Johann Martin Gumpp d. J., die weitläufige alte Burg zu einer einheitlichen barocken Anlage umzugestalten. Jedoch entstand zunächst nur eine neue Südfront mit dem Treppenhausflügel gegen die Hofgasse. Das Rocaillewerk der Fensterrahmungen entspricht bereits der neuen Stilrichtung, dagegen steht der zentrale Portalrisalit, ein über alle Geschosse reichender Triumphbogen mit Balkon und krönendem Giebel, noch ganz in der Tradition des frühen 18. Jahrhunderts (Abb. 42). Anklänge an die Landhausfassade (s. S. 113) des Bruders Georg Anton sind nicht zu übersehen. Der Siebenjährige Krieg bedingte eine Baupause; danach hat Konstantin Johann Walter, in Anpassung an die Pläne Gumpps, Ost- und Nordtrakt sowie die Fronten des nördlichen kleinen Hofs umgebaut. Die Fassade des Haupttraktes am Rennweg gestaltete er in Zusammenarbeit mit dem Wiener Hofarchitekten Nikolaus Pacassi. Das war sicher die schwierigste Aufgabe: aus der langen, teils gekrümmten, teils gebrochenen Front, die sich aus verschiedenen mittelalterlichen Mauerkomplexen zusammensetzte und von zwei Türmen flankiert wurde, ein im neuen Stil einheitlich wirkendes Ganzes zu schaffen. Dies gelang jedoch durch die Umwandlung der beiden Türme in zwei vorspringende, kuppelbekrönte Eckrondelle, zwischen denen die lange Fassade mittels zweier Risalite, flacher Pilaster und je einer Attika (halbgeschoßartiger Aufbau über dem Gesims eines Bauwerks) gegliedert wird und die dadurch eine beinahe klassizistische Wirkung erreicht.

Die interessantesten Prunkräume befinden sich im zweiten Obergeschoß des Rennwegtraktes (Führungen). Der *Riesensaal* (Abb. 41), wegen seiner Riesendarstellungen so genannt, reicht gar durch zwei Geschosse. Unter Maria Theresia hieß er ›Familiensaal‹, weil die Ölporträts des Kaiserpaares, seiner Kinder und Enkel in die Wände eingelassen sind. Aus dem Zusammenspiel mit der weiß-goldenen Rokokodekoration gewinnt dieser Raum seinen eigenen Reiz. Besonders eindrucksvoll aber ist das mächtige, dreiteilige Deckenfresko, das Franz Anton Maulpertsch mit seinem Schüler J. J. Winterhalder 1775/76 malte. In der Mitte ist der Triumph des Hauses Habsburg-Lothringen dargestellt, in den Nebenfeldern, durch zum Teil allegorische Figuren, die Reichtümer des Landes Tirol (Farbabb. 36). Auch in den übrigen Räumen sind die ursprünglichen Rokoko-Ausstattungen erhalten.

Im zweiten Stock des Südflügels liegt das *Sterbezimmer Kaiser Franz I.*, das Maria Theresia durch Pacassi in eine Gedächtniskapelle umwandeln ließ. Nikolaus Pacassi ist auch der Urheber von Entwürfen, nach denen Konstantin Johann Walter 1770–73 das ursprüngliche ›Harnasch-‹ und spätere ›Wappenhaus‹ zum *Damenstift* umbaute. Kaiserin Maria Theresia hatte 1765, also noch in demselben Jahr, in dem ihr Gemahl, Franz I., in Innsbruck verstorben war, ein adeliges Damenstift gegründet, das sich nun hier in unmittelbarer Nachbarschaft der Hofburg niederließ. Der Trakt am Rennweg betont in seinem architektonischen Aufbau diesen Zusammenhang, indem er sich in Proportionen und Dekor an die Hofburg anschließt. Zum Burggraben hin bilden zwei rechtwinklig aneinanderstoßende Flügel einen Platz. Von den beiden verschieden gestalteten Toreingängen führt der eine, ein Pfeilerportal, in die Altstadt, der andere, einst Marstalleinfahrt, in den Hauptsaal des Stiftskellers. (Ein dritter Eingang weiter links kam in jüngerer Zeit dazu.) Spuren der Vergangenheit enthält das Innere: Teile der mittelalterlichen Stadtmauer und – im großen Saal des Stiftskellers – die einstige Westwand des Maximilian-Baus mit zwei spätgotischen Fenstern und Resten von Fassadenmalerei (1505).

An die nach Norden sich erstreckende Verlängerung des Rennweges schließt sich rechts der *Hofgarten* an. Die 1858 im englischen Stil gestaltete Anlage besitzt einen Konzert- und einen Kunstpavillon. Beachtung verdient das Erzherzog-Eugen-Denkmal, von Clemens Holzmeister entworfen und mit einer Bronzeplatte von Hans Andre versehen, die den Erzherzog als Deutschordensritter zeigt. Auch auf die Froschkönig-Brunnenfigur von Albin Lanner (1948) sei hingewiesen.

Der *Leopoldsbrunnen* vor der Hofburg (Farbabb. 5) gefällt durch seinen ausgewogenen, anmutigen Aufbau. Christof Gumpp war 1621 mit der architektonischen Gestaltung durch Erzherzog Leopold V. beauftragt worden; Kaspar Gras hatte die Modelle der Bronzefiguren auszuführen. Doch da starb der Herzog 1632, und nach wechselvollem Schicksal wurde der Brunnen erst 1893 in der heutigen Form aufgestellt. Den Beckenrand beleben Oceanus, Diana, Amphitrite und eine Nymphe. Aus der Mitte des Wasserspiegels steigt ein hoher Pfeiler, an seinem Sockel Neptun und Triton, Putten tragen vier Muscheln, über die sich das Reiterstandbild Leopolds erhebt.

Nun aber wollen wir uns der **Hofkirche** zuwenden, deren einfache, unauffällige Front zum Rennweg hin nichts von den großen Kunstwerken innerhalb ihrer Mauern ahnen läßt. Dieses Gotteshaus sollte einem bestimmten Zweck dienen: Kaiser Ferdinand I. ließ es 1553 vor allem als Grab- und Gedächtnisstätte für seinen Großvater Maximilian I. erbauen. Andrea Crivelli, der Trientiner Meister, lieferte die Pläne, Nikolaus Türing d. J., dessen Großvater das ›Goldene Dachl‹ geschaffen hatte, sollte sie ausführen. Doch er starb 1558, und Marx della Bolla, ebenfalls aus Trient, übernahm die Bauleitung. Trotz der Spitzbogenfenster und schlanken Strebepfeiler ist die Feststellung erlaubt, daß sich hier zum erstenmal in einer Kirche Nordtirols die Renaissance durchgesetzt hat, davon legt besonders der schöne Turm Zeugnis ab. Sein oberer, achteckiger

Innsbruck. Das Innere der Hofkirche vor der Barockisierung mit dem vom Hauptportal ins Langhaus und in den Chor, Stich von Lorenz Strauch, 1614

Teil mit dem pfeilergegliederten offenen Glockengeschoß und dessen Laternenhaube stellt eine ungewöhnliche Bereicherung der Stadtsilhouette dar.

Selbstverständlich beeindrucken im Inneren die dreischiffige Halle mit stark eingezogenem Chor, der klassizistische Hochaltar (1755–58) von Nikolaus Pacassi mit dem Kreuzigungsbild von Johann Karl Auerbach und den beiden Bleistatuen, Franziskus und Theresia, von Balthasar Moll. Einer genaueren Betrachtung wert sind sowohl die kunstvollen Holzintarsien an der Renaissance-Empore des ›Fürstenchors‹ von Hans Waldner und Conrad Gottfried, als auch das Grabmal der Katharina von Loxan (†1590) von Alexander Colin. Die Statue am Monument des Tiroler Freiheitshelden Andreas Hofer – sein Leichnam wurde 1823 von Mantua hierher überführt – schuf Johann Schaller.

Das augenfälligste Kunstwerk der Kirche ist jedoch das *Grabmal Maximilians I.*, dem Umfang nach das größte deutsche Kaisergrab – doch es ist leer, denn bestattet wurde Maximilian in Wiener Neustadt. Bereits 1502, also siebzehn Jahre vor seinem Tod, berief er den Münchener Maler Gilg Sesselschreiber zu sich und erläuterte ihm seinen Plan zu einem Erinnerungsmal, das drei Personenkreise verbinden und damit die dreifache Legitimation des Kaisertums versinnbildlichen sollte: Die Inanspruchnahme der römisch-antiken Tradition, ein spezifisch maximilianisches Element, sollten vierunddreißig Büsten römischer Imperatoren ausdrücken, davon wurden allerdings nur einundzwanzig in Augsburg ausgeführt (sie sind heute an der Rückwand der Nordempore zu sehen). Des weiteren war die Aufstellung von hundert Statuetten habsburgischer Sippenheiligen vorgesehen, doch wurden bis 1528 nur dreiundzwanzig verwirklicht; sie haben heute auf der Brüstung der rückwärtigen Empore ihren Platz gefunden. Zu den von Jörg Kölderer vorgelegten Entwürfen fertigte Leonhard Magt die Modelle, und Stefan Godl führte die Gußarbeiten durch. Der dritte Personenkreis, die Ahnen des Hauses Habsburg, sollte für den Kaiser das Trauergeleit abgeben. Vierzig überlebensgroße Bronzefiguren, angefangen bei den sagenhaften Gestalten von Artus und Theoderich (Abb. 38/39) bis hin zu Maximilians Sohn Philipp dem Schönen, waren ins Auge gefaßt, achtundzwanzig konnten in einem Zeitraum von über vierzig Jahren schließlich ausgeführt werden, wobei die Einheitlichkeit des ursprünglichen Plans trotz der im Laufe der Zeit damit befaßten verschiedenen Entwurfzeichner, Modelleure und Gießer durchgehalten wurde. Die ersten Figuren entstanden in der Gußstätte Gilg Sesselschreibers in Mühlau nach dessen eigenen Zeichnungen; anhand vorhandener Originalbilder befleißigte er sich dabei größtmöglicher historischer Treue (Abb. 37). Bei Ferdinand von Portugal fehlten entsprechende Vorlagen, und deshalb verdeckt das geschlossene Visier die Gesichtszüge des Herrschers. (Diese Figur wurde auch nicht von Sesselschreiber, sondern von Peter Löffler gegossen.)

Offensichtlich war ein einziger Künstler mit einem solch gewaltigen Auftrag überfordert. Maximilian, dem die Arbeiten zu langsam fortschritten, zog schon bald auswärtige Meister zur Mitarbeit heran. Albrecht Dürer fertigte die Zeichnungen für die Figuren König Artus' und Theoderichs (Abb. 38/39), die dann von Peter Vischer in Nürnberg gegossen wurden. 1518, kurz vor dem Tod des Kaisers, kam es zum endgültigen Bruch mit Sesselschreiber, und erst 1521 konnte Ferdinand I., nach der Regelung der Erbfolge, die Arbeiten fortsetzen lassen. In Leonhard Magt als Modellierer und Stefan Godl als Gießer fand er Künstler, die ihr Können bereits bei den Statuetten der Sippenheiligen bewiesen hatten. Der aufmerksame Betrachter der nach 1521 entstandenen Figuren vermißt vielleicht die Individualität der früheren, und hieraus spricht das Problem Magts, das er unter der Oberleitung Godls lösen mußte: Realistische Darstellung der historischen Gestalten mußte mit den ästhetischen Normen der Renaissance in Einklang gebracht werden.

Nach dem Tode Leonhard Magts (1532) und Stefan Godls (1534) ruhten die Arbeiten wieder, und erst 1548 bildete sich mit dem Maler Christof Amberger, dem Bildhauer Veit Arnberger und dem Gießer Gregor Löffler eine neue Werkgruppe; die 1550 vollendete Figur König Chlodwigs (Abb. 36) entstammt dieser Werkstatt. Damals entwickelten sich auch die neuen Aufstellungspläne Ferdinands I., denn ursprünglich, nach dem Testament Maximilians, sollte ja das gesamte Denkmal um sein Grab in der Burgkapelle zu Wiener Neustadt aufgestellt werden. Dies erwies sich jedoch als praktisch nicht durchführbar, und Ferdinand bestimmte, in Erinnerung an Maximilians Lieblingsresidenz, Innsbruck zum Aufstellungsort. Ein Kenotaph sollte Mittelpunkt des ganzen Monuments werden. Ferdinand berief die niederländisch geschulten Kölner Bildhauer Bernhard und Arnold Abel, die nach Entwürfen ihres Bruders Florian die marmornen Seitenwände des rechteckigen Aufbaus mit Darstellungen aus dem Leben Maximilians gestalten sollten. Alexander Colin vollendete ihr Werk bis 1566. Er modellierte 1582 schließlich auch die kniende Figur Maximilians, die dann von Ludwig de Duca in Erz gegossen wurde.

Die letzte, abschließende Arbeit an diesem Grabmal ist das prächtige schmiedeeiserne Gitter von Georg Schmiedhammer (1573).

Von der Hofkirche aus gelangt man in die sogenannte *Silberne Kapelle,* die Erzherzog Ferdinand II. für sich und seine Gemahlin Philippine Welser (s. S. 87) als Grabkapelle hatte erbauen lassen. Die Verbindung von Elementen der Gotik (im Gewölbe) und der Renaissance (Pilaster) schafft einen stimmungsvollen Raum, der seinen Namen von einer in Silber getriebenen Madonna und Silberreliefs von Anton Ort bezieht. Die beiden Marmorgrabmäler schuf Alexander Colin.

An der Universitätsstraße

1561 leisteten die Jesuiten dem Ruf Kaiser Ferdinands I. Folge und gründeten in Innsbruck ein Kolleg. Ihre Seelsorgetätigkeit erwies sich als so fruchtbar, daß die beiden ersten von ihnen bezogenen kleinen Kirchen schon bald nicht mehr ausreichten und der Neubau einer *Dreifaltigkeitskirche* ins Auge gefaßt wurde. Der 1619 begonnene Bau konnte jedoch nicht vollendet werden; die Fundamente waren zu schwach, er stürzte ein.

In Salzburg baute zu dieser Zeit Santino Solari den Dom. So ersuchte Erzherzog Leopold V. den Italiener um ein Gutachten und schickte Pater Karl Fontaner mit dem Maurermeister Adrian Pfefferle zur Information nach Salzburg. Sie schufen dann von 1627–1633 in Innsbruck die neue Jesuitenkirche, die aber infolge der Wirren des Dreißigjährigen Krieges erst 1646 konsekriert werden konnte. Wenn auch die Fassade mit dem Giebelaufsatz zwischen den beiden Türmen erst 1901 – und auch nicht streng nach den ursprünglichen Plänen Christof Gumpps – ausgebaut wurde, so ist die Orientierung am großen Salzburger Vorbild doch nicht zu übersehen. Neben der Doppelturmfassade erinnert besonders die mächtige Kuppel an den Solari-Dom. Im übrigen ist das Äußere von nüchternster Strenge.

Spätestens beim Eintritt ins Innere spüren wir, daß hier ein anderer Geist herrscht als in Salzburg. Zwar erhält das Langhaus – Kreuzform mit Vierungskuppel, Chor und Apsis – reichlich Licht durch viele kleine Fenster, die dunklen, violettbraunen Marmorverkleidungen an Pilastern und Friesen sowie die schwarzmarmornen Orgelbrü-

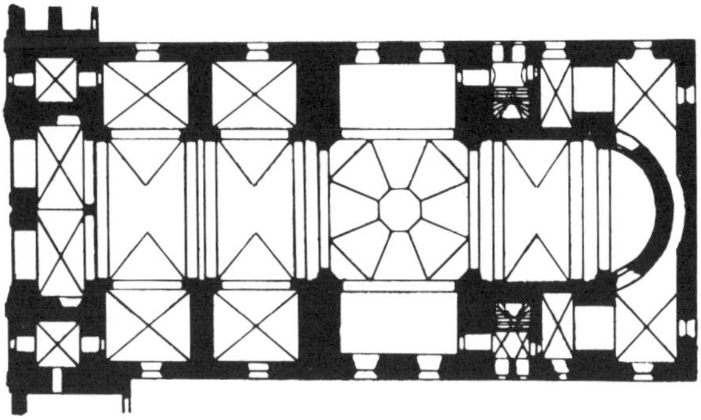

Innsbruck. Dreifaltigkeitskirche, Grundriß

stungen, die dunklen Altäre und die schwarze, von der Erzherzogin Claudia gestiftete Kanzel schaffen jedoch eine düstere Atmosphäre.

Das alles, auch das schöne schmiedeeiserne Gitter von 1667 mit den goldenen Rosen und der ausdrucksstarke Kruzifixus aus dem 18. Jahrhundert in der Vorhalle, betont den Gruftkirchen-Charakter dieses Gotteshauses. Elf fürstliche Persönlichkeiten, darunter sechs Habsburger, sind in der *Krypta* beigesetzt. Von ihnen sind vor allem die Hauptförderer der Kirche zu nennen: Erzherzog Leopold V. (†1632) und seine Gemahlin Claudia von Medici (†1648).

Die 1943 durch Bomben schwer beschädigte Kirche wurde bis 1953 wiederhergestellt. Von der Straße tritt die Doppelturmfassade ziemlich weit zurück, so daß sie mit den beiden benachbarten Klostertrakten als Flügeln einen geräumigen Platz bildet. Der rechte Bau ist das ursprüngliche Jesuitenkolleg; seit 1776 dient er der Universität. Im linken ist heute die Theologische Fakultät untergebracht. Er wurde 1722 von Georg Anton Gumpp umgebaut und enthält im zweiten Obergeschoß Säle mit reichen Stuckdecken.

Von Georg Anton Gumpp stammt auch das anschließend an den Jesuitenkomplex in der Sillgasse (Nr. 8) errichtete *Palais Pfeiffersberg,* das heute als Konvikt dient. Originell ist die Maskendekoration unter den Festerbekrönungen. Schon etwas abseits, doch immer noch an der Universitätsstraße (Nr. 22), liegt das langgestreckte, von Johann Martin Gumpp d. Ä. um 1720 umgebaute *Palais Tannenberg-Enzenberg.* Besonders auffällig sind die beiden symmetrisch angeordneten Erker und das wuchtige Mittelportal. Ein Saal aus dem frühen Rokoko ist mit Malereien von Christof Anton Mayr geschmückt.

Wenige Schritte von hier in nördlicher Richtung kommen wir zum *Kapuzinerkloster,* das bereits 1593 entstand. Die Kirche besitzt ein Madonnenbild von Lucas Cranach (Farbabb. 40) und ein schönes Altarbild von Cosimo Piazza (1606) mit der Anbetung des Kindes durch die Heiligen Drei Könige.

Eine – wenn auch im Rahmen dieses Buches nur kurze – Würdigung verdient die *Universität.* Kaiser Leopold rief sie 1669 ins Leben, und damit ist sie die jüngste der alten Universitäten im heutigen Österreich. Wie Graz und Salzburg entstand sie im Zuge der Gegenreformation, sollte also dem alten Glauben als Stützpunkt dienen. Diese Aufgabenstellung wird besonders deutlich an der Übernahme der Philosophischen und Theologischen Fakultäten durch die Jesuiten. Bei aller konfessionellen Ausrichtung blieben jedoch bei der Universitätsgründung auch andere Aspekte nicht unberücksichtigt. Hierunter fiel vor allem das ökonomisch-merkantilische Moment: Die heimischen Studenten sollten nicht gezwungen sein, im Ausland zu studieren (auch Salzburg gehörte damals nicht zu Österreich), andererseits wollte man fremde Studierende veranlassen, nach Innsbruck zu kommen, die Geld ins Land brächten und den hiesigen Konsum belebten.

Von Beginn an war Innsbruck eine Volluniversität (im Gegensatz zu Salzburg). Namhafte Wissenschaftler waren und sind hier tätig. Vom naturwissenschaftlichen Bereich der Philosophischen Fakultät, der sich besonders der Alpenforschung widmet, sei der Botaniker Kerner erwähnt; aus der Theologischen Fakultät ging zum Beispiel der Dogmatiker Karl Rahner hervor.

Die im Laufe der Jahrhunderte wachsende Bedeutung der Hochschule spiegelt sich im Problem der beengten Raumverhältnisse. War sie im ersten Jahrhundert ihres Bestehens im sogenannten ›Neugebäude‹ der Herrengasse untergebracht und 1776 in das ehemalige Jesuitenkolleg umgezogen, mußten Anfang des 20. Jahrhunderts mehrere Institute ausgelagert werden. In das neue Universitätsgebäude, das südwestlich der Altstadt liegt, konnten erst Jahre nach dem Ersten Weltkrieg Studenten und Lehrkörper einziehen.

Von den Ufern des Inn in die Vororte

Die kleine, eigenartige *Pfarrkirche St. Johann Nepomuk* schließt mit ihrer zweitürmigen Fassade die Innrainallee ab. Ungewöhnlich sind vor allem die Seiten, die durch Blendtore, Nischen, Giebel und Voluten äußerst reich gegliedert sind und dadurch ebenfalls fassadenartig erscheinen. Als Baumeister des 1735 geweihten Kirchleins gilt Georg Anton Gumpp.

Durch die offene Vorhalle mit einem Fresko von Josef Schöpf und zwei Statuen von Johann Jenewein Lechleitner betritt man den einschiffigen, vom Rokoko bestimmten Saalraum. Rosa marmorierte Säulen mit vergoldeten Kapitellen, hellgelbes Gebälk, grüne und gelbe Wand- und Gewölbeflächen geben ihm eine lebhafte Farbigkeit. Die 1730 entstandene Holzfigur des Kirchenpatrons am Hochaltar stammt ebenso wie die vier Statuen in den Chornischen, die Kreuzigungsgruppe am linken Seitenaltar und der Schutzengel im Schiff von Lechleitner. Klassizistische Züge trägt das große Deckengemälde von Josef Schöpf (1794).

1 ZILLERTAL Der Olperer

2 HALL Oberer Stadtplatz

3 HALL Freskendetail im Ratssaal des Rathauses (15. Jh.)

4 HALL Stadtansicht mit Münzerturm

5 INNSBRUCK Leopoldsbrunnen mit Hofburg

7 GROSSER AHORNBODEN im Karwendelgebirge ▷

6 INNSBRUCK Blick über den Dom St. Jakob auf die Nordkette

8 SCHLOSS TRATZBERG Ausschnitt aus dem ›Ritterlichen Turnier‹ von Hans Schäuffelein

9 SCHLOSS TRATZBERG Stube

10 FLAURLING Riskapelle, spätgotischer Flügelaltar

11 INNSBRUCK Sogenannter ›Annenberger Altar‹ (1517) von Sebastian Schel, Ausschnitt mit Stadtbild von Innsbruck. Tiroler Landesmuseum

12 GÖTZENS Pfarrkirche Peter und Paul, Innenansicht

13 STAMS Stiftskirche, Innenansicht ▷

14 Obernberg mit Tribulaun

15 Der Wilde Kaiser

17 KITZBÜHEL Pfarrkirche und Liebfrauenkirche

18 MARIASTEIN bei Wörgl

19 ÖTZ im Ötztal

20 GNADENWALD St. Michael

21 LIENZ Schloß Bruck, frühgotische Madonna

22 JENBACH Pfarrkirche, spätgotische Madonna

23 THAL/Pustertal Filialkirche St. Korbinian, gotische Madonna

24 SERFAUS Alte Pfarrkirche, romanische Madonna

26 VOLDERS Servitenkirche und -kloster

◁ 25 SEEFELD Seekapelle mit Reiterspitze und Hörmelekopf

27 STAMS Zisterzienserstift

28 Schloss Tratzberg bei Jenbach

29 Schloss Tratzberg Innenhoffassade

30 Innsbruck Schloß Ambras

31 INNSBRUCK Schloß Ambras, Spanischer Saal

32 NEUSTIFT/Stubaital Pfarrkirche, Innenansicht

33 RATTENBERG Stadtansicht gegen den Rofan

34/35 BURG AUFENSTEIN Kapelle St. Kathrein, gotische Fresken

36 INNSBRUCK Hofburg, Riesensaal. Detail aus den Deckenfresken von F. A. Maulpertsch ›Die Reichtümer Tirols‹

37/38 INNSBRUCK Schloß Ambras, Maximilian I. als König von Rom und seine zweite Frau Maria Bianca Sforza. Gemälde von Bernhard Strigel, um 1505

40 INNSBRUCK Kapuzinerkirche, Madonna mit Kind. Gemälde von Lukas Cranach ▷

39 INNSBRUCK Anbetung des Kindes. Gemälde von Marx Reichlich. Tiroler Landesmuseum

41 VOLDERS Servitenkirche, Deckenfresken Martin Knollers

42 FINSTERMÜNZ Innbrücke mit Turm (16. Jh.)

43 AM MIEMINGER PLATEAU

44 GLETSCHERHAHNENFUSS

47 SILBERDISTEL

48 ALPENVEILCHEN

45 TÜRKENBUNDLILIE

46 STEINRÖSCHEN

49 FRAUENSCHUH

50 PUSTERTAL Harpfen bei Abfaltern

51 PUSTERTAL BEI ASSLING mit Lienzer Dolomiten ▷

52 GÖDNACH St. Georg vor den Lienzer Dolomiten

53 LAVANT Reste der Bischofskirche (5. Jh.)

54 MATREI/Osttirol Filialkirche St. Nikolaus, romanische Fresken

55/56 OBERMAUERN Wallfahrtskirche, Ausschnitte aus den Fresken Simons von Taisten (15. Jh.)

57 MATREI/Osttirol Pfarrkirche St. Alban, Innenansicht

58 PRÄGRATEN mit der Pfarrkirche

59 MATREI/Osttirol Filialkirche St. Nikolaus

 Pfarrkirche St. Andrä

Am Nordufer des Inn, oberhalb des Stadtkerns, stifteten die Tiroler Landstände aufgrund eines Gelöbnisses zur Abwehr von Kriegsgefahr 1647 die heutige *Pfarrkirche Mariahilf.* Zwei Jahre darauf, nach Verkündung des Westfälischen Friedens, begann Christof Gumpp mit dem Bau, der bis zur Fertigstellung der Landhauskapelle als Kaplanei den Ständen für den Gottesdienst diente. Der barocke Rundkuppelbau harmoniert vortrefflich mit der rechteckigen Vorhalle, dem Chor und den vier halbkreisförmigen Seitenkapellen. Erst 1689 schuf Kaspar Waldmann die Fresken. Kanzel und Altäre sind klassizistisch.

Dort wo die Herzog-Friedrich-Straße am Inn beginnt, verbindet eine Brücke die Altstadt mit dem Vorort **Hötting,** gelegen auf einem sonnenreichen Terrain, das schon in vorgeschichtlicher Zeit besiedelt war. *Haus Ettnau* (Höttingergasse 25) erinnert an den Tiroler Dichter Hermann von Gilm, der hier lebte. – In der Schneeburggasse (Nr. 15) treffen wir auf den *Ansitz Lichtenthurn* aus dem späten 15. Jahrhundert, von Erzherzog Ferdinand II. ausgebaut und 1588 zum Edelsitz erhoben. Aus dieser Zeit stammen auch der Erker und die Vorhalle mit ihrem Stuckrippengewölbe.

Hoch vom Hang grüßt die *Alte Pfarrkirche St. Ingenuin und Albuin* (Steinbruchstraße / Schulgasse), deren Patrozinium auf eine frühe Gründung schließen läßt. Chor und Langhaus des heutigen Gotteshauses gehören im wesentlichen der Gotik an, nur das westlichste Joch wurde im 18. Jahrhundert angefügt. Besonders schön ist der weithin sichtbare Turm, der zunächst rund aufsteigt, dann ins Achteck wechselt und schließlich von einer barocken Kupferhaube bekrönt wird. Der barockisierte Innenraum zeigt am Triumphbogen zwei Figuren von 1700 (die Heiligen Anna und Joachim); die Deckenbilder malte Johann Michael Strickner 1752.

Benachbart steht die *Neue Pfarrkirche* (Schulgasse Nr. 2) unter demselben Patrozinium. Nach Entwürfen von Leopold Heis entstand sie 1909–11. Eindrucksvoll ist die monumentale Christkönig-Plastik von Franz Staud (1948) auf dem Hochaltar.

An der Weiherburggasse, die prachtvolle Ausblicke ins Tal eröffnet, sind zwei weitere Ansitze bemerkenswert. *Schloß Büchsenhausen* (Nr. 9) errichtete der Bronzegießer Gregor Löffler 1539 und 1545 in zwei Bauabschnitten; die beiden Teile wurden dann hundert Jahre später von dem Kanzler Wilhelm Biener vereinigt. Eckerker und frühbarocker Stuck im Stile Gumpps zeichnen das ältere (westliche) Gebäude aus; dagegen mutet der jüngere (östliche) Teil schon italienisch an. Er wurde freilich im 19. Jahrhundert stark verändert.

Die *Weiherburg* (Nr. 13) wurde um 1460–70 erbaut und unter Kaiser Maximilian I. zum Edelsitz erhoben. Mit ihren übereckgestellten Erkern und dem steilen Walmdach, dem gewölbten Flur und der gratgewölbten Halle gehört sie zum Typus der spätgotischen Tiroler Edelsitze. Die Schloßkapelle im nördlichen Anbau, der im 19. Jahrhundert aufgestockt wurde, besaß einen Altar von 1520, der heute im Tiroler Landesmuseum steht.

Auch im sich östlich anschließenden Vorort **Mühlau** ist ein alter Edelsitz aus dem 15. / 16. Jahrhundert erhalten: *Grabenstein-Rizol,* auch *Sternbachschlössel* genannt.

Zwar ist das Anwesen erst 1596 urkundlich bezeugt, seine erkergeschmückte Fassade und vor allem das Wandbild eines geharnischten Ritters von 1460 im Inneren sprechen jedoch die Sprache der Spätgotik. Im 18. Jahrhundert kamen eine schöne Hauskapelle im Hof und die Flügelbauten dazu, die reiche Stukkaturen und von Kaspar Waldmann gemalte Fresken zeigen.

Die Mühlauer *Pfarrkirche Zum Hl. Leonhard,* die bereits 1437 urkundlich bezeugt ist, 1748 aber neu errichtet wurde, zeigt nach sorgfältiger Restaurierung von 1933 wieder den barocken Zustand. Johann Michael Strickner malte 1749 die Deckenfresken. Der Hochaltar mit Madonna und Reliefs mit Szenen aus dem Leben Christi ist ein Werk Franz Stauds (1956).

Knapp zwei Kilometer weiter nach Osten liegt malerisch an den aus der Talebene aufsteigenden Kalvarienberg gelehnt das 1940 nach Innsbruck eingemeindete Dorf **Arzl.**

Die *Pfarrkirche St. Johannes der Täufer* ist zwar schon seit 1378 urkundlich faßbar, vorhanden sind heute jedoch nur noch Reste eines spätgotischen Baus, der 1480 geweiht wurde. 1756 mußte auch dieser nach einem Brand erneuert werden; Franz de Paula Penz leitete die Umbauarbeiten. Von der Innenausstattung sind die feinen Stukkaturen bemerkenswert, die zum Beispiel auch die Brüstung und den Deckel der Kanzel zieren.

Die 1666 erbaute und 1777 erneuerte reizvolle *Kalvarienbergkapelle* besitzt auf dem Altar ein gotisches Vesperbild aus der ersten Hälfte des 15. Jahrhunderts.

»Innsbruck, ich muß dich lassen ...«

Das schwermütige Lied des flämischen Hofmusikus Kaiser Maximilians, Heinrich Isaac, erinnert daran, daß auch wir Abschied nehmen müssen. Je nach Temperament, augenblicklicher Stimmung und Interessenlage werden wir ihn gestalten wollen. So können hier nur ein paar Vorschläge gemacht werden, unter denen jeder selbst auswählen mag.

Von den **Friedhöfen** sei auf den neuen *Mühlauer Friedhof* hingewiesen. Hier liegen mehrere Mitarbeiter des ›Brenner‹ begraben: der aus Südtirol stammende Carl Dallago, Josef Leitgeb, Georg Trakl. Ludwig von Ficker, der 1925 die sterblichen Überreste seines Freundes hierher auf die sanft von der Nordkette abfallende sonnige Anhöhe hatte überführen lassen, wird sich der Verse aus dem ›Helian‹ erinnert haben, den der Dichter 1913 hier in Innsbruck vollendete:

»In den einsamen Stunden des Geistes
Ist es schön, in der Sonne zu gehn
An der gelben Mauer des Sommers hin.
Leise klingen die Schritte im Gras; doch immer schläft
Der Sohn des Pan im grauen Marmor.«

Schließlich fand 1967 auch Ludwig von Ficker selbst hier seine letzte Ruhestätte, unmittelbar neben Georg Trakl.

Museen: Das *Tiroler Landesmuseum Ferdinandeum* (Museumstr. 15) wurde 1842–54 von Alois Mutschlechner in den Formen eines florentinischen Frührenaissance-Palastes erbaut, dreißig Jahre später nach Plänen von Natale Tommasi um ein drittes Geschoß erhöht und im Stil der Hochrenaissance neu fassadiert. Der 1823 gegründete Museumsverein hat reichhaltige kunstgeschichtliche, prähistorische und naturwissenschaftliche Sammlungen hier untergebracht. Den speziell an Tiroler Kunst Interessierten aber wird vor allem die Gotikabteilung anziehen, die zu den bedeutendsten im deutschsprachigen Raum zählen dürfte. Besondere Aufmerksamkeit darf hier der Altar von Schloß Tirol (Raum 2) beanspruchen, der älteste Flügelaltar Tirols. Er weist mit seiner indifferenten Behandlung des Raums und der fließenden, unkörperlichen Modellierung der Figuren wesentliche Merkmale des Schönen Stils auf. In deutlichem Gegensatz dazu steht die Tafel der Ursulamarter aus dem Kloster Sonnenburg (Raum 4), ein Werk Jakobs von Seckau. Etwa achtzig Jahre älter zeigt es, welchem Wandel die gotische Malerei während dieses Zeitraums unterworfen war. Ganz im Sinne des spätgotischen Realismus verzichtet Seckau weitgehend auf eine idealisierte Darstellungsweise des Geschehens, das er statt dessen in einer bis dahin unbekannten Bewegtheit und Dramatik wiedergibt. Gleichfalls ein Exponent dieses gotischen Spätstils war Hans Multscher, dessen hier aufbewahrten Figuren (Raum 5) vom berühmten Sterzinger Altar jedoch eine gebändigtere, beinahe elegische Gestaltung eigen ist. Seine Kunst hat zweifellos den wohl größten Tiroler Maler und Bildhauer, Michael Pacher, angeregt. Pachers Schaffen weist auf die Kunst der Renaissance voraus, während die Werke Hans Klockers (Raum 5) bei aller Meisterschaft einen konservativen Zug nicht leugnen können. Zu einer eigenen Formensprache unter Beibehaltung der Pacherschen monumental dimensionierten Bildprogramme findet dessen schon deutlich der Renaissance zugewandter Schüler Marx Reichlich (Raum 8, Farbabb. 39), den repräsentativen Bedürfnissen dieser Epoche ganz verpflichtet zeigt sich der in Innsbruck ansässige Sebastian Schel mit seinem ›Annenberger Altar‹ (Farbabb. 11), dem Höhepunkt seines Schaffens. Diese wenigen und sehr fragmentarischen Hinweise geben vielleicht dennoch eine Vorstellung vom Angebot des Ferdinandeums, das manchen Zusammenhang klarlegt, von dem eine Kunstreise durch Tirol nur einen schemenhaften Begriff gibt.

Das *Tiroler Volkskunstmuseum* (Universitätsstr. 2) ist im Neuen Stift neben der Hofkirche beheimatet. Schon das Gebäude ist sehenswert. Es zeigt noch den von Nikolaus Türing d. J. in Renaissanceformen erbauten Innenhof mit seinen Arkaden und die 1718 von Georg Anton Gumpp umgestaltete Fassade. Eingerichtete Wohnräume, Bauernstuben (Abb. 45), Krippen, Trachten und vieles andere (Abb. 43/44) machen es in seiner Reichhaltigkeit zu dem wohl bedeutendsten Heimatmuseum Österreichs.

Im alten maximilianischen *Zeughaus,* dem nach 1500 erbauten zentralen Waffenlager, wurde in unserem Jahrhundert das *Tiroler Landeskundliche Museum* untergebracht. Neben mineralogischen, bergbaulichen und jagdlichen Sammlungen bietet es eine Uhren- und Musikinstrumentenausstellung. Es thematisiert auch Wildbach- und Lawinenverbauung und die Geschichte der Tiroler Freiheitskämpfe von 1809. Das Museum ist nur in den Sommermonaten, von Mai bis Ende September, geöffnet.

Und wer noch nicht genug hat vom ›Heldenjahr 1809‹, mag sich das *Rundgemälde* anschauen, eine Riesendarstellung der Schlacht am Berg Isel. (Zu erreichen mit der Straßenbahn, Linie 1, in Richtung Hungerburg; geöffnet von März bis Ende Oktober.)

Zum Abschiednehmen gehört vielleicht auch der Aufstieg zu Innsbrucks Hausbergen, die der Besucher Innsbrucks meist nur als malerische Kulisse erlebt. Das Städtische Verkehrsbüro, Burggraben 3, hat ein Bergwanderprogramm zusammengestellt, das vom 1. Juni bis 30. September durchgeführt wird. Für diejenigen, die nur einen Kurzbesuch per Seilbahn machen wollen, hier ein paar kurze Hinweise: Die *Hafelekar-Spitze* (2334 m) in der Nordkette ist von der Hungerburg aus mit der Nordkettenbahn bis zur Station Seegrube zu erreichen. Von dort fährt eine weitere Seilbahn zur Bergstation.

Im Süden ist der bekannteste Hausberg sicher der Patscherkofel (2246 m). Auf ihn führt eine Seilbahn von Igls aus. Botanisch Interessierte werden den Alpenpflanzengarten der Universität Innsbruck (nahe der Bergstation) besuchen.

Osttirol

Als Südtirol 1919 durch den Friedensvertrag von Saint Germain zu Italien kam, sahen sich die Bewohner an Isel und Drau plötzlich von Innsbruck isoliert. Die kürzeste Eisenbahnverbindung von Lienz dorthin führte nun durch italienisches Gebiet, oder man mußte die doppelt so lange Strecke über Kärnten und das Salzburger Land wählen, wenn man in die Landeshauptstadt gelangen wollte. Und so sind die Verhältnisse, soweit es die Bahn betrifft, bis heute geblieben.

Im Straßenbau dagegen hat sich inzwischen Entscheidendes geändert. Zuerst war es der alte Römerweg über die Heiligenbluter Tauern, den der Ingenieur Wallack zum Leitfaden nahm, als er 1924 mit der Planung und 1930 mit dem Bau der Großglockner-Hochalpenstraße begann. 1935, nach nur 28 Monaten tatsächlicher Bauzeit, war sie fertiggestellt, und damit nicht nur der Anschluß ins Mölltal und von dort nach Lienz gegeben, die Straße war wegen ihrer landschaftlichen Reize auch eine Touristenattraktion ersten Ranges geworden. Doch sie hat einen Nachteil: Durch ihre kühne Trassierung ist sie nicht wintersicher und muß jährlich viele Monate lang gesperrt werden.

Vor allem die Osttiroler waren es, die auf eine Lösung drängten, und sie mußte nicht nur eine vom Wetter weitgehend unabhängige Straßenführung, sondern auch die schnellere Erreichbarkeit ihres Landesteils garantieren. Sommerurlauber und Wintersportler sollten kommen; man wollte nicht länger das Stiefkind des österreichischen Fremdenverkehrs bleiben. So griff man nach dem Ende des Zweiten Weltkriegs einen Plan wieder auf, der schon vor der Projektierung der Glocknerstraße ins Auge gefaßt, wegen der Notwendigkeit eines langen Tunnels aber wieder zurückgestellt worden war: die Felbertauern-Route. Auch hier gab es bereits zu Zeiten der Kelten und Römer einen Pfad, der über das 2481 Meter hohe Bergmassiv führte, doch aus den genannten Gründen (Schneesicherheit und Schnelligkeit) wollte man nicht darauf zurückgreifen. Ein moderner Tunnelbau sollte das Kernstück des Projekts werden. 1962 tat man den ersten Spatenstich, und diesmal dauerte es fünf Jahre, bis am 25. Juni 1967 der Bundespräsident die Felbertauernstraße, die nun auf kürzestem Wege vom salzburgischen Mittersill ins Herz von Osttirol führt, eröffnete.

Der Auto-Tourist hat nun die Qual der Wahl, sich für eine der beiden Routen zu entscheiden: Wählt er die landschaftlich unvergleichliche Großglockner-Hochalpenstraße und die Fahrt durch das vielleicht schönste aller Kärntner Täler, das Mölltal, oder die schnellere und technisch meisterhaft geführte Strecke durch den Felbertauern-Tunnel. Der Autor eines Tirol-Reiseführers tut sich da leichter: Denn der kürzeste Weg von Tirol nach Tirol, auch wenn er zum Teil im Bundesland Salzburg verläuft, führt durch den Felbertauern.

Entlang der Isel nach Lienz – Virgental und Defereggental

Kurz vor der Ortseinfahrt von **Matrei** liegt rechts der Straße auf steil aufragendem Felsen *Schloß Weißenstein.* Im 12. Jahrhundert wurde es von den Herren von Lechsgemünd erbaut, später gehörte es dem Erzbistum Salzburg, das dort ein Pfleggericht etablierte. Interessant sind die um 1500 zum Schutz der Burg vor Feuerwaffen errichteten Rondelle. Im 19. Jahrhundert wurde die Anlage durchgreifend verändert.

An die Salzburger Zeit erinnert auch das heutige Gerichtsgebäude im nördlich des Bretterwandbachs gelegenen Stadtteil, ein stattlicher Besitz der Dompröpste.

Schloß Weißenstein, Zeichnung Johanna von Issers, um 1850. Tiroler Landesmuseum

Der im Mittelalter stark frequentierte Handelsweg über die Felbertauern ließ Matrei schon früh zu einem wichtigen Markt heranwachsen; ununterbrochen besiedelt ist dieser Platz seit mindestens 2500 Jahren. Eine im südlichen Ortsteil Bichl beim Pflügen gefundene Stele (aufgestellt am Haus Nr. 5) weist auf die römische Zeit.

Matrei ist ein Dorf geblieben, wenn es auch – besonders im Winter – hier recht lebhaft zugeht. Es ist sinnlos, vergangener Idylle nachzutrauern. Mögen alle Verantwortlichen dafür Sorge tragen, daß die alten Häuser, das sogenannte ›Widum‹ aus dem 18. Jahrhundert, das Pfarrhaus, die Gasthöfe ›Zum Lamm‹ und ›Zur Krone‹ und auch die Bildstöcke aus dem 15. und 17. Jahrhundert erhalten bleiben und gepflegt werden.

So ist die *Pfarrkirche St. Alban* (Abb. 54) eine Dorfkirche, wenn auch die größte Tirols. Aus gotischer Zeit stammt noch der Turm, dagegen entstand das jetzige Langhaus 1770–80 nach Plänen des salzburgischen Hofarchitekten Wolfgang Hagenauer. Während die Wirkung des Äußeren beeinträchtigt wird durch das Mißverhältnis von Turm zu Langhaus, überraschen die einheitliche Raumgestaltung und die überaus reiche Ausstattung des Inneren (Farbt. 57). Hagenauers Flachkuppel bemalte Franz Anton Zeiller mit der Aufnahme St. Albans unter die Heiligen (Abb. 55). Von der übrigen Ausstattung seien die Kanzel, die Plastiken der einheimischen Meister Virgil Rainer und Johann Paterer und ein Vesperbild (18. Jahrhundert) erwähnt.

In Matrei biegt der Isel-Fluß nach Süden; sein Oberlauf kommt aus dem von Westen einmündenden Tal, das nach dem Hauptort Virgen benannt ist. Gleich am Anfang des Tales, allerdings etwas abseits, erwartet uns ein romanisches Kleinod: die *Kirche Zum heiligen Nikolaus* (Abb. 56, 57). Wir biegen links von der Straße ab, überqueren die Isel und fragen uns nach dem Weiler Ganz durch. Im Mesnerhaus (Nr. 15) erbitten wir den Schlüssel zur Kirche, die hoch über einem Wiesenhang liegt.

Die früheste schriftliche Nachricht stammt aus dem Jahr 1346, doch weist die Architektur in die reife Romanik. Das Gotteshaus hatte die Aufgaben einer Wehrkirche zu erfüllen, wie der außerordentlich massive Turm anzeigt. Als festester Teil der Verteidigungsanlage hatte er den Schutz des Altarraums zu übernehmen. An diesen über dem Chor errichteten Turm ist nach Westen das Langhaus angefügt, so daß wir von einer Chorturmkirche sprechen. Zwei Chöre liegen hier übereinander (Abb. 56), die sich zum Schiff hin öffnen.

Matrei. St. Nikolaus, Grundriß

Im Zuge eines Umbaus im 15. Jahrhundert erhielt das Langhaus ein gotisches Gewölbe, das Dach wurde steil in die Höhe gezogen. Die um 1226 geschaffenen Fresken (Farbabb. 54) mit Szenen aus der Heilsgeschichte machen die Kirche zu einem Kunstdenkmal ersten Ranges. Aufmerksamkeit verdient noch die geschnitzte Maria mit Kind (um 1350) auf dem Altar des Unterchores.

Wieder im Tal, fahren wir weiter nach **Virgen** (Abb. 58), wo schon 1170 ein Pfarrer, seltsamerweise aber erst um 1516 eine Kirche urkundlich erwähnt wird. Die heutige *Pfarrkirche St. Virgilius* aus jener Zeit weist jedoch in ihren Langhausmauern romanische Reste auf, mithin muß auch schon vor 1516 hier eine Kirche gestanden haben. Desgleichen stammt der Taufstein aus romanischer Zeit.

In ungefähr 45 Minuten wandern wir zur *Ruine Rabenstein* hinauf. Die Burg diente im 12. Jahrhundert den Grafen von Görz als Gerichtssitz. Da sie seit dem 18. Jahrhundert dem Verfall preisgegeben wurde (den Bergfried zerstörte ein Blitzschlag 1962), kann man ihre einstige Bedeutung nur noch erahnen.

Ein Waldhöhenweg führt von hier über den Weiler Marin zur *Allerheiligenkapelle,* einem uralten Gotteshaus, für das hoch über dem Tal im Fels des Berges Platz geschaffen werden mußte. Das Naturgestein bildet auch einen Teil der Kapellenwand, so daß ein unregelmäßiger Grundriß entstand. Wahrscheinlich befand sich an dieser Stelle schon eine vorchristliche Kultstätte.

Nachdem wir die herrliche Fernsicht von hier oben genossen haben, wandern wir – wieder über Marin – nach **Obermauern** (Abb. 59). Der hochgelegene Ort in einem Nebental der Isel bietet eines der schönsten Beispiele dafür, daß selbst die kleinsten und abgelegensten Dörfer Tirols mit bemerkenswerten Kunstwerken ausgestattet wurden. Schon das Äußere der *Kirche Zu Unserer Lieben Frau* ist beeindruckend: ein hoher Turm mit zwei Spitzbogenfenstern, dazu das steil aufragende Schiff, dessen Wände mit Marmorskulpturen (Abb. 64/65) und – in Resten vorhanden – mit Fresken (Abb. 63) geschmückt sind. Eine schöne Maßwerkrose markiert über einem Spitzbogenportal den Eingang in den Innenraum, der eines der wertvollsten Zeugnisse tirolischer Freskomalerei besitzt: den Gemäldezyklus des Simon von Taisten (Farbabb. 55/56, Abb. 60/61). Während Szenen aus der Leidensgeschichte die beiden Langschiffbogen füllen, bildet Maria, die Patronin des Gotteshauses, das Hauptthema im Chor. Simon von Taisten war ein später und deutlich weniger talentierter Nachfahr der ›Pustertaler Schule‹, der auch Friedrich und Michael Pacher angehörten. Der populäre Künstler war Hofmaler beim Görzer Grafen, und dort konnte er sich über mangelnde Aufträge nicht beklagen, doch das fällige Honorar blieb oft genug aus. Auch seine Petition an Kaiser Maximilian I. nach dem Tode des letzten Görzer Grafen hatte nur geringen Erfolg.

Die weitere Ausstattung der Kirche, der Altar mit den Heiligenfiguren, eine Kreuzigungsgruppe von 1490, eine Anna Selbdritt (Abb. 62) und die Kanzel (um 1500), fügt sich harmonisch in die Raumverhältnisse ein.

Am Ende des Virgentals – oder besser gesagt: an seinem Anfang – beginnt die Region des ewigen Schnees. Dort oben hat die Isel ihre Quelle. Und auf unserer Rückfahrt nach Matrei genießen wir die vielfältige Schönheit dieses Tales. Wiesenhänge steigen sanft an, die Felsen der Berge halten sich zurück, geben Halt, lassen aber Raum, und viel Licht umfängt uns. Die Dörfer liegen in feiertäglicher Ruhe. Bildstöcke am Straßenrand, manche viele hundert Jahre alt, sind mit bunten Sträußen geschmückt. Alles das bezaubert und verzaubert, stimmt heiter.

Wieder zurück an der Isel, folgen wir dem Fluß abwärts bis Huben. Hier mündet von Nordosten ein Tal ein, das wir gut zehn Kilometer aufwärts fahren, bis wir das in einem Wiesenkessel eingebettete Dorf **Kals** erreichen. Bekannt wurde es als Bergsteigerort. Mächtige Dreitausender umrahmen es, so die Glockner-, Schober- und Granatspitzgruppen. Schöne, alte *Holzhäuser* prägen den Ort, und auch der spitzgiebelige *Pfarrhof,* 1481 von Pfarrer Georg Eycker errichtet, ist bemerkenswert. Rund vierzig Jahre

Der Großglockner vom Kalsertauern her gesehen. Federzeichnung von Sir Thomas Dyke Lord of Acland, 1819. Tiroler Landesmuseum

früher (1439) wurde die *Pfarrkirche St. Rupert* gebaut; ihr spätgotisches Erscheinungsbild hat sie jedoch durch spätere Umbauten weitgehend verloren. Das Deckenbild mit Szenen aus dem Leben des Pfarrpatrons schuf Wolfram Köberl 1960. Den alten Zustand besser bewahrt hat die zweistöckige Kapelle zwischen Turm und Schiff, die mit interessanten Fresken ausgemalt ist.

Von Huben nach Westen steigt das Defereggental auf einer Länge von 40 Kilometern um 1200 Meter an. Links und rechts der Straße rücken die Berghänge nahe heran, so daß nicht viel Platz bleibt für die wenigen Dörfer mit ihren Weilern. Doch auf den Höhen erwarten den Wanderer mehr als dreißig Almen und der größte geschlossene Zirbenwald der Ostalpen.

St. Veit (1500 m) nennt sich das »höchstgelegene Erholungsdorf Österreichs«. Weithin sichtbar ist die *Pfarrkirche,* deren einfaches Langhaus 1730 an den spätgotischen Chor angefügt wurde. Auch der Turm zählt zum älteren Teil des Gotteshauses, in dem um 1400 gemalte Fresken wiederaufgedeckt wurden.

In der *Kirche St. Leonhard* kurz vor **St. Jakob** tragen die spätgotischen Gewölbeschlußsteine Bildnisse der Patrone aller ehemaligen Hauptkirchen im Defereggen (St. Veit, St. Leonhard und St. Jakobus) sowie der vier Evangelisten.

Hinter St. Jakob führt vom Weiler Erlsbach links die Panoramastraße zum Stallersattel (2052 m). Seit 1974 ist dort ein offizieller Grenzübergang nach Italien; doch nur vom 1. Juni bis 31. Oktober kann der Wanderer von hier aus das auf Südtiroler Gebiet liegende romantische Antholzertal kennenlernen. Biegen wir an seinem Ende nach Osten, kommen wir – nach nochmaligem Grenzübergang – ins Pustertal, das uns schließlich in die Bezirkshauptstadt Osttirols, Lienz, führt. Da es jedoch immer wieder reizvoll ist, eine Landschaft in wenigstens zwei Richtungen kennenzulernen, können wir auch das Defereggental an der Schwarzach entlang zur Isel zurückfahren.

Dort steht dann rechts von einem Felsen die *Ruine Kienburg.* Als die ehemalige Burg 1212 an das Erzstift Salzburg fiel, bestand sie aus Torturm mit Palas und Wehrmauer. Nach einem Brand von 1579 wurde sie nur notdürftig wiederaufgebaut und ist seit der Mitte des 17. Jahrhunderts dem Verfall preisgegeben.

St. Johann im Walde ist ein alter Kirchort, der schon 1177 ein Gotteshaus besessen hat. Die heutige *Pfarrkirche Zum hl. Johannes dem Täufer* setzt sich aus Bauteilen verschiedener Stilepochen zusammen.

Im ›Blumendorf‹ **Oberlienz,** drei Kilometer vor Osttirols ›Hauptstadt‹, steht von der gotischen *Pfarrkirche Maria Himmelfahrt* nur noch der Chor mit einem Außenfresko. Die alte Kirche war 1809 ausgebrannt und 1824 wiederaufgebaut worden. Aus der gotischen Zeit erhalten ist auch noch die *Totenkapelle,* ein kleines rechteckiges Haus, außen ebenfalls mit einem Wandbild geschmückt.

Hoch über dem Tal hebt sich vom Hintergrund des dunklen Waldes die weiße Fassade der kleinen *Kirche St. Helena* ab, die 1530 ein 200 Jahre älteres Gotteshaus ersetzte.

Lienz

»Die Stadt Lienz kann an Größe mit Pordenone verglichen werden. Sie ist wohlbefestigt, hat nach Landesgebrauch schöne Gebäude, liegt in einer Ebene am Beginn des Drautales, ihre Mauern bespült rechts die Drau, links aber die Isel. Diese zwei Flüsse vereinigen sich innerhalb des Ortes, und nur die Drau behält den Namen und das Vorrecht. Im Orte gibt es zwei besonders schöne Kirchen; die erste ist die Pfarrkirche, gehörig dem hl. Andreas, ... Die zweite aber, geweiht der glorreichen Jungfrau, wird geleitet durch die Kongregation der Karmeliter.

Rings um die Stadt auf zwei Meilen nach Ost sind viel wohlbebaute Äcker, gibt es in Fülle Birnen und Äpfel, Nüsse und Pflaumen bis zum Fuß der Berge und noch ein Stück den Abhang hinan. Das alles macht den Ort zu einem Schmuckkästchen, bemerkenswert in einer vor allem bergigen und waldreichen Gegend.«

So beschrieb Paolo Santonino im 15. Jahrhundert Lienz (Abb. 69, 67), und wir wollen die Stadt durchstreifen, betrachten, was er vergessen hat zu erwähnen, aber auch, was sich in den seit seiner Schilderung vergangenen 500 Jahren verändert hat.

Wer sich der Stadt über die Isel-Straße nähert, kann auf der Anhöhe zu seiner Rechten den markanten Bau des *Schlosses Bruck* (Abb. 66) nicht übersehen. Im 13. Jahrhundert bauten die Grafen von Görz die Burg zu ihrem Residenzschloß aus, das auf der nach drei Seiten steil abfallenden Felskuppe den gesamten Talboden zwischen Isel und Drau beherrschte. Für den bereits im 11. Jahrhundert genannten Ort Lienz (›locus Luenzina‹, 1242 wurde ihm das Stadtrecht verliehen) waren die zweieinhalb Jahrhunderte unter der Görzer Regierung sehr fruchtbar. Hier war die »heimliche Hauptstadt Tirols« (9), bis das Schloß mit der zugehörigen Herrschaft im Jahre 1500 nach dem Tode des letzten Görzers an die Habsburger fiel. Maximilian I. verpfändete beides an die Freiherren von Wolkenstein-Rodenegg; 1653 übernahm das Königliche Damenstift zu Hall den Besitz. Bis 1783 dienten Räume des Schlosses als Waffenarsenal, später wurden ein Militärhospital und eine Kaserne darin eingerichtet, dann eine private Brauerei und eine Gastwirtschaft. In den vierziger Jahren unseres Jahrhunderts wurde der Gebäudekomplex von der Stadt Lienz gekauft und in der Folgezeit als Museum eingerichtet, das mit seinen Exponaten die Leistungen des gesamten Bezirks Osttirol in verschiedenen Bereichen repräsentiert.

So durchwandert der heutige Besucher nicht ein totes historisches Bauwerk, zu dessen ältestem Bestand Bergfried, Palas und Kapelle gehören, sondern ein Kulturdenkmal, in dem das Schaffen der Bevölkerung bis in unsere Tage lebendig veranschaulicht wird.

Prunkstück der Anlage ist die zweistöckige *Kapelle* (Farbabb. 21), ursprünglich noch aus romanischer Zeit, dann im 15. Jahrhundert spitzbogig mit Rippen überwölbt. Von der romanischen Ausmalung finden sich noch Reste in der Fensterlaibung an der Südseite. Den größten Teil des heute vorhandenen Bilderschmucks schuf jedoch Simon von Taisten um 1490. Der gotische Flügelaltar in der Apsis des Untergeschosses (sogenannter ›Görzer Altar‹) stammt aus dem Umkreis der Pacherschule.

Schloß Bruck, Zeichnung Johanna von Issers, um 1850. Tiroler Landesmuseum

Auch der *Rittersaal,* Hauptraum im Palas, zeigt noch teilweise romanische Bemalung (Balkendecke). Fast die gesamte Stirnfront bedeckt ein Fastentuch von Stefan Flaschberger (1598) aus Obermauern.

Von den zahlreichen Osttiroler Künstlern aus verschiedenen Jahrhunderten, deren Werke in mehreren Räumen des Schlosses ausgestellt sind, sei besonders Albin Egger-Lienz (1868–1926) erwähnt. Über sein Schaffen, von den Frühwerken und monumentalen Darstellungen bis zu den expressionistischen Bildern, wird ein guter Überblick vermittelt.

Keltische und römische Grabungsfunde, Volkskunst, Hausgeräte, eine Rauchküche, eine Mineralienabteilung und vieles andere ergänzen den Bestand dieses Heimatmuseums.

Die *Pfarrkirche St. Andrä* (Farbt. 60) liegt abseits des eigentlichen Stadtzentrums. Wenn wir von Schloß Bruck kommen, biegen wir in die Schloßgasse ein und überqueren die Isel. Gleich hinter der Brücke beginnt der Bezirk des Pfarrhofs. Die Geschichte des Gotteshauses ist von der der gesamten Region um Lienz nicht zu trennen. Als sich der (Aquileia unterstellte) Bischof von Aguntum im 5. Jahrhundert auf den Lavanter

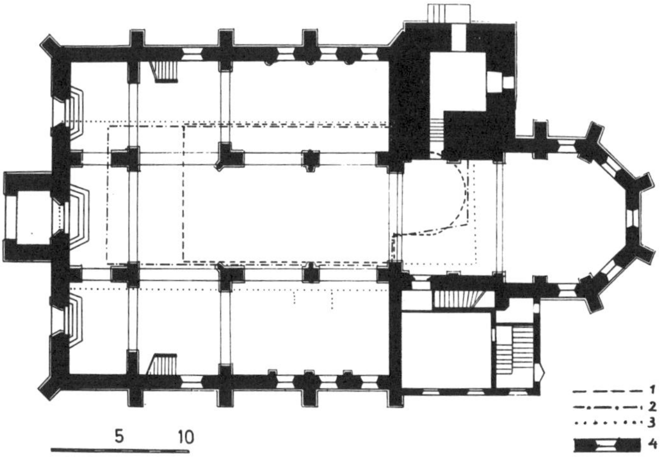

Lienz. Grundriß der Pfarrkirche St. Andrä

Bühel zurückzog, ließ sich ein Teil der Bevölkerung hier nieder. 1968 durchgeführte Grabungen förderten Reste einer frühchristlichen Anlage zutage, und gleichzeitig entdeckte man Fundamente eines zweiten Baus aus dem 10. Jahrhundert, der im wesentlichen dem älteren Grundriß entsprach, doch einen geraden Chorabschluß besaß und den man nach Westen verlängert hatte. Am 4. März 1204 wurde eine romanische Kirche geweiht, die gegenüber dem Vorgängerbau noch einmal nach Westen, aber auch nach Süden erweitert worden war.

Unter den Grafen von Görz schließlich wurde die Kirche im 15. Jahrhundert zu einer dreischiffigen gotischen Basilika umgestaltet. Altes Mauerwerk wurde übernommen, so daß die romanische Westfassade den Mittelteil der heutigen Westwand bildet. Hier haben sich Fresken (Fragmente eines Weltgerichts) aus dem letzten Viertel des 14. Jahrhunderts erhalten. Noch ältere Wandmalereien (alttestamentarische Szenen) schmücken die Innenseite der Westwand. Einen spätgotischen Christus als Weltenrichter zeigt ein Fresko am Ende des Mittelschiffs auf der Triumphbogenwand. Im Chor dominiert der Barock; das Altarbild ›St. Andreas nimmt das Kreuz an‹ malte Josef Anton Zoller 1761, die Statuen (Andreas mit Kreuz, Paulus mit Schwert und die Salzburger Diözesanpatrone Rupert mit Salzfaß und Virgil mit Dom) schuf Franz Engele 1765. Darüber wölbt sich das Fresko von Josef Adam Mölk, das die Aufnahme des Kirchenpatrons in den Himmel zeigt.

Auch die beiden Seitenaltäre sollten wir nicht übersehen: Den rechten prägen ein Holzkruzifixus (um 1500) von Hans Klocker und eine Figurengruppe von Johann Paterer (1775; Abb. 68), der linke wurde 1829/30 von den beiden Vorarlberger Brüdern Johann Simon und Josef Anton Moosbrugger aus grauem Stuckmarmor in klassizistischen Formen errichtet.

Der Blick zurück gegen die Westwand zeigt auf der Emporenbrüstung eine gotische Figurengruppe (um 1430): St. Elisabeth und St. Barbara flankieren Maria; etwas jüngeren Datums (um 1490) ist die Figur des Auferstandenen.

Zwei Grabplastiken aus rotem Marmor repräsentieren nicht nur ein Stück Tiroler Kunstgeschichte, sondern verweisen auch auf die Bedeutung dieses Gotteshauses als ›Hofkirche‹ der Grafen von Görz und auf die politische Geschichte des Landes. Maximilian I. erteilte den Auftrag zum Grab Leonhards, des letzten Görzer Grafen, dessen Erbe er war. Während Christof Geiger sich bei dieser Grabplatte, die er 1506/07 schuf, in der Komposition noch der spätgotischen Formensprache verpflichtet fühlte, ist sein Grabdenkmal für Michael von Wolkenstein (erster Pfandinhaber der Herrschaft Lienz, †1523) und dessen Ehefrau Barbara von Thun schon deutlich der Renaissance zugewandt.

Durch den Sakristeianbau gelangt man in die Gruft. Der oktogonale Zentralraum wird getragen von einer Mittelsäule, auf die sich die Gewölberippen von den runden Schlußsteinen herabsenken. Wertvollstes Ausstattungsstück ist ein hochgotisches steinernes Vesperbild. Theodor Müller (10) sieht das um 1410 zu datierende Werk in der Nachfolge des in der Pfarrkirche von Bruneck aufbewahrten und ebenfalls wohl aus Salzburg stammenden Vesperbildes.

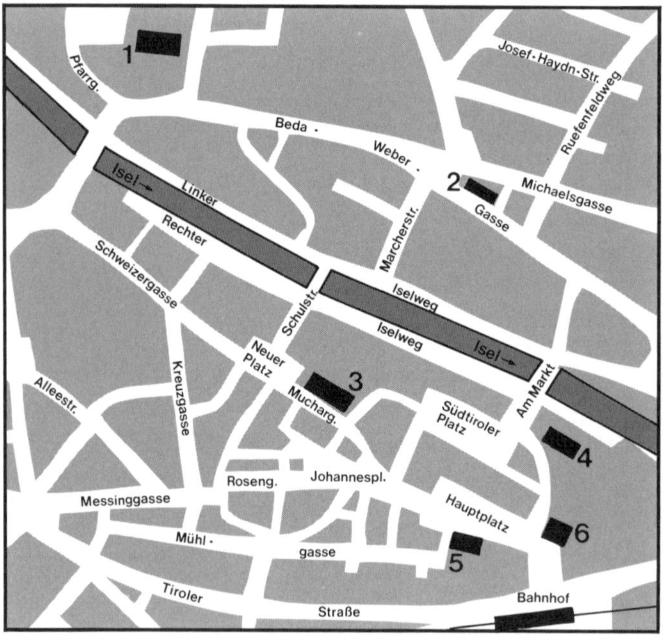

Stadtplan Lienz

1 Pfarrkirche St. Andrä
2 St. Michael
3 Franziskanerkirche
4 Spitalkirche
5 Liebburg
6 Antonius-Kapelle

Lienz. Das Spitalstor, Lithographie von B. de Ben nach einer Zeichnung von Franz Wolf, um 1840

Besonders die Innenausstattung der Pfarrkirche ist stilistisch nicht einheitlich; Kunstwerke verschiedener Epochen stehen nebeneinander, Zeugnisse einer noch immer lebendigen Vergangenheit. So beeindruckt St. Andrä nicht nur als das – keineswegs allein im kunsthistorischen Sinne – bedeutendste Denkmal der Gotik in Osttirol, sondern gerade auch wegen des – bei aller Verschiedenheit im einzelnen – geschlossenen Gesamteindrucks.

Bleiben wir auf dieser Iselseite und gehen die Beda-Weber-Gasse hinunter, stoßen wir auf die kleine spätgotische *Kirche St. Michael* (am Rindermarkt). Den Nordturm mit seinem Zwiebelhelm erhielt sie erst 1719. Der hohe Innenraum überrascht durch sein reiches Netzwerkgewölbe, dessen Rippen und Schlußsteine allerdings nur dekorative Aufgaben erfüllen. Der Hochaltar mit der großen Michaelsstatue stammt von 1683. Bemerkenswert sind auch mehrere Grabsteine.

Am Ende der Beda-Weber-Gasse beginnt die Kärntner Straße, an der sich links das Siechenhaus befindet. Hier steht der wohl älteste *Bildstock* Tirols (1400). Der runde Schaft trägt einen schweren Aufsatz, dessen Felder mit neutestamentlichen Szenen und mit Heiligenfiguren bemalt sind.

Das Stadtzentrum liegt in dem von Drau und Isel gebildeten Dreieck. An der Ostseite des Hauptplatzes steht die *Antonius-Kapelle* aus dem 16. Jahrhundert. Von hier sind es nur wenige Schritte zur *Spitalkirche St. Josef,* die gegen Ende des Zweiten Weltkrieges schwer beschädigt wurde und ihre schöne Rokoko-Einrichtung verlor. 1957 ist das Gotteshaus wieder aufgebaut worden.

Als letzte Kirche wollen wir die des *Franziskanerklosters* besuchen; sie liegt zwischen Südtiroler und Neuem Platz an der Muchargasse. Von 1349–1785 bestand hier ein Karmeliterkloster, das die Gräfin Euphemia von Görz gestiftet hatte. Nach seiner Auflösung übernahmen es die Franziskaner. Den freundlich-hellen Innenraum der Kirche zieren Fresken aus der Zeit zwischen 1400 und 1500. Von der übrigen Ausstattung ist vor allem die hölzerne Pietà (um 1420) am hintersten linken Seitenaltar zu erwähnen.

Im Pustertal

Eine ›Puster‹ gibt es nicht, doch das ganze Tal, mit dem obere Drau und Rienz zwischen Lienz und Franzensfeste/Fortezza die Hohen Tauern von den südlichen Kalkketten trennen, wird Pustertal (Farbt. 50, Farbabb. 51) bzw. Val Pusteria genannt. Die als ›Osttiroler Kunststräßchen‹ apostrophierte Pustertaler Höhenstraße führt uns von Lienz aus zuerst nach **Thal,** und in der Tat kann es für den Kunstfreund kaum einen überzeugenderen Introitus für diese Fahrt geben als die *Kirche Zum hl. Korbinian* (Farbabb. 23), die seit der Entstehung im 15. Jahrhundert ihr Aussehen bewahrt hat. Die in ihrer Schlichtheit doch eigenständige Architektur der ›Tiroler Gotik‹ läßt sich hier besonders gut auf ihre Aussagekraft überprüfen: Ganz einfache Strebepfeiler an den Ecken der Westfassade; ein bis zum Glockenstuhlgeschoß ungegliederter Turm öffnet sich dort mit großen Maßwerkschallfenstern und endet in einem sanft geschwungenen, spitzen, aber nicht sehr hohen Helm. Ein Netzrippengewölbe mit elf bemalten Schlußsteinen überspannt den Innenraum, dessen Nordwand Andre Peuerweg mit einem Freskenzyklus schmückte, eine volkstümliche Arbeit von 1579. Gleich drei Flügelaltäre belegen die hochentwickelte Kunst dieser Gattung in Tirol: Der *Kreuz-* oder *Passionsaltar* (Abb. 71) ist der älteste, wahrscheinlich ist er der ›Brixner Schule‹ zuzurechnen, dagegen stammen der *Korbiniansaltar* (1480) und der *Magdalenenaltar* (1498, Abb. 70) aus dem Umkreis Friedrich Pachers.

Auch die *Kirche St. Ulrich* stammt aus dem 15. Jahrhundert, doch wurde sie im 16. und 17. Jahrhundert umgebaut. Kanzel und Chorgestühl sind bemerkenswert, sowie das möglicherweise von Josef Adam Mölk 1762 gemalte Bild im Seitenaltar.

Einem weiteren Altar aus dem Umkreis Friedrich Pachers begegnen wir im Weiler **St. Justina.** Ein schmaler, steiler Fußpfad führt zur Kirche hinauf, die – ursprünglich gotisch – in barocker Zeit umgestaltet wurde. Die Statue der Kirchenpatronin im Altar wurde um 1430 geschaffen, die seitlichen Gemäldetafeln von dem gealterten Pacher gegen Ende des 15. Jahrhunderts.

54 MATREI Pfarrkirche St. Alban

55 MATREI Pfarrkirche. Deckengemälde von Franz Anton Zeiller, 1783

56/57 MATREI Kirche St. Nikolaus. Blick in den Doppelchor und Detail aus den romanischen Fresken

58 VIRGEN Gasthof ›Zum Neuwirt‹, 16. Jh.

59 Obermauern im Virgental

60 OBERMAUERN Wallfahrtskirche. Ausschnitt aus dem Passionszyklus des Simon von Taisten, 15. Jh.

62 OBERMAUERN Wallfahrtskirche. Spätgotische Anna Selbdritt am rechten Seitenaltar ▷

61 OBERMAUERN Wallfahrtskirche. Ausschnitt aus dem Passionszyklus des Simon von Taisten, 15. Jh.

63/64 Obermauern Wallfahrtskirche. Freskodetail über der Sakristeitür (St. Andreas und Bischof Wolfgang von Regensburg) und Relief (St. Petrus) neben dem Seitenportal

65 Obermauern Wallfahrtskirche. Relief ›Anbetung durch die Heiligen Drei Könige‹ an der Südseite

 Schloß Bruck

67 LIENZ Liebburg, 16. Jh.; heute Sitz der Bezirkshauptmannschaft

68 LIENZ Pfarrkirche St. Andrä. Spätgotisches Kruzifix, um 1500 von Hans Klocker mit der Heiligengruppe (1775) von Johann Paterer

69 LIENZ Stadtansicht

70 THAL/Pustertal Filialkirche St. Korbinian. Magdalenenaltar aus der Schule Friedrich Pachers, Ende des 15. Jh.

71 THAL/Pustertal Filialkirche St. Korbianian. Passionsaltar, Mittelbild (Brixener Schule um 1430)

72 TESSENBERG Pfarrkirche. Fresko, um 1500

73/74 TESSENBERG Pfarrkirche. Seitenaltar, Johannesschüssel (Mensa) und hl. Anna Selbdritt mit Johannes dem Täufer und Johannes dem Evangelisten (Schrein); Anfang des 16. Jh.

75 ASCH/Pustertal Pfarrkirche Mariä Himmelfahrt

76 SCHLOSS HEINFELS

78 Strassen Kirche Zur Heiligen Dreifaltigkeit

77 Anras Pfarrkirche. Fresko von Martin Knoller, 1754

79 Aguntum Römische Ausgrabungen bei Lienz

 LAVANT Kirche St. Peter und Paul. Spätgotischer Flügelaltar

Vor **Ried** grüßt ein ganz bemalter *Bildstock,* dessen Gemälde aus dem 18. Jahrhundert, der Pfeiler sogar noch von 1600 stammen. Die kleine spätgotische *Kirche Zum Heiligen Geist* erlebte um 1800 eine radikale Umgestaltung. Bemerkenswert ist ein Seitenaltar vom Lienzer Maler Peter Peisch (1517).

In der Mitte des 18. Jahrhunderts erhielt **Anras** seine heutige *Pfarrkirche St. Stephan,* einen großen Bau mit sehr breitem Schiff und nur angedeutetem Querhaus, wodurch der auf Zentralwirkung bedachte Baugedanke realisiert wurde (Baumeister war Franz de Paula Penz, s. auch S. 203 ff.). Den Innenraum schmücken Fresken Martin Knollers (Abb. 77) und der rokoko-prächtige Hochaltar mit einem Stephanus-Bild von Anton Zoller. Beachtenswert ist auch eine kräftig modellierte Muttergottes von 1500.

Neben dieser neuen Pfarrkirche entdecken wir im sogenannten *Pflegehaus* und im Turmunterbau die Reste der alten Kirche, die hier bereits um 1250 stand.

Die Höhenstraße führt durch die kleine Ortschaft **Abfaltern** (Farbt. 50). Schon von weitem erkennen wir an der *Pfarrkirche St. Andreas* das große Christophorus-Bild. Chor und Turm des Gotteshauses stammen noch von dem 1441 geweihten Bau, während die anderen Teile nach 1765 barockisiert wurden. Auch hier treffen wir auf Fresken Anton Zollers, und bemerkenswert sind ebenso zwei geschnitzte Figuren der Heiligen Georg und Florian (um 1500).

Keine Eingriffe in ihre Bausubstanz mußte die *Pfarrkirche St. Johannes* (Abb. 72/73) in **Tessenberg** seit ihrer Entstehung um 1470 über sich ergehen lassen: Sternrippengewölbe mit bemalten Schlußsteinen, reiches Maßwerk in den spitzbogigen Portalen und Fenstern. Die ursprünglichen Wandmalereien im Inneren von Ruprecht Pötsch aus Brixen haben allerdings durch Restaurierungen gelitten. Am Seitenaltar sind die Skulpturen der hl. Anna Selbdritt und der beiden hll. Johannes (Abb. 74) bemerkenswert.

Von der Höhe bei **Heinfels** grüßt das gleichnamige *Schloß* (Umschlagrückseite, Abb. 76), auch Heimfels, Heunfels, Huenfels genannt, dessen mittelalterliche Entstehungsgeschichte sich nur in Umrissen nachverfolgen läßt. Bekannt ist, daß es um die Mitte des 13. Jahrhunderts den Ministerialen von Heunfels gehörte. Damals existierte lediglich der Bergfried und der inzwischen zum großen Teil verfallene Palas. Mit dem Ausbau zur Landesburg (gegen 1500) entstanden weitere Gebäude, und heute empfängt den Besucher eine recht weiträumige Anlage – teils Ruine, teils bewohnt –, wenn er die bei der *Petrus-Kirche* beginnende lange Treppe hinaufgestiegen ist.

Auch von diesem Gotteshaus fehlen urkundliche Hinweise auf die Erbauungszeit, die Architektur zeigt jedoch eindeutig gotische Merkmale. Ebenso gehören einige vorzügliche Ausstattungsstücke der späten Gotik an, so der Flügelaltar, der den beiden Apostelfürsten gewidmet ist, und ein Simon von Taisten zugeschriebenes Wandbild (Petrus im Kerker).

Schloß Heinfels. Aquarell von Thomas Ender, um 1840. Tiroler Landesmuseum ▷

In **Sillian** erreichen wir den westlichsten Punkt unserer Osttiroler Pustertalfahrt. In mehreren Epochen wurde an der *Pfarrkirche Zu Unserer Lieben Frau Himmelfahrt* gebaut, doch dank eines geschickten Umbaus von 1760 bietet sie ein recht einheitliches Bild. Josef Adam Mölk schuf damals die Deckengemälde, darunter die Rosenkranzkönigin, und bis auf eine Muttergottes mit Kind stammt auch die übrige Ausstattung aus der Umbauzeit.

Nicht zu übersehen ist der stattliche *Pfarrhof,* der im ersten Stock eine geschnitzte Balkendecke aufweist.

Wenige Kilometer talabwärts zweigt rechts die B 111 ab, eine weniger befahrene Verbindung durch das Tal des Gailbachs nach Kärnten. Machen wir einen kurzen Abstecher zunächst bis **Kartitsch.** Zwei Gotteshäuser sollten wir uns dort anschauen: Die *Pfarrkirche St. Leonhard,* 1386 erbaut, wurde nach einer Erweiterung 1479 neu geweiht. Die heutige Innenausstattung stammt aus dem 18. und 19. Jahrhundert. Eindrucksvoller, dank ihrer Lage auf einem beherrschenden Bergvorsprung, ist die *Kirche St. Oswald.* Auch ihr erster Bau stammt aus gotischer Zeit (1360), der 1452 vergrößert und 1752 noch einmal verlängert wurde. Eine außerordentlich fein gearbeitete Pietà von 1510 im Seitenaltar ist besonders sehenswert.

Noch ein Stück weiter liegt auf einem Schuttkegel **Obertilliach,** ein ladinisches Dorf mit einer freskengeschmückten *Nikolauskapelle.*

Wieder zurück an der Drau treffen wir in der *Antoniuskirche* von **Panzendorf** auf einen der wenigen Zentralbauten Osttirols. 1693 baute der hier heimische Georg Egger das Gotteshaus über achteckigem Grundriß mit einer Kuppel, deren Felder Bilder aus dem Leben des Patrons ausfüllen. Eine gut erhaltene gedeckte *Holzbrücke,* um 1770 von schwäbischen Zimmerleuten gebaut, erinnert an die von Luzern.

Die Bundesstraße führt nun flußabwärts nach **Straßen,** das mit der *Unteren Pfarrkirche Zur Heiligen Dreifaltigkeit* ebenfalls einen achteckigen Zentralbau besitzt. Tho-

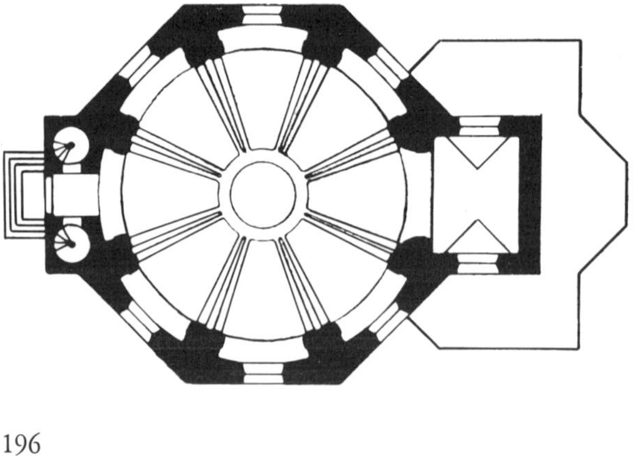

Straßen. Pfarrkirche Zur Heiligen Dreifaltigkeit, Grundriß

mas Mayr aus Tristach errichtete um 1750 das Gotteshaus, an dem sein Fassadenturm auffällt. Die Fresken im Inneren malte Franz Anton Zeiller.

Die spätgotische *Pfarrkirche St. Jakob* auf dem Kirchbühel nimmt sich demgegenüber viel schlichter aus, zumindest was das Äußere betrifft. Ihre besondere Bedeutung beruht auf den aufgedeckten Fresken, mit denen Leonhard von Brixen um 1450 den Chor bemalte. Das Ausmalungsprogramm umfaßt verschiedene Themenkreise; der Umfang und die Qualität des Zyklus machen deutlich, daß hier ein Hauptwerk des Malers wiederentdeckt wurde.

Der Arbeit Anton Zollers begegnen wir schließlich wieder in **Asch.** Als im benachbarten Anras ein neues Gotteshaus gebaut wurde, wollte man die eigene, 1434 geweihte *Pfarrkirche Maria Himmelfahrt* (Abb. 75) wenigstens erweitern und dem Zeitgeschmack entsprechend umgestalten. Zoller erhielt den Auftrag, die Tonnengewölbe mit Szenen aus dem Leben der Gottesmutter zu bemalen. Auf dem Hochaltar eine Maria mit Kind aus der Zeit um 1400.

Das Lienzer Becken – in der Sonne und im Schatten Roms

Daß das Iseltal schon früh ein beliebter Siedlungsboden war, haben wir bereits in Bichl bei Matrei (s. S. 167) gesehen. Ab Lienz nach Südosten gibt die Drau dem Tal den Namen, und hier – kurz vor Dölsach – steht mit **Aguntum** eine ganze *Römerstadt* (Abb. 72). Ihr Name ist illyrischen Ursprungs, und als die Kelten um 400 v.Chr. in den Ostalpenraum eindrangen, lag die Siedlung der Illyrer noch schwer zugänglich in den Bergen. Erst als es den Römern gelungen war, das Regnum Noricum zur regelrechten Provinz zu machen (um 45 n.Chr.), verlegte man die Bergstädte in die für den Handel günstigeren Täler. So geschah es auch mit Aguntum, das gleichzeitig das Stadtrecht erhielt. Man legte zwar einen starken Mauerring an, im Grunde wußte man sich jedoch sicher, denn der Feind stand weit weg am nördlichen Donauufer. Größere Gefahr ging vom Fluß aus, der die Stadt mehrmals überschwemmte und erhebliche Zerstörungen anrichtete. Das wirtschaftliche und kulturelle Leben konnte aber solche Katastrophen offensichtlich gut verkraften, denn das Zerstörte wurde immer wieder neu aufgebaut. So förderten die in unserem Jahrhundert durchgeführten Ausgrabungen nicht nur an mehreren Stellen Fundamente der ehemaligen Stadtmauer zutage, sondern auch eine große Toranlage, einen Wohnhauskomplex in der Art pompejanischer Bauten, Heißluftheizanlagen, Säulenhallen und Mosaiken.

Der äußere Feind scheint in der ersten Hälfte unseres Jahrtausends Aguntum zweimal bedroht und ernsthaft gefährdet zu haben. Bei den Ausgrabungen festgestellte Brandschichten zeigen es in aller Deutlichkeit: Im Jahre 275 kamen die Alemannen wohl bis unmittelbar vor die Mauern der Stadt, und ganz zu Anfang des 5. Jahrhunderts hat ein vor den Hunnen zurückweichender Germanenstamm Aguntum gebrandschatzt.

Noch hundert Jahre bestand die Stadt weiter, dann kam es 610 zum Kampf mit den Slawen. Garibald, der Bajuwarenkönig, war durch das Pustertal ostwärts ins Lienzer Becken eingezogen und wurde von den slawischen Scharen vernichtend geschlagen.

Aguntum, letztes römisches Municipium im Gebiet der Ostalpen, wurde endgültig zerstört. Die Ruinen gerieten zunächst in Vergessenheit, später wurden sie Gegenstand von Märchen und Sagen, und erst Theodor Mommsen brachte sie wieder mit dem ehemaligen Municipium Aguntum in Zusammenhang. Rudolf Egger, der 1912 hier mit systematischen Grabungen beginnen wollte, wurde von den einheimischen Bauern vertrieben. Erst nach dem Zweiten Weltkrieg gelang es im Auftrag des Österreichischen Archäologischen Instituts, zuerst die Grabungen in Lavant, dann auch in Aguntum wieder aufzunehmen.

Ein bedeutendes Kapitel aus der Geschichte der antiken Siedlung haben wir bisher ausgespart, das der christlichen Gemeinde. Bereits im 4. Jahrhundert war Aguntum Bischofssitz. Die Unruhen um 400 mögen den Bischof veranlaßt haben, ein sichereres Gebiet aufzusuchen. So zog er sich nach **Lavant** an den Nordhang der Lienzer Dolomiten, jenseits der Drau, zurück, wo er sich auf einem Hügel seine Burg mit einer großen Kirche (Farbabb. 53) erbauen ließ. Hier traf er auf ein altes keltisches Heiligtum, dessen Mauern er kurzerhand für seine Zwecke verwendete.

Die heutige *Pfarrkirche St. Ulrich* ist die Nachfolgerin dieser alten Bischofskirche. Von einem gotischen Bau sind noch der Turm, der Chor und das spitzbogige Westportal erhalten. Alle übrigen Teile wurden 1770 von Thomas Mayr neu geschaffen. So wirkt besonders das Innere einheitlich, geschlossen.

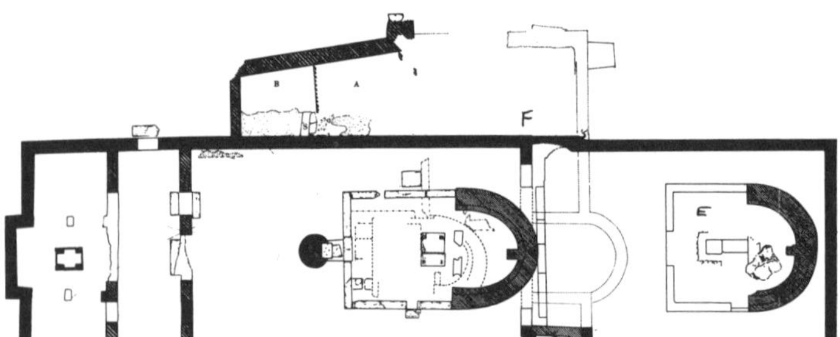

Lavant. Bischofskirche, Grundriß

Unter der oberen *Kirche St. Peter und Paul* (1485 geweiht) fand man die Grundmauern einer frühchristlichen Weihestätte. Das Netzrippengewölbe ist ungewöhnlich tief herabgezogen. Von der Ausstattung sind drei Flügelaltäre (Abb. 80) aus der Zeit vor 1530 bemerkenswert.

Gegenüber auf der anderen Drau-Seite erstreckt sich das Gemeindegebiet von **Dölsach** mit seinen Ortschaften. Auf einem Schuttkegel haben sich die wenigen Reste der *Burg*

Walchenstein erhalten, einer in ihren Ausmaßen schon bescheidenen Anlage, als sie im 13. Jahrhundert von den gleichnamigen Ministerialen bewohnt war.

In völliges Dunkel hüllt sich die Entstehungsgeschichte der *Burg Edenfest.* Im Wald, am alten Weg zum Iselsberg, versteckt sich die Ruine des turmartigen ehemaligen Wehrbaus.

Die *Pfarrkirche St. Martin,* auf einem Hügel mit Blick über das Drautal gelegen, wurde 1857 in romanisierendem Stil errichtet. Franz von Defregger malte das Bild der Heiligen Familie im linken Seitenaltar.

Bedeutend älter ist die kleine *Kirche Zur heiligen Margareta.* In ihrem quadratischen Schiff mit den Halbkreisapsiden zeigt sie deutlich Formen der Romanik. 1662 erhielt der Raum ein Tonnengewölbe, dem Stuckrippen angefügt wurden, die jedoch keinerlei statische Funktion zu erfüllen hatten.

Einem der spätesten Zeugnisse gotischen Stilbewußtseins begegnen wir auch in der *St.-Georgs-Kirche* (Farbabb. 52) des benachbarten **Gödnach.** Das spätgotische Kirchlein besticht im Äußeren durch einen fünfstöckigen Turm und abgestufte Strebepfeiler. Hier fand der Umbau nur wenige Jahre später (1666) als in Dölsach statt. Turmhaube, Portal und Gewölbe wurden verändert, wobei den Rippen wieder lediglich ornamentale Aufgaben zufielen. Kostbarstes Ausstattungsstück ist eine beinahe lebensgroße Steinfigur des Kirchenpatrons (um 1400). Sehenswert auch eine hölzerne Maria mit Kind (um 1500) am Seitenaltar.

Kurz vor **Nikolsdorf** biegen wir links von der Hauptstraße ab und sehen bald *Schloß Lengberg.* Im Laufe seiner 800jährigen Geschichte traten zuerst die Grafen von Lechsgemünd, dann das Erzstift Salzburg als Besitzer auf. Der kleine Bau wurde Ende des 15. Jahrhunderts erneuert und bis heute immer wieder instand gesetzt.

Wenig weiter grüßt der Turm der *Pfarrkirche St. Bartholomäus,* der, wie auch der Chor, noch von dem im 15. Jahrhundert errichteten Gotteshaus stammt. Das Langhaus wurde 1612 und nach 1785 nochmals erweitert.

Wir bleiben auf der Nebenstraße und erreichen in **Nörsach** den südöstlichsten und letzten Punkt unserer Osttirol-Fahrt. Ein stimmungsvolles Bild bietet die auf einem sanften Hügel gelegene *Kirche St. Chrysant,* die seit ihrer Weihe 1485 nicht verändert wurde. Das Innere birgt eine Holzfigur des Patrons aus der Entstehungszeit des Gotteshauses.

Von Innsbruck nach Süden

Kaiser, Dichter und Touristen auf der Brennerstraße

»Von Innsbruck herauf wird es immer schöner, da hilft kein Beschreiben. Auf den gebahntesten Wegen steigt man eine Schlucht herauf, die das Wasser nach dem Inn zu sendet, eine Schlucht, die den Augen unzählige Abwechslungen bietet.«

Johann Wolfgang von Goethe,
Italienische Reise (8. 9. 1786)

Wenige Straßen in Europa haben eine so alte Tradition wie die Nord-Süd-Verbindung über den Brenner. Als die Römer nach Germanien zogen, verbreiterten und befestigten sie die bereits existierenden Saumpfade, die schon von den Etruskern als Handelsweg benutzt worden waren, zur Militärstraße. ›Gegenbesuche‹ unternahmen die Kaiser des Mittelalters nicht weniger als sechsundsechzigmal. In den achtziger Jahren des 15. Jahrhunderts wurde unter Herzog Sigmund der Brennerweg abermals erweitert, doch nach heutigen Maßstäben war er immer noch höchstens ein Karrenweg. Erst Maria Theresia ließ ihn 1774 zu einer echten Straße ausbauen, die dann Goethe so zu loben wußte.

Bis in die jüngste Zeit wurde diese Paßstraße immer wieder verbreitert, begradigt, mit neuem Belag versehen, und trotzdem vom modernen Verkehr im wahrsten Sinne des Wortes überrollt. Stundenlange Anfahrtszeiten in beiden Richtungen zur Paßhöhe für die sich gegenseitig behindernden Personen- und Lastkraftwagen ließen den Bau einer Autobahn immer notwendiger werden.

Es ist eine ›schöne‹ Straße geworden, vor allem aber eine schnelle. Sechsunddreißig Kilometer ist die Nordrampe lang, die dabei einen Höhenunterschied von rund achthundert Metern überwindet. Der Reisende jedoch, der gerade wegen der vielen, einst am Wege und nun weit abseits der meistbenutzten Route gelegenen Paßorte den Brenner hinauffährt, wird die alte Straße benutzen.

So fahren auch wir von Innsbruck, wie vor zweihundert Jahren Goethe, das Tal der Sill hinauf. Während die Autobahn den geraden Weg durch den Berg Isel hindurch nimmt, lassen wir ihn in weitem Bogen links liegen. Und schon bietet sich der erste Abstecher an: Auf mehreren Hügeln breitet sich das Dorf **Natters** mit der *Pfarrkirche St. Michael* aus, deren Turm noch bis zum Glockengeschoß vom gotischen Vorgängerbau übernommen wurde. Von 1754 stammt die gemalte Sonnenuhr, und auch die doppelte Haube ist aus barocker Zeit. Eine in der Ostwand steckengebliebene Kugel aus einer bayerischen Haubitze erinnert an die Kämpfe von 1809. Das Innere wurde 1909 neugotisch hergerichtet, doch findet sich am Hochaltar noch eine spätgotische Kreuzgruppe. Bemerkenswert ist auch das Marmorgrabmal der Barbara Fundin (†1592); das Relief aus der Werkstatt Alexander Colins zeigt die Auferweckung des Lazarus.

Auf einer Anhöhe im Westen des Dorfes erbauten 1518 die Innsbrucker Bürger Wendelin und Ambrosi Yphofer den *Ansitz Waidburg,* ein massiges, würfelförmiges Herrenhaus unter einem Krüppelwalmdach. Die 1602 geweihte Kapelle mit gratigem Netzgewölbe erhielt 1956 einen Renaissance-Flügelaltar.

Südlich schließt sich das außerordentlich schmucke **Mutters** an, ein Straßendorf mit kleinem Dreieckplatz. Zahlreich sind die alten *Bauernhöfe,* bei denen die – vereinzelt noch spätgotisch gefaßten – drei Eingangstore zu Tenne, Wohnhaus und Stall nebeneinanderliegen. Die Häuser Nr. 23 und 25 besitzen mit Wappenmalereien verzierte Erker; das *Pfarrhaus* fällt durch seine Rokoko-Stukkaturen auf. Das Äußere der heutigen *Pfarrkirche St. Nikolaus* ist im wesentlichen spätgotisch. Auch hier wurde dem sehr schlanken Turm im 18. Jahrhundert eine Sonnenuhr aufgemalt. Die Innenausmalung schufen 1759 Anton Zoller und sein Sohn Josef Anton.

Zur aussichtsreichen *Mutterer-Alm* (1740 m) fährt man von hier mit der Muttereralmbahn, während man sie vom Axamer Lizum aus auch auf ausgebauter Straße erreichen kann.

Nur ein paar Autominuten westlich von Mutters steht in **Götzens** die *Pfarrkirche St. Peter und Paul* (Farbt. 12). Von ihr sagt man, sie sei die schönste barocke Dorfkirche Tirols, wenn nicht gar des süddeutschen Sprachgebiets überhaupt. Dem als Landwirt, Baumeister und Stukkateur recht vielseitig tätigen und hier ansässigen Franz Singer wird das 1780 geweihte Gotteshaus zugeschrieben. Mit dem zunächst vierseitig aufsteigenden, dann ins Achteck wechselnden und mit einer Doppelhaube endenden Turm neben der geschwungenen Giebelfassade fügt es sich malerisch in die Landschaft. Statuennischen und dekorative Architekturmalerei prägen das Äußere, und doch wirkt es eher schlicht gegenüber dem, was uns im Inneren empfängt: Eine überaus reiche, ja geradezu triumphale Rokokoausstattung erfüllt den Raum (Farbt. 12), die indessen nie regellos auswuchert. Die einzelnen Raumabschnitte verjüngen sich zum Chor hin, so daß ein kulissenartiger Aufbau entsteht. Meisterhaft durchgearbeitet sind die Stukkaturen Franz Singers; sie überziehen den gesamten Innenraum, erfüllen dabei aber nicht nur dekorative Funktion, sondern unterstreichen, ja steigern die formalen Prinzipien der Architektur. Das glänzendste Beispiel für dieses Verfahren ist die Kanzel.

Matthäus Günther malte 1775 die Fresken in den Flachkuppeln mit Begebenheiten aus dem Leben der Apostelfürsten. In ihrer Farbigkeit, Darstellungskraft und perspektivischen Bewältigung fügen sie sich kongenial in die Gesamtausstattung ein, steigern die künstlerische Aussage und machen dieses Gotteshaus zu einem Höhepunkt des Spätrokoko.

Ur- und Hauptpfarre dieser Gegend ist das schon im 10. Jahrhundert erwähnte **Axams.** Die heutige *Johannes-Kirche* entstand 1732–34 anstelle eines ersten (romanischen) Baus, dem 1498 ein zweiter folgte; von ihm ist heute nur noch der Turm erhalten. Anton Gigl, dessen Kunst wir schon am Helblinghaus in Innsbruck bewundert haben (s. S. 118), schuf in dem saalartigen Innenraum die üppigen Stukkaturen, Nikolaus Moll Kanzel und Hochaltar (Bild von Johann Georg Grasmayr).

Romanische Grundform zeigt auch noch die ursprünglich freistehende *St.-Michaelis-Kapelle* im Norden der Hauptkirche. Die Wandmalereien, Michael, Florian, die Evangelisten und die vierzehn Nothelfer, datieren aus dem Jahr 1633.

Im Friedhof unter der Erde gebaut wurde die *Wilgefortis-Kapelle* (1666 geweiht). Ein bekleidetes Schnitzbild der Heiligen, die im süddeutschen Raum ›Kümmernis‹ genannt wird, steht auf dem Altar. Die Legende berichtet, ihr sei auf ihre eindringlichen Gebete hin ein Bart gewachsen, der sie vor Verheiratung mit einem Heiden bewahren sollte; als Märtyrerin starb sie am Kreuz.

Schließlich sei auch die 1637 dem heiligen Sebastian geweihte sogenannte ›*Lindenkapelle*‹ erwähnt. Der auf achteckigem Grundriß erbaute Raum gipfelt in einer auf Stichkappen ruhenden Kuppel.

Zurück ins Wipptal auf die alte Brennerstraße! Über uns die *Europabrücke,* sie ist mit über 800 Metern Länge und 190 Metern Höhe das technische Glanzstück der neuen

Ranalt/Stubaital. Lithographie von J. G. Schädler, um 1830

Streckenführung. Am Eingang zum **Stubaital** liegt Schönberg, das seinen Namen nicht zufällig trägt. Wie die folgenden Orte hat es sich auf einem Hochplateau angesiedelt, das sich in etwa 1000 Meter Höhe in das Tal hinein erstreckt. Durch die Eingangslage ist hier ein besonders schöner Rundblick möglich, genauer: Er wäre möglich, wenn nicht, als Folge des Autobahnbaus und des wachsenden Fremdenverkehrs, Tankstellen, Motels und Autowerkstätten sich in unmittelbarer Nähe niedergelassen hätten.

Später, wenn das Tal enger, die Straßen schmaler und die Orte stiller werden, dominiert auch wieder das großartige Panorama.

Franz de Paula Penz, ein Priester als Baudirektor (Stubaital und Gschnitztal)

Dort, wo die Menschen sich immer schon auf die Natur angewiesen wußten und ihr entsprechend gegenübertraten, lebte im 18. Jahrhundert ein Pfarrer, Franz de Paula Penz (11), der sich als Baumeister einen Namen gemacht hat. Für ihn war der Kirchenbau keine bloße Liebhaberei, sondern nur die folgerichtige Entwicklung seiner Arbeit als Seelsorger. Wegen der stark anwachsenden Landbevölkerung errichtete er Kuratien, die er mit Hilfe einer eigens geschaffenen Bautruppe sofort mit Gotteshäusern ausstattete. Er selber hatte die Gesamtplanung in Händen, sowohl in künstlerischer als auch in seelsorgerischer und finanzieller Hinsicht. So entstanden nicht weniger als vierzehn Kirchenbauten, die seine Handschrift tragen. Immer fand der geistliche Bauherr gute Maurermeister, Stukkateure, Bildhauer und Maler, die für wenig Geld arbeiteten; und stets wuchsen die Bauten so rasch, daß die Bedenken und Einsprüche der Baubehörden immer zu spät kamen. Nur einmal wohl hatte er sich übernommen: Beim Dombau in Brixen mußte er schließlich doch den Intrigen der Hofbeamten weichen.

Die Heimatpfarre Franz de Paula Penz' war Telfes; sein Wirkungskreis als Baumeister reichte jedoch außer nach Brixen unter anderem auch bis Innsbruck (Pfarrkirche in Wilten, s. S. 95 f.) und Osttirol (Anras, s. S. 193). Den Kirchen des Stubaitales sind aber fast alle Entwicklungsabschnitte seiner Tätigkeit abzulesen.

Da ist zuerst **Mieders**, nach Schönberg der nächste Ort taleinwärts. Die bereits 1364 erwähnte *Pfarrkirche Mariä Geburt* wurde im 16. Jahrhundert erweitert. 1659 baute Jakob Saurwein den schlanken Turm, der nur von je drei Paaren immer kleiner werdender Doppelfenster gegliedert wird. Kräftige Strebepfeiler stützen die Außenwände. Als es im 18. Jahrhundert üblich wurde, ältere Gotteshäuser zu barockisieren, führte sich Franz de Paula Penz ein und leitete hier die Umbauarbeiten: 1739 erteilte er Jakob Jenewein den Auftrag für die Deckenbilder; zarte Stukkaturen schmücken den Raum.

In **Fulpmes** zeigt sich dann schon deutlich eine Weiterentwicklung seiner Bauweise. Auch die *Pfarrkirche St. Vitus* ist bereits im 14. Jahrhundert urkundlich faßbar, doch erhielt der heutige Bau, hoch über dem tiefer gelegenen Teil des Ortes, seine Gestalt 1745–47 von dem Telfeser Pfarrer.

Das schmale, hohe Langhaus wird, wie bei allen Penz-Kirchen, in der Mitte von einem Querschiff geteilt, dessen Kreuzarme nur ganz schwach vortreten. Fenster, Nischen und eine gemalte Scheinarchitektur gliedern und beleben die Fassade, der symmetrische Aufbau des Baukörpers setzt sich in der Dekoration des Innenraums fort. Gleichmäßig überzieht die Rokoko-Stukkatur das Stichkappengewölbe. Die Deckenbilder (Abb. 50/51) stammen von Johann Georg Bergmüller, etwa zur selben Zeit schuf Johann Georg Grasmayr das Bild am Hochaltar: die Heilige Dreifaltigkeit mit St. Veit und den vierzehn Nothelfern.

In Fulpmes haben sich schon früh die berühmtesten Kunstschmiede Nordtirols niedergelassen. Die Wasserkraft zum Betreiben der Hämmer lieferte der Plövenbach, an dessen Ufern noch heute manche der alten Werkstätten, wenn auch modernisiert, arbeiten (Eispickelschmiede, Schmiedemuseum).

Jetzt aber kommen wir nach **Telfes,** dessen *Pfarrkirche St. Pankraz* (Abb. 49) wie die Heiligkreuzkirche in Schönberg (s. S. 205) zur dritten Gruppe der Penz-Kirchen zählt. Sie zeichnet das Nebeneinander von Flachkuppel und Tonnengewölbe aus.

Bereits 1344 wird ein Telfeser Gotteshaus in Ablaßbriefen genannt, 1434 wird es gotisch erneuert, doch davon ist jetzt nichts mehr sichtbar. 1626 führt man den Turm mit außergewöhnlich spitzem Helm und großen Schallfenstern auf. 1754/55 leitet Franz de Paula Penz, der ja selber hier Pfarrherr ist, den Neubau des Gebäudes. Wie in Fulpmes täuscht Scheinmalerei am Außenbau Architektur vor. Durch das Westportal – über ihm ein Pankrazius-Fresko von Anton Zoller – betreten wir den hellen Innenraum. Auch hier war Zoller tätig: Die Deckenbilder mit Begebenheiten aus dem Leben des Pfarrpatrons stammen von ihm. Und wenn man die Komposition dieser Malerei im Zusammenspiel mit dem architektonischen Aufbau betrachtet, empfindet man die besondere Wirkung des Raumes: Schiff und Chor werden von Stichkappentonnen überwölbt, während eine ovale Flachkuppel das kurze, nur angedeutete Querschiff überspannt. Durch seine Bemalung erzeugte Zoller hier jedoch die Illusion einer hohen Kuppel.

Zu erwähnen sind ferner die barocke Kreuzigungsgruppe über dem Hochaltar, der originell gefaßte Taufstein aus der Mitte des 18. Jahrhunderts und schließlich die Grabtafel für den Pfarrer und Kirchenerbauer Franz de Paula Penz (†1772).

Die Hauptstraße weiter hinauf erreichen wir **Neustift.** Anstelle einer Kapelle aus dem 16. Jahrhundert wurde 1768–74 nach Plänen Franz de Paula Penz' die *Pfarrkirche St. Georg* neu errichtet, ein Bau, der für eine Dorfkirche ungewöhnlich groß ist (fünfzig Meter lang, dreißig Meter breit). Sie ist das letzte Werk des Priesterarchitekten. Das Äußere macht einen nüchternen Eindruck, wirkt eher wie ein Kloster; der eigenartige hohe Turm mit Haube und Laterne vermag daran kaum etwas zu ändern.

Penz ist mit diesem Gotteshaus ein reiner Kreuzkuppelbau gelungen, bei dem das einjochige Langhaus, das Querschiff (wie bei allen Penz-Kirchen nur leicht vorspringend) und der Chor von je einer Flachkuppel überspannt werden. Sparsam ist die Rokoko-Stukkatur; um so reicher wirkt der Deckenschmuck, der dem Betrachter noch einmal die ganze große Palette sakraler barocker Freskomalerei eindrucksvoll vor Augen führt (Farbabb. 31). Josef Anton Zoller gestaltete im Schiff das Pfingstwunder, die Chorkuppel zeigt die von Josef Keller gemalte Abendmahlszene, Josef Haller schuf die Zwickelbilder und das Kuppelfresko (Abb. 53) mit der Versammlung der Heiligen und Evangelisten.

Alle drei Maler stehen schon an der Schwelle zum Klassizismus, der Hochaltar weist noch deutlicher in die neue Epoche. Er bildet mit den beiden Seitenaltären eine einheitliche Schauwand vor dem flachschließenden, nicht eingezogenen Chor, dessen ganze Breite das Altarensemble einnimmt. Wenn auch Säulen die Bilder voneinander abgrenzen, Statuen wie anderer plastischer Schmuck hinzukommen und sofort weitere Vorbehalte laut werden, so sind wir doch unwillkürlich an die Ikonenwände in den Kirchen des Ostens erinnert. Wie auch immer, es bleibt ein fremdartiger Eindruck, dadurch hervorgerufen, daß der Klassizismus in eine Kunstlandschaft Einzug gehalten hat, die sonst wie kaum eine andere vom Barock geprägt ist.

Bevor wir das Stubaital wieder verlassen, wollen wir nochmals in **Schönberg** anhalten, um uns die dortige *Pfarrkirche Zum Heiligen Kreuz* anzusehen, die ja, wie schon erwähnt, der dritten Gruppe der Penz-Kirchen zuzurechnen ist.

Eine frühere Kapelle an derselben Stelle war noch gar nicht so alt – 1682 war sie geweiht worden –, als Penz 1748/49 das neue Gotteshaus als zentralisierte Langanlage errichtete. Der niedrige Turm mit dem ganz aus Holz gefertigten Abschluß betont den Charakter einer Landkirche. Das Innere macht uns die bauliche Gliederung besonders deutlich: Auf zwei Vorjoche folgt ein – abermals nur angedeutetes – Querschiff mit einer ovalen Flachkuppel, und dahinter steht der halbkreisförmige Chor, wieder in den Breitenmaßen der Anfangsjoche. Die sparsame Rokoko-Stukkatur hält sich zurück, um die Hauptwirkung den Deckengemälden zu überlassen. Drei Tiroler Meister haben hier gearbeitet: im Schiff Franz Anton Leitensdorffer (Auferstehung Christi und Anbetung der Könige), im Querhaus Giuseppe Gru (Glorie Mariä) und im Chor Josef Mages (Auferstehung der Toten). Von der einheitlichen Rokoko-Ausstattung macht die kleine, in Weiß und Gold gefaßte Orgel den heitersten Eindruck.

Wir sind hier im Stubaital den Entwicklungsstufen des Kirchbauschaffens Franz de Paula Penz' nachgegangen. Daß sein Einfluß sich nicht nur auf dieses Tal beschränkte, haben wir schon gesehen; tatsächlich kann man den Priester-Architekten als Begründer des tirolischen Spätbarock in der Baukunst bezeichnen. Seine Idee, die architektonischen Prinzipien von Langhaus- sowie Zentralbau miteinander zu verbinden und durch die Flachkuppelwölbung den größtmöglichen Platz für ein einheitliches Bildprogramm zu schaffen, bestimmte fortan den Kirchenbau im Lande.

Auch das *Pfarrhaus* in Schönberg, behäbig-barock, mit Landschaftsmalereien an den Türen und mit Stuckdecken, erbaute Franz de Paula Penz. Und wie Inseln inmitten der auf den modernen Fremdenverkehr ausgerichteten Zweckbauten muten ein paar verstreute Einhöfe und alte Gasthäuser an. Darunter der *Gasthof Domanig*

(Abb. 52) von 1713 mit spitzbogigem Portal, geschnitzten Giebelstreben und Wandmalereien. Interessant mag auch das freskengeschmückte Haus gegenüber dem Gasthof Handl sein. Hier soll Andreas Hofer beschlossen haben, den Kampf gegen Napoleon fortzusetzen.

Ellbögen ist die nächste Station rechts der Sill auf dem Weg zum Brenner; über fünf Kilometer erstreckt sich das Gemeindegebiet. Die dem heiligen Petrus geweihte *Pfarrkirche,* etwas abseits von einem Hang weit über das Tal blickend, steht im Weiler St. Peter. Im 15. Jahrhundert wurde das jetzige Gotteshaus errichtet und im 18. Jahrhundert barock umgestaltet. Wie am Außenbau das spätgotische Portal erhalten blieb, so bestimmt die Gotik auch noch den von einem spitzbogigen Stichkappengewölbe überspannten Innenraum. Aufgedeckte Fresken vom Ende des 15. Jahrhunderts mit Szenen aus der Passion Christi sind nur noch teilweise erhalten; ein später in die Wand gebrochenes Fenster hat sie zerstört. An der weiteren Ausstattung sind Barock und Rokoko (Stukkatur, Altäre, Kanzel, Betbänke), aber auch das 19. Jahrhundert (Hochaltarbild von Josef Kremer) beteiligt. – Die Fresken in der *Totenkapelle* malte Max Spielmann 1946.

Vor **Matrei** stand bis zur vollständigen Zerstörung durch Bomben im letzten Jahr des Zweiten Weltkriegs *Schloß Matrei,* das auch nach den Grafen von Trautson benannt wurde, die es von 1360–1778 – mit nur kurzer Unterbrechung im 16. Jahrhundert – bewohnten. Seitdem gehört der Besitz den Fürsten Auersperg, die nach den Zerstörungen von 1945 den südlichen Teil des Palas wieder aufbauen ließen.

Matrei selber ist die älteste Ortschaft im Wipptal; die Römer bauten ›Matreium‹ im 3. Jahrhundert bereits auf einer keltischen Siedlung auf. Im Laufe der Zeit entwickelte sich daraus der ›Markt‹ an der Brennerstraße, ein typischer Straßenort, und die tiefer gelegene ›Altstadt‹. Feuersbrünste im 15., 16. und 18. Jahrhundert, zuletzt die Brandkatastrophe von 1916 und die Bombardierung 1945 fügten der Bausubstanz stets großen Schaden zu. Trotzdem bestimmen dank der denkmalpflegerischen Wiederaufbauleistung breite Giebelhäuser mit Erkern, gotischen Portalen und Gewölben im Erdgeschoß immer noch das Ortsbild (Abb. 84). Hübsche, schmiedeeiserne Wirtshausschilder und reiche Wandmalereien ziehen die Blicke auf sich. Bemerkenswert vor allem sind die *Gasthäuser ›Krone‹* mit einem Spätrenaissance-Laubengang im Hof und *›Zur Uhr‹* mit Frontarkaden. Das auf Säulen ruhende spätgotische Gratgewölbe im Flur erinnert an die alte Verkaufshalle dieses ehemaligen ›Ballenhauses‹.

Die *Pfarrkirche Mariä Himmelfahrt* in der sogenannten ›Altstadt‹ (Matrei besitzt ja gar keine Stadtrechte) ist bereits seit 1311 bekannt, wenn auch vom ursprünglich gotischen Bau nur noch der Turm und Teile des Langhauses vorhanden sind. Beiderseits des spitzbogigen gekehlten Westportals finden sich Reste spätgotischer Fresken. Sowohl außen als auch innen wurde die Kirche in der zweiten Hälfte des 18. Jahrhunderts nach Plänen des Malers Josef Adam Mölk durchgreifend umgestaltet. So stammen aus dieser Zeit das Querschiff mit den halbkreisförmigen Apsiden und auch die Ausrundung des Chors. Mölk selber schuf in dem hellen Barockraum zwei eindrucksvolle Deckengemälde: Das Bild im Langhaus schildert den siegreichen Kampf Karls VI. gegen die Türken unter dem Schutz der Rosenkranzkönigin und des heiligen Dominikus (Abb. 85); das große Kuppelfresko zeigt, wie Salomon seine Mutter Bethsabe zum Thron führt (Hinweis auf Christus und Maria). Den Schmerzensmann am Hochaltar, eine Schnitzfigur aus der ersten Hälfte des 14. Jahrhunderts, brachte – der Überlieferung nach – Ritter Heinrich von Aufenstein aus Jerusalem hierher.

Eines der in Tirol seltenen Beispiele für ein Bauwerk noch reinen gotischen Stils ist die *St.-Johannes-Kapelle* im Friedhof. Sie dürfte der Bau- und Steinmetzgruppe der

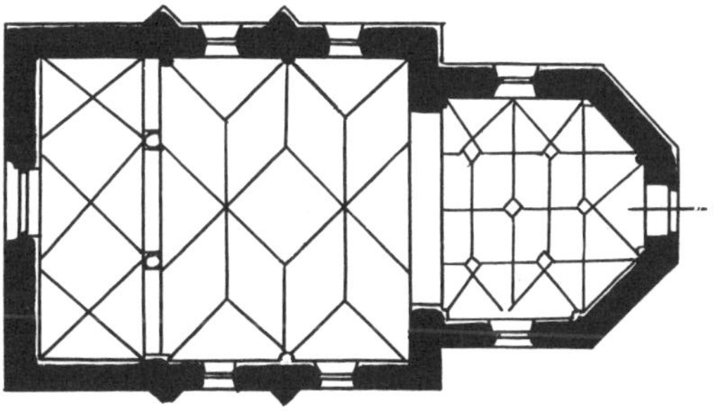

Matrei. St.-Johannes-Kapelle, Grundriß

Türing zuzuordnen sein, der Innsbruck das ›Goldene Dachl‹ verdankt. Das Äußere des schlanken Giebelbaus gefällt besonders durch seine schmalen, fein gearbeiteten Maßwerkfenster; zierlich wirkt das behelmte vorkragende Erkertürmchen über dem Fassadengiebel. Bis auf den neuen Altar mit einer Kreuzgruppe von Hans Buchgschwenter (1938) stellt sich auch der Innenraum rein gotisch dar. Elegant überziehen profilierte Rippen das Gewölbe mit verschiedenen Netzmustern; Blütenmalereien und plastischer Schmuck ranken sich um ihre Schnittpunkte und füllen die Zwickel. Die Westempore ruht auf rotmarmornen, gedrehten Säulen über drei spitzbogigen Arkaden. Ihre Brüstung ist ein Meisterstück der Maßwerkkunst.

Eine andere Zeit begegnet uns am südlichen Ausgang der Hauptstraße. Für das 1447 von dem Matreier Bürger Hans Günther gestiftete *Spital* wurde 1646 eine neue *Kirche* gebaut und zwei Jahre darauf dem Heiligen Geist geweiht. Ein schlanker Turm erhebt sich vor der Fassade der barocken Kreuzanlage. Von der neuromanischen Innenausstattung fällt vor allem das Fresko von Helmut Rehm (Mitte des 20. Jahrhunderts) in der Vierung auf.

Schließlich sei noch auf den Weiler **Schöfens**, östlich der Sill, hingewiesen. Die *St.-Nikolaus-Kapelle* beherbergt eine spätgotische Schnitzfigur des Namensheiligen, die dem Pacherkreis entstammt. – Hoch am Berghang über dem Weiler liegt der *Ansitz Ahrnholz,* der zwar schon 1271 als ›Nornholz‹ erwähnt wird, 1595 jedoch neu er-

Aufenstein. Zeichnung Johanna von Issers, um 1840, Tiroler Landesmuseum

baut wurde. Heute ist nur noch der Rundturm mit seinem Kegeldach gut erhalten. Das höher liegende Haupthaus wurde wiederholt umgestaltet.

Nahe der Mündung des Navis-Baches in die Sill liegt **Aufenstein.** Ab etwa 1430 war die Burg auf dem Hügel in Verfall geraten, und aus ihren Trümmern hat man die *Kapelle St. Kathrein* gebaut. Turm und Chor stammen noch aus dieser spätgotischen Zeit, während das Schiff 1718 barockisiert wurde. Ihr bedeutendstes Ausstattungsstück ist die Verkündigungsgruppe mit zwei lebensgroßen Figuren vom Anfang des 14. Jahrhunderts, die beiden ältesten bekannten Nordtiroler Holzplastiken.

Die Kirche lehnt sich an die alte, bei der Zerstörung der Burg weitgehend verschonte *Burgkapelle* an, die 1957/60 als Doppelkapelle rekonstruiert wurde. Sowohl der untere als auch der obere Raum sind mit größtenteils gut erhaltenen Fresken aus der Mitte des 14. Jahrhunderts ausgemalt (Farbabb. 34/35).

Nun sollten wir die sechs Kilometer bachaufwärts nicht scheuen, um **Navis** einen kurzen Besuch abzustatten. Inmitten breit gestreuter Ansiedlungen und Höfe liegt der Kirchweiler, dessen *Pfarrkirche St. Christophorus* 1756 von dem hier geborenen Franz de Paula Penz barock umgestaltet wurde. Der Chor zeigt jedoch noch deutlich gotische Elemente. Heute wird die alte Kirche als Begräbniskapelle genutzt; den Neubau schuf

Clemens Holzmeister um 1965. Auch manche Ausstattungsstücke stammen aus unserer Zeit, so die große geschnitzte Kreuzgruppe von Josef Bachlechner, die Kanzelfiguren und Deckengemälde von Hans Buchgschwenter.

Penz baute auch das *Widum*. Die Wandmalereien mit den Themen Glaube, Hoffnung, Gerechtigkeit und Liebe aus der Zeit um 1760 erinnern an Matthäus Günter.

Fahren wir zurück ins Wipptal und dort weiter nach Süden, entdecken wir jenseits der Sill in einer Mulde kurz vor Steinach das Haufendörfchen **Mauern** mit seinem hoch über der Ortschaft gelegenen *St.-Ursula-Kirchlein* (Abb. 82). Zwar lassen schon aus der Entfernung die gedrungenen Formen des Gotteshauses – niedriger Turm, Langbau mit kurzen Querarmen und halbkreisförmiger Apsis – die romanische Entstehungszeit erkennen, seine eigentliche Besonderheit verrät dieser Platz jedoch erst bei näherer Inaugenscheinnahme. Man weiß, daß hier schon in ältesten Zeiten eine Begräbnisstätte für die gesamte Umgebung war; sogar aus dem Tuxertal wurden die Toten nach hier überführt. Ein kleiner umfriedeter Bereich südlich des Haupteingangs, einst für die Bestattung ungetauft verstorbener Kinder bestimmt, ist noch deutlich zu erkennen. Diese Tatsachen, außerdem die beherrschende Lage über dem Tal, trugen zu der Überlieferung bei, die von einem seit altersher geweihten Platz spricht, wo vor Beginn unserer Zeitrechnung vielleicht sogar ein heidnischer Tempel gestanden hat.

Während das Äußere, wie gesagt, seinen romanischen Charakter weitgehend bewahrte, hat ein Umbau von 1678 den Innenraum stark verändert. Wandpfeiler und ein Stichkappengewölbe wurden eingezogen; Stuckdekor hat man allerdings nur sparsam verwendet. Auch die Altäre stammen aus der Zeit des Umbaus. Besonders zu erwähnen ist eine geschnitzte spätgotische Anna Selbdritt am linken Seitenaltar.

Die *Pfarrkirche St. Erasmus* in **Steinach** trägt romanisierende Züge. Denn den heutigen Bau errichtete Josef Vonstadl 1855, nachdem eine den ganzen Ort erfassende Feuersbrunst auch den größten Teil des früheren, 1763 von Franz de Paula Penz erbauten Gotteshauses zerstört hatte. Nur der Chor war unversehrt geblieben, und Vonstadl scheute sich nicht, ihn in seinen neuromanischen Bau einzubeziehen. Es ist denn auch dieser helle Raum, der uns sofort gefangennimmt, wenn wir das Innere betreten. Bühnenartig wird er beleuchtet, so daß der wunderschöne Altar im durch die beiden großen Fensterpaare fallenden Licht erstrahlt. Johann Perger aus Südtirol, kein weitbekannter Künstler, schuf ihn und die schneeweißen Nothelferfiguren. Martin Knoller († 1804), ein Sohn der Gemeinde, malte das Bild des Kirchenpatrons und auch die Blätter der Nebenaltäre.

Im Westen von Steinach öffnet sich das viel zu wenig gerühmte Gschnitztal. In seinem ersten Dorf **Trins**, einem ehemaligen Bergwerksort, entdecken wir an manchen Häusern noch Bergwerkszeichen aus dem 16. Jahrhundert. Weithin sichtbar ist der spitze Turmhelm der hoch über dem Tal gelegenen *Pfarrkirche St. Georg*. Der heutige spätgotische Bau stammt vom Ende des 15. Jahrhunderts. An seinem schlichten Äußeren fallen die Reste eines Christophorus-Bildes und in einer Nische über dem Tor eine derb gearbeitete Schnitzgruppe mit dem heiligen Georg zu Pferd und zwei Lanzenträgern besonders auf. Bei diesen beiden Figuren, so erzählt man sich in Trins, soll es sich um zwei einheimische Freibauern handeln.

Auch der schmale, einschiffige Innenraum ist von der Gotik geprägt, vor allem in den engen spitzen Triumphbogen. Von der Ausstattung sollten wir uns besonders die Muttergottesstatue auf dem linken Seitenaltar (Anfang des 16. Jahrhunderts) ansehen.

Am Ortsausgang erhebt sich auf einem bewaldeten Hügel *Schloß Schneeberg*. Den ursprünglichen Besitz bewohnten die Herren von Schneeberg als landesfürstliches Lehen. Er fiel im 15. Jahrhundert an Erzherzog Sigmund zurück, wurde aber bereits 1527 wieder einem Schneeberger übertragen. 1771 – seit diesem Jahr ist es im Besitz der Grafen von Sarnthein – brannte das Schloß ab und verfiel. Lediglich die Meierei wurde zum heutigen Ansitz ausgebaut. Zwei Türme und immer noch eindrucksvolle Mauerreste am Nordrand des Hügels geben Aufschluß über die ehemalige Anlage.

Weit verstreut liegen am Talschluß die Höfe von **Gschnitz**. Auch die *Pfarrkirche Unsere Liebe Frau im Schnee,* am Ende von Ort und Tal, ist kaum ein Blickfang und kann den Ansiedlungen kein Zentrum geben. Das Innere des 1755 von Franz de Paula Penz gründlich umgebauten Gotteshauses – es war erst 1730 errichtet worden – zeigt uns jedoch eine seiner bestgelungenen Lösungen für ein zentralisiertes Langhaus (s. auch S. 203 f.). Von der Ausstattung sei vor allem auf die Deckenbilder Anton Zollers und die mit plastischem Schmuck reich verzierten Beichtstühle sowie die Kanzel hingewiesen.

Ein Edler von Schneeberg erbaute der Überlieferung nach Ende des 15. Jahrhunderts die heutige *Magdalenenkapelle* (Abb. 83) mit der dazugehörigen Einsiedelei, nachdem ein Brand die schon 1307 erwähnte Wallfahrtsstätte größtenteils zerstört hatte. In dem malerischen spätgotischen Bau legte man 1960 Fresken vom Ende des 15. Jahrhunderts mit Szenen aus der Magdalenenlegende frei, die der ›Brixner Schule‹ zuzurechnen sein dürften. Sie verdecken noch ältere Malereien.

Bevor wir Gschnitz und das gleichnamige Tal wieder verlassen, sollten wir die wirklich urlaubsfreundliche Atmosphäre genießen. Auf all den Rummel, von dem man vielerorts glaubt, daß man ihn den Fremden (und sich selber) schuldig sei, verzichtet man hier noch weitgehend. Und so freuen wir uns nicht nur an den Kunstwerken in stillen Kirchen, sondern auch an der Landschaft und den Häusern der Bewohner.

Vier Kilometer südlich von Steinach zweigt wieder ein kleines Tal nach Osten ab: das des Schmirnbachs. Wer seine ›Sammlung‹ von Kirchbauten des Franz de Paula Penz vervollständigen möchte, sollte den Abstecher nach **Schmirn** nicht versäumen. Das ungewöhnlich große Gotteshaus, die *Pfarrkirche St. Josef,* im Talgrund zeigt die typisch symmetrische Anlageform: Auf drei fast quadratische Flachkuppelräume folgt der eingezogene, gerade abschließende Chor. Das Fassadenfresko mit dem Bild des heiligen Josef malte Josef Prantl 1958. Zu den besten Werken Anton Zollers in Tirol gehört das Deckengemälde im Langhaus, das durch seine originelle Gestaltung des Themas (Jüngstes Gericht) besticht.

Gries am Brenner liegt nur noch rund zweihundert Meter unter der Paßhöhe, doch noch einmal sollten wir in ein Nebental einbiegen, diesmal wieder nach Westen. Denn das kunstgeschichtlich bedeutendste Gotteshaus der Gemeinde ist nicht die Pfarrkirche Mariä Heimsuchung – der jetzige Bau wurde 1831 geweiht –, sondern die *St.-Jakobus-Kapelle* bei **Vinaders.** Der Überlieferung nach wurde sie 1305 von Peter Trautson gestiftet; in den ältesten Urkunden wird sie jedoch erst 1426 aufgeführt, also zu einer Zeit, als Herzog Friedrich ›mit der leeren Tasche‹ im Ortsteil Lueg die Kapelle zu den heiligen Siegmund und Christoph gründete. Zu diesem Gotteshaus steht die hoch am Hang, auf einem vorgeschobenen Hügel gelegene St.-Jakob-Kirche in Sichtkontakt, und tatsächlich erzählt man sich, daß es in jener Zeit eine Signalverbindung zwischen beiden Kapellen gab. Eindeutig romanische Bestandteile finden wir noch im Chor und im Turm von St. Jakob, während das auf fast quadratischem Grundriß errichtete Schiff 1656 radikal umgestaltet wurde. Bemerkenswert ist der Schnitzaltar vom Ende des 15. Jahrhunderts. Der Schrein enthält die Statuen der Muttergottes und des heiligen Jakobus maior (die des minor wurde 1939 gestohlen); die Flügel zeigen stark restaurierte Gemälde, innen Szenen aus der Jakobuslegende, außen die Verkündigung. Auch die Apostelbüsten auf der Mensa stammen aus dieser Zeit. Gesprenge und Predella sind modern. Ein zweites Flügelaltärchen an der Wand im Schiff stammt vom Anfang des 17. Jahrhunderts; es gefällt durch seine bäuerliche Malerei.

Inmitten eines weiten Wiesengrundes, umrahmt von Wäldern, liegt am Talschluß **Obernberg** vor dem Hintergrund der mächtigen Felsen und Grate des Tribulaunstocks (Farbabb. 14). Die 1760 erbaute neue *Pfarrkirche St. Nikolaus* zeigt ganz den Typus der von Franz de Paula Penz erbauten Gotteshäuser. Außerordentlich anmutig ist der Turm. Bevor man das Innere betritt, kommt man an einem an der Außenseite angebrachten keltischen Schalenstein vorbei, der als Weihwasserbecken benutzt wird. Den Hauptschmuck der Kirche bilden die vermutlich von Christof Anton Mayr gemalten Deckenbilder.

Lueg, südlich vom Hauptort Gries an der Brennerstraße gelegen, war schon früh ein strategisch wichtiger Platz. Im 13. Jahrhundert beherrschte die Talenge deshalb eine Sperrburg (auf der Höhe der heutigen Bahntrasse), die jedoch schon 1241 zerstört wurde. 1287 trat an ihre Stelle eine befestigte Zollstation, deren Gebäude bis 1809 bestanden. Die von Herzog Friedrich in der ersten Hälfte des 15. Jahrhunderts gegründete *Kapelle St. Siegmund und Christoph* steht malerisch inmitten einer Ringmauer. Wie bei St. Jakob in Vinaders zeigt auch ihr Turm romanische Formen, doch dürfte er wie der übrige Bau nicht vor 1400 entstanden sein.

Ötztal – Pitztal – Kaunertal

Es liegt schon aus geographischen Gründen nahe, die drei Täler gemeinsam in einem Kapitel zu behandeln, verlaufen sie doch parallel zueinander (ohne daß es befahrbare

Querverbindungen gibt), werden ihre Bäche gespeist von den Gletschern der Ötztaler Alpen, und entwässern alle zum Inn.

Beginnen wir unsere Entdeckungsfahrten im längsten und berühmtesten der drei, dem Ötztal (Abb. 86).

»Schon der Eingang des Ötztales läßt ahnen, in welch eine Welt es einführt: Stundenbreit dehnt sich hier eine nur von Föhren und Moos besiedelte Schuttlandschaft aus, deren Trümmerungen anzeigen, welche Gletscher- und Wassergewalten hier die Bergflanken zerfurcht haben. Über fünf Stufen zieht sich das Tal ins Herz des Gebirges hinein, immer wieder weitet es sich zu grünen, freundlich besiedelten Kesseln, immer wieder wird es von Steilabfällen eingeengt, über die riesige Wasserfälle stäuben.« (12)

Einer dieser steilen Felsen, von denen Gertrud Fussenegger spricht, prägt das Ortsbild von **Ötz** (Farbabb. 12). Hoch oben über den Häusern thront die *Pfarrkirche Zu den heiligen Georg und Nikolaus,* ihre Westfassade beängstigend nahe am jäh abstürzenden Berghang. Der Turm mit seinen Maßwerkfenstern und dem spitzen, hohen Helm erinnert an die Zeit der Gotik, in der auch die *St.-Michaelis-Kapelle* – unter dem Chor der heutigen Pfarrkirche – entstand. Ein verzweigtes Rippennetz überzieht das Gewölbe dieser Unterkirche. In dem bunten Altar von Ignaz Waibl (1683) umstehen zahlreiche Engelstatuen den über Satan triumphierenden Michael. Erst 1660 baute man hierüber den Chor der Oberkirche, die mit der Erweiterung von 1745 ihre heutige Gestalt erhielt. Erwähnenswert in dem einschiffigen Raum sind ein gotischer Altar und die barocken Seitenaltarstatuen vom Stamser Stiftsbildhauer Hans Reindl. – Von den drei Glocken (eine aus der Zeit um 1400) kommen zwei (1726 und 1777) aus der Glockengießerwerkstatt Graßmayr, deren mit Fassadenmalereien geschmücktes Stammhaus wir im benachbarten Weiler Habichen sehen.

Doch bevor wir in diese Richtung weiterfahren, lädt uns der *Gasthof ›Stern‹* (Abb. 87) zur Rast. Auch die Front dieses stattlichen alten Oberinntaler Bauernhauses ist über dem spitzbogigen Portal und zwischen den Fenstern außergewöhnlich reich bemalt. Neben architektonischen und figürlichen Motiven erscheinen auch die Wappen von Tirol und Österreich.

Westlich von Ötz, eingebettet in eine schützende Talstufe, liegt ein warmer Badesee beim Weiler **Piburg.** Die *Kapelle* mit ihrem anmutigen hölzernen Dachreiter besitzt ein Rokoko-Altärchen und eine spätgotische Schnitzfigur des heiligen Sebastian.

Die Umgebung von **Umhausen** ist das am frühesten besiedelte Gebiet des ganzen Ötztales; bereits 1220 wird ein erstes Gotteshaus urkundlich erwähnt. Es wurde 1482 vergrößert, und aus jener Zeit stammen denn auch die wesentlichen Teile der heutigen, dem heiligen Vitus geweihten *Pfarrkirche.* Zwar fanden im 17. und 18. Jahrhundert nochmals umfangreiche Bauarbeiten statt, doch blieb der gotische Gesamteindruck durch die spitzbogigen Fenster und die Strebepfeiler erhalten. Der architektonische Aufbau des einschiffigen Innenraums entspricht dem gotischen Gesamtcharakter, wenn auch von der Ausstattung nur noch der Taufstein aus jener Zeit stammt. Am Triumphbogen hängt ein sehr schönes Renaissance-Kreuz (1580).

Einen interessanten, achteckigen Kuppelbau fügte man im 18. Jahrhundert an die Nordseite der Kirche an: die *St.-Johannes-Nepomuk-Kapelle.* Josef Keill stellte in kleinfigurigen Fresken das Leben des Heiligen dar. – Bemerkenswert ist auch das Vesperbild (um 1450) in der *Totenkapelle* am Friedhof.

Wenn uns Gasthöfe so einladend begrüßen wie die ›*Krone*‹, werden wir es kaum versäumen einzukehren. Außer zahlreichen Freskenbildern schmückt das Haus ein mit Stuck dekorierter Eckerker, der im ersten Stock noch die originale Stubentäfelung von 1684 enthält.

Mit Au beginnt die lange Reihe der Weiler längs der Ötztaler-Ache, aus denen sich die Gemeinde **Längenfeld** zusammensetzt, jeder mit seiner eigenen Kapelle aus dem 18. Jahrhundert. Die interessanteste von ihnen steht wohl in **Unterlängenfeld.** Der im Volksmund ›*Schneiderkirchl*‹ genannte achteckige Bau ragt mit seinem Chor in ein Bauernhaus hinein. Eine unregelmäßige Kuppel schwebt über dem Hauptraum.

Die der heiligen Katharina geweihte *Pfarrkirche* von Längenfeld besitzt den mit 74 Metern höchsten Turm des Tales. Ihr im wesentlichen noch spätgotisches Äußeres dürfte von 1518 stammen, als das ursprüngliche Gotteshaus vom Anfang des 14. Jahrhunderts umgebaut wurde. 1690 wurde das Schiff nach Westen verlängert, doch setzte man das reich profilierte spätgotische Portal wieder ein und umgab es mit einem barocken Stuckrahmen.

Auf den siebten Strebepfeiler an der Südseite sollte man achten. Er ist noch alt und trägt die Zunftwappen der Schneider (Schere und Nadel), Jäger und Fischer (Gemskrickel und Fische). Unweit davon, am Sockel neben der sechsten Strebe, über einer Totenleuchte, sind die Schmiede mit ihrem Zunftzeichen (Zange und Hufeisen) vertreten. Im 1690 barockisierten Innenraum wurden die ehemaligen Deckengemälde von Josef Anton Puellacher (1797) 1852 durch Arbeiten von Josef Arnold ersetzt. Beeindruckend sind die klassizistischen Altäre, der Hochaltar mit einem Bild von Franz Altmutter und der Apostelaltar von Kassian Götsch. An die gotische Zeit erinnert der wappengeschmückte Taufstein vom Ende des 15. Jahrhunderts.

Auf der anderen Seite der Ache steht auf dem Kropfbühel die 1661 als Kapelle des Pestfriedhofs erbaute *Dreifaltigkeitskirche.* Trotz der späten Entstehungszeit sind gotische Stilelemente nicht zu übersehen. Den Hochaltar im einschiffigen Innenraum schuf Kassian Götsch 1670, das Antependium Hans Reindl aus Stams hundert Jahre später. Von diesem ist wohl auch der feingeschnitzte Seitenaltar.

Die nördlich von Längenfeld begonnene Kapellenreihe setzt sich im Süden fort. So bewahrt der Weiler **Burgstein** in seinem kleinen rechteckigen Gotteshaus ein barockes Altärchen von Kassian Götsch.

Auch die *Pfarrkirche Mariä Heimsuchung* in **Sölden** hat trotz zweimaligen Umbaus zumindest äußerlich ihr spätgotisches Gepräge bewahrt. Im Inneren stammen nur noch der herrliche Taufstein und das Sakristeiportal aus dieser Zeit. Der 1752 barock

Sölden/Ötztal. Aquarell von Thomas Ender, um 1850 ▷

umgestaltete Raum ist mit nur gemalten Stuckformen geschmückt. Nicht zu übersehen ist eine reichvergoldete Marienstatue aus der Zeit um 1700.

Beinahe fröhlich-rustikal wirkt die Dekoration an den Stichkappen und im Gewölbe der Totenkapelle.

Nur etwa acht Kilometer westlich des Ötztals, aber doch durch zahlreiche Dreitausender-›Kogl‹ von ihm getrennt, führt das **Pitztal** vom oberen Inntal hin zum ewigen Eis der Ötztaler Alpen. Im landschaftlichen Aufbau ist es jenem ähnlich. Teils schluchtenartig eng, weitet es sich hier und da zu sonnenbegünstigten Kesseln.

Gleich im breiten Taleingang, durch einen schmalen Waldrücken von der Trasse der Inntalbahn abgeschirmt, liegt **Arzl.** Wie die meisten Pfarrkirchen dieser Gegend zeigt auch die hiesige, die den Heiligen Ingenuin und Albuin geweiht ist, nach Umbau und Vergrößerung im 18. Jahrhundert heute noch deutliche Reste eines spätgotischen Vorgängerbaus. Das Innere wird jedoch wesentlich bestimmt von den Deckengemälden Emanuel Raffeiners (1907–1909), in denen er Christi Geburt und die Anbetung des Kindes durch die Hirten und Könige schildert. Besonders zur Weihnachtszeit beeindruckt die Kirche, wenn die fast lebensgroßen Krippenfiguren von Johann Schnegg (18. Jahrhundert) das Thema der Deckenfresken noch einmal plastisch gestalten.

Gegenüber auf der anderen Seite der Ache, über den Berghang verstreut, liegt die Weilergruppe **Wald.** Zweimal wurde die *Pfarrkirche St. Nikolaus* durch Brand zerstört, so daß sich original gotischer Baubestand fast nur noch im Chor findet. Das neue Gewölbe im Langhaus wurde jedoch außerordentlich geschickt dem erhalten gebliebenen alten Netzgewölbe des Chors nachgebildet. Rafael Thaler schuf 1931 die Malereien am Triumphbogen; die Kanzel mit den geschnitzten Evangelisten-Figuren ist von Andreas Hinterholzer aus Innsbruck (1913).

Wie im Ötztal, reiht sich auch hier ein Weiler mit seiner Kapelle oder kleinen Kirche an den nächsten. Der Entdeckerdrang findet also ein reiches Betätigungsfeld.

Wir kommen nach **Wenns,** einem großen Dorf, in dem sich die Häuser, meist aus Stein, dicht aneinanderdrängen. Am Hauptplatz erhebt sich ein fast vollständig mit Renaissance-Malereien bedecktes Gebäude, das als ›Haus von Wenns‹ in ganz Tirol bekannt ist und schlicht ›*Platzhaus*‹ (Abb. 89) heißt. Neben ornamentalen Mustern beeindrucken besonders die figürlichen Darstellungen von mythologischen und biblischen Themen.

Zu diesem Platz öffnet sich in breitem Bogen auch die zum Kriegerdenkmal umgestaltete *St.-Johannes-Nepomuk-Kapelle* von 1734. Die schönen Barockstatuen am Altar schuf Andreas Kölle 1735.

Ein Brand zerstörte 1564 die gotische *Pfarrkirche St. Johannes Evangelist;* nur der Chor blieb bestehen. So erinnert auch von der Ausstattung nur noch ein großes Kruzifix (16. Jahrhundert) an die alte Zeit. Franz Altmutter malte 1792 das Langhaus aus, Toni Kirchmayr 1929 das Gewölbe im zweimal abgesetzten, stark eingezogenen Chor.

100 Meter hoch, auf einer Talstufe östlich der Ache, liegt **Jerzens.** Über dem Eingang seiner *Pfarrkirche St. Gotthard* fällt die lebensgroße Barockfigur des Kirchenpatrons auf.

Im Mittelpunkt des Innerpitztals bilden die Weiler und Einzelhöfe von **St. Leonhard** beinahe eine Kette entlang der Straße. Die *Pfarrkirche* ist ein schlichter einschiffiger Bau. Die meisten Einrichtungsgegenstände stammen aus der zweiten Hälfte des 18. Jahrhunderts, der Umbauzeit des erstmals 1666 geweihten Gotteshauses. Von ihnen ist der Hochaltar mit dem Bild von Philipp Jakob Greil und schönen Schnitzfiguren besonders beachtenswert.

Noch etwa zwölf Kilometer zieht sich das Tal gegen den Kamm der Ötztaler Alpen hin, flankiert von eindrucksvollen Gebirgsstöcken. Man sollte die Fahrt nicht vorzeitig abbrechen, denn zu sehen, wie sich der majestätische Mittagskogel immer mächtiger über dem Talboden erhebt, ist ein besonderes Erlebnis. Stahlblau schimmern die zerklüfteten Eismassen des Mittelbergferners, die in einem 250 Meter tiefen Absturz fast bis auf eine Höhe von 2000 Metern herabhängen. Von Mittelberg, dem letzten Ort des Tals, ist dieser Gletscher in knapp zwei Stunden zu erreichen.

Das Kaunertal ist das kleinste der drei Täler im Bereich der Ötztaler Alpen. Sein Wasserlauf, der Faggenbach, fließt zunächst wie die beiden anderen Achen geradewegs von Süden nach Norden, macht dann aber plötzlich einen Knick nach Westen und erreicht deshalb den Inn bedeutend früher als die beiden anderen.

Kauns, über 1000 Meter hoch am gestuften Berghang eingangs des Tales gelegen, zieht zunächst durch die unmittelbar über der Talstraße sichtbare *Ruine Berneck* die Aufmerksamkeit auf sich. Im 13. und 14. Jahrhundert stand hier das Stammschloß der gleichnamigen Herren am Rand der schluchtartigen Talenge. Nachdem der Besitz nicht mehr in der Hand dieses Geschlechts ist, wechseln die Bewohner häufig: 1435 läßt Hans von Mülinen die Anlage wohl nach deren Zerstörung erneuern, 1499 tauscht Maximilian I. sie gegen Tratzberg ein, und in jedem Jahrhundert folgen andere Herren. Vom ältesten Bau stammen noch der Bergfried, der östliche Teil des Palas und Teile der Ringmauer; alles übrige stammt von Neu- und Erweiterungsbauten des 15. und 16. Jahrhunderts. An der gotischen *Burgkapelle* sollte man auf das über dem spitzbogigen Portal angebrachte Wappenrelief des Hans von Mülinen (1437) achten. Die Wandmalereien daneben, wie auch die Freskenreste im Inneren, gehören derselben Zeit an.

Auch die *Pfarrkirche St. Jakob* hat eine altehrwürdige Geschichte, die ins Mittelalter zurückreicht, doch sind vom alten Bau nurmehr der in seinem unteren Teil romanische Turm, an der Westseite die gotischen Streben, an den Langseiten die Dreiecklisenen und die Spitzbogenfenster vorhanden. Alles andere entstand 1886, und auch das Innere wurde neugotisch gestaltet.

Am steilen Waldhang, ungefähr dort, wo der Faggenbach endgültig in westliche Richtung fließt, liegt **Kaltenbrunn** (von Feichten-Neufels zu erreichen). Die *Pfarr-*

kirche Mariä Himmelfahrt war schon 1285 als Gnadenort bekannt. Erzherzog Sigmund gab Ende des 15. Jahrhunderts den Auftrag für einen großzügigen Neubau, doch wurde davon nur der 1502 geweihte gotische Chor fertig; das wesentlich niedrigere Langhaus wurde erst 1533 angebaut und 1592 geweiht. Dieser Abstand in der Entstehungszeit ist trotz der durchgehenden Barockisierung auch im Inneren nicht zu übersehen. Beherrscht wird der Raum aber von der in der Mitte des Langhauses stehenden überkuppelten *Gnadenkapelle,* die das geschnitzte Gnadenbild, eine Muttergottes mit Kind (um 1400), bewahrt. Medaillons mit Darstellungen der Rosenkranzgeheimnisse von Balthasar Horer schmücken die Außenwand der Kapelle.

Arbeiten Horers begegnen wir bald darauf in der Pfarrkirche des südlich benachbarten **Feichten.** Während von Andreas Kölle dort die Hochaltarstatuen stammen, schuf Horer die Seitenaltäre und die übrigen Figuren.

Das Kaunertal endet mit einem fast sechs Kilometer langen Stausee, der das Schmelzwasser von Österreichs längstem Gletscher, dem Gepatschferner, sammelt.

Pforte Reutte

Links und rechts des Lech

Nach dem Grenzübergang von Kiefersfelden-Kufstein ist der bei Füssen am lebhaftesten frequentiert. Wir fahren ungefähr drei Kilometer tiroleinwärts, biegen dann nach rechts auf die B 314 und kommen nach wenigen Minuten in einen Ort, der trotz seines heute ländlich-dörflichen Aussehens eine alte Stadt ist: **Vils.** 1327 – damals war der Ort im Besitz der Herren von Hoheneck – hat ihm Kaiser Ludwig der Bayer die Stadtrechte verliehen (ein altes *Steinkreuz* auf dem Stadtplatz erinnert an das Asylrecht), und auch Herzog Friedrich ›mit der leeren Tasche‹ übertrug diesem Geschlecht die Stadt zu Lehen. Erst nach dem Tode des letzten Hoheneck kam sie durch Kauf an Tirol.

Von der ehemaligen *Stadtbefestigung* sind nur zwei Tore erhalten. Und wenigstens zweimal begegnen wir noch dem Geschlecht der Hoheneck. Zuerst in der *Pfarrkirche Mariä Himmelfahrt:* Im Chor entdecken wir einen Wappenstein des Hans Hoheneck zu Vilseck von 1544. Anfang des 18. Jahrhunderts ist das Gotteshaus vermutlich nach Plänen Johann Jakob Herkomers aus Füssen erbaut worden. Von der Innenausstattung sind neben der reichen Stukkatur und den Deckenbildern die Statuen von Anton Sturm am Hochaltar bemerkenswert.

Das mächtigste Relikt aus der Hoheneck-Zeit aber ist die *Burgruine Vilseck.* 1263 wird die Burg als Sitz des Geschlechts urkundlich genannt, wurde dann mehrmals ausgebessert – zuletzt 1631 – und ist seit 1750 dem Verfall preisgegeben. Der wuchtige Bergfried und die Reste einer halbkreisförmigen Bastei drängen sich an den steilen Felsabhang.

Im Schutze des Schloßberges versteckt sich die *St.-Anna-Kapelle.* Ihr ältester Teil, der kurze, massive Nordturm, aber auch das breite Schiff zeigen romanische Formen. Spätgotisch ist die auf Holzpfeilern ruhende getäfelte Empore. Und auch die Barockzeit hat zur Gestaltung des Raumes beigetragen: Auf den Seitenaltären finden sich zwei gute Schnitzgruppen, ein Vesperbild und der ›Traum Josefs‹ von Johann Hops.

Fahren wir nun wieder zurück in Richtung Reutte, so nehmen wir die östlich des Lech verlaufende Straße. Hier liegt in breitem Talkessel die aus weit auseinander liegenden Weilern bestehende Gemeinde **Pinswang.** Abseits auf halber Höhe eines Hügels am nördlichen Ende der Gemeinde erhebt sich die *Pfarrkirche St. Ulrich.* Der 1725 von Johann Georg Fischer aus Füssen errichtete stattliche Barockbau verzichtet im Inneren fast ganz auf Stuckdekor. Um so mehr zieht das Hauptbild von Johann Heel im großen Oval des Spiegelgewölbes die Aufmerksamkeit auf sich: Die Schlacht auf dem Lechfeld ist dargestellt mit Augsburg und dem brennenden Friedberg im Hintergrund.

Bei **Pflach** stoßen wir wieder auf die Bundesstraße. Die *Filialkirche Zu den Heiligen Drei Königen* wurde erst 1681 erbaut, doch zeigt das Gratgewölbe im Chor, wie lange in diesem Gebiet gotische Formen verwendet wurden. Aus der Zeit um 1450 stammt die Schnitzstatue der Muttergottes.

Bedeutender ist die *Kapelle Zu den heiligen Ulrich und Afra.* 1515 wurde sie vermutlich von den Knappen des nahegelegenen Bergwerks für ihre Gottesdienste erbaut, weshalb sie auch ›Hüttenkapelle‹ genannt wird. Auffällig ist der originelle Turm, der – auf einem wuchtigen Sockel aufbauend – zweimal gegeneinander verschoben ins Achteck übergeht. Der älteste Teil des einschiffigen Innenraums ist der Chor mit Netzrippengewölbe. Johann Herkomer schuf den Hochaltar, der aus dem Kloster St. Mang in Füssen stammt; er integriert noch Reste eines Flügelaltars vom Anfang des 16. Jahrhunderts.

Schon seit dem Ende des 15. Jahrhunderts ist **Reutte** dank besonderer Marktrechte ein blühender Ort (urkundlich nachweisbar ist er erstmals 1441). Hier trifft auf die wichtige, aus dem oberschwäbischen Raum kommende und über den Fernpaß nach Imst führende Straße von Südwesten die Verbindung nach Vorarlberg. So ist es bei dieser günstigen Lage nicht verwunderlich, daß Reuttes Bedeutung nicht nur in der Vergangenheit immer mehr wuchs, sondern daß sie auch heute im Umkreis unangefochten ist.

Das *Ortsbild* dieser Reihensiedlung entlang der Talstraße ist eines der reizvollsten in Tirol und wird bestimmt von breiten niederen Häusern, deren vorspringende Giebel von geschnitzten Streben gestützt werden. Viele können schwäbischen Einfluß nicht verleugnen. Balkons, hübsche Korbgitter vor den Fenstern, kunstvoll geschmiedete Wirtsschilder an den Gasthöfen und die reiche Fassadenmalerei aus dem 18. Jahrhundert, an der vor allem die hier ansässige Malerfamilie Zeiller beteiligt gewesen sein dürfte, das alles zeugt von gelebter Tradition und wirkt deshalb anheimelnd.

Unter den Gebäuden sind das *Bürgermeisteramt* mit Freitreppe und Wappenmalereien und das *Landratsgebäude* mit mehrfach geschweiftem Giebel besonderer Aufmerksamkeit wert. Weiterhin verdienen am Obermarkt der *Ansitz Strahlenburg* (Nr. 3) mit einem Marmorwappen von 1704; der *Ansitz Ehrenheim* (Nr. 7) mit Stukkaturen aus der Zeit um 1700 und einem Medaillon, das das Bildnis Papst Pius VI. zeigt (er hielt sich 1782 auf der Durchreise hier auf), die Beachtung des Kunstinteressierten. Die *Gasthöfe ›Goldene Krone‹* (Nr. 46) und *›Schwarzer Adler‹* (Nr. 75) fallen durch besonders originelle Malerei auf.

Auch am Untermarkt stehen schöne freskengeschmückte Häuser: Nr. 24, 25 *›Sternhaus‹*, 29. Untergsteig Nr. 1 ist das sogenannte *›Zeillerhäuschen‹*. Die reiche orna-

Reutte. Lithographie von Georg von Pfaundler, 1847

mentale und figürliche Malerei wird Franz Anton Zeiller zugeschrieben (Abb. 97). Bei dieser Fülle an schönen und künstlerisch ausgestalteten Profanbauten ist es erstaunlich, daß Reutte diesem Reichtum auf sakralem Gebiet nichts Gleichwertiges zur Seite stellt. Die *Franziskaner-Klosterkirche St. Anna* ist ein Neubau (nach einem Brand) von 1846. Ihr wertvollster Besitz ist eine geschnitzte Anna Selbdritt vom Anfang des 16. Jahrhunderts auf dem Hochaltar.

Bei Reutte setzen wir die Lechtal-Fahrt in südwestlicher Richtung fort, besuchen aber vielleicht vorher noch die spätmittelalterliche *Heilig-Geist-Kirche* in **Lech-Aschau,** die allerdings 1892 durch einen Erweiterungsbau stark verändert wurde. Das Deckenbild im Chor malte Josef Anton Köpfle (1800), ein Künstler, dem wir auch im nahen **Höfen** begegnen, wo er das Deckengemälde in der *Filialkirche Maria Hilf* und die Fassadenfresken am Haus Nr. 21/22 schuf.

Der Weiler Lech-Aschau ist deshalb bedeutsam, weil dort bis ins 15. Jahrhundert hinein die Pfarre der heutigen Gemeinde **Wängle** war. 1470 wurde sie hierher verlegt, so daß wir jetzt in diesem etwas abseits vom Fluß gelegenen Straßendorf die *Pfarrkirche* zu suchen haben. Anfang des 18. Jahrhunderts wurde ein neues Gotteshaus gebaut und 1732 dem heiligen Martin geweiht. Der äußerlich schlichte Bau zeigt im Inneren eine üppige Ausstattung, an der die Malerfamilie Zeiller maßgeblich beteiligt war.

In **Weißenbach,** einem Straßendorf, dessen *Pfarrkirche St. Sebastian* ein schönes barockes Vortragekreuz besitzt, lassen wir uns zu einem Abstecher nach Norden über den knapp 1100 Meter hohen Gaicht-Paß verleiten. Die landschaftlich reizvolle Strecke führt uns über **Nesselwängle** (in der Pfarrkirche Statuen von Hubert Kittinger aus Innsbruck von 1954–57) am Nordufer des Haldensees entlang nach **Grän.** Die urkundlich 1459 genannte *St.-Wendelin-Kirche* wurde zweimal neu gebaut, zuletzt 1789 vom hier ansässigen Michael Zobl, wobei der Turm der älteren Anlage erhalten blieb. Bilder am Emporengeländer erinnern daran, daß dem Kirchenpatron – ihn zeigt der originelle Hochaltar – noch bis zum Ende des 17. Jahrhunderts Tieropfer gebracht wurden.

Weithin sichtbar ist der mächtige Turm der heutigen *Pfarrkirche St. Nikolaus* von **Tannheim.** Andreas Hafenegger aus dem benachbarten Haldensee baute 1722–25 das heutige Gotteshaus, und er stellte den Eingangsturm, den er über zwei Geschosse ins Achteck überführte, mitten vor die Westfassade des breiten, behäbigen Langhauses. Erst 1804 malte Josef Keller die Deckenbilder, die Johann Kärle um 1900 restaurierte. (Von diesem stammen auch die Bilder der Seitenaltäre in den Querschiffarmen.) Die gewaltige Doppelempore im Westen und der prunkvolle Hochaltar aus Stuckmarmor im Osten entsprechen der Größe des Raumes.

Doch kehren wir zurück ins Lechtal. Kurz nach Weißenbach überquert die Straße den Fluß und hält sich nun vorläufig an seinem Südostufer. In der *St.-Sebastian-Kirche* von **Forchach** entdecken wir auf den Seitenaltären noch einmal Bilder Josef Anton Köpfles vom Ende des 18. Jahrhunderts, während der berühmtere Johann Jakob Zeiller das Hochaltarbild der *St.-Michaels-Kirche* von **Stanzach** gemalt hat.

Das Namloser Tal, das hier abzweigt, ist das erste von drei recht kurzen, aber anmutigen Nebentälern, die sich auf der rechten Lechseite (in unserer Fahrtrichtung also links) auftun. (Das einzige besiedelte linke Lechseitental ist das des Hornbachs, der – unweit von Stanzach – steile Felswände durchbricht, bevor er in den Lech mündet.) Dann zweigen das Bschlaber (Abb. 103) und das Gramaiser Tal ab, die Talstraße aber führt weiter nach **Elbigenalp,** der ältesten Pfarrei des ganzen Lechtales. Die heutige *Pfarrkirche St. Nikolaus* – 1664/74 von Georg Falger errichtet – steht auf einer Kapelle, die 1399 erstmals bezeugt ist. Von diesem gotischen Bau künden noch der Turm mit seinen spitzbogigen Maßwerkfenstern und auch der steile, eingezogene Chor. An der östlichen Turmseite haben sich Reste eines Weltgerichtsfreskos erhalten. Von der Innenausstattung (Abb. 102) erinnert nur noch der Taufstein (1411) an die gotische Zeit. Das große Deckengemälde schuf Johann Jakob Zeiller 1776 (Abb. 98); es zeigt Christus auf einem Triumphwagen, vor den – geleitet von Johannes dem Täufer – die Evangelistensymbole gespannt sind. Paul Zeiller, der Vater Johann Jakobs, malte die Stationsbilder.

An der Nordostecke des Friedhofs steht die *Totenkapelle St. Martin.* Ursprünglich war der zweigeschossige Bau wohl der heiligen Magdalena geweiht, aus deren Legende die gotischen Fresken an der Altarwand des oberen Raumes erzählen. Die Totentanzbilder an den Seitenwänden schuf Anton Falger, ein Sohn des Ortes, in der zweiten Hälfte des 19. Jahrhunderts. (Der Nachlaß des begabten Lithographen (1791–1876) wird im ›Falger-Museum‹, dem Heimatmuseum des Ortes, aufbewahrt.) Im Unterraum der Kapelle ist der Karner eingerichtet.

Lechtalerin, um 1800

Die *St.-Josef-Kirche* in **Stockach** sollten wir wegen ihrer Malerei im Inneren nicht übersehen. Der hier heimische Josef Schuler und Johann Jakob Zeiller überzogen das ganze Gewölbe eigentlich mit einem einzigen Bild, das zwar außerordentlich figuren- und szenenreich ist, jedoch ohne jede architektonische Unterteilung auskommt.

Steeg ist der letzte Ort vor der Grenze zu Vorarlberg, den wir im oberen Lechtal (Farbt. 16, Abb. 104–106) aufsuchen wollen. In den Häusern der Weilersiedlung ist der alemannische Einfluß bereits deutlich zu erkennen. Die 1632 errichtete und 1712–14 umgebaute *St.-Oswald-Kirche* gefällt durch die schöne, einheitliche Rokoko-Ausstattung.

Über den Fernpaß zum Inn

Auch das Inntal kann nach dem Grenzübergang bei Füssen verhältnismäßig schnell erreicht werden. Dazu halten wir uns ab Reutte zunächst in südöstlicher Richtung. Am Weg nach **Breitenwang** steht die *Kapelle St. Rochus und Sebastian,* die 1526 erbaut und 1954 von Robert Wurzer zu einer Kriegergedächtnisstätte umgestaltet wurde. Die Ausstattung übernahmen Max Spielmann und Franz Staud (Kruzifix). Im Ort selbst betreten wir dann die älteste Siedlung und Urpfarre dieses Gebietes, wo bereits 1094 ein Gotteshaus bezeugt ist. Die heutige *Pfarrkirche St. Peter und Paul* stammt im wesentlichen aus der Umbauzeit von 1685–91; damals blieb von dem älteren Gotteshaus aus dem 16. Jahrhundert lediglich der Turm stehen. Dieser erhebt sich in einer Front zwischen der einfachen Westfassade der Kirche und der *Totenkapelle* von 1724, die mit ihrem geschwungenen Giebel den besonderen architektonischen Akzent des ganzen Komplexes bildet. Diese Kapelle hebt sich auch in der Gestaltung ihres Inneren vom eigentlichen Kirchenraum ab. Während in dem großen rechteckigen Raum alle Stuckformen lediglich gemalt sind und plastischer Schmuck nur im Chor erscheint – Johann Jakob Zeiller malte hier das sehr gute Fresko –, ist die Kuppel der Totenkapelle mit zartem Stuck ausgelegt. Die Figurengruppen unter der Empore, die Statuen Magdalena und Johannes (wahrscheinlich aus der Werkstatt des Füsseners Anton Sturm) und das barocke Vesperbild am Altar sind sehenswert. Von besonders hoher Qualität sind die Totentanzreliefs in den Medaillons längs der schwachen Wölbung der Decke.

Interessant ist der Friedhof mit einem schönen schmiedeeisernen Doppelkreuz aus der Rokokozeit, mehreren Wappengrabsteinen aus dem 16. Jahrhundert und einem bemalten Holzepitaph der Malerfamilie Zeiller (Mitte des 18. Jahrhunderts).

Bad Kreckelmoos ist ein um 1600 entstandener edelsitzartiger Bau mit Erkern und Fassadenmalereien, dessen Stuben noch heute mit Renaissance-Kassettendecken ausgestattet sind. Auch die originale Einrichtung ist zum Teil noch erhalten. In der Kapelle aus dem 18. Jahrhundert schuf Johann Christof Haas die Wand- und Deckenmalereien.

81 Tribulaune am Brenner

82 Mauern bei Steinach am Brenner Kirche St. Ursula

83 Gschnitz Magdalenenkapelle

84 Matrei am Brenner Hauptstraße

85 MATREI AM BRENNER Pfarrkirche Mariä Himmelfahrt. Langhaus mit den Deckenfresken von Josef Adam Mölk, 1754/1755

86 SAUTENS/Ötztal Blick auf den Achenkogel

87 ÖTZ Gasthof ›Stern‹. Fassadenmalerei von Alexander Maisfelder, 1573

88 IMST Blick über die Stadt mit der Pfarrkirche Mariä Himmelfahrt

89 WENNS/Pitztal ›Platzhaus‹, 16. Jh.

90 LANDECK-ANGEDAIR Pfarrkirche, Mittelteil des sog. Schrofensteiner Altars (Detail)

91 LADIS ›Stockerhaus‹, erbaut um 1560; Seccomalereien von 1626

92 LADIS Fassadenbild am Gemeindeamt

93 RIED/Oberinntal Loreto-Gnadenkapelle. Fassadenmalerei über dem Eingang ▷

94 NAUDERS am Reschenpaß Schloß Naudersberg

95 Pettneu am Arlberg

96 Lermoos mit Zugspitze ▷

97 REUTTE Zeillerhaus. Fassadenmalerei von Franz Anton Zeiller

98 ELBIGENALP/Lechtal Pfarrkirche. Fresko von Johann Jakob Zeiller, 1776

99 HOLZGAU/Lechtal Gemeindeamt. Fassadenmalerei von Josef Degenhart, um 1790

100 HOLZGAU/Lechtal Gemeindeamt und Pfarrkirche

101 HOLZGAU/Lechtal Fassadenmalerei am Haus Nr. 34/35

102 ELBIGENALP/Lechtal Pfarrkirche. Madonna mit Kind auf dem linken Seitenaltar, um 1770

103 BSCHLABS im Bschlaber Tal

104 ›Heumandl-Armee‹ im LECHTAL

105 OBERES LECHTAL bei Elbigenalp

 KAISERS im oberen Lechtal

Fahren wir nun auf die Straße, die Reutte in Richtung Ehrwald verläßt, nähern wir uns den Resten der ehemaligen Paßfestung **Ehrenberg.** Ab 1293 entstanden die ausgedehnten Anlagen, zuerst die auf steilem Felsen angelegte *Burg,* dann in der Talenge die *Klause* mit einem Durchlaß für die Straße und schließlich ab 1654 auf dem Falkenberg das *Fort Claudia.* 1783 wurde die ganze Anlage aufgelassen und zum Abbruch verkauft.

In **Heiterwang** lädt der mächtige Bau des *Gasthofs ›Post‹* zur Einkehr. Unter dem breiten Giebeldach zeigt sich stolz die im 18. Jahrhundert bemalte Fassade. Ein barockes Stiegenhaus mit schönem Geländer, eingelegte Türen und Kachelöfen im Inneren schaffen eine behagliche Atmosphäre.

Die *Pfarrkirche Mariä Himmelfahrt,* ursprünglich ein gotischer Bau aus dem 15. Jahrhundert, wurde Mitte des 18. Jahrhunderts barockisiert. Die feinen Stukkaturen von Josef Fischer, die die kleinen Deckenbilder des Anton Josef Walch umrahmen, und auch der Hochaltar mit den beiden Rokoko-Statuen Petrus und Paulus stammen aus jener Zeit.

Fünf Kilometer weiter erreichen wir den straßendorfartig gewachsenen Ort **Bichlbach.** Die alte *Pfarrkirche St. Lorenz* aus dem 15. Jahrhundert war 1552 von den Truppen des Moritz von Sachsen zerstört worden; lediglich Chor und Turm des gotischen Gotteshauses konnten in den einfachen Barockbau von 1733 übernommen werden. Auch das Innere wirkt schlicht. Auffälligster Schmuck ist die Freskomalerei im Schiff von Johann Jakob Zeiller (Verurteilung und Himmelfahrt des heiligen Laurentius) und im Chor von Franz Anton Zeiller (Brotvermehrung); Paul Zeiller schließlich schuf die Kreuzwegbilder.

Die zweigeschossige *Josef-Kirche* wurde 1710 als Zunftkirche der Zimmerleute errichtet. Auf steilem Felsen erhebt sie sich hoch über dem Ort. Johann Jakob Herkomer hat die Pläne dazu erstellt, die Andreas Hoffenegger ausführte. Der untere Teil besteht aus zwei achteckigen Gruftkapellen, deren Nischen Figurengruppen (Ölbergszene, Jünger an Marias Grab) ausfüllen. Die Oberkirche ist ein quadratischer Kuppelraum mit Chor. Ihre Ausstattung stammt teils noch aus dem 18. Jahrhundert (Hochaltar), teils aus dem 19. Jahrhundert (Stukkaturen, Beichtstühle).

Ein Abstecher nach Westen führt in das 1336 Meter hoch gelegene **Berwang.** (Wanderer mögen den Weg über die aussichtsreiche Heiterwanger Hochalm nehmen!) Die kleine, 1731 erweiterte *Pfarrkirche St. Jakob* zeigt noch viele Bestandteile aus ihrer gotischen Entstehungszeit, während die Innenausstattung zu einem großen Teil in unserem Jahrhundert geschaffen wurde. Vor allem der Hochaltar (1945) mit seiner bewegten Schnitzgruppe, die Abendmahlszene darstellend, verdient Aufmerksamkeit. Der Künstler, Johannes Obleitner, knüpfte damit an die tirolische Schnitztradition an.

Auf der Straße nach Ehrwald nähern wir uns immer mehr der Zugspitze, die zwar mit 2963 Metern der höchste Berg Deutschlands ist, die hier ansässigen Tiroler sind jedoch stolz darauf, an ihrer Sonnenseite zu wohnen.

Kurz vor Lermoos, im Weiler **Garten**, grüßt, malerisch auf einem Hügel gelegen, der Zwiebelturm einer Kapelle, die im Inneren ein Schnitzaltärchen aus dem 17. Jahrhundert birgt.

Lermoos (Abb. 96) selbst besitzt in der *Pfarrkirche St. Katharina* das wohl bedeutendste Beispiel des süddeutschen Barock in dieser Gegend. Bevor Franz Kleinhans 1751 mit dem Bau des Gotteshauses begann, hatte hier eine spätgotische Kirche ge-

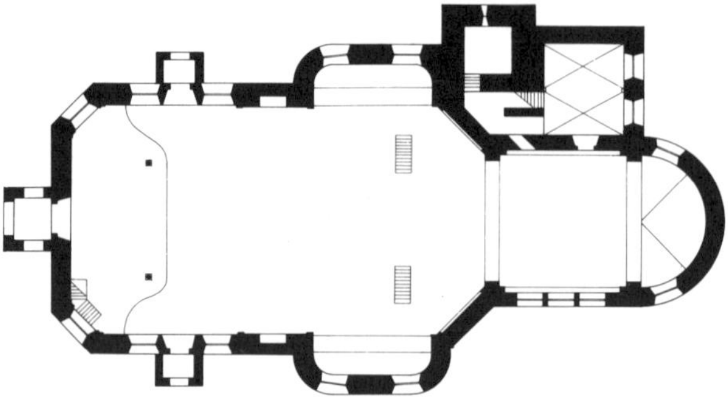

Lermoos. Pfarrkirche, Grundriß

standen, die jedoch, wie die von Bichlbach, von den Söldnern des Moritz von Sachsen zerstört worden war. Das bescheiden wirkende Äußere des Neubaus zeigt keine Besonderheit. Der Turm, mit seinem unteren Teil noch in Renaissanceformen gehalten, trägt den typischen achteckigen barocken Abschluß mit doppelter Haube; von der einstigen Bemalung sind nur noch Spuren vorhanden. Dagegen überrascht das prächtige Rokoko-Innere durch seine Gediegenheit: An den großen, fast ovalen Hauptraum schließt sich ein stark eingezogener, quadratischer Kuppelraum an, und erst dahinter steht der Hochaltar in gerundeter Apsis. Diese gestaffelte Raumfolge wird in ihrer Wirkung unterstützt von einer ganz außergewöhnlichen Lichtführung. So geben die hohen Fenster des Hauptraums hier viel Helligkeit. Doch dann folgt die dunkle Zone des Kuppelraums, hinter der sich, wie auf bestrahlter Bühne, der Hochaltar in der wieder hell erleuchteten Apsis darbietet.

Nicht achtlos vorbeigehen sollten wir an den beiden *Rokoko-Schnitzfiguren* (St. Georg und St. Johannes Nepomuk) in seitlichen Nischen, wenn auch vielleicht zunächst die ganz in Gold gehaltene *Kanzel* unsere Aufmerksamkeit erregt. Außerordentlich reich sind die Schmuckformen, doch dank der zarten Ausführung wirkt sie nicht überladen. Ein Kreuz und die Plastik der Schmerzhaften Muttergottes stammen noch aus der alten spätgotischen Kirche.

Einer Krypta ähnelt die dreischiffige *Grabkapelle* unter dem Chor, deren kleine Kreuzgewölbe auf sechs toskanischen Säulen ruhen. In seitlichen Bogennischen schildern Figurengruppen die Passion Christi, etwas derb geschnitzt, doch nicht ohne Ausdruckskraft.

Gleich bei der Kirche fällt der *Ansitz Dietrich* aus dem Ende des 18. Jahrhunderts mit seinen schönen Rokoko-Korbgittern ins Auge, während neben dem Hotel Post der ehemalige *Ansitz Felsenheim* nicht zu übersehen ist: ein rechteckiger Hausblock mit haubengedecktem Turm und barockem Portal.

Von Lermoos fahren wir nach Süden auf der Straße zum Fernpaß. Dort steht am Nordende von **Biberwier** die *Pfarrkirche St. Josef.* 1827 wurde sie errichtet, und der einschiffige, tonnengewölbte Raum zeigt sowohl im architektonischen Aufbau als auch in der Einrichtung klassizierende Formen. Die Altarbilder schuf Alois Martin Stadler in der ersten Hälfte des 19. Jahrhunderts, die Deckengemälde Albert Stolz 1929. Aus der barocken Vorgängerkirche haben sich lediglich zwei Bilder von Paul Zeiller (jetzt im Pfarrhof) und ein Barockaltärchen (in der an den Chor angebauten Kapelle) erhalten.

Die Fernpaßstraße führt durch ein landschaftlich ungemein reizvolles Gebiet. Einer Naturkatastrophe, nämlich einem gewaltigen nacheiszeitlichen Bergsturz, verdanken wir diese abwechslungsreiche Landschaft mit ihren eigenartig geformten Hügeln und Seebecken. Und so fahren wir heute vorbei an dem kleinen Mittersee auf der einen, dem Weißensee auf der anderen Straßenseite, vorbei auch an dem schon größeren

Paß Fernstein mit der Sigmundsburg. Stich von F. K. Würthle, um 1850

Blindsee zur Paßhöhe (1209 m). Die kleine, einfache *Kapelle Zu den Vierzehn Nothelfern* besitzt einen interessanten Altar aus der zweiten Hälfte des 17. Jahrhunderts: Stammbaumartig am Astwerk aufgereiht umgeben die Vierzehn Nothelfer die Muttergottes in vergoldeten Büsten.

Bei der Abfahrt passieren wir die *Ruine Fernstein.* Von der ehemaligen mittelalterlichen Klause, die als Straßensperre diente, ist nicht mehr viel zu sehen, doch verdient ein Saal im zweiten Geschoß wegen seiner Stukkaturen aus dem 18. Jahrhundert und der Medaillonfresken mit alten Ansichten von Innsbruck, Fernstein und der Sigmundsburg Beachtung. Unter der Klause befindet sich eine spätgotische Kapelle, die Herzog Sigmund von Tirol um 1478 hat erbauen lassen.

Dem Herzog gehörte auch das *Jagdschloß Sigmundsburg,* auf einer Insel des Fernsees gelegen, die nur über eine schmale Landzunge zu betreten ist. Noch heute bietet die Ruine einen malerischen Anblick.

Wenn wir auch zum Inn wollen, bei **Nassereith,** einem Straßendorf mit typischen Oberinntaler Häusern, sollten wir uns einen Abstecher auf das östlich gelegene Mieminger Plateau (Farbabb. 43) gönnen. In großzügigen Kehren führt die B 189 hinauf und gewährt die schönsten Ausblicke. Entlang der Mieminger Kette mit ihren zahlreichen Gipfeln (Wanneck, 2495 m; Grünstein, 2660 m; Griesspitzen, 2743 m und 2751 m; Hochplattig, 2758 m; Kleiner Karkopf, 2471 m; Hohe Munde, 2659 m) können wir bis Telfs fahren und dort auf den Inn treffen. Da wir diesen Ort aber ohnehin auf unserer Inntalfahrt berühren (s. S. 254), liegt der Vorschlag nahe, in **Obsteig** einen Blick in die Rokoko-*Pfarrkirche St. Josef* zu werfen, für die Franz Anton Zeiller das Hochaltarbild mit dem Kirchenpatron schuf, dann umzukehren, und – wieder bei Nassereith – nach Südwesten ins schöne Gurgltal einzubiegen.

In einem weiten Becken breitet sich **Tarrenz** aus. Wenn uns hier auch keine sensationellen, keine weltberühmten Kunstwerke erwarten, so ist für den einen oder anderen vielleicht doch die *St.-Veit-Kapelle* im Friedhof interessant. Altar und Chorgestühl stammen aus der Mitte des 17. Jahrhunderts, das große Kruzifix von 1709.

Die Geschichte der *Pfarrkirche St. Ulrich* reicht zwar in den Beginn des 15. Jahrhunderts zurück, doch mehrere Restaurierungen und vor allem die Kapellenanbauten haben sich ungünstig auf Details wie auf das Gesamtbild des Gotteshauses, außen und innen, ausgewirkt. So ist zum Beispiel an der südlichen Langseite ein spätgotisches Christophorus-Wandbild durch die im 19. Jahrhundert angebaute Franz-Xaver-Kapelle halb verdeckt worden.

Doch wer Zeit hat, sollte nicht versäumen, in **Obtarrenz** die *Kapelle Zum heiligen Johannes Nepomuk* zu besuchen. Auf dem Altar aus der zweiten Hälfte des 18. Jahrhunderts stehen zwei besonders hübsche Engelstatuen. Aus derselben Zeit stammt auch die schöne Maria im Strahlenkranz.

Immer mehr haben sich die Außenbezirke von Tarrenz und **Imst** (Abb. 88), in das wir nun erwartungsvoll hineinfahren, einander angenähert. Imst, 763 bereits als ›oppidum Humiste‹ urkundlich erwähnt, erhielt 1282 Marktrechte, wurde aber erst 1896 zur Stadt erhoben.

Bekannt wurde es auch durch den Kinderdorfgedanken, den der Vorarlberger Hermann Gmeiner hier zum erstenmal in die Tat umsetzte; gerühmt wird die Stadt wegen ihrer Pflege alten Brauchtums, vor allem des Schemenlaufens. Für diesen Fastnachtsspaß scheint die lange Hauptstraße, die sich von Nordost nach Südwest an den Häusern vorbeiwindet, wie geschaffen.

Eigenartig, wie eine Sanduhr, ist Imst am Hang angelegt, mit der taillenförmigen Verengung dort, wo die Johanneskirche steht. Wir fahren von Norden in die Oberstadt hinein, wobei es schwerfällt, nicht die Hauptstraße ganz hinunterzugehen. (Die »Sanduhr« macht sich sofort bemerkbar.) Doch hier oben liegt das schönere, angenehmere und interessantere Imst. Der spitze Turmhelm und die spätgotische Treppengiebelfassade der *Pfarrkirche Mariä Himmelfahrt* (Abb. 88) zeigen uns an, wo wir die Hauptstraße verlassen müssen. 1305 wird das Gotteshaus erstmals genannt, 1493 ein neues Langhaus geweiht. Dreihundert Jahre lang scheint es kaum eine bauliche Veränderung erfahren zu haben; dann wurde es im Zuge der allgemeinen Barockisierungswelle 1780 umgestaltet. 1822 wütete ein Brand in der Oberstadt, der auch die Pfarrkirche nicht verschonte, und man nutzte die Gelegenheit, dem wiederhergestellten Bau sein ursprüngliches gotisches Aussehen zu geben. So zeigt sich die Kirche, die uns so sehr an das Haller Vorbild erinnert (s. S. 81f.), auch heute noch.

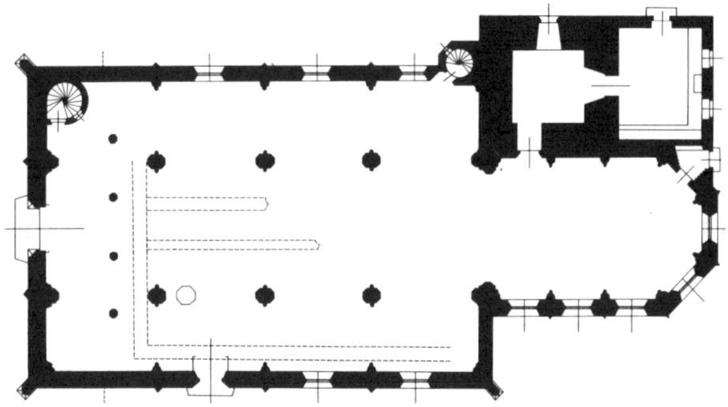

Imst. Pfarrkirche Mariä Himmelfahrt, Grundriß

Durch das große, reich profilierte Westtor unter einer kleinen Fensterrose betritt man eine dreischiffige Halle, deren Netzgewölberippen unmittelbar – auf Kapitelle verzichten sie – aus den weitgestellten Pfeilern herauswachsen. Außer einem spätgotischen Kruzifixus an der Nordseite und barocken Zunftleuchten ist die gesamte Ausstattung neugotisch.

Auch die *Michaelskapelle* auf dem arkadengesäumten Friedhof hat mit der Magdalenenkapelle ein Haller Vorbild (s. S. 82). Auf quadratischem Grundriß teilt sich dieser spätgotische Bau in Unter- und Oberkirche. Freskenreste sind gut erhalten.

Noch ein Blick auf das Pfarrhaus mit seinem barocken Tor, dann brauchen wir uns der Anziehungskraft der Hauptstraße nicht länger zu verschließen. Zahlreiche Patrizierhäuser mit spätgotischen Details an oder in der Nähe dieser Straße haben sich erhalten. Das Spital der Barmherzigen Schwestern aus dem 18. Jahrhundert, das Berggerichtshaus mit einem Wappenfresko, das alte Rathaus, in dem jetzt das Heimatmuseum untergebracht ist, und der ehemalige Ansitz Sprengenstein (heute Hotel ›Post‹) fallen besonders auf. Schöne alte Brunnen beleben an vielen Plätzen das Stadtbild.

Die schon erwähnte *Filialkirche Zum heiligen Johannes* zeigt trotz späterer Veränderungen noch deutliche Reminiszenzen an den gotischen Bau (Chor). Im Inneren sei auf die beiden Seitenaltäre aus dem 17. Jahrhundert wenigstens hingewiesen. Der linke, mit einer schönen Michaelsstatue, stammt aus der Michaelskapelle.

Von hier steigt man zum Kalvarienberg hinauf, wo 1960 unter dem Bau der heutigen *St.-Lorenz-Kirche* Reste eines frühchristlichen Heiligtums gefunden wurden. Eine Reliefplatte mit einfachem Christusmonogramm, wahrscheinlich Teil einer ehemaligen Chorschranke, weist ins frühe 5. Jahrhundert zurück. Urkundlich genannt ist das Gotteshaus erstmals 1352. Auch nach einer Erweiterung und Umgestaltung im 18. Jahrhundert blieb der romanisch-frühgotische strenge Charakter weitgehend erhalten. Sehr interessant sind die Fragmente von Fresken aus der Zeit um 1370 in der Apsis.

Imst. Das Posthaus zu Imst, Lithographie von 1838

Fünfeckige Stationskapellen aus dem 17. Jahrhundert begleiten den Pilger weiter zur Pestkapelle von 1694 mit Malereien im Stil der Veroneser Schule.

Wirtschaftliche Blüte, Wohlstand, Weltoffenheit sind für Städte im Tal, zumal wenn sie an wichtigen Handelswegen liegen, noch relativ leicht zu erreichen. Städte im Gebirge haben da sehr viel schlechtere Voraussetzungen. So war die Fernpaßstraße schon früh geradezu eine Lebensader, die vor allem den Orten an ihrem südlichen Abschnitt die Existenz ermöglichte und ihre Entwicklung begünstigte. Die alte Hauptstraße von Imst war stets als Teil der Paß-Route hauptsächlich Durchgangsstraße, die ins Inntal führte, und kann deshalb sinnbildhaft für das künstlerische Leben der Stadt stehen. Ansehnlich ist der Beitrag, den Imst zum Kunstschaffen der Region leistete, doch wie die Winkelzüge der Straße nur eine vorübergehende Verlangsamung, vielleicht ein kurzfristiges Verharren erreichen, so hielt es die hier einheimischen Künstler nie lange. Den Freskomaler Josef Mages (1728–1769) zog es nach Augsburg; Josef Kranewitter (1756–1824) war in Bozen als Porträtmaler tätig; Martin Stadler (1792–1841), ein Schüler Josef Schöpfs, studierte an der 1808 gegründeten Akademie in München und ging später nach Rom. Und auch den Bildhauer Hermann Klotz (1850–1932) zog es hinaus; sein bekanntestes Werk, das Elisabethdenkmal, steht in Meran. Von den zahlreichen Imster Künstlerfamilien, die nicht lange in ihrer Heimat blieben, sind damit nur ein paar Vertreter aufgezählt.

Von Innsbruck zum Reschenpaß

Nach der Fülle und dem Reichtum an großer Kunst, die wir in Innsbruck erlebten und die sich ja in einer Landeshauptstadt fast zwangsläufig konzentriert, können wir uns bei der weiteren Fahrt den Inn aufwärts auf die wichtigsten Objekte in einzelnen Orten beschränken. Doch zunächst müssen wir uns entscheiden, ob wir den ersten Abschnitt bis Telfs nördlich oder südlich des Inn fahren wollen.

Südlich des Inn von Innsbruck bis Pfaffenhofen

In **Völs** ist es ein Bronzekruzifix von 1522 auf dem Nebenaltar der *Wallfahrtskirche St. Blasienberg,* das Aufmerksamkeit beansprucht. Leonhard Magt arbeitete das Modell, nach dem Stefan Godl den Guß ausführte.

In **Afling**, einem Weiler über dem Inntal, findet sich die hübsche Rokoko-*Kapelle Maria Schnee* von 1778. Nach einem Blitzschaden mußte sie 1930 restauriert werden; Toni Kirchmayr malte die Fresken.

Kematen, am Eingang zum Sellraintal entlang einer Straßengabelung entstanden, macht einen etwas ›zufälligen‹ Eindruck, so als hätten sich die Siedler nicht zu einer einheitlichen Anlage ihres Dorfes entschließen können. Bemerkenswert sind zwei alte Getreidespeicher (›Kästen‹) aus dem Anfang des 18. Jahrhunderts mit geschnitzten Giebeln.

Der *Ansitz Ferkleben* bestand schon im Mittelalter. Im 16. Jahrhundert wurde ein Neubau errichtet, der 1703 zum großen Teil einem Brand zum Opfer fiel. Sehenswert ist jedoch die Rokoko-Kapelle mit einer Herz-Jesu-Sonnenuhr. – Stark erneuert ist auch der würfelförmige Bau des *Ansitzes Burghof* mit seinen Ecktürmen.

Die *Pfarrkirche St. Viktor,* die seit ihrer Entstehung in spätgotischer Zeit immer wieder erweitert und umgebaut wurde, entspricht außen wie innen der Uneinheitlichkeit der dörflichen Anlage. Der Chor ist höher als das Langhaus; Sakristei und Totenkapelle sind winklig angefügt. Der barocke Turm mit seiner dreifachen Haube ist noch das interessanteste Bauteil. Im Innern des Schiffs finden sich nur noch Reste spätgotischer Wandgemälde mit Darstellungen aus dem Leben Christi, und auch die barocke

Deckenbemalung von Franz Anton Zeiller ist lediglich fragmentarisch erhalten (über der Orgelempore). Georg Mader schuf 1872 die neuen Deckenbilder.

Von Kematen aus fahren wir ins **Sellrain-Tal** hinein und suchen uns vom gleichnamigen Ort, den wir nach wenigen Kilometern erreichen, den Weg hinauf zur *Bergkirche St. Quirin und St. Veit.* Bereits für 1391 ist hier ein Gotteshaus bezeugt, und aus dieser Zeit stammen noch zwölf hölzerne Apostelfiguren, die später durch eine Madonna mit Kind ergänzt wurden. Im architektonischen Bild der heutigen Kirche fällt die Fensterrose auf. Auf dem Altar stehen die beiden Figuren der Kirchenpatrone, zwei Holzplastiken aus der Zeit um 1515, wobei an der Statue des hl. Quirinus das Wappenschild auf Neuss am Rhein verweist.

Geschützt in einem Talkessel liegt **St. Sigmund,** ein Dorf, aus dem sich der weiße Bau der *Pfarrkirche,* auf einem Hügel liegend, heraushebt. Dieses Gotteshaus besteht heute noch aus der kleinen *Urkirche* von 1350 – bemerkenswert vor allem wegen der spätgotischen Freskenreste in den Gratgewölben und Fensterlaibungen – und der *Hauptkirche* aus dem 15. Jahrhundert. Ihr einst bedeutendstes Ausstattungsstück, ein von Erzherzog Sigmund (†1496) gestifteter Flügelaltar, steht heute im Stift Wilten. 1789 wurde die Kirche durch eine neue Apsis erweitert.

Wir könnten uns nun immer weiter westlich halten, den Kühtai-Sattel überqueren, um ins Ötztal hinunterzufahren. Dann hätten wir jedoch diesen ganzen Inntalabschnitt ausgelassen. Fahren wir also zurück nach Kematen.

Fünf Kilometer westlich, in einer Mulde der Talstufe, liegt **Ranggen.** Der schon 1359 bezeugten *Pfarrkirche St. Magnus* gab Franz Singer um 1775 die heutige Gestalt, und auch für die Innenausstattung waren große Meister verantwortlich. Franz Anton Zeiller schuf die Deckenmalereien, Johann Schnegg die Statuen, Josef Anton Zoller malte das Hochaltarbild.

Auch die *St.-Ägidius-Kirche* in **Hatting** geht auf das Jahr 1359 zurück, doch hat sie ihr gotisches Aussehen im wesentlichen bewahren können. So wurde im Chor die gesamte Ausmalung aus der Zeit um 1470 freigelegt und restauriert.

Auf einem Schuttkegel liegt **Flaurling;** die Häuser des Dorfes scharen sich um die in ihrer Mitte stehende *Pfarrkirche St. Margareta.* Der Pfarrhof ist ein ehemaliges Jagdschloß Erzherzog Sigmunds, das sogenannte *Risschlößchen.* Seinen Namen trägt es vom Hofkaplan des Erzherzogs, Sigismund Ris, der zwischen den beiden Hauptgebäuden auch eine stattliche Kapelle errichtete. Die schmalen gotischen Maßwerkfenster haben sich erhalten, während das Innere nicht sehr ansprechend umgestaltet wurde. Bemerkenswert ist jedoch der Flügelaltar von 1510 (Farbabb. 10).

In **Pfaffenhofen** treffen wir auf Spuren einer frühchristlichen Gemeinde. 1961 stieß man bei Grabungen unter dem Chor der heutigen *Pfarrkirche Mariä Himmelfahrt* auf Fundamente eines Gotteshauses aus dem 6. Jahrhundert. Eine Priesterbank mit Kathedra läßt vermuten, daß hier – zumindest für kurze Zeit – ein Bischof residierte.

Südlich der Kirche entdeckte man ein Gräberfeld aus dem 7. Jahrhundert nach Christus. Das Aussehen der jetzigen Kirche wird vor allem von den Erweiterungen bestimmt, die 1860–1863 durchgeführt wurden. Im Chor findet sich allerdings noch Rankenmalerei aus dem 15. Jahrhundert.

Auf einer Anhöhe ragt der Bergfried der *Burg Hörtenberg*. 1227 erstmals erwähnt, wurde sie 1286 Eigentum des Landesfürsten, der sie Anfang des 17. Jahrhunderts an die Grafen Wolkenstein, 1633 an die Grafen Spaur verpfändete. Eine Explosion zerstörte 1705 wesentliche Teile, so daß heute außer dem Bergfried nur noch das alte rundbogige Eingangstor im Westen der Anlage und Reste der Ringmauern erhalten sind.

Nördlich des Inn von Innsbruck bis Telfs

»Bei Zirl fährt man ins Inntal herab. Die Lage ist unbeschreiblich schön, und der hohe Sonnenduft machte sie ganz herrlich. Der Postillon eilte mehr, als ich wünschte: er hatte noch keine Messe gehört und wollte sie in Innsbruck – es war eben Marientag – um desto andächtiger zu sich nehmen. Nun rasselte es immer an dem Inn hinab, an der Martinswand vorbei, einer steil abgehenden ungeheuern Kalkwand. Zu dem Platze, wohin Kaiser Maximilian sich verstiegen haben soll, getraute ich mir wohl ohne Engel hin und her zu kommen, ob es gleich immer ein frevelhaftes Unternehmen wäre.«

Johann Wolfgang von Goethe,
Italienische Reise (8. 9. 1786)

Mit dem eigenen Fahrzeug können wir heute das Tempo des Reisens weitgehend selbst bestimmen. Und da wir bereits in Innsbruck waren, wählen wir jetzt die der Goetheschen Route entgegengesetzte.

Während die Autobahn auch westlich von Innsbruck noch auf der Südseite des Flusses bleibt, fahren wir jenseits flußaufwärts. Nach etwa zehn Minuten zwängt sich die Straße am *Martinsbühel*, kurz vor Zirl, durch eine Engstelle, die schon in ältester Zeit als strategisch wichtiger Punkt befestigt war. Teile des von Maximilian I. erbauten Jagdschlosses stehen noch heute. Bedeutender aber ist die kleine Kirche aus dem 11. Jahrhundert, deren Fundamente wahrscheinlich bis ins 6. Jahrhundert zurückreichen.

Fahren wir über die Meilstraße nach **Zirl** hinein, das sich rühmt, Nordtirols einziger Weinbauort zu sein, sehen wir links, an der Auergasse, den mächtigen Neubau der *Pfarrkirche Zum Hl. Kreuz*. Alois Haas errichtete sie 1849/50; lediglich den Turm übernahm er zum großen Teil von dem früheren Gotteshaus. Gute Fresken im Stil der Nazarener schmücken den Innenraum. Besonders interessant ist der Hochaltar, der die einzelnen Stationen der Passion Christi darstellt.

Auf den Höhen im Norden des Dorfes verlocken gut angelegte Promenaden zu ausgedehnten Spaziergängen. Hier stehen auch zwei eindrucksvolle Turmreste der *Ruine*

Zirl. Ruine Fragenstein, Radierung von Johann Kaspar Pfaundler, 1808

Fragenstein wie in Verteidigungsbereitschaft mit dem Rücken zur Felswand. Wechselvoll ist die Geschichte der ehemaligen Burg, die im 13. Jahrhundert zunächst den Grafen von Andechs, dann Gebhart von Hirschberg und schließlich den Grafen von Tirol gehörte. Wiederholt wurde sie verpfändet, bis Maximilian I. sie wieder einlöste.

Über die Zirlerbergstraße wollen wir nach Seefeld, vorher aber überrascht der reizvolle Weiler **Leithen** mit seinen bemalten Häusern. Die Fassaden zeigen unter anderem St. Christophorus und eine Anna Selbdritt. Am Haus Nr. 11, dem ›Riesenhaus‹, schildert ein Fresko den Kampf der Riesen Haymo und Thyrsus (s. S. 93). Auf einer Pestsäule aus dem 17. Jahrhundert sind ebenfalls noch Reste von der ursprünglichen Bemalung zu erkennen.

Doch dann gelangen wir – nach Überwindung des Seefelder Sattels – auf jenes ausgedehnte, zwischen Karwendel-, Wettersteingebirge und Mieminger Kette gelegene Hochplateau, das mittlerweile zu den beliebtesten Skiwandergebieten Tirols geworden ist. So hat denn auch **Seefeld** im Zuge der Entwicklung zum modernen Fremdenverkehrsort sein ehemals charakteristisches Gesicht verloren; ein Grund mehr, alte Erzählungen, Urkunden und Kunstdenkmäler aufzuspüren, an denen dieser Ort so reich ist.

Immer wieder trifft man in der Geschichte Seefelds auf die Legende um das sogenannte ›Hostienwunder‹. 1384, am Tage Mariä Verkündigung, soll es geschehen sein, als der Ritter Oswald Milser, Pfleger auf Burg Schloßberg (von ihr sind nur noch spärliche Trümmer vorhanden), die große Hostie, die ja nur dem Priester zustand, zur Kommunion begehrte. Kaum hatte er sie mit den Lippen berührt, begann sie zu bluten, und Oswald versank bis an die Knie in den Boden. Nicht verwunderlich ist es, daß Milser im Volksglauben zum grausamen Raubritter gestempelt wurde, tatsächlich – und das ist historisch zu belegen – starb er 1386 im Kloster Stams. Die legendäre Hostie aber wurde noch bis 1919 in Seefeld gezeigt.

Das Patrozinium der *Pfarrkirche St. Oswald* ist nur zufällig namensgleich mit jenem Ritter, doch begegnen wir der Legende an mehreren Stellen. Bereits 1319/20 wird ein Gotteshaus »auf dem Seevelde« in Urkunden erwähnt; Wallfahrtsstätte ist es seit dem Ende jenes Jahrhunderts. Unter Herzog Friedrich ›mit der leeren Tasche‹ wurde 1423 der heutige Bau begonnen und – fortgesetzt von Herzog Sigmund – 1474 vollendet. Im Zusammenhang mit dem Ausbau des 1516 von Maximilian I. gegründeten, westlich an die Kirche anschließenden Augustinerklosters wurde 1604 die Orgelempore angebaut. Nur seiner Bedeutung als Wallfahrtsort ist es zu verdanken, daß das damals kleine Dorf eine so imponierende Kirche erhielt. Mächtig wirkt der hohe Turm mit seinem achtseitigen Helm und den spitzbogigen Fenstern. Das Südportal ist das besterhaltene spätgotische Kirchenportal in Nordtirol: gekehlt und reich gegliedert, umrahmt von einem schönen krabbenbesetzten Kielbogen, der in einer großen Kreuzblume gipfelt. Im Relief des Bogenfeldes begegnen wir zum ersten Mal dem Hostienwunder; es ist im linken Teil dargestellt, während rechts die Enthauptung des heiligen Oswald gezeigt wird. Das Rippengewölbe der spätgotischen Halle variiert die

Seefeld. Pfarrkirche, Mirakeltafel von Jörg Kölderer, das Hostienwunder darstellend

Schmuckformen des Hauptportals. Der niedrigere Chor scheint der älteren Kirche anzugehören; das viel einfachere Netzrippengewölbe und die um 1400 gemalten Fresken deuten darauf hin.

Vor dem neugotischen Hochaltar mit zum Teil alten Schnitzfiguren steht eine steinerne Mensa, an der sich nach der Legende das Hostienwunder vollzogen haben soll. Ganz ausführlich schildert der Innsbrucker Hofmaler Jörg Kölderer dieses Ereignis in einem Tafelbild, das Kaiser Maximilian I. um 1502 in Auftrag gab. In lateinischer und deutscher Sprache wird die Legende erzählt. – Über diesem zum Dokument gewordenen Bild sollte man nicht den rechten Seitenaltar übersehen, einen spätgotischen Flügelaltar; über ihm ein lebensgroßer Kruzifixus aus derselben Zeit. Sehenswert ist schließlich auch der gotische Taufstein mit reichgegliedertem Holzdeckel.

Vom nördlichen Seitenschiff führt eine breite Marmortreppe in die *Heiligblutkapelle*. Erzherzog Ferdinand II. hatte 1574 seinen Hofbaumeister Alberto Lucchese mit dem Bau beauftragt, um der ständig wachsenden Bedeutung der Wallfahrt gerecht zu werden. Das heutige Aussehen der Kapelle ist die Folge einer barocken Umgestaltung, die Kaiser Karl VI., der Vater Maria Theresias, 1724 veranlaßte.

Ein anderer Legendenkranz hat sich um ein wundertätiges Kruzifix gewunden. Erzherzog Leopold V. ließ 1628 dafür die *Seekapelle Zum Heiligen Kreuz* (Farbt. 25) errichten, einen Zentralbau mit achteckigem Kuppelraum, rechteckigem Chor und kleinem Ostturm. Von den Wundern des Seefelder Kreuzes erzählen die Fresken Josef Anton Puellachers (1772) an den Chorpfeilern. Das Anfang des 16. Jahrhunderts holzgeschnitzte Kruzifix selbst steht noch heute am Hochaltar.

Manche sagen, das Schönste an Seefeld sei **Mösern**, und immer wieder machen sie diesen einstündigen Spaziergang. Auch Albrecht Dürer scheint dieser Meinung gewesen zu sein, denn er malte ein Aquarell mit dem Blick von der Möserner Hochterrasse ins Inntal hinunter.

Auch für die Autofahrer gibt es eine landschaftlich besonders schöne Strecke von Seefeld über Mösern nach **Telfs**. Doch von Telfs selber werden wir enttäuscht sein. Es ist ein moderner Industrieort und Straßenknotenpunkt geworden; nach schönen breiten Giebelhäusern mit ihren Erkern, rund- oder spitzbogigen Toren und Fassadenmalereien müssen wir an der Hauptstraße suchen. Der heutige neuromanische Bau der *Pfarrkirche St. Peter und Paul* imponiert hauptsächlich durch seine Größe.

Stimmungsvoller ist die *St.-Veit-Kapelle* im Ortsteil Lehen mit ihren spitzbogigen Fenstern und dem schönen Westportal. Rund dreihundert Jahre später, nämlich 1640, wurde die *Mariahilf-Kapelle* am Birkenberg erbaut. Fenster und Eingangstor zeigen deutlich gotische Reminiszenzen.

Im oberen Inntal

Wenn wir in Telfs der Versuchung widerstanden haben, südlich der Mieminger Kette über die B 189 nach Nassereith zu fahren (s. S. 244), dann bleibt uns für die Fahrt durchs obere Inntal nur die zunächst südlich des Flusses verlaufende B 171. In **Rietz**, einem auf breitem Schuttkegel angelegten Dorf, machen wir kurz Station. Die spätgotische *Pfarrkirche St. Valentin* zeigt neben dem spitzbogigen Nordportal ein Kreuzigungsfresko von 1503. Den zierlichen Rokoko-Altar im Chor gestaltete Hans Reindl in Anlehnung an den Innsbrucker Altar ›Madonna unter den vier Säulen‹ in der Wiltener Pfarrkirche (s. S. 95 f.). Südlich der Kirche steht die spätgotische Totenkapelle. Bemerkenswert sind die Fresken neben dem Eingang.

Hoch über dem Ort, auf steilem Felsen, steht die *St.-Antonius-Kirche* von 1757. Der hohe Eingangsturm wurde nach einem Brand 1947 in der alten Form wiederhergestellt.

Recht malerisch fügt sich die *Kapelle Zum Heiligen Kreuz* in ihre Umgebung. Während das Äußere noch stark von der Gotik geprägt ist, weist die Gestaltung des Innenraums schon in die Renaissance. Hervorzuheben sind eine Muttergottes mit Kind (um 1500) und die Rosenkranzmadonna am Triumphbogen (17. Jahrhundert).

Stams (Farbabb. 27) zählt neben Göttweig und Melk zu den berühmtesten Klosteranlagen Österreichs. Zwar entbehrt sie der beherrschenden, aber auch etwas entrückten Höhenlage, die jene auszeichnet – als Zisterzienserabtei ist sie auf das Tal verwiesen –, doch beeindruckt die Mächtigkeit ihrer Anlage ebenso. Seit Elisabeth, die Mutter des letzten Staufers Konradin, 1273 das Kloster stiftete, entwickelte sich auch die schon bestehende kleine Dorfsiedlung ›Stammes‹ in engem Zusammenhang mit diesem Kloster. Es waren jedoch nicht etwa erst die Zisterzienser, deren strenge Religiosität hier eine Stätte christlicher Einkehr schuf. Bereits 1049 ist eine dem heiligen Johannes dem Täufer geweihte hölzerne Kapelle bezeugt, die König Heinrich von Böhmen 1313 durch einen Neubau ersetzen ließ. Das in den Hauptmauern immer noch gotische, heute als *Pfarrkirche* benutzte Gotteshaus liegt westlich von den Stiftsgebäuden. Ihr Inneres wurde einheitlich barockisiert. Franz Anton Zeiller malte die Deckenbilder, wobei er in den Zwickeln der Wölbung den Tod Konradins und die Gründungsgeschichte der Abtei schilderte.

Der tragische Tod ihres Sohnes aus erster Ehe soll Elisabeth zur Stiftung des *Klosters* veranlaßt haben. Aus Kaisheim in Schwaben (bei Donauwörth) wurden die Mönche nach Stams berufen; Graf Meinhard, Elisabeths zweiter Gatte, stattete die Stiftung mit ausgedehnten Ländereien und sogar mit eigener Gerichtsbarkeit aus. Karl IV. bestimmte 1362 die Abtei zum Aufbewahrungsort der Reichskleinodien, später wurde die Kirche zur tirolisch-landesfürstlichen Begräbnisstätte und das Kloster mit ihrer Pflege beauftragt.

Trotz der Subsidien und Privilegien blieben auch schwere Schicksalsschläge nicht aus; sie brachten das Kloster wiederholt an den Rand des Ruins und führten sogar zu seiner zeitweisen Verödung. So plünderten 1525 aufständische Bauern das Stift, 1552 waren es die Truppen des Moritz von Sachsen. Was sie verschont hatten, zerstörte 1593 ein Großbrand. Doch wie Phönix aus der Asche erstand auch das Kloster neu. Ende des 17. Jahrhunderts begann unter Abt Edmund Zoz der Umbau der westlichen Hauptfront nach Plänen Johann Martin Gumpps d. Ä., eine Arbeit, die Georg Anton Gumpp dann fortsetzte. So entstand eine einheitliche Fassade mit übergiebeltem Mittelrisalit und den beiden mächtigen, achtseitigen Kuppeltürmen.

1807 hob die bayrische Regierung die Abtei auf; Österreich setzte sie 1816 wieder in ihre Rechte. 1939 waren es die österreichisch-deutschen Nazis, die das Kloster auflösten, und diesmal dauerte der Spuk nur sechs Jahre. In der Einrichtung eines Inter-

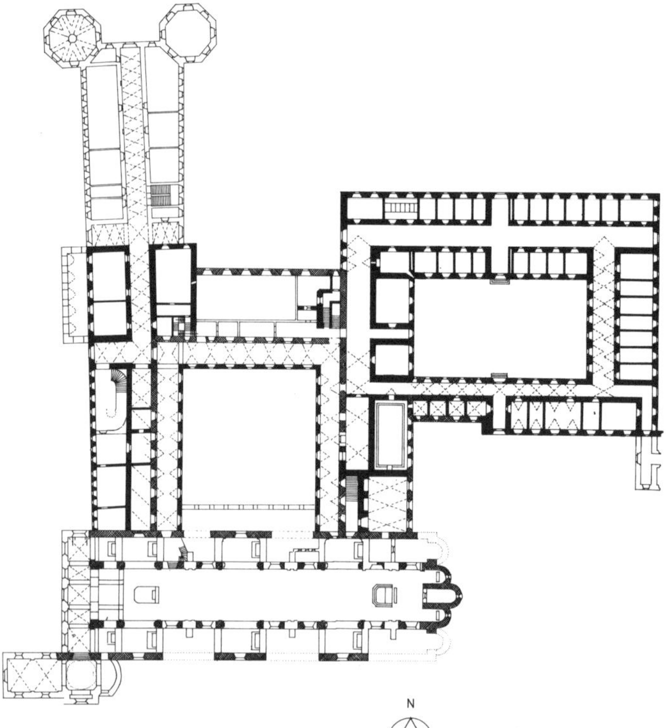

Stams. Zisterzienserstift, Grundriß

nats für Gymnasiasten und Hauptschüler und in der Führung eines Aufbaurealgymnasiums für Skisportler sahen die nach dem Zweiten Weltkrieg zurückgekehrten Mönche eine neue Aufgabe.

Der romanische Gründungsbau der *Klosterkirche* wurde erstmals Anfang des 17. Jahrhunderts und dann abermals 1729 umgebaut; eine erstaunliche Abfolge: Wäre das Gotteshaus (1607–1609) unter Abt Melchior Jäger nicht kreuzgewölbt worden, hätte man die ganze Stilepoche der Gotik übergangen. Erinnern wir uns: Ende des 11. Jahrhunderts wurde der neue Mönchsorden der Zisterzienser, der seinen Namen nach dem Gründungskloster Cîteaux trägt, ins Leben gerufen. Zwar gab es keine Regel, die einen bestimmten Baustil zwingend vorschrieb, es bildete sich jedoch eine streng beobachtete Gepflogenheit heraus, die Klosterkirchen an den architektonischen Prinzipien zu orientieren, die wir heute dem gotischen Stil zurechnen. Hierzu gehörten vor allem die Technik der Wölbung und vieleckige Chöre anstelle der Apsiden. Während man sich zum Beispiel in Heiligenkreuz/Niederösterreich schon sehr früh (im 12. Jahrhundert) an diese Vorschriften hielt, entstand die einzige Zisterzienserstiftskirche Tirols, Stams, noch im letzten Viertel des 13. Jahrhunderts im romanischen Stil mit flachgedecktem Langhaus und halbrunden Apsiden, eine Form, die erst einige hundert Jahre später, und auch nur teilweise, korrigiert wurde.

Die Giebelfront bezieht die reichgegliederte Vorhalle ein. Hier erinnert die Statue des heiligen Bernhard von Andreas Kölle (um 1740) an den Gründer des Zisterzienserordens. Wenn irgend möglich, holte man die Künstler, die im Kloster und in der Kirche arbeiten sollten, aus Stams oder der nächsten Umgebung. So waren an der Ausgestaltung des Inneren (Farbt. 13) neben Andreas Kölle aus Fendels (Kapellenaltäre vor dem Chorgitter; Kanzel) der Altarbauer Urban Mayr, ein Stamser Laienbruder, Andreas Thamasch, der nach dem Vorbild des Maximilian-Grabmals zu Innsbruck die zwölf Statuen der Fürstengruft arbeitete, und der Kunstschmied Michael Neurauther aus Stams (Gitter der Vorhalle) beteiligt. Die phantasievollen Stukkaturen Franz Xaver Feichtmayrs aus Wessobrunn und die Bilderzyklen Johann Georg Wolkers aus Augsburg sollen darüber selbstverständlich nicht vergessen werden, sind sie es doch – und nicht etwa die Architektur –, die dem Raum seine süddeutsche Spätbarockstimmung geben. Bartholomäus Steinle aus Weilheim schuf den gewaltigen Hochaltar, dessen Skulpturenschmuck in Form eines Lebensbaums von Adam und Eva bis zu Christus emporwächst. Hinzuweisen ist ferner auf den Rokoko-Altar der *St.-Johannes-Kapelle* von Hans Reindl und auf eine entzückende Madonna mit Kind und Gottvater an der Langhauswand gegenüber der Kanzel (wahrscheinlich von Andreas Thamasch).

Durch das herrliche Rosengitter der Vorhalle (Bernhard Bachnitzer und Michael Neurauther) betritt man die *Heiligblut-Kapelle,* eine kleine Seitenkirche mit einem quadratischen, kuppelgewölbten Altarraum. Josef Schöpf malte um 1800 die Wand- und Deckenfresken.

Wie die Kirche, so wurden auch die *Stiftsgebäude* kostbar ausgestattet. Johann Georg Wolker schuf im Stiegenhaus das von reichen Stukkaturen umrahmte Deckenbild, welches den heiligen Bernhard von Engeln umgeben zeigt. Sehr stimmungsvoll ist der Kreuzgang mit einem gotischen Tor im Ostflügel und mehreren Grabplatten.

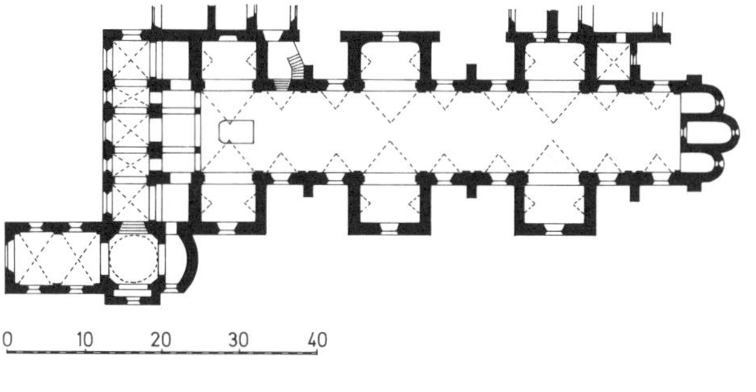

Stams. Klosterkirche, Grundriß der barocken Anlage

Stams. Zisterzienserstift, Kupferstich von Georg Andreas Wolfgang d. Ä., um 1670

Im Risalit beeindruckt der über zwei Stockwerke reichende Bernhardisaal, den der Innsbrucker Hofmaler Franz Michael Huber unter Mitarbeit von Anton Zoller mit Szenen aus dem Leben St. Bernhards ausmalte.

Besondere Aufmerksamkeit verdient »ein vergessenes Juwel des Tiroler Barock« (12), eine im Besitz des Stamser Klosters befindliche kleine Kirche mit einem Stiftsgebäude, die zwar immer schon im Schatten der weltberühmten Abtei standen, aber eigentlich erst in den letzten Jahrzehnten unseres Jahrhunderts in Vergessenheit gerieten. Denn seit Ende des vorigen Jahrhunderts bis noch in die Zwanziger Jahre trafen sich hier alljährlich Professoren der Universität Innsbruck zu wissenschaftlichen Gesprächen, für die sich dieser Platz mit seiner Ruhe und Einsamkeit geradezu anbot.

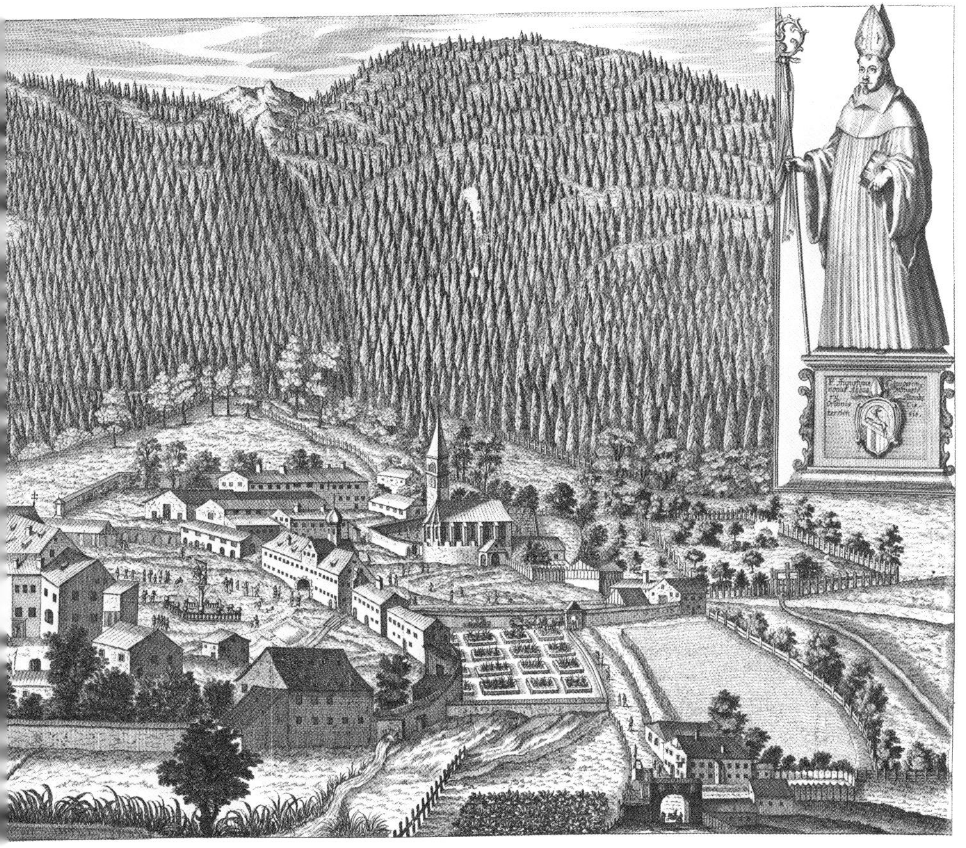

Und abseits liegt die **Stamser Alm** tatsächlich. Da zieht sich südlich vom Stiftsbezirk das Stamser Tal weit in die Berge hinein, doch der (zunächst noch befahrbare) Forstweg klettert schon bald in die Höhe, eröffnet herrliche Ausblicke hinunter ins Inntal, bis er sich schließlich auch davon endgültig abwendet und in fast 1900 Meter Höhe einen Almboden erreicht, wo die ehemalige Sommerfrische der Stamser Ordensbrüder vor sich hinträumt: ein verhältnismäßig großes, zweistöckiges Gebäude unter breitem, schindelgedecktem Krüppelwalmdach und die etwas kleinere Kapelle, ebenfalls mit Schindeln gedeckt, von einem hölzernen Dachreiter gekrönt. Das am leicht geschwungenen Giebel der Westfassade angebrachte Wappen ist leider kaum mehr zu erkennen, doch das linke Wappen am Sockel des Hochaltars trägt die Jahreszahl 1748 und die Buchstaben R:S:A:, woraus geschlossen werden darf, daß Abt Rogerius Sailer der

Bauherr der Anlage war. Bestätigt wird diese Annahme durch eine Schrift von 1820 des Stamser Paters Kasimir Schnitzer (13), doch soll nicht verschwiegen werden, daß andere Kunsthistoriker die Entstehung bereits auf das Jahr 1672 datieren (14). Dieser Hochaltar ist es, der von einem barocken »Juwel« sprechen läßt. Hans Reindl schuf das farbenprächtige, figurenreiche Glanzstück, ein Meisterwerk der Schnitzkunst, das sich in seiner Thematik auf das Patrozinium des Kirchleins (›Mariä Heimsuchung‹) bezieht. Vor allem die beiderseits des Tabernakels stehenden Eltern der Gottesmutter, Anna und Joachim, sind sehr gefühlvoll modelliert. (Das ›Gnadenbild‹ mit den sich umarmenden Frauen Elisabeth und Maria war ursprünglich wohl für einen anderen Zweck bestimmt.) Die recht unansehnliche Fassade des Baus läßt nichts vom Licht- und Farbenreichtum des Innenraums ahnen. Vielgestaltiger Rokoko-Stuck überzieht die Decke und umrahmt die Fresken (wahrscheinlich von Josef Jais aus Imst). Im großen ovalen Mittelfeld kniet Bernhard von Clairvaux, der große Abt und Kirchenlehrer, vor der von einer Schar von Engeln und Putten umgebenen Gottesmutter, die mit der Rechten das Kind hält, und den Heiligen mit Milch aus ihrer Brust labt. Die dieses Mittelfresko begleitenden Medaillonbilder in den Gewölbezwickeln schildern die Landschaft der Stamser Alm und geben in lateinischen und deutschen Inschriften sich darauf beziehende Erklärungen.

Auch heute ist das schlichte Stiftsgebäude, das ehemalige Sommerhaus der Zisterzienser, bewirtschaftet; und die Aussicht auf eine – wenn auch einfache – Jause mag die Entscheidung für diesen nicht ganz unbeschwerlichen Ausflug zur Stamser Alm erleichtern.

Wenn wir kurz hinter Stams den Abstecher über den Inn nach **Mötz** hinüber machen – die heutige *Pfarrkirche Maria Schnee* wurde seit 1710 wiederholt restauriert –, sollten wir auch den Klammbach aufwärts wandern zum *Schloß Klamm.* Dessen Geschichte reicht ins 13. Jahrhundert zurück, als es einem Geschlecht Chlam gehörte; heute ist es in Privatbesitz. Beeindruckend ist der wuchtige runde Bergfried.

Fünf Kilometer von Stams innaufwärts erfreuen uns in **Silz** wieder schöne alte Oberinntaler Häuser. Vor allem der *Steinerhof* mit einer barocken Maria Immaculata am Giebel wird uns gefallen. Während die 1846 in neuromanischem Stil erbaute große Pfarrkirche St. Peter und Paul auf viele Besucher einen unpersönlichen, ja deplazierten Eindruck macht, besticht die kleine *Kirche St. Sebastian im Anger* allein schon durch ihre malerische Lage in den Wiesen am Nordrand des Dorfes. 1634 wurde sie gebaut und ihre Fenster- und Gewölbeformen unter dem hohen Walmdach sind noch von der Gotik geprägt. Am westlichen Ortsausgang steht die Ölberg-Kapelle, ein achteckiger Rokoko-Bau. Wenn wir von hier die alte Straße nach Haiming wählen, begleiten uns zehn Bildsäulen, auf deren Keramiktafeln Walter Honeder 1956 die Geheimnisse des schmerzhaften und des freudenreichen Rosenkranzes darstellte.

Kurz vor **Haiming** werden wir der immer noch imponierenden Kulisse des *Schlosses Petersberg* ansichtig. 1166 als »castrum novum« (Neues Schloß) erwähnt, bekam es

1282 – damals war es bereits im Besitz der Grafen von Tirol – den bis heute gebräuchlichen Namen. Von der einst aus mehreren Mauerringen bestehenden, umfangreichen Befestigung sind beachtliche Teile erhalten, so der mächtige rechteckige Turm im östlichen Vorwerk. Um den Hof gruppiert sich der romanische Kern der Anlage, wozu vor allem die Kapelle gehört.

Die *Pfarrkirche St. Chrysanth und Daria* hat architektonisch auch nach der Barockisierung Ende des 18. Jahrhunderts ihren spätgotischen Charakter weitgehend bewahren können. Dagegen sind von der alten Ausstattung nur noch ein Taufstein und vier Renaissance-Wappenscheiben erhalten.

Die Bundesstraße entfernt sich nun ein wenig vom Inn, bis sie kurz nach Überqueren der Ötztaler Ache auf die nördliche Flußseite wechselt.

Karres hat sich zu einem Straßendorf ausgewachsen, dem enge Gassen aber ein durchaus malerisches Gepräge verleihen. In dieser Beziehung ähnelt es Grins (s. S. 272). Die *Pfarrkirche St. Stephan,* ein charakteristisches Werk nordtirolischer Spätgotik, sticht mit ihrem ungewöhnlich schlanken Helm in den Himmel. Das breite, spitzbogige Westportal führt in den um 1736 barockisierten Innenraum, der mit reichen Stukkaturen überzogen ist. Franz Xaver Renn ist der Meister des in Rokoko-Formen gearbeiteten Hochaltars (1843). Statuen der heiligen Katharina und Barbara (frühes 18. Jahrhundert) und das Bild des Kirchenpatrons von Josef Arnold (1828) vervollständigen die Komposition. Die barocken Nebenaltäre stammen von Andreas Kölle.

Autofahrer können hier getrost die Bundesstraße verlassen, um den Umweg über Imst, das wir ja bei anderer Gelegenheit besucht haben (s. S. 244 ff.), zu vermeiden. Die Bahn hält sich ohnehin an das südliche Innufer. Werfen wir in **Imsterberg** einen Blick in die *Pfarrkirche Mariä Schmerzen.* Dort steht auf dem Hochaltar ein geschnitztes Vesperbild, das aus der ehemaligen gotischen Ausstattung der Pfarrkirche von Wilten stammt.

Uralten Siedlungsboden – Funde aus prähistorischer Zeit belegen dies – betreten wir in **Kronburg,** einem winzigen Weiler im Sattel zwischen Burgberg und Berghang. Die noch spätgotische *Mariahilf-Kapelle* besitzt eine Rokoko-Kanzel mit vorzüglichen Schnitzfiguren. Bemerkenswert ist auch das Kruzifix (Mitte des 18. Jahrhunderts) an der linken Wand.

Auf hohem Berg, von Wald umgeben, liegt eine der umfangreichsten Burgruinen Nordtirols: *Burg Kronberg.* Johann von Starkenberg erbaute sie 1380 wohl schon anstelle einer älteren Anlage. 1426 wurde sie landesfürstlicher Besitz, der 1503 den Fuegern zu Lehen gegeben wurde. In deren Händen blieb sie dreihundert Jahre lang, und wie die heute vorhandenen Bauformen zeigen, muß sie während jener Zeit weitgehend umgebaut worden sein. Die eigentliche Burg besteht aus einem mächtigen, vierstöckigen Bergfried mit unregelmäßig verteilten Fenstern, einem ummauerten Hof und dem Palas, der im Erdgeschoß noch eine spätgotische Halle und auch in den beiden Obergeschossen weitere Räume besitzt.

Unsere letzte Station vor Landeck ist **Zams.** 1911 zerstörte ein Brand die *Pfarrkirche St. Andreas,* die daraufhin bis auf den heute freistehenden barocken Turm abgetragen und in neubarocken Formen wieder errichtet wurde. Die drei Rokoko-Altäre stammen aus der aufgelassenen Kirche von Hötting bei Innsbruck.

Erwähnenswert ist besonders das *Pfarrhaus.* Portal, Fensterrahmen und die Gewölbe im Flur und in einigen Räumen sprechen deutlich die Formensprache der Spätgotik. Die Decke der kleinen Hauskapelle ist mit einem Rokoko-Bild der Immaculata ausgemalt.

Bereits die Römer fanden die Gegend beim Zusammenfluß von Sanna und Inn besiedelt, doch erst 1254 wird **Landeck** als »ort bei landecke« urkundlich genannt. Vermutlich war es Meinhart II. von Tirol, der um jene Zeit die schon bestehende *Burg* ausbauen ließ. So stellt sie sich auch heute noch am steilen Talhang markant dar: Der gewaltige Bergfried, auf eine Felsnase vorgerückt, von einem schmalen Trakt des großen dreigeschossigen Palas an der Westseite umschlossen und an den drei anderen Seiten in geringem Abstand von einer Wehrmauer mit niederem Rundturm gesichert. Eine Stufe tiefer liegt der Zwinger, aus dem eine überdachte Treppe in eine spätgotische Halle führt. Aus derselben Zeit wie diese stammt die Kapelle, mit Fresken aus der erstenHälfte des 16. Jahrhunderts geschmückt. Seit 1973 ist in der Burg das Heimatmuseum untergebracht. Landeck entstand aus dem Zusammenschluß dreier ehemals selbständigen Siedlungen, Angedair, Perfuchs und Perjen, zwischen denen um die Brücke herum ein Markt wuchs. 1900 vereinigten sie sich zur Gemeinde Landeck, der 1923 das Stadtrecht verliehen wurde.

Die sehenswertesten Gebäude finden sich denn auch weniger im neuen Stadtgebiet als in den Außenbezirken, in Perfuchs vor allem in der Herzog-Friedrich-Straße (Nr. 1, 16, 18, 25). Der *Ansitz Gerburg,* das ehemalige Landgerichtsgebäude, geht auf das 14. Jahrhundert zurück.

In Perfuchs steht auch die *Pestheiligen-Kirche ›Auf dem Burschl‹*, die ihre Entstehung einem Gelöbnis verdankt. Der kleine, schmucklose Bau wurde 1656 den Pestheiligen Sebastian, Pirmin und Rochus geweiht. Sehenswert sind besonders die drei Altäre aus dem 17. Jahrhundert: Der Hochaltar von Adam Payr aus Prutz trägt die Statuen der Kirchenheiligen und eine Muttergottes mit Kind. Derselbe Künstler schnitzte auch die Halbfiguren der Vierzehn Nothelfer, die das Antonius-Bild des linken Seitenaltars umrahmen. Der rechte Altar schließlich ist das seltene Beispiel eines ganz ungefaßten Schnitzaltars (wahrscheinlich von Michael Lechleitner).

Das bedeutendste Kunstwerk ist die *Pfarrkirche Mariä Himmelfahrt* im Stadtteil Angedair. Die ersten Nachrichten über ein Gotteshaus an dieser Stelle stammen aus dem Jahr 1270. 1398 wurde sie im Chor erweitert, bis schließlich im 15. Jahrhundert die Kirche ihre heutige Gestalt bekam. Am Äußeren der Anlage fällt auf, daß die Seitenschiffe erheblich niedriger sind als das Mittelschiff, eine Besonderheit unter allen gotischen Kirchen Nordtirols. Auch der niedrigere Chor setzt sich deutlich vom Lang-

Landeck. Pfarrkirche und Burg, Lithographie von Josef Zangerl, um 1830

haus ab. Bemerkenswert sind die beiden Portale: Das spitzbogige Westtor zeigt im Tympanonrelief (1506) eine thronende Muttergottes mit Kind und zwei musizierenden Engeln, in den Ecken die Stifterwappen. Ebenso trägt das reichgegliederte Nebentor an der Nordseite über dem Sturz ein Relief; hier ist es ein Wappenschild mit dem Tiroler Adler und darunter das Steinmetzzeichen mit alter Inschrift.

Im Inneren wird die Trennung zwischen Chor und Langschiff durch den stark eingezogenen Triumphbogen besonders deutlich. Auf dem Hochaltar von 1852 findet sich ein frühgotisches, aber stark erneuertes Gnadenbild, das an die Gründungslegende der Kirche erinnert. Hier sollen nämlich Eheleute, deren Kinder verschwunden waren, zu dem Muttergottesbild um Hilfe gefleht haben, worauf ein Bär und ein Wolf die Kinder unversehrt zurückbrachten. Dieses Ereignis schildert auch ein Bild aus dem 18. Jahrhundert an der nördlichen Chorwand.

Der becherförmige Taufstein (1506), vor allem aber der ›Schrofensteineraltar‹ (Abb. 90), ein großer spätgotischer Flügelaltar mit buntgefaßten Schnitzfiguren, vermögen noch eine Vorstellung von der Kirchenausstattung zu Beginn des 16. Jahrhunderts zu geben, während fast die gesamte übrige Einrichtung neugotisch ist.

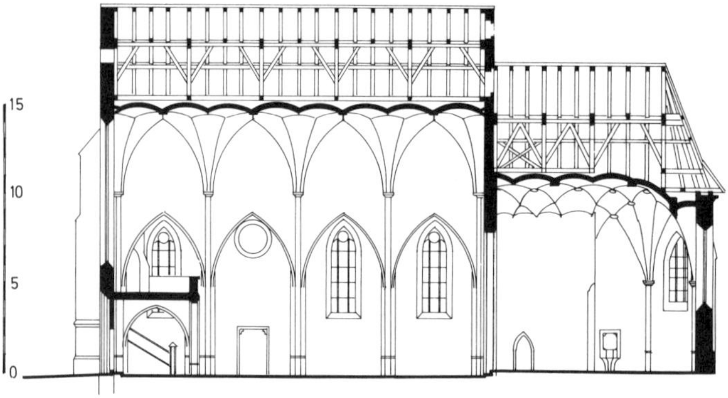

Landeck. Pfarrkirche, Aufriß

Landeck ist keine schöne Stadt im landläufigen Sinne. Das scheinen auch die für den Fremdenverkehr Verantwortlichen zu meinen, wenn sie in ihrem Prospekt Landeck als »die Ausflugsschaukel Tirols« bezeichnen und mit den vielfältigen Möglichkeiten werben, von hier aus andere Orte und Gegenden zu besuchen.

Von **Fliess** nehmen wir zuerst die beiden Türme der *Neuen Pfarrkirche* wahr. 1794–1804 von Nikolaus Schuler anstelle einer schon 1300 erwähnten und im 17. Jahrhundert neu geweihten Barbarakapelle errichtet, mischen sich in ihrem Bau klassizistische Elemente mit Rokoko-Reminiszenzen.

Auch die unweit von hier stehende *Alte Pfarrkirche Mariä Himmelfahrt* ist für 1300 bezeugt, und von dieser ältesten romanischen Anlage hat sich der Kern des Turms erhalten. Sein Helm weist, wie auch die spitzbogigen Tore und Fenster des übrigen Baus, in die Zeit der Gotik. Auf das Christophorus-Fresko von 1520 (1933 erneuert), die Sonnenuhr von 1696 und das Wappenuhrblatt von 1547 sei hingewiesen. Ende des 17. Jahrhunderts wurde der Innenraum entscheidend umgestaltet und erhielt auch neue Altäre. Von der alten Einrichtung blieb nur der Taufstein (1525) übrig.

Von der Natur nur mäßig geschützt, liegt die Ruine des *Schlosses Bideneck* nur wenig oberhalb des Ortes, doch immerhin haben sich von den ältesten Teilen der Anlage – im 14. Jahrhundert ist das gleichnamige Geschlecht der Bideneck nachzuweisen – Bergfried, Palas und innere Ringmauer erhalten. Eine zweite, äußere Mauer wurde 1537 gebaut.

Eingebettet in einem Talkessel liegt **Prutz.** Ganz für sich, abseits am Nordrand der Ortschaft, steht die *Pfarrkirche Mariä Himmelfahrt.* Von der romanischen Architektur ist so gut wie nichts mehr zu erkennen, der Turm wurde neugotisch überarbeitet. Das jetzige Langhaus mit Strebepfeilern und spitzbogigen Chorfenstern stammt aus spätgotischer Zeit. Der Innenraum wurde barock umgestaltet, das flache Stichkappengewölbe neugotisch bemalt.

Die *Totenkapelle* auf dem Friedhof ist ein interessanter Doppelbau mit Resten gotischer Wandmalerei. Neben dem Vesperbild (1500) im Altar hängen viele Votivgaben aus Wachs. An das hohe Alter des schmucken Dorfes – bereits 1027 wird es erwähnt – erinnert vor allem der *Obere Turm (›Turm im Feld‹)*, Rest einer kleinen, wehrhaften Burg aus dem 14. Jahrhundert. Trotz der späteren Anbauten gut zu erkennen ist auch der *Untere Turm (›Turm in der Breite‹)* mit einer hübschen getäfelten Stube von 1661.

Auf der anderen Innseite erstreckt sich eine zwischen 1200 und 1400 Meter hoch gelegene breite Talstufe. Ein gut angelegter Fußweg bringt uns von Prutz dorthin, wo sich die zum Teil noch sehr alten Häuser von **Ladis** dicht aneinanderdrängen. Die bemalten Fassaden (Abb. 91/92), Freitreppen und geschnitzten Giebelstreben, der kleine anmutige See und vor allem die über dem Dorf thronende *Ruine Laudeck* schaffen ein außerordentlich malerisches Ortsbild. Bereits 1239 werden die Herren von Laudeck bezeugt; gegen Ende des Jahrhunderts ist die Burg Sitz eines landesfürstlichen Richters. Schon im 16. Jahrhundert war die Anlage in schlechtem Zustand, und als später der Gerichtssitz nach Ried verlegt wurde, war ihr weiterer Verfall nicht mehr aufzuhalten. Erst nach 1945 baute man einige Teile wieder auf und machte sie bewohnbar.

Ein Brand hatte 1683 die *Pfarrkirche St. Martin* zerstört; danach war sie zwar wieder instandgesetzt worden, doch 1829 begann Johann Moosbrugger mit dem Neubau des jetzigen klassizistischen Gotteshauses. Josef Arnold schuf 1833 das Hochaltarbild mit dem Kirchenpatron; die Decke malte Johann Kärle 1879 aus.

Wie so häufig in dieser Gegend, läßt schon das Äußere der *Pfarrkirche St. Leonhard* zu **Ried** (Abb. 93) romanische und gotische Bauabschnitte erkennen. Der älteste Bauteil ist zweifellos der Turmschaft, der erst 1548 seinen gotischen Abschluß erhielt. Auch der Chor stammt bereits aus der Epoche der Gotik. Die Kirchenbücher erwähnen 1445 eine Sammlung für den neuen Chor, so daß sein Entstehungsdatum etwa für diese Zeit angesetzt werden kann. In die dritte Bauphase (1715–1718) schließlich gehört das Schiff mit seiner Giebelfassade. Das Innere ist recht schlicht ausgestattet.

Schloß Sigmundsried war im 13. und 14. Jahrhundert als landesfürstliche Burg im Lehnsbesitz der Herren von Ried. Damals bestand sie lediglich aus einem Turm und einem gleichbreiten Wohnbau; der dazwischen liegende Hof war durch Mauern geschützt. Herzog Sigmund baute 1471 diesen Hofraum mit einem Stiegenhaus und einer Halle aus, später wurde die Anlage nach Süden erweitert. Das heute als Bezirksgericht genutzte Schloß besitzt im Erdgeschoß und im ersten Stock kreuzgewölbte Hallen, die auf spätgotischen Pfeilern ruhen. Ranken- und Wappenmalerei aus dem 16. Jahrhundert schmückt die Eingangshalle.

Von Ried aus führt uns ein Abstecher in das rätoromanische Bergdorf **Fiss** mit seinen typischen Oberinntaler Häusern, an denen die schönen Erker und geschnitzten Giebel auffallen, und von dort nach **Serfaus.** Auch hier stehen einige bemerkenswerte Häuser. Im stattlichen *Pfarrhof* gibt es eine Stube mit spätgotischer Balkendecke. Die *alte Pfarrkirche Unsere Liebe Frau im Walde* ist das wahrscheinlich älteste Gotteshaus der

Umgebung. Wenn auch die vorhandenen Urkunden nicht über 1332 zurückreichen, so deuten der Grundriß, zwei rundbogige Fenster in der Südwand des Schiffs und das alte Gnadenbild, eine thronende Madonna mit Kind, auf einen sehr frühen Ursprung, der nach der Überlieferung schon um 804 anzusetzen ist. Dieses Gnadenbild (Farbabb. 24) ist innen ausgehöhlt und an der Rückseite mit einer kreisrunden Öffnung versehen, was auf seine frühere Verwendung als Reliquiar schließen läßt. Von der übrigen Ausstattung sind besonders die freigelegten Freskenreste, Halbfiguren vom Anfang des 16. Jahrhunderts (Christus mit Aposteln) und zwei heilige Bischöfe mit lebhaften Gebärden (um 1500) zu nennen.

1497 errichtete man neben der alten Kirche einen neuen spätgotischen Chor, dem die weiteren Gebäudeteile rasch folgten. 1516 konnte die ganze *neue Pfarrkirche Mariä Himmelfahrt* geweiht werden. Während das Äußere auch nach der um 1760 wie üblich durchgeführten Barockisierung seine spätgotische Gestalt behielt, tritt diese im Inneren nicht mehr in Erscheinung. Schwungvolle Rokoko-Stukkaturen und die ausgezeichneten Deckengemälde Philipp Jakob Greils beherrschen den Raum. Dieser Künstler malte auch die drei Altarbilder; das im Hochaltar ist austauschbar mit einem Assunta-Relief (19. Jahrhundert) von Valentin Gallmetzer. Die Hochaltarfiguren, St. Georg und St. Florian, schnitzte Andreas Kölle.

Bei **Tösens** überrascht uns – in einsamer Lage auf der linken Innseite – die *St.-Georg-Kapelle* mit ihrer seltsamen Mischung romanischer und gotischer Bauelemente. Urkunden nennen das Kirchlein bereits vor 1430; damals wird es ein einfacher romanischer Rechteckbau gewesen sein. Erst 1496 wurde ein Chor angefügt, und im Zuge dieser Baumaßnahme wird wohl auch das Schiff gotisiert worden sein. Zu beachten ist das Christophorus-Fresko an der Südwand (um 1500). Außergewöhnlich beeindruckend aber sind die Fresken im Innern, mit denen Max Maller aus Innsbruck 1482 die Wände schmückte. In geradezu dramatischer Bewegtheit stellen die rechteckig umrahmten Bilder unter anderem Szenen aus dem Leben Christi, das Martyrium des heiligen Sebastian, den Kampf des heiligen Georg mit dem Drachen dar. Beachtlich ist auch die übrige Ausstattung, vor allem ein spätgotischer Flügelaltar mit Schnitzfiguren der heiligen Anna Selbdritt und den heiligen Joachim und Sebastian. Vor dem Altar thront eine Muttergottes mit Kind (Anfang des 16. Jahrhunderts). An der linken Chorwand, in vergitterter Wandnische, steht die Kopie des Reliquienschreins, dessen Original (um 1250) heute im Ferdinandeum zu Innsbruck gehütet wird.

Gegenüber dieser Kapelle tritt die *Pfarrkirche St. Laurentius* im Ort in kunsthistorischer Bedeutung zurück. Doch besitzt das Anfang des 18. Jahrhunderts erbaute Gotteshaus ein gutes Altarbild von Philipp Jakob Greil und vorzügliche Statuen aus der Werkstatt der Brüder Kölle.

Stuben, ein malerisches Dorf am Talhang, gefällt zunächst wegen seiner breiten Häuser, die oft ihre Freitreppen von den weit vorspringenden Giebeldächern schützen lassen. Rund- und spitzbogige Steintore, Renaissance-Erker und hübsche Wirtsschilder aus dem 18. Jahrhundert lockern das Ortsbild auf. Auch das *ehemalige Gerichtshaus* am Westende des Dorfes besitzt eine breite rundbogige Toreinfahrt; der Eckturm setzt einen besonderen Akzent. Im Flur des Obergeschosses wurden nacheinander die Wappen verschiedener Amtsleute der Gerichte Pfunds und Landeck gemalt.

In der *Liebfrauenkirche,* einem spätgotischen Bau, treffen wir in den Fresken aus dem letzten Drittel des 15. Jahrhunderts auf eine wertvolle Ergänzung zu denen in der Georgskapelle von Tösens. In Anordnung und Stil lassen sie die Verwandtschaft mit jenen erkennen, doch sind die Bilder hier wesentlich feiner gemalt. Der geschnitzte Hochaltar vom Anfang des 16. Jahrhunderts wurde 1680 barock umgestaltet, wobei man die älteren Statuen sehr geschickt integrierte.

Stuben benachbart, doch in der Talebene, liegt **Pfunds.** Am Inn lädt das heutige *Gasthaus ›Zum Turm‹* ein, das als Brückenturm von Kaiser Maximilian I. erbaut worden sein soll. Die *Pfarrkirche St. Peter und Paul* aus dem 15. Jahrhundert wurde wiederholt vergrößert. Sehenswert ist vor allem der reich ornamentierte, spätgotische Taufstein.

Wer sich für die Kunst des Orgelbaus interessiert, wird es nicht versäumen, **Spiss,** ein Gassendorf im engen Hochtal der Samnaungruppe, aufzusuchen. Die *St.-Johannes-Kirche* besitzt nämlich neben guten Deckenbildern von Philipp Jakob Greil als besondere Kostbarkeit eine Positivorgel mit Flügeltüren aus dem 17. Jahrhundert, die später noch eine Pedaltastatur erhielt.

In **Finstermünz** (Farbabb. 42) befinden wir uns in nächster Nachbarschaft zur Schweiz. Erzherzog Sigmund ließ hier um 1471 die *Zollfeste ›Sigmundseck‹* anlegen, ein Befestigungswerk, das dann Anfang des 16. Jahrhunderts noch erweitert wurde. Eindrucksvolle Teile sind erhalten geblieben, so der über dem Wellenbrecher erbaute Brückenturm mit spätgotischen Zinnen und einer Pechnase. Und immer noch führt am rechten Innufer die Straße durch den gewölbten Durchlaß der turmartigen fünfgeschossigen Klause. Bis zum Felshang schlossen sich hohe Mauern mit Wehrgängen an. Der nördliche, auf einem Felsvorsprung errichtete rechteckige Turm (mit interessantem balkengedecktem Raum) vervollständigte die Anlage. Etwas entfernt steht das *Kirchlein Mariä Himmelfahrt,* erbaut um 1605, mit einem schönen Altar vom Ende des 17. Jahrhunderts.

Mit dem Besuch in **Nauders** wollen wir die Fahrt durchs obere Inntal beenden. Einen eindrucksvolleren Abschluß könnten wir uns kaum wünschen. Breite, ganz gemauerte Häuser mit massiven Freitreppen, Erkern und spätgotischen Toren empfangen uns in dem schon von Claudius Ptolemäus als ›Inutrion‹ erwähnten Ort. Ganz im Norden des Dorfes steht die große *Pfarrkirche St. Valentin.* Schon in alter Zeit hatte es eine Kapelle gegeben, die nach einer Vergrößerung 1093 geweiht worden war; von ihr ist jedoch nichts mehr zu erkennen. Das heutige Gotteshaus stammt aus dem 16. und 19. Jahrhundert, wobei von dem gotischen Bau nur noch der schlanke Turm und der Chor mit

Finstermünz. Brückenturm der Grenzfestung, Stich von Martens, um 1850

seinen Spitzbogenfenstern erhalten sind. Durch die Tore der weit vorspringenden Barockfassade gelangt man ins Langhaus, dessen romanisierende Seitenschiffe erst 1830 angebaut wurden. An ihren Abschlüssen sind – wohl noch von der alten Einrichtung – zwei spätgotische Schnitzaltäre aufgestellt, die besonders gut gearbeitete Figuren enthalten. Ansonsten wird der gesamte Innenraum von der barocken Umgestaltung im 18. Jahrhundert und der 1867–1872 durchgeführten Restaurierung im neuromanischen Stil bestimmt.

Zahlreiche schmiedeeiserne Grabkreuze schmücken den *Friedhof*. Die zweigeschossige Kapelle besitzt im unteren Teil eine Kreuzgruppe aus dem 17. Jahrhundert.

Am Südrand des Ortes erhebt sich der Schloßhügel, und an seinem Fuße (an der Südostecke) steht die *St.-Leonhard-Kapelle*. Zwar ist die älteste bekannte Urkunde, die sie erwähnt, erst von 1391, doch zeugen einige Details von ihrer Erbauung in romanischer Zeit, so die Fragmente eines Rundbogenfrieses, vor allem aber die 1951 im Inneren aufgedeckten Fresken. Die ältesten Malereien finden sich in der Apsis: Christus als Weltenrichter in der Mandorla, die Evangelistensymbole und darunter die Brustbilder der zwölf Apostel, alle aus der zweiten Hälfte des 12. Jahrhunderts. Im 15. Jahrhundert waren diese Bilder übermalt worden, und man hat Teile dieser abgenommenen zweiten Apsidenausmalung im Schiff ausgestellt. Malereien aus der Zeit um 1500 finden sich auch noch an der Triumphbogenwand. – Die Figur des heiligen Leonhard auf dem Altar schuf Ilse Glaninger aus Innsbruck 1957.

Wo können wir besser vom Inn Abschied nehmen als auf dem anmutigen Hügel von *Schloß Naudersberg* (Abb. 94)? Von ihrer Burg hier oben überblickten spätestens seit 1300 schon die landesfürstlichen Richter das ganze Grenztal. Ab der Mitte des 14. Jahrhunderts lösten sich dann verschiedene Geschlechter im Besitz ab, unter anderen die Trautmannsdorff, Kuen-Belasi und Spaur. Zu den ältesten Bauteilen, dem niederen Bergfried und dem Palas mit seiner steilen Front, kamen im 15. und 16. Jahrhundert mehrere Ergänzungen: Vorwerke, Rundtürme, Zwinger und das Eingangstor mit einer Pechnase. So entstand mit der Zeit eine überaus wehrhafte Grenzfeste, bei der jedoch auch die Wohnqualität nicht vernachlässigt wurde. Galerien mit zartem Netzrippengewölbe und Renaissance-Arkaden machen das deutlich; die Gemächer erhielten einfache, aber doch ansehnliche Wand- und Deckentäfelungen. Auch eine spätgotisch gewölbte Schloßkapelle wurde gebaut.

Aus Vorarlberg nach Tirol

Vom Arlberg ins Inntal

Der Arlbergpaß (1793 m) ist seit Jahrhunderten der ›klassische‹ Übergang zwischen dem westlichen Vorarlberg und Tirol. Händler, die in Hall Salz eingekauft hatten, führten es hierüber in die Schweiz und nach Deutschland. Und auch der moderne Verkehr konnte an diesem Berg nicht vorbei, – also mußte er hindurch. 1884 wurde der inzwischen berühmte Arlbergtunnel gebaut mit einer Länge von elf Kilometern der längste Eisenbahntunnel in Europa. Zum Problem wuchs sich dann der in unserem Jahrhundert immer stärker werdende Kraftfahrzeugverkehr aus. Immer noch bietet die Paßstraße, solange sie schneefrei ist, die zweifellos abwechslungsreichste Strecke, sie allerdings fiel bei Schnee und Eis aus. Die Autoverladung im Winter auf die Bahn war eine bis in die jüngste Zeit praktizierte Lösung. Doch schließlich war es lediglich konsequent, daß sich die beiden österreichischen Bundesländer über den Bau eines Straßentunnels einigten, der nun seit 1978 mit einer Länge von vierzehn Kilometern den Grenzberg durchstößt.

Nur wenn wir die alte Paßstraße wählen, berühren wir **St. Christoph.** Heinrich von Kempten (›Heinrich Findelkind‹), ein Bauernknecht, war im 14. Jahrhundert zu Geld gekommen, mit dem hier auf der Höhe ein *Hospiz* gebaut wurde. 1956 brannte es ab, erstand aber bereits zwei Jahre darauf neu. Auch die angeschlossene *Kapelle* war in Mitleidenschaft gezogen worden und verlor ihre Inneneinrichtung. Die Anlage bekundet jedoch nach wie vor das ehrwürdige Alter des Gotteshauses: ein fast quadratischer Vorraum und halbkreisförmiger Chor mit breitem spitzbogigem Triumphbogen.

St. Anton, inzwischen weltberühmter Wintersportort, hat sein Siedlungsbild infolge des Fremdenverkehrs stark verändert. Am *Hotel ›Schwarzer Adler‹* fallen die Wandmalereien ins Auge, allerdings wurden die alten Renaissance-Fresken 1954 von Toni Kirchmayr erneuert und teilweise sogar ergänzt. Interessant ist noch das *Thöny-Haus,* ein ehemals als Salzstadel benutzter Holzbau.

Die *Pfarrkirche Maria Hilf,* das ist nicht zu übersehen, entstand in zwei weit auseinanderliegenden Bauperioden. Der Ostteil mit dem heutigen Chor und dem barocken Nordturm wurde 1691 erbaut, die westliche Verlängerung mit dem Südturm 1932 nach Plänen Clemens Holzmeisters angefügt. Das uneinheitliche äußere Erschei-

St. Christoph am Arlberg. Lithographie von Josef Teply, um 1840

nungsbild findet eine Entsprechung im Inneren: Spitzkappen- und Tonnengewölbe im alten Teil, Balkendecke im neuen. Hans Andre malte 1951/52 die Deckenfresken, der Hochaltar (1956) stammt von Hans Buchgschwenter. Hübsch ist ein spätgotisches Flügelaltärchen aus Kärnten.

Wanderern sei noch die romantische Rosanna-Schlucht, südwestlich von St. Anton, empfohlen. Der Bach kommt aus dem Verwall-Tal und hat eine letzte Engstelle zu überwinden, bevor er nach Osten biegt in Richtung Inn.

Im unmittelbar östlich an St. Anton angrenzenden **St. Jakob** besticht die gleichnamige *Pfarrkirche* vor allem durch ihre üppige Rokoko-Stukkatur im Inneren. Auch die Deckenbilder von Johannes Perwanger und die Altäre stammen aus der Entstehungszeit des Gotteshauses (1773–1778).

Pettneu (Abb. 95) entwickelt sich immer mehr von einem kleinen Gebirgsdorf zu einem modernen Fremdenverkehrsort. Dabei kann es an alte Tradition anknüpfen. Bereits in den ersten christlichen Jahrhunderten legten rätoromanische Volksstämme die Siedlung auf einem Schwemmkegel der Lechtaler Alpen an, allerdings wird sie erst 1275 urkundlich bezeugt. Für die Händler, die auf dem Weg zum Arlberg hier die

Pferde wechselten, wurde der Ort zum Umschlagplatz ihrer Waren. Schließlich machte ab 1830 auch die zwischen Innsbruck und dem Arlberg einmal wöchentlich verkehrende Postkutsche in Pettneu Station.

Von der hochgelegenen *Pfarrkirche Mariä Himmelfahrt* stammen wesentliche Teile noch aus spätgotischer Zeit, so der spitze Turm und der Chor. Das einschiffige Langhaus dagegen erhielt seine Gestalt bei der barocken Erweiterung von 1716.

Schnann, Flirsch, Strengen liegen an unserer Route, und jede der Pfarrkirchen besitzt ihre barocken Schnitzfiguren. – Von rechts fließt die Trisanna heran. Die imponierende Brücke und Schloß Wiesberg sehen wir nochmals am Ende unserer Paznauntal-Fahrt (s. S. 274).

Größeres Interesse verdient in **Pians** die *St.-Margareten-Kapelle.* Den äußerlich schlichten Bau – wohl aus dem 14. Jahrhundert – krönt ein zierliches Glockentürmchen auf dem Dach. Das Innere des Gotteshauses schmücken sehr interessante Fresken aus der ersten Hälfte des 15. Jahrhunderts, die manchen trotz ihrer derben Ausführung an Giottos Kunst erinnern mögen. Choreingang, Triumphbogen, Chor und Gewölbe sind überaus reich bemalt.

Außerordentlich sympathisch berührt uns das Ortsbild von **Grins.** Seit dem verheerenden Brand von 1945 wird das Dorf, zum Teil in alter Form, wieder aufgebaut. Im 15. Jahrhundert war Grins mit seinen ausgedehnten Tuffsteinbrüchen der Sitz des westlichsten von sechs Hüttenbereichen der Tiroler Bauhüttenorganisation. Kein Wunder, daß man den Ort selbst besonders malerisch gestaltete. Die eng beieinanderstehenden Häuser gehören dem rätischen Typ an, der durch hohe gemauerte Giebel, unregelmäßig angeordnete Fenster, Freitreppen und erkerartig aus der Wand vorspringende Backöfen charakterisiert ist.

Die heutige *Pfarrkirche St. Nikolaus* erbaute Franz Weiskopf, ein Sohn des Ortes, 1775. Dabei bezog er den Turm einer älteren Kirche aus dem 15. Jahrhundert in die neue Fassade ein. In dem sonst einheitlichen Rokoko-Bau gefallen die schwungvollen Stukkaturen, vor allem aber die Deckenbilder von Matthäus Günter.

Die älteste Pfarrei der Gegend ist **Stanz.** Die kleine, im wesentlichen spätgotische Tuffstein-*Kirche* am östlichen Ende des Dorfes ist den Heiligen Petrus und Paulus geweiht. Sie besitzt noch einen romanischen Turm, dessen gekoppelte Schallöffnungen, jeweils durch Rundsäulen getrennt, in zwei Geschossen übereinander liegen. Besonders ansprechend ist der dreiseitig geschlossene Chor; in seinem Netzrippengewölbe sind die Schlußsteine als Wappenschilde gestaltet. Der Hochaltar mit Barockfiguren der Apostelfürsten aus dem 17. Jahrhundert stammt aus der Annakapelle in Mils. Auf dem rechten Seitenaltar verdient eine spätgotische Madonna Beachtung.

Nordöstlich der Pfarrkiche, auf einer vom Steilhang abspringenden Bergnase, erhebt sich die *Burgruine Schrofenstein.* (Ein Ritter Oswald von Schrofenstein liegt in der Pfarrkirche von Landeck begraben.) Seit dem 13. Jahrhundert war sie die Stammburg des Geschlechtes, fiel nach dessen Aussterben 1547 an die Trautson und 1780 an die Herren von Auersperg. 1810 ging sie in Privatbesitz über und verfiel. Der rechteckige Bergfried, zur Bergseite gelegen, wurde seit 1947 wieder bewohnbar gemacht. Etwas tiefer am Hang steht noch ein achteckiger Wartturm.

Das Paznauntal

Die Silvretta-Hochalpenstraße eröffnet im südwestlichen Zipfel des Landes eine weitere attraktive Möglichkeit, von Vorarlberg nach Tirol hineinzufahren. Die Bielerhöhe (2032 m) ist die Großwasserscheide zwischen Nordsee und Schwarzem Meer. In Vorarlberg nimmt die Ill die Wässer auf, um sie dem Rhein zuzuführen, und auf der tirolischen Seite fließen alle Bäche in den Inn, der seinen Weg in die Donau nimmt. Von der Höhe zieht sich die Straße zunächst durch eine öde, fast vegetationslose Landschaft, flankiert von Valluga (2813 m) und Bodmer Spitze (2851 m). Nach den Haarnadelkurven auf Vorarlberger Seite wirkt dieser sanft abfallende Abschnitt beinahe langweilig, doch werden wir entschädigt im ersten Tiroler Ort **Galtür**, der sich – immer noch knapp 1600 Meter hoch – sanft an grüne Hänge und Almwiesen schmiegt.

Bereits 1383 wurde die *Pfarrkirche Mariä Geburt* geweiht, doch ist von diesem ersten Bau, der im 15. Jahrhundert vergrößert und nach einem Brand 1624 wiederhergestellt wurde, nur noch der untere Turmkörper vorhanden. 1777–1779 wurde dann nochmals eine Erweiterung notwendig, und die Kirche erhielt auch ein neues Gewölbe. So sind wir von der Rokoko-Ausstattung nicht überrascht. Der Hochaltar birgt eine gotische Muttergottes mit Kind. An die Westseite der Vorhalle ist eine Totenkapelle angebaut, in der zahlreiche, mit Namen bezeichnete Totenschädel aufbewahrt werden.

Ein kleines Schmuckstück besitzt der Weiler **Tschafein**, nur zwei Kilometer weiter: Die *St.-Martin-Kapelle* ist ein Giebelbau von 1678 mit hölzernem Glockenstuhl. Auch das Tonnengewölbe im quadratischen Schiff ist aus Holz, bemalt mit Rosetten und Palmetten, ebenso wie die Emporenbrüstung, die diese Ornamente wieder aufnimmt. Die Altäre und das Flügelaltärchen stammen aus derselben Zeit.

Nehmen wir uns Zeit hier im Paznauntal. Rechts begleitet uns der Näderwald, während wir durch **Mathon** fahren. Vielleicht schauen wir hinein in die interessante *Kapelle Zu den Heiligen Drei Königen*. Den außen sechseckigen Bau krönt ein geschweiftes Kuppeldach, doch innen ist der Raum kreisrund. Ein kleiner, reizvoller Rokoko-Altar mit der Anbetung der Könige und zwei Schnitzstatuen der Heiligen Antonius und Franziskus aus dem 18. Jahrhundert von Johann Ladner bilden die Ausstattung.

Dann überqueren wir die Trisanna und erreichen das auf ansteigendem Talboden gelegene Haufendorf **Ischgl**. An seinem Eingang rechts der Weiler **Pasnatsch** mit der *Kapelle Maria Schnee* von 1643, die ebenso wie die *St.-Blasius-Kapelle* von 1676 im gegenüberliegenden **Paznaun** gotische Reminiszenzen aufweist. Die *Pfarrkirche St. Ni-*

kolaus in Ischgl selber besitzt in ihrem Turm mit seinen spitzbogigen Maßwerkfenstern und dem Helm noch einen rein gotischen Bauteil. Die übrige Kirche wurde 1755–1757 neu gebaut und einheitlich im Rokoko-Stil eingerichtet. Auf die reiche Stukkatur mit vielfältigem Blattwerk sollte man achten. Interessant ist auch der silberne Reliquienarm des heiligen Stephanus vom Anfang des 17. Jahrhunderts, der aus Trier stammt.

Wir können schon hier in Ischgl auf eine ältere, über der Talsohle verlaufende Hangstraße wechseln, an der entlang sich die einzelnen Weiler von **Kappl** reihen. Die 1725 neu erbaute *Pfarrkirche St. Antonius Abt* besitzt von ihrem spätgotischen Vorgängerbau noch den Turm, der, obwohl erst 1692 vollendet, noch spitzbogige Maßwerkschallfenster bekommen hat. Das bemerkenswerteste Stück der Inneneinrichtung ist ein aufwendiges Marmorgrabmal für den Priester Adam Schmid, das Johann Ladner, der begabte Künstler dieses Tales, 1729 schuf. Von ihm stammt auch die Kreuzgruppe im Friedhof und wahrscheinlich das geschnitzte Vesperbild in der Friedhofskapelle.

In **See** stoßen wir dann wieder auf die neue Talstraße. Auch hier steht in der *Friedhofskapelle* ein schönes Vesperbild in der Art Johann Ladners. Die *Pfarrkirche St. Sebastian,* ein Neubau von 1758, ist mit nazarenischen Fresken ausgemalt.

Auf den letzten fünf Kilomtern bis zur Mündung der Trisanna in den Inn findet sich noch hier und da eine interessante Kapelle in den kleinen, etwas abseits gelegenen Weilern. Den Abschluß aber bildet ein wehrhaftes Schloß, nahe der durch ihre Höhe beeindruckenden Trisanna-Brücke: *Schloß Wiesberg.* Am Ende des 13. Jahrhunderts von den Herren von Wiesberg bewohnt, wechselte es dann mehrmals die Besitzer, gehörte 1770 den Grafen von Wolkenstein und ging danach in die Hände bürgerlicher Eigentümer über. Am auffälligsten sind der Bergfried und der sich anschließende massige Palas.

Zur Geologie Tirols

von Helmut Wopfner

Der folgende Beitrag ist jenen gewidmet, denen die grandiose Landschaft Tirols nicht nur selbstverständlich akzeptierter Rahmen ist, sondern die sich auch Gedanken über den natürlichen Werdegang dieser Landschaft machen. Sie wird von Bergen und Tälern gebildet, deren Anlage wiederum im Aufbau des Gesteinsuntergrundes, im geologischen Rahmen begründet ist. Die Grundlagen der Geologie beruhen auf einfachen und grundlegenden physikalischen Prinzipien, deren Einfachheit aber durch die gigantischen Proportionen ihres Wirkens verdeckt wird. Vor allem sind es die enormen Zeitspannen dieser Vorgänge, denen gegenüber geschichtliche Prozesse weniger als ein einmaliges Ticken der Uhr bedeuten und die dem Laien das Verständnis dieser Wissenschaft erschweren.

Geologisches hat in den Alpen weit mehr als in anderen Gegenden menschliches Leben beeinflußt und geformt. Dies gilt ganz besonders für Tirol, ein Land, in dem man auf Schritt und Tritt auf Stein und Fels stößt und in dem seit urgeschichtlichen Zeiten Bergbau betrieben wurde. Es ist deshalb nicht verwunderlich, daß geologische Erscheinungen beobachtet und aufgezeichnet wurden, lange bevor die Wissenschaft der Geologie als solche bekannt war. Aber auch zur Entwicklung dieser Wissenschaft hat Tirol schon früh beigetragen. So wurde bereits 1836 der ›Geognostisch-Montanistische Verein für Tyrol und Vorarlberg‹ gegründet, nach der Londons (1807) und der von Paris (1830) die dritte geologische Vereinigung Europas. Der Verein machte sich gleich an die geologische Aufnahme des Landes und veröffentlichte schon im Jahre 1849 die ›Geognostische Karte von Tyrol und Vorarlberg‹ im Maßstab 1:72 000. Diese Karte umfaßte neben dem heutigen Nord- und Osttirol sowie Vorarlberg selbstverständlich auch die Gebiete des deutsch- und italienischsprachigen Südtirol und damit auch solch klassische Stätten geologischer Forschung wie Predazzo im Fassatal der Dolomiten und die große Granitintrusion des Adamello-Tonale. Die Bedeutung dieses Kartenwerkes wurde weit über Tirols Grenzen gewürdigt. Leopold von Buch nannte es »eine der größten Bereicherungen, welche die Geognosie jemals erhalten hat« und »ein Werk, welches dem größten Staate zu Ehre und Ruhm gereichen würde«, Freiherr von Richthofen lobte es als »ein überaus verdienstvolles Werk, dessen Wert nicht hoch genug angeschlagen werden kann«.

Diese erste geologische Karte war im wesentlichen eine Bestandsaufnahme der Gesteinseinheiten, welche noch von einem verhältnismäßig stationären Modell der Gebirgsbildung ausging. Erst aus dem Vergleich der einzelnen Gesteinsgruppen und deren regionaler Zusammenhänge entwickelte sich eine zunehmend dynamische Vorstellung jener Vorgänge, welche zur Gebirgsbildung, insbesondere zum Bau der Alpen führten. Um die heute allgemein akzeptierte Deckentheorie des Baues der Alpen besser verständlich zu machen, sei es gestattet, etwas weiter auszuholen.

Kettengebirge wie die Alpen haben ihre Wiege in sogenannten Geosynklinalen. Dies sind langgestreckte, mobile Meeresräume, in denen während Deka-Millionen von Jahren große Mächtigkeiten von Sedimenten angesammelt werden. Da diese Meeresräume am Anfang ihrer Existenz einer starken Dehnungsphase unterliegen, kommt es zur Differenzierung unterschiedlicher Sedimentationsräume innerhalb der Gesamt-Geosynklinale. Diese werden nicht nur durch bestimmte Sedimentabfolgen, sondern auch durch die Natur des kristallinen Untergrundes charakterisiert. So kam es auch im Bereich der alpinen Geosynklinale zur Entwicklung unterschiedlicher Ablagerungsräume, auch Faziesräume genannt.

Der langen Dehnungsphase folgte eine Periode der Kompression, wodurch der Geosynklinalraum auf einen Bruchteil seiner früheren Breite eingeengt wurde. Hierdurch wurden die Gesteinspakete, ähnlich der Knautschzone eines Automobils bei einer Kollision, zusammengeschoben, gefaltet und als Deckenstapel sogar übereinander geschoben; einst nebeneinander Angeordnetes kam übereinander zu liegen.

Erste Dehnungen, welche zur Anlage der alpinen Geosynklinale führten, begannen im untersten Perm vor etwa 270 Millionen Jahren, und sie erreichten ihren Höhepunkt im unteren Jura vor etwa 200 Millionen Jahren. Einengungsvorgänge und damit verbundene Gebirgsbildung begannen in der Kreide und erreichten ihr Maximum in der oberen Kreide und im Tertiär. Die als Tabelle beigefügte geologische Zeitskala soll die zeitlichen Abläufe verständlich machen.

Seit der Abtrennung Südtirols besteht der in Österreich verbliebene Teil Tirols aus zwei getrennten Gebieten; dem die Nordflanke des Zentralalpenkammes und die nördlichen Kalkalpen umfassenden Nordtirol und dem auf dem Südabfall des Zentralkammes liegenden Osttirol, mit den Lienzer Dolomiten. Nordtirol entwässert über den Inn, Osttirol über die Drau zur Donau, wogegen alle zur Adria entwässernden Gebiete Tirols, unabhängig von ihrer ethnischen und kulturgeschichtlichen Zugehörigkeit, durch den Vertrag von St. Germain an Italien abgetreten werden mußten.

Wesentlich komplexer als die rein geographische Untergliederung ist der geologische Bau, welcher auch für die mannigfachen Landschaftsformen des Landes verantwortlich ist. Dieser Formenschatz beinhaltet die gesamte Palette von Gebirgslandschaften; er umfaßt die sanften, begrünten Höhenzüge der Kitzbühler und Wildschönauer Berge, die vergletscherten Hochflächen der Ötztaler Alpen, in denen die höchsten Dauersiedlungen der Ostalpen liegen, als auch die so gut wie menschenleeren Kalkgebirge des Karwendel. Geologischer Bau und Gesteinsbeschaffenheit beeinflussen aber nicht nur durch Bildung unterschiedlicher Verwitterungs- und Erosionsformen das allgemeine Landschaftsbild, sondern auch, durch Bereitstellung eines gesteinsspezifischen Chemismus, die Art der Bodenbildung. Diese wiederum ist für die Art der Pflanzenbesiedlung und Vergesellschaftung wie auch (zusammen mit dem Klima) für die Gesamtökologie maßgebend.

Der nördliche Teil Tirols wird in seiner ganzen West-Ost Erstreckung von den nördlichen Kalkalpen eingenommen. Der Inn zwischen Kufstein und Landeck und das von

		Periode	Alter in Mill. Jahren	Phasen der Gebirgsbildung
PHANEROZOIKUM	Käno-zoikum	Quartär	2	
		Tertiär	65	
	Mesozoikum	Kreide	140	Alpidisch
		Jura	195	
		Trias	232	
	Paläozoikum	Perm	280	
		Karbon	345	Variszisch
		Devon	395	
		Silur	435	Kaledonisch
		Ordoviz	500	
		Kambrium	560	
PROTEROZOIKUM			2600	
ARCHÄOZOIKUM		Entstehung der Erde	4500	

Geologische Zeitskala und Gebirgsbildungsphasen des Phanerozoikums

hier weiter zum Arlberg verlaufende Stanzertal bilden, im wesentlichen einer geologischen Störungslinie folgend, die auch im Landschaftsbild ausgeprägte Grenze zu den südlich anschließenden Zentralalpen. Das von Innsbruck zum Brennerpaß führende Silltal formt eine, auch wiederum geologisch bedingte, Trennlinie zwischen einem westlichen und einem östlichen Teil der Zentralalpen. Der westliche Teil wird vom kristallinen Massiv der Ötztaler und Stubaier Alpen und dem im Ferwall aufgeschlossenen Silvretta Kristallin aufgebaut. Ötztal-Stubaier Kristallin einerseits und Silvretta Kristallin andererseits werden durch eine im unteren Engadin zutage tretende, andersartige geologische Einheit, das sogenannte ›Engadiner Fenster‹, voneinander getrennt. Den Hauptkamm der östlichen Zentralalpen bilden die Zillertaler und Tuxer Alpen, welche, geologisch gesehen, den westlichen Tauern zuzuordnen sind. Nördlich des Hauptkammes folgen dann die Tuxer Vorberge, die von der Zone des Innsbrucker Quarzphyllites und der Tarntaler Serie aufgebaut werden. Vom Bereich Schwaz-Kufstein nach Osten schiebt sich zwischen Hauptkamm und nördliche Kalkalpen die nördliche Grauwackenzone, hier repräsentiert durch die Kitzbühler und Wildschönauer Berge.

Osttirol liegt zur Gänze auf der Südseite der Zentralalpen. Seine Nordgrenze folgt dem Hauptkamm der Hohen Tauern von der Dreiherrn-Spitze über den Großvenediger bis zum Großglockner. Südlich der Tauern, etwa entlang dem Einzugsgebiet des Defereggentales, folgt die Zone der alten Gneise, an die sich dann, etwa südlich der Drau, die südliche Grauwackenzone mit den Lienzer Dolomiten und dem Karnischen Kamm anschließt.

Im folgenden werden die einzelnen geologischen Provinzen kurz beschrieben, wobei den Nordtiroler Kalkalpen etwas mehr Raum gewidmet ist als den anderen, nicht minder wichtigen Provinzen. Wir möchten aber versuchen, anhand dieses Gebirges auch jene Vorgänge zu erläutern, die zum Bau der Alpen geführt haben.

Die Nordtiroler Kalkalpen

Die Nordtiroler Kalkalpen werden, wie der Name schon andeutet, überwiegend von Karbonatgesteinen aufgebaut, welche während der Trias- und Jurazeiten, teilweise auch noch während der Kreide gebildet wurden. Die basalen Schichten bestehen aus meist roten Sandsteinen und Konglomeraten, mit zwischengeschalteten Tonsteinen, welche altersmäßig in das jüngste Perm und in die unterste Trias zu stellen sind. Es sind Ablagerungen eines heißen Wüstenklimas. Mit ihnen vergesellschaftet finden wir die Steinsalzlagerstätte im Halltal, nördlich von Hall i. T. Sind diese basalen Bildungen noch teils Produkte des festen Landes, bzw. von salinaren Pfannen, so sind alle weiteren Sedimente im marinen Milieu zur Ablagerung gelangt. Bereits in der mittleren Trias kommt es zur Ausbildung differenzierter Meeresräume mit weitverbreitetem

Riffwachstum, Seichtwasser-Sedimenten in den vom Riff geschützten Lagunen und tieferen Teilbecken vor dem Riff. In dieser Zeit wurden zwei der Hauptgesteinsbildner der Kalkalpen abgelagert, die *Partnachschichten* und der *Wettersteinkalk;* erstere sind in ihrer kalkigen Ausbildung zum Beispiel an der Innsbrucker Nordkette zu beobachten. Entlang des Goethe-Weges vom Hafelekar zur Arzler Scharte sind sie verhältnismäßig leicht zugänglich, und allenthalben findet man hier den Pilgermuscheln ähnliche Bivalven, sogenannte Daonellen. Große, bis zu 10 cm lange Turmschnecken (›Chemnitzien‹) kann man mit etwas Glück auf der Nordwestseite der Rumer Spitze, an der Grenze zum Wettersteinkalk sammeln. Der Wettersteinkalk ist in seiner typischen Ausbildung ein Riffkalk, wobei kalkabsondernde Algen eine wichtige Rolle als Riffbildner spielen. Vielerorts sind ihre Millimeter dicken Röhrchen auf angewitterten Flächen gut zu erkennen (Beispiel Mieminger Kette). Die oberen Lagen des Wettersteinkalks sind vielfach mit silberhaltigem Bleiglanz und Zinkblende vererzt; Flußspat ist die am häufigsten auftretende Gangart. Die Vererzungszone erstreckt sich von der Heiterwand in den östlichen Lechtaler Alpen über die Mieminger Kette bei Nassereith, den Tschirgant bei Imst bis in das zentrale Karwendelgebirge. In all diesen Gebieten wurde teilweise noch bis in die Neuzeit Bergbau betrieben. Auf den alten Halden kann man noch recht gute Derberzstufen finden, so etwa am Tschirgant oder am Lafatscher Joch im Karwendel.

Über dem Wettersteinkalk folgen die *Raibler Schichten,* die durch ihre weichen morphologischen Formen und ihre oft braune Verwitterungsfarbe auffallen. Es sind meist sehr fossilreiche (Austern, Seeigelstacheln, marine Schnecken, aber auch Farne und Reptilzähne), mergelige, küstennahe Ablagerungen, die in den östlichen Lechtaler Alpen (Fernpaß, Reutte) bauwürdige Gipslagerstätten enthalten.

Die nächste, mit Beginn der oberen Trias einsetzende Formation, der *Hauptdolomit,* ist der zweite der Hauptfelsbildner der Nordtiroler Kalkalpen. Er erreicht vor allem in den Lechtaler und Allgäuer Alpen besondere Prominenz als Gipfelbildner. Er ist ein meist zuckerkörniger Dolomit, dessen regelmäßige dünne Bankung ihm ein sehr typisches Erscheinungsbild verleiht. Vielfach ist er auch bituminös, und wegen des beim Aufschlagen wahrnehmbaren, üblen und penetranten Geruchs bezeichnet der Volksmund solche Lagen zurecht als ›Stinkkalke‹. Mancherorts sind dem Hauptdolomit echte Ölschiefer zwischengelagert. Das bekannteste Vorkommen liegt oberhalb von Reith bei Seefeld. Dieser *Seefelder Ölschiefer* wurde seit frühgeschichtlicher Zeit abgebaut und das durch Verschwelung gewonnene Öl wurde als ›Türschner Blut‹ und später als ›Ichthyol‹ für veterinär- und humanmedizinische Zwecke verwendet. Der Ölgehalt beträgt bis zu 26 Prozent. Das Öl zeichnet sich durch einen hohen Schwefelgehalt aus. Der Sage nach hat dort der Riese Haimon den Riesen Thyrsus erschlagen, und dessen Blut, welches in das Gestein einsickerte, bildete die Lagerstätte – deshalb auch der Name ›Thyrschenöl‹. (Standbilder der beiden Riesen sind zu beiden Seiten der Wiltener Stiftskirche, am Fuße des Berg Isel zu sehen, s. S. 94). Der moderne Name Ichthyol bezieht sich auf die zahlreich auftretenden Fischfossilien. Wer die Mühe nicht scheut, ein paar Stunden lang auf den Abraumhalden Schieferplatten zu spalten, kann auch heute noch schöne Schuppenplatten (Lepidotus ornatus) oder kleinere Fische finden. Auch Zweige von Araukarien kommen vor.

Über dem Hauptdolomit, also in der obersten Trias, begegnen wir den *Kössener Schichten* und dem *Oberrhätischen Riffkalk*. Letzterer ist in seiner Mächtigkeit recht unterschiedlich ausgebildet, mal schwellend, mal auskeilend, wie man es von fossilen Korallenriffen erwarten würde. Er ist ein massiger, weißer, sehr reiner, zu starker Oberflächenverkarstung neigender Kalkstein und besonders gut im östlichen Rofangebirge aufgeschlossen, wo auch eine Fülle mehr oder weniger gut erhaltener Korallen gefunden werden kann (zum Beispiel oberhalb des Zireiner Sees). Die Kössener Schichten bestehen aus schwarzen, fossilreichen Tonsteinen, Mergeln und stellenweise fossilreichen Kalken. Auf Grund ihrer wasserstauenden und quellenspeisenden Eigenschaften bilden sie einen weitverbreiteten Almhorizont.

Während die Ablagerungen der Trias vorzugsweise solche von Flachmeeren waren, tritt im Jura eine zunehmende Vertiefung der Sedimenträume ein. Wir beobachten rote Ammonitenkalke, aber auch vermehrtes Auftreten von kieseligen Sedimenten und, besonders in den Lechtaler und Allgäuer Alpen, Ammoniten und Belemniten führende *Fleckenmergel* (Allgäu Schichten). Diese zeichnen sich durch hohe Mangankonzentrationen aus, was, wie die kieseligen Sedimente, auf Ablagerungen in größerer Meerestiefe hinweist. Demzufolge sind die Juraablagerungen von verhältnismäßig geringerer Mächtigkeit als die Sedimente der Trias. Die Anreicherung kieseliger Substanzen wird durch Auflösung von Kalk unterhalb einer bestimmten Meerestiefe bedingt. Die jüngsten Juraablagerungen sind die *Apthychen Schichten*, so genannt nach den häufig vorkommenden Apthychen, zweigeteilten Deckeln der Wohnkammern von Ammoniten. In der Hauptsache sind es graue Mergelkalke mit häufigen, kieseligen Einlagerungen, die auch als Hornsteine bezeichnet werden. Neben der schon erwähnten Verbreitung der Juraschichten in den Lechtaler Alpen, sind sie vor allem im Rofangebirge und in der nördlich davon gelegenen Karwendel-Thiersee Mulde verbreitet.

Aus den Apthychen Schichten des oberen Jura entwickeln sich teilweise stufenlos die Sedimente der unteren Kreide, des Neokoms. Wir finden sie im wesentlichen in jener langgestreckten Schichteinbiegung, welche den Nordrand des Karwendelgebirges und der Thierseer Berge säumt (Karwendel-Thiersee Mulde). Es sind vorwiegend mergelige Ablagerungen, welche sich teilweise durch zahlreiche, wenn auch oft zerquetschte Ammoniten-Vorkommen auszeichnen, so zum Beispiel an der Brücke vor der Erzherzog Johann-Klause im Brandenberger Tal (bei Brixlegg), bei Thiersee und in der Nähe von Kiefersfelden. Diese Neokommergel sind auch ein beliebtes Rohmaterial für die Erzeugung von Zement. Mit der ausgehenden Unterkreide macht sich ein drastischer Wechsel im Regime der nördlichen Kalkalpen bemerkbar. Hatte bislang die Sedimentation mariner Schichten den Vorzug, so treten nun stark einengende Kräfte in den Vordergrund. Diese führen zur ersten Phase der Deformation, der sogenannten austrischen Gebirgsbildungsphase. Sie und nachfolgende Gebirgsbildungsphasen lassen sich besonders gut in den Kalkalpen nachweisen, haben aber natürlich auch andere Gebiete der Ostalpen erfaßt. Nach partieller Abtragung der gefalteten Schichten wurden sie zu Beginn der Oberkreide erneut vom Meer überflutet. Dadurch ergibt sich, daß die jüngeren, horizontal lagernden Sedimente die älteren, durch die Gebirgsbildung schräg gestellten Schichten mit einem mehr oder minder stark ausgeprägten Winkelbetrag überlagern. Man nennt ein derartiges Verhältnis, welches das Ereignis einer Gebirgsbildungsphase erkennen läßt, eine Winkeldiskordanz.

Beim erneuten Vordringen des Meeres, Transgression genannt, wurde älteres Material aufgearbeitet, gerundet und als Konglomerat an der Basis einer sonst monotonen Abfolge von Tonschiefern deponiert. Erwähnenswert ist noch das Auftreten von großwüchsigen, zu den Einzellern gehörenden Foraminiferen, welche bis zu 8 mm Durchmesser erreichen können. Die Hauptverbreitung dieser ›Kreideschiefer‹ liegt bei den westlichen Lechtaler Alpen und im Tannheimer Tal.

Eine zweite Gebirgsbildungsphase, etwa in der Mitte der Oberkreide (die vorgosauische Phase) führt zu weiterer Deformation und zu deckenartiger Stapelung der bislang abgelagerten Gesteinspakete. Danach überflutet gegen Ende der Kreidezeit das Meer erneut zumindest Teile der Kalkalpen, es kommt zur Ablagerung der *Gosau Schichten*. In den Nordtiroler Kalkalpen treten diese Schichten in drei Hauptverbreitungsgebieten auf: Am Nord- und Südrand des Kaisergebirges, im Brandenberger Tal bei Brixlegg und am Muttekopf in den südöstlichen Lechtaler Alpen. Kleinere Vorkommen gibt es bei Thiersee, am Südhang des Rofangebirges und am Hohen Licht in den Allgäuer Alpen. Mehr noch als die ›Kreideschiefer‹ zeigen die Gosau Schichten, daß sie

Geologischer Querschnitt durch die westlichen Lechtaler Alpen, vom Arlbergpaß zum oberen Lechtal

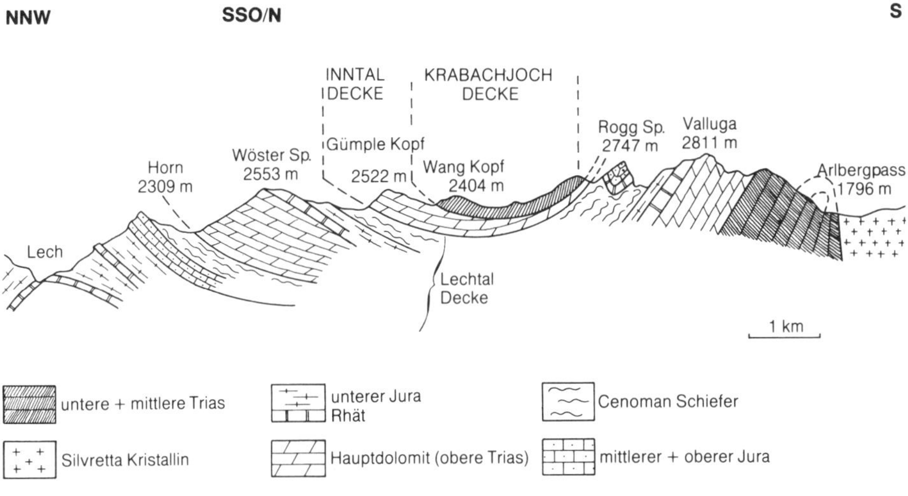

Ablagerungen von Meeresräumen darstellen, welche durch intensive Krustenbewegungen und Erdbeben einem ständigen Wandel unterlagen. So finden wir hier grobkörnige Konglomerate aus der Brandungszone neben fossilreichen Mergeln aus Brackwasserlagunen, sogar mit Einschüben von dünnen Kohleflözen. Die Vorkommen östlich von Innsbruck sind vielfach sehr fossilreich, relativ gute Fundstellen bieten die Vorkommen am Ausgang des Thierseer Tales, im Brandenberger Tal und bei der Pletzachalm am Südosthang des Rofangebirges. Neben vielen Schnecken, Muscheln, Ammoniten, Seeigeln und Korallen sind es vor allem die Rudisten (unsymmetrisch gebaute, am Untergrund festgewachsene Muscheln), welche als riffbildende Organismen besonders erwähnenswert sind. Ein solches Rudistenriff findet sich oberhalb der Atzl-Mühle bei Brandenberg. Dieses Riff, wie auch die benachbarten Vorkommen von Kalken mit dickschaligen, eiförmigen Schnecken, sogenannten Actaeonellen, wurden leider von rücksichtslosen kommerziellen Ausbeutern und blindwütigen Sammlern stark beschädigt. Die Vorkommen stehen heute unter Naturschutz.

Ganz anders geartet ist das Gosau-Vorkommen am Muttekopf bei Imst. Diese Abfolge besteht überwiegend aus Sandsteinen und Konglomeraten, welche in größerer Meerestiefe, am Fuße eines submarinen Hanges abgelagert wurden und äußerst fossilarm sind. Besonders zu erwähnen wären die im Volksmund als ›Blaue Köpfe‹ bezeichneten, riesigen Kalkblöcke, welche Dimensionen von über einer Viertel Million Kubikmeter erreichen und Zeugen eines fossilen, submarinen Bergsturzes darstellen. Die Sedimentationsperiode der Gosau wird durch die dritte Gebirgsbildungsphase zu Beginn des Tertiärs (die Laramische Phase, so benannt nach den Laramischen Bergen) beendet.

Als jüngsten Ablagerungen begegnen wir Sedimentgesteinen des älteren Tertiärs. Sie sind auf das heutige untere Inntal beschränkt und entstammen einer Zeit, in der die nördlichen Kalkalpen im wesentlichen ihr heutiges Baugerüst angenommen hatten. Es sind die *Häringer Schichten,* welche neben Konglomeraten, Mergeln und bituminösen Kalken ein bis zu 10 Meter mächtiges Pechkohlenflöz enthalten. Die Kohle wurde früher als Hausbrand abgebaut, doch ist heute auf Grund des hohen Asche- und Schwefelgehaltes der Kohle die Gewinnung nicht mehr wirtschaftlich.

Im Zuge der verschiedenen gebirgsbildenden Deformationsphasen wurde die bisher beschriebene Sedimentfolge des Mesozoikums nicht nur gefaltet, sondern auch abgeschert und als Deckenpakete mehrfach übereinander gestapelt. Dieser Deckenbau ist besonders schön am Krabachjoch, zwischen Arlberg und Lech zu beobachten, da hier an der Basis der Überschiebungsbahnen vielfach Cenoman Schiefer von älteren Gesteinen der nächsthöheren Deckeneinheit überfahren wurden. Der morphologische Kontrast zwischen den weichen Formen der Kreideschiefer und den schroffen Kalk- und Dolomitpaketen der einzelnen Decken macht dies auch für den Laien erkenntlich (s. Geologischen Querschnitt, S. 281). Dieses Profil ist vom Rüfikopf, welcher bequem von Lech mit der Seilbahn erreicht werden kann, recht gut zu überblicken. Ein weiteres, schönes und überzeugendes Beispiel einer Überschiebung liegt unter der Falesinspitze. Vom Gipfel der Valluga nach Osten blickend, kann man den Kontrast zwischen den liegenden Kreideschiefern und dem aufgeschobenen schroffen Hauptdolomit gut erkennen.

Westliche Zentralalpen

Ötztal – Silvretta Kristallin. Von der Valluga nach Süden überschauen wir ein den Kalkalpen vollkommen verschiedenes Terrain – wir blicken auf die markante massige Form des Patriol und die ihn umgebenden Gipfel des Ferwalls. Diese Berge werden aus kristallinen Gesteinen aufgebaut. Gneise, Glimmerschiefer, Granatglimmerschiefer und dunklere Hornblendegneise sind hier die wesentlichen Bauelemente, welche dem Komplex des Silvretta Kristallins zuzuordnen sind.

Die Grenze zwischen dem Kalkalpin im Norden und dem Silvretta Kristallin verläuft unmittelbar über den Arlbergpaß, bzw. etwas nördlich der eigentlichen Paßkerbe. Ein sehr schöner Überblick über diese geologische Grenzzone kann von der Vorarlberger Seite des Passes, von Stuben am Arlberg, gewonnen werden. Vom Arlbergpaß verläuft die Grenze dem Stanzertal folgend nach Osten bis Landeck. Von hier grenzen dann dem Inntal entlang bis nach Innsbruck die kristallinen Gesteine der Ötztaler und Stubaier Alpen an die nördlichen Kalkalpen. Entlang ihres gesamten Verlaufes, vom Arlberg bis Innsbruck, entspricht diese Grenze einer großen, steilstehenden, geologischen Störungszone. Die starke mechanische Beanspruchung der Gesteine entlang dieser Grenze äußert sich durch deren starke Verquetschung und intensive Zermalmung. Der Ostrand des Ötztal-Stubai Kristallins wird von dem von Innsbruck bis zum Brenner verlaufenden Silltal gebildet.

Der Großteil der inneren Ötztaler und Stubaier Masse wird von Paragneisen, Glimmerschiefern, Staurolithschiefer und Feldspatknotenschiefer aufgebaut, was sich auch in der Form dieses Gebirgsstockes äußert; es sind im wesentlichen Hochplateauflächen, welche von verhältnismäßig sanften, vielfach pyramidenförmigen Gipfeln nur wenig überragt werden. Dagegen sind in den zentralen und nördlichen Teilen meist Ost-West streichende, steilstehende Züge von granitisch-dioritischen Tiefengesteinen, und durch ihre Färbung auffallende Hornblende-Granatgesteine, sogenannte Amphibolite, zwischengeschaltet. Auf Grund ihrer größeren Härte und ihres Widerstandes gegen Verwitterung werden sie als markante Landformen und Talriegel herausgearbeitet. So wird etwa der hoch über das äußere Ötztal aufragende Acherkogel durch solche granitischen Gesteine aufgebaut, wogegen Amphibolitzüge die teils schluchtartige Verengung des Ötztales südlich von Längenfeld bedingen. Alle bislang beschriebenen Gesteine des Ötztal-Stubai Kristallins wurden metamorph überprägt. Darunter versteht man Mineralumwandlung durch erhöhte Temperatur- und Druckeinwirkung. So entstanden zum Beispiel durch metamorphe Umwandlung aus ursprünglichen Sedimentgesteinen die Paragneise und Glimmerschiefer, wogegen die magmatischen Gesteine im wesentlichen Umkristallisation erfuhren. Diese metamorphen Vorgänge vollzogen sich allerdings lange vor der alpidischen Gebirgsbildung im frühen Paläozoikum (kaledonisch und variszisch; s. Tabelle, S. 277), weshalb diese kristallinen Massive als Sockel für spätere Sedimentabfolgen dienten.

Eine spezifisch alpidische Metamorphose macht sich allerdings südöstlich von Obergurgl bemerkbar, wo entlang des Grenzkammes die mineralreichen Schiefer des *Schneeberger Zuges* auf Nordtiroler Gebiet übergreifen. Es sind unter anderem Granatglimmerschiefer, mit bis zu faustgroßen Granaten und Hornblendegarbenschiefer. Die Granate zeigen durchwegs schöne Kristallformen, Exemplare bis zu 2 cm Durchmesser sind auch heute noch leicht zu finden. Gute Fundstellen sind die Moränen des Gaisberg Ferners unterhalb des Granatkogels und des Rotmoos Ferners, beide leicht von Obergurgl aus erreichbar. Südlich der Grenze durchfährt die Timmelsjoch-Straße unterhalb der vierten Kehre diese Zone.

Entlang des Ostrandes der Ötztal-Stubai Masse gegen Silltal und Brenner lagern, meist mit primär sedimentärem Kontakt, mesozoische Sedimentgesteine auf dem Kristallin auf. Diese sind in ihrer Gesteinsausbildung den triadischen und jurassischen Gesteinen der nördlichen Kalkalpen vergleichbar. Sie bauen die Kalkkögel und die auf jedem Prospekt der Brenner Autobahn abgebildete Serles, südlich von Innsbruck, auf. Von hier erstreckt sich dieses Kalkgebirge auf kristallinem Sockel bis zum Tribulaun am Grenzkamm gegen Italien. Anthrazit- und Pflanzenfossilien führendes Oberkarbon lagert am Nößlachjoch bei Steinach in einer gesonderten tektonischen Einheit dem Kristallin auf.

Engadiner Fenster. Im oberen Inntal, südwestlich von Prutz bis an die Schweizer Grenze und weiter im Unterengadin bis Ardez treten unterhalb der Gneise und Glimmerschiefer des Silvretta und Ötztal Kristallins Gesteine mesozoischen Alters zutage. Die Hauptmasse dieser jungen Gesteine wird von leicht metamorphen, seidig glänzenden Schiefern gebildet, welche hier die Bezeichnung *Bündner Schiefer* tragen. Sie dürften jurassisch-kretazisches Alter haben. Die Zusammensetzung der Bündner Schiefer schwankt in ziemlich weiten Grenzen, wobei Kalkgehalt und Silikat je nach Einlagerung variieren. Neben den Gesteinen sedimentären Ursprungs finden sich Zwischenlagen von basaltähnlichen Laven und Tuffen, heute vielfach zu Serpentin- und Serpentinasbest-Gesteinen wie zu Grünschiefern umgewandelt. Morphologisch tendieren die Bündner Schiefer zu weichen, aber oft von Steilstufen unterbrochenen Formen. Über der Waldgrenze liegen ausgedehnte Bergmähder, die auf Grund der Mischung von Kalk- und Tonsubstanz eine reiche und interessante Flora tragen.

Die Lagerung der Bündner Schiefer und ihrer Begleitgesteine entspricht im wesentlichen einem großen Gewölbe, über das dann die weit älteren kristallinen Gesteine des Ötztal-Silvretta Massivs hinweg- bzw. aufgeschoben wurden. Die Bündner Schiefer gehören also einem tieferen tektonischen Stockwerk an. Da die jüngeren Schichten allseitig wie von einem Rahmen älterer Schichten umgeben sind, bezeichnet man eine derartige Struktur als tektonisches Fenster.

Östliche Zentralalpen

Die östlichen Zentralalpen (im weiteren Sinne) sind sowohl morphologisch als auch geologisch komplexer als die westlichen Zentralalpen. Sie umfassen von Nord nach Süd die nördliche Grauwackenzone, den Innsbrucker Quarzphyllit und die Zillertaler und Tuxer Alpen.

Die nördliche Grauwackenzone setzt östlich von Schwaz ein und schließt hier, südlich des Inntales, an die nördlichen Kalkalpen an. Die Zone umfaßt die Wildschönauer und Kitzbühler Alpen und ist morphologisch durch ihren weichen, beinahe mittelgebirgsähnlichen Charakter gekennzeichnet, worin natürlich auch die Popularität dieses Gebirges als Wintersportgebiet bedingt ist.

Grauwacke ist ein schon im Mittelalter bekannter Bergmannsausdruck für ein zähes, sandig-toniges Gestein; auf Grund der weiten Verbreitung solcher und ähnlicher Gesteine in dieser Zone wurde der Name auf das gesamte Gebiet übertragen. Hier sind es durch Druck und Temperatureinwirkung leicht umgewandelte Gesteine, deren Ursprung teils Sedimente waren, teils vulkanische Tuffe. Aber auch Laven unterschiedlicher chemischer Zusammensetzung spielen eine wichtige Rolle. Neben diesen ›Grauwacken‹-Gesteinen sind graue, grüne und violette Schiefer weit verbreitet, welche als Wildschönauer Schiefer bezeichnet werden. Auch graphitische und kieselige Gesteine sind vertreten. Untergeordnet treten teils fossilführende Kalke auf, die dann zu schrofferen Geländeformen führen, wie zum Beispiel am Kitzbühler Horn, das von devonischen Kalken aufgebaut wird. Auf Grund der metamorphen Beanspruchung sind die Fossilien allerdings meist nur schlecht erhalten. Wegen seiner einstmals großen wirtschaftlichen Bedeutung verdient der Schwazer Dolomit besondere Erwähnung.

Die Gesteine der Grauwackenzone gehören alle dem älteren Paläozoikum an, wobei Ordoviz bis einschließlich Devon verläßlich nachgewiesen sind (siehe Tabelle S. 277). Die erste Deformation und metamorphe Überprägung erfuhr die Gesteinsserie im mittleren Paläozoikum, während der variszischen Gebirgsbildungsphase (siehe Tabelle S. 277), also zu einer Zeit, als auch die deutschen Mittelgebirge (zum Beispiel das Rheinische Schiefergebirge) ihre geologische Prägung erhielten. Es ist somit nicht verwunderlich, daß dieser Gesteinskomplex als Sockel für die jüngeren Sedimente der nördlichen Kalkalpen diente. Dieser sedimentäre Kontakt, obschon mancherorts etwas gestört, besteht östlich des Inntales, zwischen Wörgl und Saalfelden. Im Inntal selbst wird die Grenze zu den nördlichen Kalkalpen von einer Störung gebildet, wobei der Kontakt durchweg von glazialen und jüngsten Ablagerungen des Inn bedeckt ist.

Die Grauwackenzone ist reich an Erzvorkommen und bildete die Grundlage für zum Teil schon vorgeschichtliche Bergbaue, deren Blütezeit dann während des Mittelalters und der älteren Neuzeit erreicht wurde. Die Vorkommen sind, neben anderen, Spateisengänge, Kupfer-Bleiglanz- und Zinnober-Lagerstätten, aber vor allem Fahlerze, ein komplexes Gemisch von Kupfer, Antimon, arsenhaltigem Schwefel, Silber, Zink und Quecksilber. Kupfer wurde etwa am Röhrer Bühel, zwischen Kitzbühel und St. Johann abgebaut, wo mit 580 Meter Teufe auch der damals tiefste Schacht der Welt betrieben wurde. Besondere Berühmtheit und auch geschichtliche Bedeutung hatten die Fahlerzlagerstätten im Schwazer Dolomit, besonders die Bergbaue zwischen Schwaz und der Mündung des Zillertales. Hier waren während der Reformationszeit Tausende von Knappen (Bergleuten) beschäftigt, und der Bergbau, der damals hauptsächlich der Silbergewinnung diente, trug maßgeblich zum Reichtum des Augsburger Handelshauses der Fugger und zur Finanzierung des Reichshaushaltes bei. Das Schwazer Erz enthält bis zu 15 Prozent Quecksilber, und in den Jahren zwischen den beiden Weltkriegen waren es vor allem dieses Quecksilber und der zu Schotter verarbeitete Dolomit, die den Bergbau noch am Leben hielten. Heute ist er stillgelegt, nur die Halden lassen noch erkennen, wo einst geschäftiges Treiben herrschte. Fahlerz, Baryt und Strontianit kann man hier und bei der Grube in der Nähe von Brixlegg mit etwas Glück finden.

Innsbrucker Quarzphyllitzone. Südlich und südwestlich der Grauwackenzone schließt, sich bis an das Silltal südlich von Innsbruck erstreckend, die Zone des Innsbrucker Quarzphyllites an. In seiner Landschaftsprägung unterscheidet sich dieser kaum von der Grauwackenzone; davon zeugen die sanften Formen der Berge südlich des Inntales (Tuxer Voralpen). Es ist ein meist blaugraues, blättriges (deshalb der Name Phyllit), ausgewalztes, oft intensiv gefälteltes, schiefriges Gestein, mit Zenti- bis Dezimeter mächtigen Lagen und Linsen von Quarz. Gelegentlich finden sich Lagen von grünlich gefärbten, etwas körnigen Schiefern vulkanischen Ursprungs und Linsen von gelblichem, dolomitischen Marmor. Gesteine der Phyllitzone sind südlich von Innsbruck leicht zugänglich aufgeschlossen, wie zum Beispiel an der Auffahrt nach Igls, bei der ersten Kehre an der alten Brenner-Straße, oder in der Sillschlucht, östlich des Berg Isel. Im Gipfelbereich des Patscherkofel wird der Phyllit von Staurolith führenden Schiefern überlagert.

Vom Patscherkofel nach Südosten, zwischen innerem Navistal und der Wattener Lizum, begegnen wir in den Tarntaler Bergen erneut mesozoischen Sedimenten, welche intensiv mit dem Phyllit verfaltet sind. Die Abfolge läßt noch Ähnlichkeiten mit jener der Nordtiroler Kalkalpen erkennen, wobei auch hier wieder triadische Dolomite als Wand- und Gipfelbildner auftreten.

Wie die Gesteine der nördlichen Grauwackenzone ist auch der Innsbrucker Quarzphyllit altersmäßig in das Paläozoikum, sehr wahrscheinlich in das Devon, zu stellen. Auch lagerungsmäßig bestehen Beziehungen zur Grauwackenzone, aber insgesamt ist seine tektonische Stellung noch nicht eindeutig geklärt.

An Mineralien und Erzvorkommen ist der Quarzphyllit nicht sonderlich reich. Am weitesten verbreitet sind Gänge von Spateisenstein, sowie gelegentliche Kupfervererzungen mit Kupferkies und Malachit. Ein alter Bergbau auf einer solchen Lagerstätte existierte im innersten Navistal, wo der Name Knappenkuchl (Knappenküche) auf die Erzvorkommen hinweist.

Zillertaler und Tuxer Alpen. Diese beiden Hochgebirgskämme, deren vergletscherte Gipfel bis über 3500 Meter aufragen, bilden das Rückgrat der Alpen östlich des Brennerpasses. Geologisch gesehen, gehören sie derselben Struktur an, die in der östlichen Fortsetzung dieses zentralen Gebirgszuges die Tauern aufbaut. Im östlichen Teil besteht das Gebirge aus einem zentralen Hauptkamm, doch teilt sich dieser zum Brenner hin in zwei getrennte Hochgebirgszüge, die nördlich gelegenen Tuxer Alpen und die südlich gelegenen Zillertaler Alpen.

Das grundlegende Bauschema der Tauern ist durch einen zentralen, aus Granitgneis (Tauerngneis) aufgebauten Kern gekennzeichnet, welcher im Norden wie im Süden von einem Mantel aus Glimmerschiefern und anderen metamorphen, also durch Druck und erhöhte Temperatureinwirkung umgewandelten Gesteinen umgeben ist und der als die Schieferhülle bezeichnet wird. Letztere wird allgemein in eine untere und eine obere Einheit untergliedert.

Der *Zentralgneis* tritt im Kern sowohl des Tuxer als auch des Zillertaler Kammes als einer der Hauptgipfelbildner zutage. Der Zentralgneis ist ein grobkörniges, im wesentlichen granitisches Gestein, das durch zusätzliche Druck- und Temperatureinwirkung (Metamorphose) seine heutige Textur erhielt. Auf dem Zerfall radioaktiver Elemente basierende Datierungen zeigen ein Alter von etwa 320 Millionen Jahren an; es ist somit ein Gestein, das während der variszischen Gebirgsbildungsphase entstanden ist. Allerdings erfuhren dann im Tertiär sowohl der Zentralgneis, als auch die Gesteine der Schieferhülle eine intensive Umkristallisation im Zuge der alpidischen Gebirgsbildung, welche als Tauernkristallisation bezeichnet wird. Sie ist für den Mineralreichtum der Tauern verantwortlich.

Die *Untere Schieferhülle* besteht im wesentlichen aus metamorphen Gesteinen, welche aus paläozoischen und mesozoischen Sedimenten hervorgegangen sind. Es sind vor allem Glimmerschiefer und quarzitische Gesteine innerhalb des paläozoischen Teiles, wogegen Dolomit- und Kalkmarmore mit zwischengeschalteten Schiefern beim Aufbau der mesozoischen Abfolge dominieren. Von besonderer Bedeutung ist der Hochstegenkalk, der als oberjurassisch datiert werden konnte. Die mesozoische Abfolge, welche vielfach in direktem Kontakt mit dem Zentralgneis steht, ist aber in keiner Weise mit jener der nördlichen Kalkalpen vergleichbar; vor allem weist sie nur einen Bruchteil der Gesamtmächtigkeit der kalkalpinen Sedimentsäule auf. Dieser auffallende Unterschied demonstriert, daß zur Zeit der Ablagerung die Entfernung zwischen den beiden Sedimentationsräumen größer war als heute, ja, daß sogar ihre relative Position zueinander von der heutigen wesentlich differierte.

Die *Obere Schieferhülle* wird von einer verhältnismäßig mächtigen, aber monotonen Serie von Kalkphylliten und Kalkglimmerschiefern aufgebaut; ihre seidenglänzenden Oberflächen und ihre Mineralzusammensetzung sind nahezu identisch mit den im Engadiner Fenster angetroffenen Bündner Schiefern. Zwischengeschaltet findet man auffallend grüne, vielfach serpentinhaltige Gesteine, welche als Ophiolite bezeichnet werden. Es handelt sich hierbei um umgewandelte, meist basaltische Laven, welche submarin, also unter Meerwasserbedeckung, austraten und erstarrten. Somit muß für die obere Schieferhülle wohl mit einem ozeanischen Bildungsbereich gerechnet werden. Das Alter dieser Gesteine ist mesozoisch, wobei die Ophiolite wohl überwiegend jurassischen Alters sind.

Die Gesteine, vor allem die der oberen Schieferhülle sind intensiv verfaltet und in Decken und Schuppen übereinander gestapelt. Eine eingefaltete, enge, mit Gesteinen der unteren Schieferhülle gefüllte Muldenstruktur trennt auch den Zillertaler vom Tuxer Zentralgneiskern. Entlang der Linie Matrei – Brenner – Sterzing tauchen dann die Gneiskerne samt ihren Schieferhüllen steil nach Westen unter das Altkristallin der Ötztal-Stubai Masse ab (s. Geologischen Querschnitt, S. 281). Daraus und aus der Ähnlichkeit der Abfolge mit jener im Engadiner Fenster ergibt sich, daß auch die Tauern einem tieferen tektonischen Stockwerk angehören, das wir als Penninikum bezeichnen. Da diese penninischen Gesteine wiederum von einem höheren Stockwerk umrahmt werden, haben wir auch hier ein geologisches Fenster vorliegen, das Tauern-Fenster.

Die bereits erwähnte Tauernkristallisation hat zu dem weitbekannten Mineralreichtum der Tauern beigetragen. Teilweise wurde dieser Mineralreichtum auch bergmännisch genutzt, wie zum Beispiel die schönen, meist lupenreinen Granate (Almandin) bei der Berliner Hütte. Leider sind in den letzten 20 Jahren die bekannten klassischen Mineralvorkommen durch rücksichtslose Plünderung so gut wie zerstört worden. Dennoch kann jeder, der mit offenen Augen diese Berge durchstreift, auch heute noch recht schöne und interessante Mineralstufen finden. Auch hier sind die Stirnmoränen ein lohnender Ansatzpunkt. Neben den schon erwähnten Granaten gibt es Hornblendegarbenschiefer, Epidot, Magnetit, Beryll, Serpentinasbest, Biotit, grüne Glimmer (Fuchsit) und viele andere, welche bevorzugt in den Gesteinen der Schieferhülle auftreten. Im Zentralgneis sind es vor allem Bergkristall, Amethyst, Zirkon, Rutil und Beryll. Ein interessantes Vorkommen von Molybdänglanz findet sich südlich des Olperer Massivs, an der Alpeiner Scharte. Es ist von der Geraer Hütte leicht erreichbar.

Osttiroler Tauern. Gegen Osten zu vereinigen sich die beiden Zentralgneiskerne der Tuxer und Zillertaler Alpen zu einem einheitlichen Rücken, der bis zum Felbertauern die Gipfelregion aufbaut. Östlich der Dreiherrnspitze schließt auf der Südseite des Tauernhauptkammes Osttirol an, dessen nördliches Drittel von Gesteinen des Tauernfensters aufgebaut wird. Allerdings nimmt der Tauerngneis nur geringen Anteil, da er im Osttiroler Gebiet schon bald von der Schieferhülle überlagert wird. Nördlich von

Matrei zwischen Felber- und Tauerntal wird der Zentralgneis dann völlig von den Gesteinen der Schieferhülle zugedeckt. Er kommt im Kern des Granatspitze-Massives nochmals gipfelbildend an die Oberfläche, um dann nahe dem Dreiländereck Osttirol – Salzburg – Kärnten erneut unter die Schieferhülle abzutauchen. Der südöstlich davon gelegene Großglockner wird bereits von Gesteinen der oberen Schieferhülle aufgebaut. Der Gesteinsaufbau des in Osttirol gelegenen Abschnittes der Tauern ist dem der Zillertaler und Tuxer Alpen vergleichbar. Die auch landschaftlich äußerst reizvolle Felbertauern-Straße vermittelt einen leicht zugänglichen Querschnitt durch diesen zentralen Teil der Tauern.

Die Südgrenze der Schieferhülle und somit auch die Südgrenze des Tauernfensters verläuft etwa von Kals über Matrei bis ins oberste Defereggental nahe der Grenze zu Südtirol.

Zone der alten Gneise. Südlich der oben erwähnten Linie verschwinden die Gesteine des Tauernfensters entlang einer steilen Störungslinie unter Glimmerschiefern, Quarziten und Paragneisen, welche in ihrer geologischen Stellung etwa dem Ötztal Kristallin entsprechen. Neben den Paragesteinen, also Gesteinen, die durch metamorphe Umwandlung von Sedimenten entstanden sind, finden sich auch Granitgneise, die vom Rieserferner Stock nach Osten auf Osttiroler Gebiet übergreifen. Auch Hornblendegesteine, sogenannte Amphibolite, sind allenthalben zwischengeschaltet. Letztere sind vor allem in der Schobergruppe verbreitet, wo auch mineralreiche Glimmerschiefer mit Granat und Staurolith vorkommen. Alle diese Gesteine werden der Zone der alten Gneise zugeordnet, welche den zentralen Teil Osttirols aufbauen. Neben dem bereits erwähnten Rieserferner Stock und der Schobergruppe wird das Defereggengebirge von dieser Zone aufgebaut.

Lienzer Dolomiten und Karnischer Kamm: Die südliche Grauwackenzone

Sie nimmt im wesentlichen die Gebiete südlich des Drautales ein und setzt sich zusammen aus den zwischen Drau- und Gailtal gelegenen Lienzer Dolomiten wie dem Karnischen Kamm, welcher sich südlich des Gailtales erhebt, sowie deren kristallinem Untergrund.

Die Lienzer Dolomiten sind, abgesehen von ihrer östlichen Fortsetzung im Drauzug, ein sowohl nach Norden wie nach Süden isoliertes Kalkgebirge, das auch morphologisch sofort ins Auge fällt. Obwohl die Lienzer Dolomiten nur durch den Karnischen Hauptkamm von den Südtiroler Dolomiten getrennt sind, bestehen doch sehr wesentliche Unterschiede im Schichtaufbau, der weit größere Ähnlichkeit mit dem der nördlichen Kalkalpen aufweist. So sind die Lienzer Dolomiten ein wichtiges Bindeglied zwischen den großen kalkalpinen Abfolgen auf der Nord- und Südseite der Alpen.

Der Sockel der Lienzer Dolomiten wird von kristallinen Schiefern und Gneisen gebildet. Darüber lagern dann, ähnlich wie in den nördlichen Kalkalpen, rote Konglomerate, Sandsteine und gipsführende Tonsteine des Perm, welche die Basis für die darüber folgende Sedimentsäule der Trias und des unteren Jura bilden. Da die einzelnen Gesteinseinheiten und deren Abfolgen im wesentlichen mit denen der nördlichen Kalkalpen identisch sind, kann auf die dort gegebene Beschreibung verwiesen werden. Hauptgipfelbildner in den Lienzer Dolomiten ist der Hauptdolomit.

Der tektonische Bau der Lienzer Dolomiten entspricht einer großen Aufwölbung mit etwa ost-west verlaufendem Achsenstreichen. Hierbei ist die Nordflanke dieses Gewölbes wesentlich steiler als die Südflanke, wodurch eine ausgeprägte Asymmetrie zustande kommt. Deckenbau ist hier nicht ausgeprägt, die Randzonen, besonders die nördlichen, sind stark gestört und tektonisch verschuppt.

Der Karnische Kamm baut den südlichsten Teil Osttirols auf. Er setzt nahe der Grenze Süd-Osttirol ein und erstreckt sich von hier, in ost-südöstlicher Richtung dem Verlauf des Gailtales folgend, nach Kärnten und weiter nach Jugoslawien. Er wird von einer großen geologischen Nahtlinie, der auch das Gailtal folgt (Gailtallinie), gegen Norden getrennt. An der Basis liegen Phyllite, welche anscheinend die unterhalb der Lienzer Dolomiten liegenden Gneise überlagern. Diese Phyllite sind wohl dem an der Basis der Südtiroler Dolomiten auftretenden Brixener Quarzphyllit vergleichbar. Die darüber lagernde Abfolge besteht meist aus Sedimenten des unteren Paläozoikums: kieselige und graphitische Schiefer sowie Sandsteine des Silurs, obersilurische und devonische, fossilführende Kalke, daneben Konglomerate des Karbons. Vulkanische Gesteine sind allenthalben zwischengeschaltet. Auf der Südflanke des Karnischen Kammes werden die Gesteine des älteren Paläozoikums dann von roten Konglomeraten und Sandsteinen des Perms überlagert. Diese Ablagerungen stellen aber bereits die basalen Sedimente der nach Süden anschließenden Südtiroler Dolomiten dar.

Auf diesen wenigen Seiten konnte nur ein kurzer und sehr verallgemeinerter Überblick gegeben werden. Zur Abrundung des Bildes soll noch versucht werden, jene Vorgänge zu umreißen, welche zur heutigen Gestalt der Alpen führten. Als Ausgangssituation vor der Gebirgsbildung ergibt sich folgendes Bild: Die Lage der Südalpen (Dolomiten, südliche Grauwackenzone), die *südalpine Zone,* entspricht relativ gesehen ihrer heutigen Position (absolut lag der Südrand der Geosynklinale wesentlich weiter im Süden). An die Südalpen schlossen nach Norden die alten Gneise und das Ötztal – Stubai – Silvretta Kristallin an, auf denen die Gesteine der nördlichen Grauwackenzone und der nördlichen Kalkalpen auflagen. Diese Zone bezeichnen wir als *ostalpine Zone.* Nördlich davon schloß die *penninische Zone* an (Zentralgneis, Schieferhülle und Bündner Schiefer), und an diese grenzte am Nordrand der Geosynklinale gelegen die *helvetische Zone.* Im Laufe der Gebirgsbildung wurde: 1) das Ostalpin an das Penninikum angeschoben (Zone der alten Gneise) bzw. auf das Penninikum (Tauern, Engadin) aufgeschoben (nördliche Grauwackenzone, Ötztal – Stubai – Silvretta Kristallin). 2) Die kalkalpine Auflagerung des Ostalpin glitt ab und schob sich nach Norden über die Gesteine der helvetischen Zone. Ein schmaler Saum dieser Zone ist am Alpennordrand, in Oberbayern, unterhalb der Kalkalpen sichtbar. 3) Die Alpen wurden erhoben und das erodierte Material als ›Molasse‹ nördlich und südlich der Alpen abgelagert. 4) Die quartäre Vergletscherung gab den Alpen ihr heutiges Gepräge (Kare, Trogtäler, Terrassenablagerungen bei Innsbruck). Hier aber fortzusetzen, hieße ein weiteres Kapitel schreiben.

Gesteinskundlich und mineralogisch interessante Einrichtungen

Hall i. T.: Bergbaumuseum, Schaubergwerk mit Darstellung der Salzgewinnung.

Innsbruck: Landeskundliches Museum im Zeughaus mit Mineraliensammlung.

Kufstein: Heimatmuseum auf der Festung Kufstein mit paläontologischer und naturhistorischer Sammlung (Höhlenbären).

Lechtal: Nur einige Kilometer jenseits der Grenze zur Bundesrepublik Deutschland liegt Füssen mit der Ostallgäuer Mineralienausstellung.

Osttirol: Über den Iselsberg leicht erreichbar liegt Döllach im Mölltal mit einem Goldbergbaumuseum.
– Hopfgarten i. Def., Deferegger Gesteinsgarten.
– Gletscherweg Innergschlöß bei Matrei.

Schwaz: Mineralienexpedition mit Führung.

Wörgl: Hundsalm – Buchacker Eis- und Tropfsteinhöhle.

Pflanzen- und Tierwelt Tirols

von Inge Wopfner

Die Pflanzenwelt

Die Vielseitigkeit der Landschaft Tirols drückt sich auch in seiner Pflanzenwelt aus. Die Vegetation eines Gebietes ist von mehreren Faktoren abhängig; einmal von der Großklimalage, dann von der Meereshöhe, in die sich die Gebiete erheben, vom Untergrund – sowohl von der Bodenform und von der verfügbaren Feuchtigkeit als auch vom Säuregrad des verwitternden Bodens und schließlich von den Standortgegebenheiten (Mikroklima), an die sich die Pflanzen anpassen müssen. Im vorhergehenden Kapitel über die Geologie von Tirol wurde die Aufteilung des Landes in eine nördliche, hauptsächlich aus Kalken und Mergeln bestehende Hälfte und einen südlichen, aus kristallinen Gesteinen bestehenden Teil (Ausnahme Osttirol) erläutert. Diese Einteilung wird deutlich von der Vegetation wiederholt. Nun ist es besonders reizvoll, diese Gesteins- und Klimaabhängigkeit (Sonn- und Schattenseiten) mit den Unterschieden im Höhenbereich zu vergleichen, ein Unternehmen, das sich besonders in den großen Längstälern Inntal, Lechtal, Drautal schon vom Talboden aus durchführen läßt.

Wer von Norden kommend die Alpen erwandert, der wird den Übergang von einem mitteleuropäischen, feuchten Klima, das neben dem bewirtschafteten Kulturland einen Eichen-Buchen-Tannen-Mischwald ausbildet (äußeres Lechtal, unteres Inntal) zum alpin-kontinentalen Klima bemerken. Es wird angezeigt durch den Fichtenwald, der die subalpine Stufe bis zu Höhen von 1600–1800 Metern einnimmt. Dann erfolgt dessen allmähliche Auflockerung durch Beimischung von Lärchen und Zirben; diese Bewaldung geht im oberen subalpinen Bereich von 1800–2200 Meter in die Krummholzstufe und schließlich in die hochalpine Stufe mit Zwergstrauch- und alpinen Grasheiden über. Vom Alpenvorland steigt die Waldgrenze – bedingt durch die Massenerhebung im Inneren der Alpen – von etwa 1600 Metern bis zu 2200 Metern am Zentralalpenkamm an. Die Baumgrenze ist abhängig von der Zahl der Tage, an denen eine mittlere Temperatur um + 5 °C erreicht wird. Nur wenn etwa 100 Tage über diesem Mittel liegen, wird genügend Stoffgewinn von den Bäumen erzielt, um die kalte Periode überdauern zu können. Nadelbäume sind dabei im Vorteil gegenüber den Laubbäumen, weil sie mit den immergrünen Nadeln eine wesentlich längere Wachstumsperiode ausnützen können; manche, wie die Zirbe, sind außerdem befähigt, auch bei kälteren Temperaturen noch Stoffgewinn zu erzielen.

Diese allgemeinen Grundlagen werden überprägt durch Einflüsse, die auffällige Unterschiede in der Pflanzenbedeckung hervorrufen: einmal durch Eingriffe des Menschen, die seit urgeschichtlichen Zeiten erfolgt sind, und zum anderen durch die verschiedenen Ansprüche, die die Pflanzen selbst an den Untergrund stellen. Bekannte Eingriffe des Menschen in die Waldgrenze reichen soweit in der Geschichte zurück, wie wir die Besiedlung des Alpenlandes überhaupt verfolgen können. So wurden Brandrodungen bis in die Bronzezeit (2600 Jahre) datiert, und aus der Römerzeit liegen uns schriftliche Berichte von Plinius darüber vor, daß in der Provinz Rätien Rodungen an der Waldgrenze vorgenommen wurden. Der fruchtbare Talboden, soweit er nicht sumpfig war, wurde bald in Ackerboden verwandelt, auch mußte die zunehmende Bevölkerung neues Land für ihre Weidetiere schaffen. Hier boten sich die flachen, von den Gletschern der Eiszeit geformten Schultern der Täler geradezu an, lag doch etwa im selben Bereich die aufgelockerte Waldgrenze, so daß ohne allzugroße Mühe kleine Gebiete gerodet werden konnten. Unter Zuhilfenahme der neuen Eisengeräte konnte man zudem Bäume leicht ringeln und dann zwei bis drei Jahre später abbrennen. Mit scheinbar unbegrenzten, reichen Weiden, guter Wasserversorgung und einem reichlichen Holzangebot für Hüttenbau und Almbetrieb eigneten sich diese neugeschaffenen Flächen hervorragend zum Auftrieb des Milchviehs. In den Almhütten konnten Butter und Käse (bedingt durch die kalten Nächte und das kalte Wasser) monatelang aufbewahrt werden.

Allmählich zeigte sich jedoch, daß, vor allem durch Überstockung, die Weiden verarmten. Alpenpflanzen sind zum Großteil mehrjährige Pflanzen, die kurze Wachstumsperiode reicht nicht aus, um Zuwachs und Vermehrung in einem Jahr durchzuführen, daher wurden viele Futterpflanzen durch Beweidung ausgerottet. Neue Gebiete mußten gerodet werden – der Wald wurde immer weiter nach unten gedrängt, die aufgelassenen Weiden verunkrauteten und gingen durch Unkenntnis dem Neubewuchs verloren. Jetzt aber wurde eine wichtige Aufgabe des Waldes sichtbar, der Schutz vor Lawinen. Die meisten Lawinen brechen in den Steilhängen oberhalb ebendieser Talstufe ab, und nun gab es keinen Wald mehr, der sie aufhalten konnte. Daneben stieg natürlich der Holzbedarf einer zunehmenden Bevölkerung stets weiter an und wurde durch oft rücksichtslose Schlägerungen befriedigt. Es kam immer häufiger zu Einbrüchen in das tieferliegende geschlossene Waldsystem, bis die Lawinen schließlich die Straßen und Dörfer selbst überfuhren. An den entwaldeten Rinnen bildeten sich Muren und Blaiken, die ihrerseits den Wald weiter dezimierten. Vergleicht man eine alte Katasteraufnahme aus dem vorigen Jahrhundert mit den heutigen Vegetationskarten, kann man den Rückgang des Waldes über nur 100 Jahre deutlich verfolgen. Für alle Täler, in denen Bäume auf Felsrippen bis weit über die heutige Waldgrenze aufsteigen (zum Beispiel im Pitztal), müssen solche Vorgänge angenommen werden.

Heute weiß man, daß die mögliche Waldgrenze etwa mit dem Verbreitungsareal der Alpenrosen zusammenfällt, doch hat jeder Standort seine Bedingungen, die in mühsamer Kleinarbeit vor einer Bepflanzung erarbeitet werden müssen. Viele dieser Gebiete werden heute durch eine Zusammenarbeit von Wildbachverbauungsämtern mit den Forstbehörden sowie der Innsbrucker Außenstelle für subalpine Waldforschung der Forstlichen Bundesversuchsanstalt, Wien, ruhiggestellt und aufgeforstet. Solche Gebiete sind durchaus einer Besichtigung wert, um sich einmal ein Bild von den dabei auftretenden Problemen zu machen.

Eine andere Art des menschlichen Eingriffs bestand in der Anlage der Bergmähder. Die langen Bergwinter der oberen Täler machten das Anlegen großer Heuvorräte zu einer Notwendigkeit, um das Überwintern der Haustiere sicherzustellen. An sonnigen Berghängen, vor allem dort, wo der Untergrund aus tiefergreifenden Mergeln oder leicht verwitternden Schiefern bestand (wie etwa im Lechtal oder im oberen Inntal), wurden in der subalpinen Stufe Wald und Krummholz gerodet, die Bewässerung (oft durch Anlegen langer Kanäle) geregelt und die Unkräuter, insbesondere kleine Zwergsträucher, entfernt. Die danach entstandenen Wiesen konnten einmal im Jahr, zum Teil auch nur in zweijährigem Turnus gemäht werden. Diese Mähder sind bevorzugte Plätze für den Blumenfreund, geben sie doch im späten Frühjahr eine Fülle von bevorzugten Standorten einer besonders reichen Bergblüte ab. Heute werden diese arbeitsintensiven Mähder unter dem zunehmenden Wirtschaftsdruck allmählich aufgelassen, sie verunkrauten und Zwergsträucher, wie Alpenrosen und Beerenbüsche, in feuchteren Gebieten auch Grünerlen, nehmen überhand.

In der heutigen Zeit bringt der Massentourismus im Winter neue Gefahren für die Waldkrone. Die unsachgemäße Anlage von Skipisten führt zur Erosion der Grasnarben, die nicht mehr berast werden können, wenn das Erdreich einmal ausgewaschen ist. Schneisen durch den Wald lassen den Winden ungestörten Zutritt, so daß Randbäume umstürzen und Wetterschäden, wie Sonnenbrand und Austrocknung eintreten können. Schon manche Piste, die unter großen Kosten erstellt wurde, mußte nach zwei bis drei Jahren aufgelassen oder unter noch größeren Kosten mechanisch verbaut werden, häßliche Betonmauern in der Landschaft waren dann die Folge.

Erste Anzeichen für die Abhängigkeit der Pflanzen vom Chemismus des Untergrundes ergeben sich aus dem Vergleich der Nord- und Südhänge des Inntales. So brauchen Fichten zum Beispiel mehr Feuchtigkeit als Kiefern. Alle nach Norden weisenden Hänge tragen das klassische Profil Fichten – Lärchen – Zirben – Zwergstrauchheiden – Grasheiden, während die Südhänge mit ihrer starken Sonneneinstrahlung und dem raschen Wasserabfluß der Kalkgesteine vielfach einen geschlossenen Kiefernwald aufweisen, der nach oben in die Legföhrenregion übergeht, der Grasheiden folgen. Zirben fehlen im Kalkgebiet meistens, doch ist das eher, soweit nicht menschliche Eingriffe die Ursache waren, eine Frage des Säuregehaltes des Bodens, Zirben ziehen die sauren Verwitterungsprodukte der kristallinen Gesteine vor. Ähnlich verhalten sich, wenn auch nicht ganz so ausgeprägt, die Gehölze der Krummholzstufe; Legföhren

(Latschen) sind meist im Kalkgebiet ausgebildet, während ihre Stelle im kristallinen Gestein häufig von Grünerlen eingenommen wird, vor allem dort, wo sich Feuchtigkeit ansammelt, wie etwa in Talstufen oder Abflußrinnen.

Die Tatsache, daß Pflanzen vom Mineralgehalt der Böden abhängig sind, wurde schon 1836 erkannt, als der Arzt und Botaniker F. Unger in der Gegend von Kitzbühel, wo sich silikatreiche Intrusivgesteine mit kalkreichen Gesteinen vermengen, botanische Aufnahmen durchführte, und sie in seinem Buch ›Über den Einfluß des Bodens auf die Verteilung der Gewächse‹ beschrieb.

Die Anpassung an den Säuregehalt des Bodens kann man am besten an nahe verwandten Mitgliedern von Pflanzengattungen sehen, die sich sehr ähneln, an Standorten mit nahezu gleichem Mikroklima auftreten, aber eben nicht auf unterschiedlichen Böden vorkommen. Das bekannteste Beispiel sind die beiden Formen der Alpenrose: Die behaarte Alpenrose *(Rhododendron hirsutum),* ein niederer Strauch, dessen hellgrüne Blätter auf der Unterseite nur mit wenigen, braunen Drüsenhaaren besetzt sowie an ihren Rändern mit langen Haaren bewimpert sind, und die rostrote Alpenrose *(Rh. ferrugineum),* etwas höher werdend, die Blätter derber, dunkelgrün, unbehaart sowie auf der Unterseite rostbraun. Beide blühen leuchtend dunkelrosa. Die behaarte Alpenrose hat ihre Hauptverbreitung in den nördlichen Kalkalpen, den Lienzer Dolomiten, auch auf den Kalkkögeln südlich von Innsbruck, die rostrote Art kommt hauptsächlich auf Silikatgesteinsböden der Zentralalpen vor. Ein gutes Beispiel liefern auch die beiden großblütigen Enzianarten: Der stengellose Enzian *(Getiana clusii)* blüht von Mai bis August auf vielen Rasenhängen, Lärchenwiesen und alpinen Grasmatten bis in die Silberwurz- (auch ein Kalkanzeiger) und Zwergweidenspaliere im kalkalpinen Bereich. Sein Vetter, der breitblättrige Enzian *(G. acaulis),* der auf den ersten Blick genau so aussieht, wird immer auf sauer-humosem Boden vorkommen, also hauptsächlich im zentralalpinen Bereich. Interessant wird die Frage in solchen Gebieten, wo ein Neben- oder Übereinander von Gesteinsschichten vorliegt, die ganz andere Säuregrade aufweisen. Das ist zum Beispiel an der Grenze der Kalkkögel zu ihrem kristallinen Untergrund, im Bereich der Kalkschiefer der Tauernhülle, im Kalsertal, südwestlich des Großglockners, in den Tuxer Alpen, am Wolfendorn am Brenner oder bei den Bündner Schiefern im Engadiner Fenster der Fall, aber auch dort, wo in den Kalkalpen Schichten anstehen, die einen hohen Anteil an Quarz und Glimmern haben (Raibler Schichten im Almajurtal bei Kaisers im Lechtal) und eine saure Bodenlösung hervorrufen. In solchen geologisch recht kompliziert gebauten Regionen ist die Flora immer besonders reich ausgebildet und lohnt die eingehendere Beschäftigung.

Ein anderes Kapitel ist die Anpassung an extreme Standorte. Im hochalpinen Bereich spielen eine Reihe von Faktoren eine Rolle, die eine direkte Auswirkung auf die Form der Pflanze haben. 1) **Temperatur.** Lange Zeitabschnitte mit tiefen Temperaturen lassen die Böden den größten Teil des Jahres gefrieren und sperren damit die Wasserzufuhr für die Wurzeln der Pflanzen. Gleichzeitig kommt es während des Tages durch direkte Sonneneinstrahlung zu Temperaturen im Blattbereich, die die Verdunstung fördern. Im Sommer kann es dagegen zu Temperaturen im obersten Bodenbereich kommen, die 70 °C übersteigen! 2) **Windeinfluß.** Hohe Windgeschwindigkeiten im Gipfelbereich verlangen eine gute Verankerung, aerodynamisch angepaßte Formen und kräftige Blätter, die gegen die schädigende Wirkung von windgetriebenem Sand und Schnee möglichst immun sind. Außerdem beschleunigt der Wind auch die Austrocknung. 3) Der **hohe Ultraviolett-Anteil** des Lichts in diesem Bereich hat eine Verkürzung der Wuchshöhen zur Folge, auch die kurze Vegetationszeit erlaubt keine großen Höhenzuwachsraten. 4) **Günstige Tagestemperaturen** und ein **hohes Lichtangebot** lassen die Pflanzen kräftig assimilieren, aber die kalten Nächte verhindern eine Umwandlung des gebildeten Zuckers in Stärke, so daß sich die Zuckerkonzentration in den Pflanzensäften erhöht, was die besonders kräftigen Farbausbildungen der Blüten im roten, blauen und violetten Bereich bewirkt, aber auch die kräftige Herbstfärbung der Blätter, vor allem der Beerensträucher. Deshalb findet der Wanderer, der im Herbst die Alpen durchstreift, ein farbenfrohes Bild vor. Als günstige Nebenwirkung dieser Konzentration muß erwähnt werden, daß dadurch der Gefrierpunkt der Pflanzensäfte erniedrigt wird und damit eine größere Frosthärte erzielt wird (Zirben können – 50 °C überstehen).

So zeigen Pflanzen im Gipfelbereich vielfach eine recht ähnliche Ausbildung: Tiefe Pfahlwurzeln, die in Spalten und unter Steinen nach Halt und Wasser suchen – der Versuch, so ein hochalpines Pflänzchen auszugraben, endet fast immer mit dem Abreißen der Wurzel und damit der Zerstörung der gesamten Pflanze –, kurzstengelige Formen mit steifen oder verholzten Stämmen (besonders schön an Vertretern der Zwergweiden – *Salix retusa* oder *S. serpyllifolia* – zu sehen, wo der Stamm unmittelbar auf oder sogar unter der Bodenschicht kriecht und nur die kleinen, steifen Blätter und Blüten über das Bodenniveau erhoben werden). Charakteristisch sind auch Polsterpflanzen – wie oft schon wurden Mannschildarten als blühendes Moos bezeichnet –, die eine gute Windschlüpfrigkeit geben, außerdem die inneren Teile vor Verletzung schützen und zwischen den einzelnen Pflänzchen die Ansammlung von Erde und Feuchtigkeit erlauben. Zu dieser Gruppe gehören zum Beispiel das Stengellose Leimkraut *(Silene acaulis)*, das ein dichtes Polster mit rosa Blüten bildet, und die weißblühende Zwergmiere *(Minuartia sedoides)* mit ihren dichten moosähnlichen Polstern. Beide zählen unter die Pioniere auf den höchsten Gipfeln, desgleichen die Mannsschildarten Schweizer Mannsschild (*Androsace helvetica,* weiß blühend und nur auf Kalkgipfeln auftretend) und der Gletscher-Mannsschild (*A. alpina,* mit rosa Blüten, nur auf Kristallin vorkommend).

Kennzeichnend für die Pflanzen der Hochgebirgsregion sind schließlich noch eine Verkleinerung oder Verschmälerung der Blattfläche, ein Einrollen der Blattränder – wie bei der Krähenbeere *(Empetrum nigrum)* – eine filzige dichte Behaarung (Edelweiß) oder dicke Wachsschichten, die alle vor Verdunstung bewahren sollen. Allerdings wird dadurch auch die Photosynthese verringert, doch ist das bei dem meist hohen Lichtan-

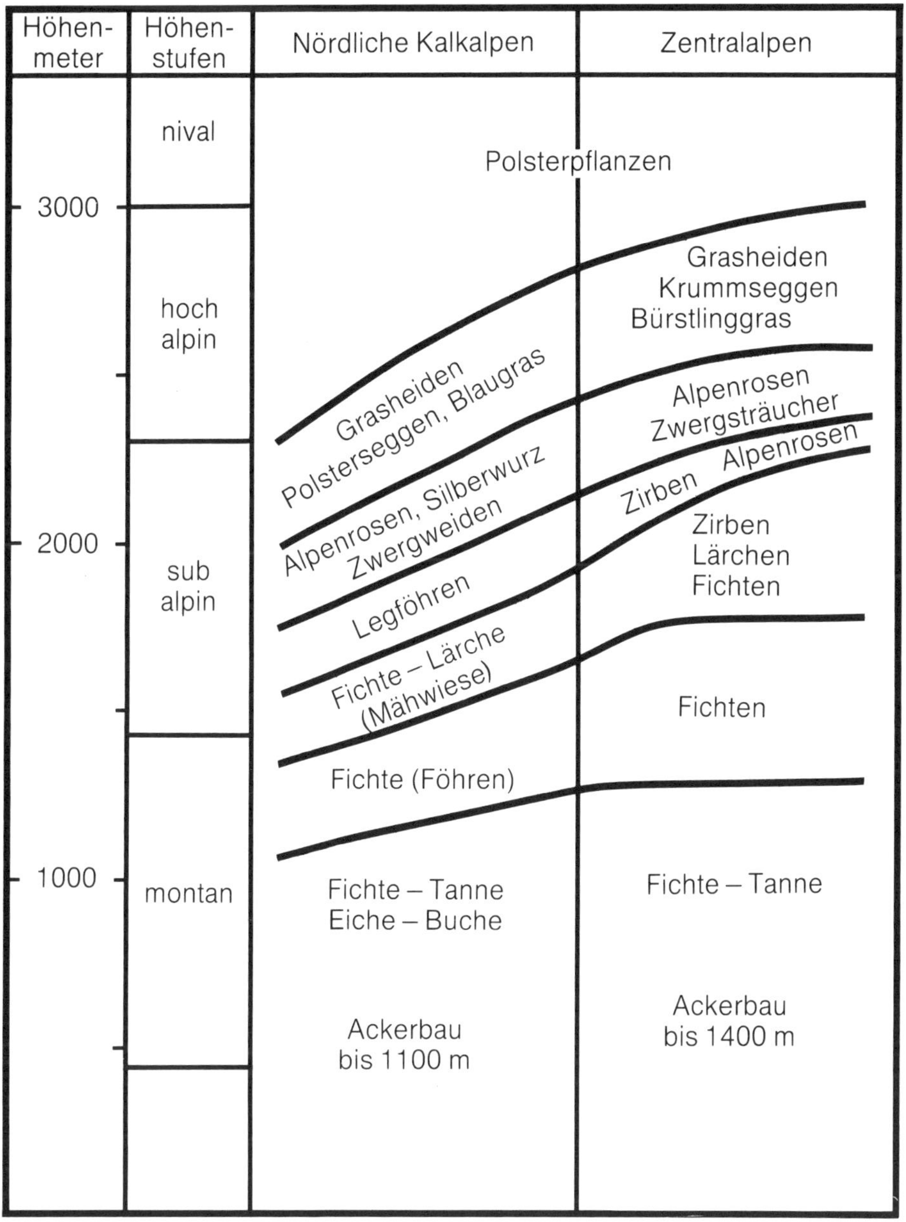

Schematisches Vegetationsprofil durch die Nordtiroler Alpen

gebot kein gravierender Mangel. Andererseits sind die Blüten oft besonders groß und leuchtend ausgebildet, wie beim Niedrigen Seifenkraut *(Saponaria pumilio)*, das oft in Krummseggenrasen, auf sauren Böden von den Deferegger Alpen in Osttirol ostwärts vorkommt. Diese großen Blüten dienen wohl zum Anlocken der seltener werdenden Insekten (Windbestäubung verhindern die starken Winde), doch ist bezeichnend, daß in diesen Bereichen der Anteil an Selbstbestäubern um zwanzig Prozent über dem der in tieferen Lagen vorkommenden Arten liegt. Die kurze Wachstumsperiode läßt die Samen selten im selben Sommer zur Reife und Ausbreitung gelangen. Wir finden eine große Anzahl von Winterstehern, das sind Samen, die auf der Pflanze stehend überwintern und erst in nächsten Jahr, meist vom Wind, verbreitet werden. Versuche im Labor zeigten, daß diese Samen erst nach längerer extremer Frosteinwirkung bei gleichzeitig hoher Feuchtigkeit (bis zu sechs Wochen im Eisschrank gehalten) zum Keimen gebracht werden konnten. Der Versuch, die eingesammelten Samen im Heimgarten zum Wachsen zu bringen, ist also ein sinnloses Unterfangen. Eine Ausnahme bilden jene Samen, meist von Beerenfrüchten, die von Schneehühnern und Schneefinken gefressen und mit dem Kot ausgestreut werden. Die kurze Wachstumszeit bringt mit sich, daß die Zahl der einjährigen Pflanzen nur vier Prozent innerhalb der Gesamtzahl der Alpenflora ausmacht. Manche Polsterpflanzen werden so alt wie Bäume, vom Schweizer Mannsschild wurde ein Alter von über 50 Jahren bekannt. So kann man verstehen, wie wichtig die Hege dieser extremen Standorte ist, und daß man von einem Sammeln oder gar einer sinnlosen Zerstörung dieser Pflanzen absehen soll.

Im Bereich der oberen Zwergstrauchheiden und Grasheiden finden wir eine weitere Art der Anpassung: an Standorte mit langer und solche mit kurzer Schneebedeckung. Hier spielt das Relief eine Rolle, der Wind bläst den Schnee in die Runsen und Senken zusammen, wo er bis zu acht Monaten liegen bleibt, während die Rippen auch mitten im Winter abgeblasen werden. Es ist sehr reizvoll, die sich über große Flächen im Silikatgebiet erstreckenden Heiden mit einer ziemlich einförmigen Flora einmal auf diese Anpassung an den Standort hin zu untersuchen. So finden wir die rostrote Alpenrose, zusammen mit Rauschbeeren und Blaubeeren in den Senken, wo sie die lange Winterzeit vom Schnee bedeckt mit ihren immergrünen Blättern übersteht, die sogar unter diesen Umständen, also bei ganz geringem Licht und Temperaturen um 0 °C, assimilieren können. Auf den Rippen hingegen siedelt sich eine Gemeinschaft von windharten Gemsheiden *(Loiseleura procumbens)* und Strauchflechten (meist *Cetraria*-Arten: Isländisch Moos) an. Diese Pflanzen müssen Winterstürme überstehen, deren Gewalt ganze Pflanzenbüschel ausreißen kann und sturmgetriebene Eisnadeln bis in die Blätter eindringen läßt.

Ähnlich verhält sich die Verteilung der Pflanzen in Abhängigkeit von der Schneebedeckung. Die recht einheitliche Krummseggengesellschaft (Leitform ist *Carex curvula*) wächst im Silikatgebiet geschlossen von 2400–2600 Metern bei Schneebedeckungen von sieben bis acht Monaten mit den typischen Blütenbegleitern Alpen-Wucherblume *(Tanacetum alpinum)*, halbkugeliger Rapunzel *(Phyteuma hemosphaericum)*, Alpen-

Mutterwurz *(Ligusticum mutellina)*, klebriger Primel *(Primula glutinosa)*, dem kleinen Augentrost *(Euphrasia minima)* und den Läusekrautarten. Die schneearmen, windgepeitschten Rippen sind wieder mit Hilfe von Flechten, nämlich Rentierflechten (*Cladonia*-Arten) und Moosflechten (*Cetraria*-Arten) an den extremen Standort angepaßt.

Flechten sollte man überhaupt mit Hochachtung betrachten, denn diese Symbiose aus einzelligen Algen und Pilzen ist eine Pionierpflanze ersten Ranges. Die Krustenflechten besiedeln als erste Pflanze den nackten Fels und steigen im Himalaya bis auf eine Höhe von 7000 Metern auf. Unter ihrem Krustenkörper lösen sie Mineralstoffe aus dem Stein; diese bilden dann die Grundlage für die ersten Moose, die sich ebenfalls noch auf den höchsten Spitzen ansiedeln. Erst nach solcher Vorarbeit können höhere Blütenpflanzen Fuß fassen. Außerdem können Flechten noch bei −20 °C Stoffe produzieren, ja sie haben ihr Optimum bei −10° bis 0 °C und können sofort aus tiefster Kältestarre mit der Assimilation beginnen.

Noch ein Lebensbereich soll erwähnt werden, der ebenfalls zu den Extremstandorten gehört. Seine Vegetation ist so auffällig, daß der Schweizer O. Heer diese Standorte schon 1836 als »Schneetälchen« beschrieb. Sie liegen immer am Grunde von Karen, Mulden oder Lawinenrinnen und zeichnen sich durch extrem lange Schneebedeckung, gute Bodendurchfeuchtung und meist recht gute Humusbildung aus, dadurch reagieren ihre Wässer auch im Kalkgebiet meist neutral bis leicht sauer. Für den Wanderer sind sie deshalb so interessant, weil er in ihren äußeren Bereichen noch im August Frühlingsblumen antrifft, die sonst überall längst verblüht sind. So kann man im Hochsommer noch Eisglöckchen *(Soldanella pusilla)* finden, die gerade erst ihre Blüten durch den Schnee stecken. Enzian, Silberwurz, Gemswurz und Hahnenfuß stehen in voller Blüte an den Hängen unmittelbar über den Tälchen und am Grunde blühen im Kalkgebiet die typischen Blaukressen *(Arabis coerulea)* mit Netzweiden, Alpen-Hahnenfuß und dem Mannsschild-Steinbrech *(Saxifraga androsacea)*. Im kristallinen Bereich wird diese Flora durch eine Reihe von Moosen ersetzt (vor allem wenn die Aperzeit weniger als drei Monate beträgt), aber auch durch Alpengelbling *(Sibbaldia procumbens)* und das zweiblütige Sandkraut *(Arenaria biflora)*.

Betrachten wir nun die Gebiete im einzelnen:

Kitzbühler-Wildschönauer Gebiet und das unterste Inntal. Hier ist der Einfluß des submontanen Voralpengebietes noch sehr deutlich. Viele Laubbäume mit Eichen, Buchen, Ahorn, gelegentlich Stechpalmen *(Ilex aquifolium)* als Vertreter des atlantischen Florenreiches, aber auch Tannen und seltener Eiben *(Taxus baccata)* kommen vor. Im Unterholz finden wir häufig Waldgeißbart *(Aruncus dioicus)* und die Alpenrebe *(Clematis alpina)*, die einzige Schlingpflanze der Alpen, Storchenschnäbel (*Geranium*-Arten), Fingerhut *(Digitalis grandiflora)*, aber an schattigen Stellen auch das Alpenveilchen (*Cyclamen purpurascens*, Farbabb. 48) und die Christrose *(Helleborus niger)*. Ungewöhnlich ist hier das Blaue Mänderle *(Paederota bonarota)*, das in den

Nordalpen im Kitzbühler Gebiet und in den Leoganger Steinbergen ein ganz isoliertes Gebiet einnimmt.

Zillertal. Hier kann man besonders schön den Übergang von der montanen Stufe am Talboden, wo Buchenbestände bis Finkenberg, Tannen bis Breitlahner und die Eiben bis Mayrhofen wachsen, zur nivalen Stufe an den Gletscherrändern verfolgen. Eine besonders sehenswerte Flora weist der Gerlospaß auf. Im Frühsommer findet man dort vor allem die Anemonen- und Enzianarten, im Sommer dann Eisenhut *(Aconitus napellus)* und Trollblume *(Trollius europeus)*, um nur die auffälligsten Formen zu nennen.

An der anderen Talseite verdient das Finsingbach-Tal Aufmerksamkeit. Es gehört zu den Gebieten in Tirol, deren Aufforstung mit Erfolg betrieben wurde. Hier kann man sich an Ort und Stelle ein Bild davon machen, welche Schwierigkeiten bei der Korrektur von Zerstörungen zu bewältigen sind, die durch menschliche Eingriffe entstanden (also dem Auftreten von Lawinen und Anschwellen der Wildbäche sowie der Vermurung der Ortschaften am Talboden infolge übermäßiger Schlägerung). Im Bereich der Beerenheiden mit der rostroten Alpenrose kann man den Ungarischen Enzian *(Gentiana pannonica)* finden, der in Tirol seine westlichste Verbreitung findet. Er ist sonst ein Enzian der Ostalpen und wird nach Westen vom Purpurroten Enzian *(G. purpurea)* abgelöst. Sehr schön sind die Bärtige Glockenblume *(Campanula barbata)* und der Pyramiden-Günsel *(Ajuga pyramidalis)*.

Besonders interessant werden die Pflanzenbeobachtungen, wenn man vom Zillertal nach Westen in die **Tuxer Alpen** steigt, die sich bis zum Brenner hinziehen. Bedingt durch den geologischen Aufbau werden Böden mit stark wechselnden Säuregraden entwickelt, wodurch eine vielseitige Flora ausgebildet ist. Außerdem kommen gerade hier viele Schuttböden vor, in denen sich die Pflanzen mit ihren Wurzeln einem ständig rutschenden Untergrund anpassen müssen. So ist auch hier eine recht typische Flora ausgebildet, deren Kennarten vor allem Hungerblümchen (*Draba*-Arten), Gletscher-Gamswurz *(Doronicum glaciale)*, Läusekraut *(Pedicularis asplenifolia)*, der Rundblättrige Enzian *(Gentiana orbicularis)* und Steinbrech-Arten *(Saxifraga sp.)* sind.

Die großen Massive der Zentralalpen: **Stubaier, Ötztaler, Pitztaler Alpen** und die **Ferwall Gruppe** sind floristisch recht ähnlich entwickelt. Auf den talnahen Fichtenwald, der nach oben in den Lärchen – Zirbenwald, soweit er erhalten geblieben ist, übergeht, folgt die Alpenrosenstufe mit Beerenheiden und darauf die Grasheiden. Auf ihre Zusammensetzung wurde schon eingegangen; als Besonderheit seien nur einige Pflanzen genannt, vor allem das Nordische Eisglöckchen *(Linnea borealis)*, das gelegentlich in der Zwergstrauchzone vorkommt; dort überzieht es manchmal ganze Felsblöcke mit seinen kriechenden Ausläufern. Die zarten rosa Glöckchen fallen aber sofort ab, wenn man die Pflanze pflücken will. Sie kommt ähnlich wie die mit ihr vergesellschaftete Preiselbeere hauptsächlich im nordisch-arktischen Raum vor und muß als Überbleibsel aus der Eiszeit angesehen werden. Neben dem häufigen Breitblättrigen Enzian *(Gentiana acaulis)* kommt der seltenere Kurzblättrige Enzian vor *(G. brachyphylla)*, und bei den großen Formen sind es meist der purpurne und der punktierte Enzian *(G. purpurea* und *G. punctata)*. Die giftige Frühlings-Küchenschelle *(Pulsatilla vernalis)* blüht unmittelbar nach der Schneeschmelze, wird also im Gegensatz zu den später blühenden Primel-Arten *(Primula minima, P. glutinosa* und *P. hirsuta)* nicht oft gesehen. Die ostalpine Gletschernelke *(Dianthus glacialis)* tritt nach einer großen Lücke in den Ötz- und Zillertaler Alpen wieder im Ferwall Gebiet auf, wo sie ihren westlichsten Standort einnimmt. Von den Korbblütlern seien nur das Krainer-Kreuzkraut *(Senecio incanus)* und der Berg-Wohlverleih *(Arnica montana)* genannt.

Zu den großen Seltenheiten im obersten Felsbereich gehört der Gletscherhahnenfuß (*Ranunculus glacialis,* Farbabb. 44), die am höchsten steigende Alpenblume überhaupt (sie erreicht in der Schweiz am Finsteraarhorn eine Höhe von 4275 m), in Gesellschaft mit dem Alpen-Mannsschild *(Androsace alpina)* und in der Ferwall Gruppe auch der leuchtend blaue Himmelsherold *(Eritricum nanum)*. Die Bündner Schiefer im obersten Inntal gehören wieder zu den kalkreicheren Böden und haben eine entsprechende Flora ausgebildet. Hier kommt in den Grünerlenbeständen das Heilglöckl *(Cortusa matthioli)* vor, das auch auf den silikathaltigen Schichten der Lechtaler Alpen gefunden werden kann, oder der Gebirgsspitzkiel *(Oxytropis jaquinii)*, der auf Schutthalden und Rasenflächen seine blauen Schmetterlingsblüten zeigt.

Zum Schluß soll auf das große Gebiet der **Nordtiroler Kalkalpen,** das schönste Blumengebiet Tirols, eingegangen werden. Sie sind, bedingt durch ihre geologische Vielfalt, auch floristisch am reichsten ausgestattet. In den niederen Tälern des Außerferns suchen wir in den lichten Wäldern und an den Buschrändern der Wiesen vor allem nach Orchideen. Hier sind die häufigsten Standorte des seltenen Frauenschuhs (*Cypripedium calceolus,* Farbabb. 49), der früher auch im Halltal bei Innsbruck gefunden werden konnte, heute dort aber wohl ausgerottet ist, des Wohlriechenden Händelwurz *(Gymnadenia odoratissima)* und des Roten und Weißen Waldvögleins *(Cephalanthera rubra* und *C. damasonium)*.

In den Lechauen kommen an manchen Stellen inmitten vieler Weiden und des Sanddorns *(Hippophaë rhamnoides)* noch Tamarisken *(Myricaria sp.)* vor, die mit ihren schlanken Wedeln und rosa Blütenrispen eine südliche Note in das Landschaftsbild bringen.

Von der subalpinen Stufe an sind es dann besonders die Mähwiesen, die Almrauschspaliere und die hochalpinen Grasmatten, die je nach Jahreszeit besonders schöne Blumen tragen. Auf den Mähwiesen nennen wir vor allem Rotes und Schwarzes Kohlröschen *(Nigritella miniata* und *N. rubra)*, verschiedene Enziane, darunter auch den Gelben Enzian *(Gentiana lutea)*, dessen Wurzeln zur Erzeugung eines Magenbitters Verwendung finden und der dadurch an vielen Stellen der Alpen bereits ausgerottet ist, den Felsen-Ehrenpreis *(Veronica fruticans)* und neben der Zwerg-Glockenblume *(Campanula cochlearifolia)* auch die seltenere, aber besonders schöne, gelbe Strauß-Glockenblume *(C. thyrsoides)*.

In den Zwergstrauchspalieren sind die wohlriechenden Steinröschen (*Daphne striata*, Farbabb. 46) oder weiter im Tal der schöne, aber sehr giftige Seidelbast *(Daphne mezereum)* mit der Haarigen Alpenrose *(Rhododendron hirsuta)* vergesellschaftet. Hier findet auch die südalpine Zwergalpenrose *(Rhodothamnus chamaecistus)* ihre nordwestlichste Verbreitung. In tieferen Lagen, hauptsächlich mit Grünerlen zusammen, kommt die herrliche Türkenbund-Lilie (Farbabb. 45) vor und einige Orchideen, sowie die Dunkle Akelei *(Aquilegia atrata)*. Eine andere Form, Einseles-Akelei, kommt im Sonnwend-Gebirge vor. In den höheren Steinfluren schließlich kann man noch Edelweiß finden *(Leontopodium alpinum)*, auch die wohlriechende Felsen-Aurikel *(Primula auricula)* und verschiedene Steinbrech-Arten. Das zweiblütige Veilchen drückt sich seitlich an Felsen an, während die Oberflächen meist von Polstern mit Silberwurz *(Dryas octopetala)* verziert sind. Mehrere Anemonen, darunter auch die Schwefelgelbe Anemone *(Pulsatilla apiifolia)* und das Narzissenblütige Windröschen *(Anemone narcissiflora)* geben von Juni bis August ein frohes Bild.

Solche kalkalpinen Blumenbilder kann man nun vom Arlberg über die Lechtaler Alpen, Mieminger Berge bis zur Seefelder Senke verfolgen, wo besonders die Lärchenwiesen im Frühjahr mit dem Kurzstieligen Enzian bestückt sind, und weiter über die Innsbrucker Nordkette mit Karwendel und Bettelwurf über den Achensee und das Rofangebirge bis zum unteren Inntal. Jede Gruppe zeigt Eigenheiten, aber die Gesetzmäßigkeit des Kalkuntergrundes bleibt erhalten.

Osttirol. Wegen der wechselnden Gliederung des Untergrundes können wir auch hier mit einer sehr vielseitigen Vegetation rechnen. Sie wird noch bereichert durch floristische Einflüsse des südalpinen Raumes , die an mehreren Stellen über die Pässe oder den Karnischen Hauptkamm übergreifen, ferner durch die geschützte Lage am Fuß der mächtigen Dreitausender, die ein eher trockenes Klima bescheren. So finden wir im Drau- und Lesachtal Laubmischwälder; sie dringen an den Südhängen bis zu den Eingängen der Seitentäler bei Huben und Matrei vor, wo sich zum Beispiel Stieleichen mit Linden und Bergulmen an den Hängen oder Grauerlen mit Sanddorn in den Bachbetten finden. Nur 2 bis 3 km östlich von Nikolsdorf finden wir das nördlichste Vorkommen eines Mannaeschen-Traubeneichen-Bestandes, der in Nordtirol nicht vorkommt. Buchen und Tannen ziehen das Kalkgestein und größere Feuchtigkeit vor, sind also hauptsächlich an den Schattenhängen rund um die Lienzer Dolomiten zu finden. Hier kommt auch das Alpenveilchen (*Cyclamen purpurascens*, Farbabb. 48) vor. Der Fichtenwald wird gegen die Krummholzstufe im Kalk immer stärker von Lärchen, im Silikatgebiet meist von Zirben durchsetzt, im Kalk folgen dann Legföhrenbestände, an feuchten Stellen auch Weidengebüsche, im Silikat meist Grünerlen, wozu sich im

Kalkschiefergebiet noch andere Laubbüsche gesellen, wie Vogelbeeren, Birken und Traubenkirschen *(Prunus padus).*

Zwergstrauchheiden sind in den Lienzer Dolomiten interessanter ausgebildet, kommen dort doch auch die Zwergalpenrose *(Rhodothamnus chamaecistus),* Zwergmispel *(Sorbus chamaemespilus)* und die herrlich duftenden Seidelbast und Steinröschenarten (*Daphne*-Arten) vor.

Grasheiden und Hochgebirgsfluren folgen den üblichen Typen. Auf Silikat sind es Krummseggenrasen mit Rapunzeln *(Phyteuma sp.),* Primeln und der Gletschernelke *(Dianthus glacialis).* Als Besonderheit wäre das Zwerg-Seifenkraut *(Saponaria pumila)* zu nennen, das hier seine westlichste Verbreitung findet. Darüber treten als Polsterpflanzen vor allem Steinbrech-Arten auf (*Saxifraga rudolphiana, S. androsace* und andere), der *Gletscherhahnenfuß* (Farbabb. 44), das winzige Fladnitzer Hungerblümchen *(Draba fladnizensis),* der Zwerg-Enzian *(Gentiana nana)* und das Tauernblümchen *(Lomatogonium carinthiacum).* In den Lienzer Dolomiten sind als Besonderheit das nördlichste Auftreten des Dolomiten-Fingerkrauts *(Potentilla nitida)* zu nennen, des weiteren das Kleinste Alpenglöckchen *(Soldanella minima),* das Pyrenäen-Drachenmaul *(Horminum pyrenaicum),* Blaues Mänderle *(Paederota bonarota),* der schöne, gelbe Alpenmohn *(Papaver alpinum, ssp. rhaeticum)* und der großblühende, weiße Bursers-Steinbrech *(Saxifraga burserana).*

Die Vegetation des Karnischen Hauptkammes ist jener der Schieferhülle vergleichbar. Als Besonderheit ist das Auftreten der südlichen Schopf-Teufelskralle *(Physoplexis comosa)* zu nennen, die hier außer dem isolierten Vorkommen am Brennerpaß ihr nördlichstes Vorkommen erreicht. Ob das gemeldete Vorkommen des Himmelsherold *(Eritrichum nanum)* noch der Wahrheit entspricht, bleibt abzuwarten.

Diese grobe Zusammenfassung der Alpenflora Tirols kann nur einen ersten Eindruck vermitteln. Die recht willkürliche Auswahl der genannten Alpenpflanzen könnte für alle Gebiete durch lange Florenlisten ergänzt werden, doch würden diese den Rahmen dieser Abhandlung sprengen. Den Blumenfreund kann ich deshalb nur auf die vielen reichbebilderten Publikationen und Bestimmungsbücher verweisen. In allen Fremdenverkehrsämtern sind außerdem die lokalen Besonderheiten zu erfragen.

Die Tierwelt

Kein Führer durch Tirol ist vollständig, der nicht auch kurz auf die Tierwelt und ihre Anpassung an die vorgefundenen Lebensräume eingeht. Hier merkt man am stärksten, wie sehr sich die Natur durch den Eingriff des Menschen verändert hat. Die ursprünglichen Lebensgemeinschaften sind nirgends mehr erhalten. Das große Raubwild, das in früheren Zeiten das Gleichgewicht der Natur aufrecht erhielt, ist ausgerottet worden. Im Lauf des letzten Krieges wurde das Rot- und Hornwild so stark dezimiert, daß ernsthaft um beider Überleben gebangt wurde. Seit einschneidende Schonvorschriften erlassen wurden und verständnisvolle Gönner um das Weiterbestehen der einstmals so zahlreichen großen Tiere bemüht sind, ist wieder eine erfreuliche Zunahme an vielen Standorten zu verzeichnen.

Hirsche und Rehe. Größere geschlossene Waldgebiete bis zu einer Höhe von 2000 Metern sind die Standorte dieser schönen Geweihträger. Während sich aber Rehe zum Großteil an den Menschen gewöhnt haben und oft in der Abend- oder Morgendämmerung an Waldrändern in der Nähe von Ortschaften und Feldern beobachtet werden können, steigen Hirsche höher hinauf und sind im Sommer am ehesten an der oberen Waldgrenze zu beobachten. Während des Tages liegen sie meist bewegungslos im Schatten der Krummhölzer und beginnen erst gegen Abend mit dem Äsen. Im Frühjahr und Sommer bleiben die Tiere stumm, man hört höchstens einen kleinen ›Huster‹, aber ganz unvergeßlich wird ein Aufenthalt bleiben, der den Touristen im Oktober in die stillen Seitentäler des Lechtales, in das Außerfern oder in das Achenseetal führt. In den engen Tälern rollt das Röhren der Hirsche so gewaltig, daß dem Neuling der Schlaf unmöglich wird. – Hier sei ein Wort der Warnung angeführt. So sehr das Rotwild den Menschen während des Jahres meidet – während der Brunft ist Vorsicht geboten. Ein verärgerter Hirsch ist durchaus bereit, sein Revier auch gegen einen menschlichen Eindringling zu verteidigen! Schon mancher Besucher in einem Wildpark ist entsetzt zurückgesprungen, wenn der Platzhirsch sein Geweih gegen den Zaun schlug, und so mancher ›zahme‹ Rehbock griff seinen gut bekannten Wärter an, den nur Geistesgegenwart vor schweren Verletzungen bewahrt hat.

Hornwild. Gemsen sind in den Alpen wieder recht zahlreich geworden. Die Tiere sind tagsüber aktiv, können also gut beobachtet werden. Vor allem in den Kalkalpen heben sich die dunklen Tiere gut vom hellen Gestein ab, Rudel von 20 bis 30 Stück sind oft zu sehen. Im Sommer weiden sie meist in den Grasmatten zwischen steilen Felshängen, erst starke Schneefälle treiben die Herden unter die Waldgrenze. Führt ein Weg quer über einen steilen Berghang, empfiehlt sich, ein wachsames Auge und Ohr nach oben zu haben. Fliehende Gemsherden lösen oft Steinschlag aus, und der zischende Warnpfiff ist das erste Anzeichen dieser Gefahr. Die besten Beobachtungen dieser wachsamen Tiere sind möglich, wenn man sich auf wenig begangenen Wegen einer Gratscharte nähert und vorsichtig den Kopf über die Kante hebt. Oft genug äst ein Rudel auf der anderen Seite nur wenige Meter entfernt. Steht der Wind richtig, kann man die Gemsen in aller Ruhe betrachten. Gemsen haben im übrigen keinen Bart, der ›Gamsbart‹ besteht aus den langen Granenhaaren aus dem Rückenstreifen älterer Böcke.

Steinböcke. Dieses schöne Tier mit seinen mächtigen Hörnern ist immer noch eine Seltenheit in den Alpen. Erst seit 25 Jahren wird versucht, kleine Herden wieder seßhaft zu machen. So kann man heute zwischen Valluga und Roggspitze am Arlberg ein

Rudel beobachten, ebenso an der Ellbogenspitze in den Allgäuer Alpen und im Silvretta Gebiet wechseln Tiere auf der Vorarlberger Seite.

Murmeltiere. Sie sind die bekanntesten Tiere der Alpenregion. Wohl jedes Kar, jeder Talschluß beherbergt mehrere Familien, deren Wachposten mit lauten Pfiffen die Ankunft eines Fremdlings verkünden und die Tiere in die Baue treiben. Ist die Gegend sonst wenig begangen, kann man, hinter einem Felsen versteckt, mit etwas Geduld ihre Wiederkehr abwarten. Besonders im Herbst sind die ›Murmelen‹ lustig anzusehen, wenn der angesetzte Winterspeck ihre Figur mehr breit als hoch erscheinen läßt und die sonst recht flinken Tiere mit behäbigem, watschelndem Gang Grasbüschel zu ihren Bauen tragen.

Schneehasen. Im Gegensatz zum allbekannten Meister Lampe verfärben sich die Bewohner der Felsenregion im Winter schneeweiß mit schwarzen Ohrenspitzen. Ist noch wenig Schnee gefallen, kann man ihn im Spätherbst gelegentlich ausmachen, oder der Skiwanderer hat im Frühjahr bis etwa März Gelegenheit, einen weißen Schatten auf aperen Flecken in Deckung huschen zu sehen. Im Sommer unterscheidet sich der Schneehase nur durch etwas kürzere Beine und kürzere Ohren von seinem Feldhasenverwandten.

Kleinere Säugetiere wie Wiesel und Mäuse findet man bis in die höchsten Grasregionen, die **Alpenwühlmaus** ist das am höchsten lebende Säugetier. Sie schützt sich im Winter nicht durch einen Winterschlaf, sondern legt ihre Fraßgänge (es handelt sich um Pflanzenfresser) so an, daß die eine Hälfte im Gras, die andere unter der Schneedecke liegt. Schmilzt der Schnee, kann man ihre Spuren im niedergepreßten Gras gut verfolgen und bekommt indirekt einen Einblick in ihre Lebenstätigkeit.

Fledermäuse. Sie werden auch in den Alpen selten. Man kann sie noch am ehesten sehen, wenn man bei Abendeinbruch vor einer Hütte sitzt, wo der Lichtschein Insekten anlockt und damit auch deren Verfolger, die sich mit ihren hohen spitzen Schreien zuerst bemerkbar machen. Die ungewöhnliche Hufeisennase ist eine große Rarität geworden. Abseits liegende Höhlen im Waldgürtel an den Südhängen der Kalkgebirge sind ihre bevorzugten Schlafräume.

Vögel. Hier kann man drei Lebensräume unterscheiden, in denen es sich lohnt, nach ungewöhnlichen Vertretern Ausschau zu halten. Als erstes sind die zusammenhängenden Waldgebiete zu nennen: Hier fallen von den Kleinvögeln die roten Kreuzschnäbel auf. Ihr Hauptfutter sind die Samen aus Fichtenzapfen, daher treten sie in ›Zapfenjahren‹ (der Fichtenzapfen braucht zwei Jahre zum Reifen) häufig auf, während sie sonst weit umherstreifen. Der in den Mittelgebirgen häufige Eichelhäher wird in den Bergwäldern von der ›Zirbengratschen‹ abgelöst, einem Häher mit schwarz-braun-weiß gesprenkeltem Federkleid. Er ist der Wachtposten der Wälder, der mit mißtönendem, überaus lautem Schnarren vor Fuchs und Wanderer warnt. Um die großen Hühnervögel wie Auerhahn oder Birkhuhn bei der Balz zu sehen, setzt man sich am besten mit den lokalen Jägern oder Förstern in Verbindung. Auerhähne balzen nur in der frühesten Morgendämmerung, so daß man ohne Führer kaum Gelegenheit haben wird, gerade dieses ungemein reizvolle Liebeswerben zu beobachten. Die Hennen bekommt man eher zu Gesicht, vor allem, wenn sie eine Schar Küken führen. Wenn beim Herumstreifen im Wald plötzlich ein großer, braungesprenkelter Vogel mit lautem Flügelklatschen vor einem auffliegt, dann muß man den Boden vor sich genau absuchen, um nicht unversehens auf ein Küken zu treten, das mit vollkommenem Tarnkleid eng an den Boden gepreßt auf die Wiederkehr seiner Mutter wartet.

Ganz anders verhalten sich die Hühnervögel der zweiten Region, dem eigentlichen Hochalpengebiet. Es ist die Domäne der Schneehühner. Im Sommer schwarz-braun-weiß gesprenkelt, ändern sie im Herbst ihr Federkleid zu einem reinen Weiß mit nur einem kleinen schwarzen Streifen unter dem Auge, das sie kaum von Schneeflecken unterscheiden läßt. Sie bewohnen gesellig, oft bis zu 30 Stück, die Gipfelfluren, besonders die steilen, schlecht zu begehenden Nordhänge. Man kann sie gut beobachten, wenn man seitlich, vielleicht von einer Scharte aus, hinter einem Felsen versteckt den Gipfelhang einsieht. Die ersten Anzeichen sind ein leises, gluckendes Rollen, das sich aber gut von den Geräuschen am Gipfel abhebt. Andere, kleinere Vögel der Hochalpen sind der graue Mauerläufer, der mit seinen karminroten Flügeln manchmal an den Felsen gesehen werden kann, ständig zwitschernde Felsenbraunellen meist in den Zwergstrauchheiden und die oft zahlreich auftretenden Bergfinken in den Geröllhalden. Alle drei sind Felsbrüter, so ist ihr Nachwuchs vor den Verfolgungen der Wiesel und Raubvögel geschützt. Die Berggipfel sind die Hauptgebiete der Bergdohlen und der selteneren Bergkrähen, sie tauchen nur durch starke Schneefälle gezwungen in den Tälern auf. Alpendohlen haben gelbe Schnäbel und dunkle Beine, Alpenkrähen dagegen rote Beine und Schnäbel, die beiden Arten können also leicht unterschieden werden. An den vielbegangenen Ausflugszielen wie Hafelekar bei Innsbruck oder im Rofangebirge am Achensee haben sich diese schwarzen Vögel an den Menschen gewöhnt und sind sehr zutraulich, ja geradezu frech geworden. Schon mancher Besucher hat sein Butterbrot verloren, das nur einen Meter hinter seinem Rücken auf dem Rucksack lag. Die Vögel sind hervorragende Flieger; sie nützen jeden Auftrieb und stehen minutenlang ohne einen Flügelschlag ruhig in der Luft. Immer noch selten sind Kolkrabe und Adler. Beide wurden fast vollständig ausgerottet, standen sie doch im Ruf, auch Lämmer zu stehlen. Man versucht jetzt durch Aussetzen von Jungtieren, diese schönen Vögel wieder heimisch zu machen.

Das dritte Gebiet, in dem man noch ungewöhnliche Beobachtungen machen kann, sind enge, tiefeingeschnittene Täler mit sprudelnden Gebirgsbächen. Wasseramseln, Uferschwalben und die gelbe Gebirgsstelze sind noch recht häufig, während der seltene Eisvogel wohl nur mehr im Lechtal gesehen werden kann.

Unter den **Fischen** steigt die Bachforelle am höchsten die Gebirgsbäche hinauf, man kann sie öfter im Schatten in einem kleinen Tümpel eines reißenden Wasserlaufs sehen. Die Mühlkoppe ist durch ihr ungewöhnliches Aussehen besonders bei Kindern beliebt, denen der kleine, flachgedrückte ›Dolm‹ beim Spielen am Bachufer auffällt.

Amphibien. Feuchte Schluchten, aber auch andere Naßstellen, wie Quellsümpfe oder Wiesenbächlein, sind bis weit über die Waldgrenze Fundstellen für den schwarzen Alpensalamander. Er hat sich dem kalten Klima dadurch angepaßt, daß er lebende, vollausgereifte Jungtiere in die Welt setzt, während sein Mittelgebirgsverwandter, der Feuersalamander, Jungtiere absetzt, die noch Außenkiemen tragen und daher erst eine Entwicklungszeit im Wasser durchmachen müssen. Bergeidechse und Blindschleiche, die auch zu den höchsten Bergbewohnern gehören, folgen diesem Entwicklungszyklus und bringen lebende Junge zur Welt. Ähnliches gilt für die Kreuzotter, die einzige Giftschlange Tirols. Sie behält die Eier im Körper und sucht warme Stellen auf, um die notwendige Reifetemperatur zu erreichen, die Jungen schlüpfen meist noch im Mutterleib. Dadurch kann die Schlange auch bis weit über die Baumgrenze aufsteigen und wird öfter in der Krummholzstufe oder in Blockhalden angetroffen. Der Biß der Kreuzotter ist für einen Erwachsenen zwar schmerzlich, aber nur äußerst selten tödlich. Die andere noch öfter vorkommende Schlange Tirols ist die Ringelnatter. Auch sie kann recht hoch steigen, tritt aber meist in den Seen- und Sumpfgebieten der Tallagen auf. Sie legt ihre Eier an Stellen ab, wo faulende Pflanzenreste die notwendige Bruttemperatur erzeugen. Die gefährlich giftigen Vipern, eigentlich Bewohner der Südalpen, dringen gelegentlich bis an die Südhänge des Zentralalpenkammes vor.

Auf die Vielfalt der **Insekten** muß besonders hingewiesen werden. Einerseits wird in den Alpen nicht mit Insektiziden gearbeitet, zum anderen fehlen über die Waldgrenze insektenfressende Vögel, so daß viele Formen hier ein Refugium gefunden haben, solange sie sich den Temperaturverhältnissen anpassen konnten. Auffallend sind vor allem die vielen Schmetterlinge. Bei den großen Formen überwiegen meist dunkel gefärbte Arten, wie die Bräunlinge (auch Mohrenfalter, *Erebia*-Arten, genannt), wohl eine Anpassung an die kalten Temperaturen, denn dunkle Flächen speichern Wärme. Andererseits sind Schmetterlinge abhängig von den Freßgewohnheiten ihrer Raupen, gerade die Erebia-Arten fressen meist Grasblätter, werden also oft auf den Grasheiden angetroffen werden, sie steigen bis 2600 Meter auf. Der schöne Apollofalter wird meist um Felsen gaukelnd gesehen, seine Raupen fressen Hauswurz und Fetthenne (*Sempervivum* und *Sedum*-Arten) und steigen ebenfalls weit über 2000 Meter an. Sein Vetter, der schwarze Apollo, kommt indessen nur bis etwa 1500 Meter vor, denn seine Raupe hält sich an Lerchensporn *(Corydalis sp.),* der nicht höher steigt. Auf die vielen anderen Insekten, Spinnen etc. kann hier nicht eingegangen werden.

Nur ein Lebensraum soll in diesem Zusammenhang noch erwähnt werden, die Eisregion. Sie hat gar keinen so ungastlichen Charakter, ist man nur klein genug und lebt vorwiegend von Pollen und Pflanzenresten. Ständig wehende Winde bringen immer Staub und Pflanzenreste mit; sie werden an der Oberfläche durch den abschmelzenden Schnee angereichert und dienen nun den Gletscherflöhen als Weide, die oft zu Millionen auf den Schneeflächen vorkommen und dann auch einem unaufmerksamen Beobachter auffallen. Der Gletscherfloh ist nur 2 mm lang und besitzt auf der Unterseite des Hinterleibes zwei als ›Sprunggabel‹ benutzte Borsten. Andere Tiere, die auch auf den Schneefeldern oder zumindestens am Rande davon leben, sind noch wenig erforscht, ihr Lebensraum läßt sich kaum im Laboratorium nachbauen. Doch wird auch hier jede ökologische Nische ausgefüllt, von der Larve im Wasser bis zur Raubfliege am Lande.

Floristisch und faunistisch interessante Einrichtungen

Viele Waldlehrpfade und Zirbenhöhenwege (zum Beispiel *Patscherkofel bei Igls*). Bei *Sillian i. O.* ein Höhenalpinlehrpfad in 2000 Meter Höhe.

Reutte: Alpenblumengarten auf der Höfener Alm
Wörgl: Kräuter Lehr- und Schaugarten
Karwendel: Landschaftsschutzgebiet Ahornböden
Virgental/Osttirol: Zukünftiger Nationalpark Hohe Tauern

Innsbruck: Alpenzoo, einziger Tiergarten Europas, der sich ausschließlich mit der Erhaltung und Erforschung der Alpentiere befaßt.
Aurach bei Kitzbühel: Wildpark Tirol
Maurach-Eben am Achensee: Bergwild-Forschungsgehege
Osttirol: Wildpark Aßling

Anmerkungen

1 Erich Egg, Kunst in Tirol – Baukunst und Plastik; 2., durchgesehene Aufl., Innsbruck 1973, S. 326
2 Theodor Müller, Gotische Skulptur in Tirol; Bozen – Innsbruck – Wien 1976, S. 17
3 Erich Egg, Aus der Geschichte des Bauhandwerks in Tirol; Innsbruck 1967, S. 57f.
4 Zitiert nach: Franz Prinz zu Sayn-Wittgenstein, Der Inn; 3. Aufl., Passau 1971, S. 135
5 Erich Egg, Kunst in Tirol – Baukunst und Plastik; a. a. O., S. 316
6 Vergleiche hierzu: Krista Hauser, Skyline in den Alpen; in: Merian-Heft 10/28. Jhg., S. 8
7 Erich Egg, Kunst in Tirol – Baukunst und Plastik; a. a. O., S. 312
8 Rupert Kerer, Die Stiefkinder an Isel und Drau; in: Merian-Heft 11/27. Jhg., S. 19
9 Theodor Müller, Gotische Skulptur in Tirol; a. a. O., S. 19f.
10 Vergleiche zu diesem Kapitel: Erich Egg, Der geistliche Baudirektor Franz de Paula Penz; in: Kunst in Tirol – Baukunst und Plastik; a. a. O., S. 194 und 196
11 Gertrud Fussenegger, Kindheit im Oberland; in: Merian-Heft 4/14. Jhg., S. 42f.
12 Franz Caramelle, Die Stamser Alm – Ein vergessenes Juwel des Tiroler Barock; Sonderdruck aus: Tirol – immer einen Urlaub wert; Nr. 1, Innsbruck 1972/1973
13 Franz Caramelle, ebd. S. 61 und Anmerkung S. 63
14 Dehio-Handbuch Tirol, 4., neubearb. Aufl., Wien 1973

Literaturhinweise

GERT AMMANN, Das Tiroler Oberland (= Österreichische Kunstmonographie Band IX); Salzburg 1978

JÜRGEN BÜCKING, Frühabsolutismus und Kirchenreform in Tirol; Wiesbaden 1972

FRANZ CARAMELLE, Die Stamser Alm – Ein vergessenes Juwel des Tiroler Barock; Sonderdruck aus: Tirol – Immer einen Urlaub wert, Nr. 1, Innsbruck 1972

ERICH EGG, Das Tiroler Unterland (= Österreichische Kunstmonographie Band VI); Salzburg 1971

ders., Kunst in Tirol – Malerei und Kunsthandwerk; Innsbruck 1972

ders., Kunst in Tirol – Baukunst und Plastik; 2., durchgesehene Auflage, Innsbruck 1973

ders., Aus der Geschichte des Bauhandwerks in Tirol; Innsbruck 1967

HEINRICH HAMMER u. a., Tirol, Dehio-Handbuch; 4., neubearbeitete Auflage (von Heinz Mackowitz), Wien 1973

LUDWIG KNAPP, Sommerliches Brauchtum in Tirol. In: Heft Tyrol Nr. 10, Innsbruck 1956

ders., Winterliches Brauchtum in Tirol. In: Heft Tyrol Nr. 11, Innsbruck 1956

HEINRICH LÜTZELER (Herausg.), Österreich ohne Wien (Athenäum-Kunst-Reiseführer), bearbeitet von Walther E. Buchowiecki; Bonn 1957

HEINZ MACKOWITZ u. a., Reinhart der Metallbildhauer; 2., verbesserte Auflage, Innsbruck o. J.

FRANZ N. MEHLING (Herausg.), Österreich, Knaurs Kulturführer in Farbe; München – Zürich 1977

MERIAN-HEFTE
- Tirol, nördlich des Brenner, 14. Jhg., Heft 4, 1961
- Tirol, Heft 11/XXVII, 1974
- Osttirol, 15. Jhg., Heft 11, 1962
- Südtirol, Heft 9/XXVI, 1973
- Innsbruck, Heft 10/XXVIII, 1975

KARL OETTINGER (Herausg.), Reclams Kunstführer Österreich, Band II, 4. Auflage; Stuttgart 1974

MEINRAD PIZZININI, Lienz – Ein Führer durch Geschichte und Gegenwart; Lienz o. J.

ALFRED PROKESCH, 9 mal Österreich; München 1969

JOSEF RINGLER, Tiroler Schemenbräuche. In: Heft Tyrol Nr. 5; Innsbruck 1954

L. W. ROCHOWANSKI, Unser Land mit unseren Augen; Wien 1949

FRANZ PRINZ ZU SAYN-WITTGENSTEIN, Der Inn; 3. Auflage, München 1971

ADOLPH SCHAUBACH, Die Deutschen Alpen; Jena 1846

HERBERT SCHINDLER, Barockreisen in den Alpenländern Österreichs; 2., durchgesehene Auflage, München 1973

JOACHIM SCHONDORFF, Österreich; Olten und Freiburg i. Br. 1975

LEOPOLD WAGNER (Herausg.), Hall in Tirol – gestern, heute, morgen –; Innsbruck 1978

JOSEF WEINGARTNER, Tiroler Burgen, Schlösser und Ansitze; Innsbruck 1971

Bildnachweis

Farbabbildungen

Bahnmüller, Gelting 17, 30, Umschlaginnenklappe
Eder, Gräfelfing 3, 4, 12, 18, 29, 34, 35
Francke, Hamburg 15
Hardt, München 44, 47
Ligges, Flaurling 41, 43
Löbl, Bad Tölz 1, 5, 8, 10, 20–24, 28, 31–33, 42, 53–57, 60, Umschlagvorderseite, Umschlagrückseite
Neumeister, München 11, 16, 36, 37
Paysan, Stuttgart 45, 46, 48, 49
Pfistermeister, Fürnried 2, 6, 13, 39, 40, 50
Ritzel, Mörfelden 19
Schneiders, Lindau 14, 25–27, 51, 52, 58

SW-Abbildungen

Bahnmüller, Gelting 1–3, 6, 8, 9, 12, 13, 26, 48, 52, 91–94, 97
Demanega, Innsbruck 90
Jeiter, Aachen 4, 10, 17, 56, 80
Neumeister, München 27–29, 31, 33, 34, 40–43, 47, 53, 85, 103, 105, 106
Löbl, Bad Tölz 14–16, 18, 20–22, 24, 25, 30, 32, 35, 44, 45, 49, 54, 55, 57–60, 63–79, 81, 83, 86, 88, 95, 98, 100, 102, 104
Pfistermeister, Fürnried 5, 7, 11, 19, 23, 50, 51, 82, 84, 89, 99, 101
Schneiders, Lindau 33, 37–39, 46, 87, 96

Textabbildungen

Abb. S. 19 mit freundlicher Genehmigung des Besitzers
Abb. S. 26, 73, 121, 127, 167, 169, 196, 198, 207 entnommen aus Erich Egg, Kunst in Tirol. Baukunst und Plastik, mit freundlicher Genehmigung des Autors
Abb. S. 55, 61 entnommen aus K. Atz, Kunstgeschichte von Tirol und Vorarlberg, Innsbruck 1909
Abb. S. 69 entnommen aus S. Enzenberg, Schloß Tratzberg, Innsbruck 1958 (= Schlernschriften 183)
Abb. S. 75 Löbl, Bad Tölz
Abb. S. 76 aus dem ›Schwazer Bergbuch‹. Tiroler Landesmuseum Ferdinandeum
Abb. S. 78, 253 A. Demanega, Innsbruck
Abb. S. 92 Albrecht Dürer, Innsbruck nach Süden. Wien Albertina
Abb. S. 166, 169, 172, 194/195, 208, 214/215 Tiroler Landesmuseum Ferdinandeum (Foto: A. Demanega)
Abb. S. 173 entnommen aus H. Schnell, Kunstführer Nr. 444; München 1973
Abb. S. 223 Bahnmüller, Gelting
Abb. S. 242, 245, 256, 257, 264 entnommen aus Gert Ammann, Das Tiroler Oberland, Salzburg 1978
Abb. S. 277, 281, 297, hintere Umschlaginnenklappe: Die Vorlagen stammen von Inge und Helmut Wopfner, Overath

Alle anderen Vorlagen stellte der Autor zur Verfügung

Raum für Ihre Reisenotizen

Anschriften neuer Freunde, Foto- und Filmvermerke, neuentdeckte gute Restaurants, etc.

Praktische Reisehinweise
(unter Mitarbeit von Peter Köb)

Die folgenden Hinweise beschränken sich weitgehend auf Hilfe bei der Urlaubsvorbereitung und auf landeskundliche Informationen. Einzelne, wegen ihrer landschaftlichen Schönheit besonders lohnenswerte Ausflugs- oder gar Urlaubsziele sind in den voraufgegangenen Kapiteln gewürdigt.

Viele Wege führen nach Innsbruck

Grenzübergänge

Die ›populärste‹ Grenzstation zwischen der Bundesrepublik Deutschland und Österreich ist zweifellos der *Autobahn-Grenzübergang bei Kufstein.* Obwohl es an dem etwa 15 Kilometer langen, von Norden nach Süden verlaufenden Grenzabschnitt entlang des Inn nicht weniger als fünf Zollstellen gibt, konzentriert sich hier der Grenzverkehr. Ihm zu entgehen, sollen die nachfolgenden Tips ermöglichen.

In der Regel fährt man von Rosenheim in östlicher Richtung nach Salzburg. Doch auch Tirol ist zu erreichen, wenn man die Autobahn bei Bernau verläßt und über die Deutsche Alpenstraße nach Süden fährt. In Marquartstein muß man sich dann entweder für die landschaftlich reizvolle *Klobensteinpaßstraße* (B 307) oder für die ebenso schöne Strecke über *Reit im Winkl* (B 305) entscheiden. Wer den östlichen Landesteil Nordtirols, das Kaisergebirge oder die Kitzbüheler Alpen besuchen möchte, sollte diese Grenzübergänge wählen.

Außer der stark frequentierten Autobahn über Kufstein führen zwei andere Strecken von München nach Innsbruck. Die eine zweigt bei Holzkirchen von der A 8 ab und bringt uns links oder rechts am Tegernsee vorbei zum *Achenpaß.* Von der dortigen Grenzstation sind es nur wenige Kilometer zum Achensee und ins Inntal. Noch kürzer ist der Weg entweder über die A 95 über Garmisch oder über die B 11 am Kochel- und Walchensee vorbei nach *Mittenwald* (Abzweigung ins landschaftlich reizvolle Leutaschtal). Von Mittenwald geht es über den *Scharnitzpaß* (15 % Steigung) nach Tirol.

Während die Zollabfertigung an den beiden Grenzübergängen westlich von Garmisch – *Griesen / Eibsee* und *Ammersattel* – in der Regel sehr rasch abläuft, herrscht bei *Füssen* wieder starker Verkehr. Last- und Personenwagen fahren nach Reutte, wo sich die Straße gabelt: nach Süden über Lermoos-Nassereith und Imst ins Inntal, nach Südwesten ins Lechtal. Hierher führt auch die recht ruhige

Straße von Sonthofen über den *Oberjochpaß*.

Den Beginn des tirolischen Inntals erreicht man entweder von der Schweiz aus bei *Martina/Nauders* oder über den wildromantischen *Finstermünz-Engpaß*. (Westlich liegt die zollfreie Zone Samnaun.) Wer von Italien kommt, benutzt den 1510 Meter hoch gelegenen Reschenpaß, der neben dem Brenner zu den wintersichersten Alpenübergängen zählt. Um den vielbefahrenen *Brenner* zu vermeiden, sollte man von Meran durch das schöne Passeiertal zum *Timmelsjoch* hinauffahren und von dort ins Ötztal hinab. (Achtung: nur im Sommer geöffnet!)

Aber man kann ja auch südlich des Alpenhauptkammes bleiben, um ins österreichische Tirol zu gelangen, nämlich ins Defereggental nach Osttirol über den *Stallersattel* oder bei *Vierschach/Arnbach* vom Südtiroler ins Osttiroler Pustertal.

Schließlich sei aber auch ein Grenzübergang erwähnt, der sich am westlichen Stadtrand von *Innsbruck* befindet: der *Flughafen*. Die Fluggesellschaft Tyrolean Airways hat neben der innerösterreichischen Verbindung Wien – Innsbruck auch einen Direktflug von Zürich eingerichtet und will demnächst ihr Linienprogramm auch auf Frankfurt ausdehnen.

Tirol als Verkehrskreuz im Alpenraum

Zwei grundlegende Tatbestände haben das ›Tiroler Verkehrskreuz‹ geprägt: das unveränderliche Gebirgsrelief und die im Wandel der Zeiten sich ändernden Verkehrsbeziehungen.

Nirgends im Verlauf des 1000 km langen Alpenbogens weist das Gebirgsrelief eine derart gute Durchgängigkeit auf wie im Tiroler Alpenraum. Hier liegen die niedrigsten und wintersichersten Pässe, der Brenner (1372 m) und der Reschenpaß (1510 m). Zu ihnen führen sanft ansteigende Täler und zwar nördlich des Alpenhauptkammes das Inn- und das Wipptal, südlich das Etsch- und das Eisacktal. Daneben tragen kleinere Pässe und Joche zur verkehrstechnisch günstigen Überwindung der Alpen in Tirol bei, so der Fernpaß (1209 m), der Seefelder Sattel (1185 m) und der Achenpaß (941 m).

Im Verlauf der Geschichte haben die genannten Verkehrswege wesentliche Veränderungen erfahren. Vorrangig ausgebaut und genutzt wurden zunächst die Nord-Süd-Verbindungen, und erst mit der Blütezeit des Bergbaus in Schwaz und Hall begann ein nennenswerter Ost-West-Verkehr.

Seiner Rolle als Transitland ist Tirol durch den Ausbau alter und die Schaffung neuer Verkehrswege auch unter schwierigen topographischen Bedingungen gerecht geworden. Vorrang hatte immer das Straßenbauprogramm, das in der jüngsten Vergangenheit im Bau der Brennerautobahn, der ersten alpenüberquerenden Autobahn, einen vorläufigen Höhepunkt fand. (Sie ist mautpflichtig. Wer die Gebühr sparen möchte, sollte die alte Brennerstraße benutzen und sich bei der Gelegenheit die verschiedenen kleinen Paßorte anschauen, s. S. 200ff.) Als Ost-West-Achse konnte bisher die Inntal-

Autobahn von Kufstein bis Telfs fertiggestellt werden.

Eisenbahnverkehr

Drehscheibe für den Eisenbahnverkehr ist Innsbruck. Hier laufen die wichtigsten, im folgenden aufgeführten Streckenführungen zusammen.

1. *Innsbruck – Kufstein:* Die zweigleisig ausgebaute, sehr stark frequentierte Strecke (hier fährt auch der TEE ›Mediolanum‹ von München nach Mailand) hat für den innerösterreichischen Zugverkehr große Bedeutung, weil der ›Transalpin‹ und die Städteschnellzüge nach Innsbruck und Bregenz über Rosenheim als Korridorzüge nach Salzburg geführt werden. (Fahrzeitersparnis!)
2. *Innsbruck – Kitzbühel – Hochfilzen:* Diese Linie folgt bis Wörgl der oben genannten Strecke und zweigt dann nach Kitzbühel durch das Brixental ab.
3. *Innsbruck – Brenner:* Die 1862–1867 gebaute Brennerbahn ist hoffnungslos überlastet. In verkehrsstarken Perioden stauen sich die Güterzüge bis nach Süddeutschland bzw. Oberitalien.
4. *Innsbruck – Arlberg:* Die Bahn fährt durch das Oberinntal nach Landeck und mündet bei St. Anton in den 10 km langen Arlbergtunnel ein. Sie bedient den Verkehr nach Vorarlberg und in die Schweiz.
5. *Innsbruck – Scharnitz:* Diese Gebirgsstrecke führt über Seefeld nach Scharnitz und Garmisch-Partenkirchen. Von hier gelangt man auch nach Reutte, wodurch das Außerfern mit Innsbruck durch eine Bahn verbunden ist.
6. *Innsbruck – Lienz:* Mittels eines Korridorzuges kann man über das Pustertal nach Osttirol gelangen. Der Zug fährt zum größten Teil über italienisches Gebiet.

Klima

Je nach Wahl des Urlaubsortes trifft man auf das Reizklima des Hochgebirges oder das Schonklima des Mittelgebirges, wobei die beiden Formen nicht selten auch ineinander übergehen.

Das Hochgebirgsklima (über 800 m) mit seinem geringen Luft-, Wasserdampf- und Sauerstoffdruck vermittelt – vor allem bei Schönwetter durch intensive Sonnenbestrahlung – das Gefühl von Leichtigkeit und Frische. Dagegen wirkt das Mittelgebirgsklima (500–800 m) durch ausgleichende Faktoren. Der Urlaubsmediziner empfiehlt den Aufenthalt hier deshalb nicht nur zur Nachbehandlung von Herzinfarkten, sondern überhaupt zur Erholung von den physischen Belastungen des Alltags.

Wandern und Sport

Für Spaziergänger und Wanderer

sind auch im unmittelbaren Bereich der Siedlungsgebiete Erholungsräume geschaffen worden. Die sogenannten ›*Forstmeilen*‹ sind seit 1974 ein wesentliches Element der Landschaftsgestaltung geworden. Zahlreiche *Waldlehrpfade* helfen, die Natur näher kennenzulernen; für Kinder wurden außerdem *Waldspielplätze* angelegt. Auskunft erhält man wie immer von den jeweiligen Verkehrsämtern oder von der Österreichischen Fremdenverkehrswerbung (einige Anschriften auf S. 323).

Die örtlichen Verschönerungsvereine haben *Wanderwege* angelegt. Sie führen durch Wälder und Wiesen (lassen Sie sich nicht von weidenden Kühen abschrecken, doch erschrecken auch Sie diese nicht!) und ohne große Steigungen an Berghängen entlang. Aber auch überregionale Wanderrouten hat man eingerichtet. Als Beispiel sei der ›Speckbacherweg‹ erwähnt (benannt nach dem Tiroler Freiheitskämpfer), der von Rinn bei Innsbruck entlang der Mittelgebirgsdörfer Lans und Patsch bis nach Ellbögen im Wipptal führt.

Bergwandern und Bergsteigen

Die alten Regeln scheinen selbstverständlich, doch wer gesehen hat, wie junge Mädchen mit Sandalen oder Stöckelschuhen Zweitausender zu erklettern versuchten, der hält nichts mehr für überflüssig. Deshalb: Erkundigen Sie sich am Ort nach den Weg- und Bergverhältnissen. Überprüfen Sie Ihre Ausrüstung; festes Schuhwerk mit Profilsohle benötigen Sie in jedem Fall. Auch bei Tagestouren sollte man einen Anorak mitnehmen, denn das Wetter kann im Gebirge plötzlich umschlagen. (Gewitter kommen meist in den späteren Nachmittagsstunden.) Im Winter brauchen Sie zusätzlich eine Sonnenbrille und Hautschutz. Beachten Sie den Lawinenwarndienst! Haben Sie Respekt vor den Kräften der Natur, und schätzen Sie Ihre eigenen richtig ein. Vor mehrtägigen Touren müssen Sie sich in den Talorten – besonders vor Beginn und gegen Ende der Hauptreisezeit – über die Bewirtschaftungszeiten der *Berghütten* informieren. Der Alpenverein unterhält in den einzelnen Alpenregionen Hütten, in denen man in der Regel bis zu drei Tagen übernachten kann. Aufgenommen werden alle Wanderer, doch genießen Mitglieder des Deutschen und Österreichischen Alpenvereins und anderer Alpiner Vereine bei der Quartiervergabe Vorrang (bis 19 Uhr). Vorbestellungen sind für Einzelwanderer höchstens in den Stoßzeiten notwendig. Die bewirtschafteten Schutzhütten bieten volle Verpflegung; die Preise hierfür sind je nach Höhenlage verschieden. Der Transport verursacht zusätzliche Kosten, und man zahlt auch einen sogenannten Rettungsgroschen für Ankauf und Pflege alpinen Rettungsgeräts. Die Ausstattung dieser Hütten ist unterschiedlich. Einzel- oder Doppelbettzimmer können nicht immer zur Verfügung gestellt werden; oft muß man sich in einem Gemeinschaftslager mit Matratze und Wolldecke begnügen. Von jedem Gast wird hier besondere Rücksichtnahme erwartet. (Nach 22 Uhr ist Ruhe zu halten.)

Die für das Bergwandern gültigen Regeln gelten erst recht für das Bergsteigen. Daß hierfür eine besonders sorgfältige Vorbereitung notwendig ist, leuchtet ein.

Vertrauen Sie sich den geprüften und behördlich zugelassenen *Berg- und Skiführern* an. Das durch eine Tarifordnung bestimmte Honorar schwankt je nach Personenzahl und Schwierigkeitsgrad der Tour zur Zeit um 1000,– S pro Tag. Im April/Mai und Juli/August kann es geschehen, daß kurzfristig kein Führer frei ist. Wenn Sie also sicher sein wollen, ›Ihren‹ Führer für eine bestimmte Tour zu engagieren, können Sie schon vorher brieflich Kontakt mit ihm aufnehmen. Anschriften erhalten Sie von der Tiroler Fremdenverkehrswerbung, A-6010 Innsbruck, Bozner Platz 6; Tel. 05 22/2 07 77. An vielen Orten gibt es auch regelrechte Bergwander- und Bergsteigerschulen, die unter der Leitung autorisierter Berg- und Skiführer stehen.

Schließlich sei darauf hingewiesen, daß Sie in den einzelnen Regionen unterschiedlich gestaltete ›Wandernadeln‹ erwerben können (Österreichischer Wanderschuh, Goldener Rucksack, Zugspitz-Alpinnadel, Bergwacht-Wanderabzeichen und andere).

Wintersport im Sommer

Sommerskilauf ist möglich:

Hintertux/Tuxerferner (2600–3215 m)
Die Zillertaler Gletscherbahnen sind ganzjährig in Betrieb. Mehrere Abfahrten, die längste 2 km lang.
Auskunft: Fremdenverkehrsverband Tux, A-6293 Lanersbach; Tel. 52 87-2 07.

Hochgurgl/Wurmkogel (2450–3085 m)
Auskunft: Fremdenverkehrsverband Innerötztal, A-6450 Sölden; Tel. 52 54-22 12.

Sölden/Ötztal/Rettenbachferner
(3000–3200 m)
Auskunft: Fremdenverkehrsverband Innerötztal (s. o.) und Gletscherbahn AG, A-6450 Sölden; Tel. 52 54-23 61.

Kaunertal/Gletscherskigebiet
(2750–3120 m)
Auskunft: Fremdenverkehrsverband Feichten-Kaunertal, A-6524 Feichten; Tel. 54 75-2 27 und Fremdenverkehrsverband Prutz-Faggen-Fendels, A-6522 Prutz; Tel. 54 72-5 37 (65 37) und 54 72-2 67 (62 67).

Neustift/Stubaital/Gletscherskigebiet
(2600–3200 m)
Auskunft: Fremdenverkehrsverband, A-6167 Neustift; Tel. 52 26-22 28 oder 24 88 und Wintersport Tirol AG, A-6020 Innsbruck, Adamgasse 3–7; Tel. 52 22-2 97 46.

Sommerrodelbahnen:

Leutasch Länge 1200 m mit 50 Kurven und Schikanen; bis zu 24% Gefälle. Rodelverleih an der Bahn.

St. Johann i. T. Länge 730 m mit 35 Kurven und Schikanen; 16–24% Gefälle. Rodelverleih an der Bahn.

Wassersport und andere Sportmöglichkeiten

Segelmöglichkeiten:

Achensee Segelschule und Kurse für Windsurfing.

Plansee (bei Reutte) Eigene Boote sind mitzubringen. Windsurfingschule.

Stausee Durlaßboden (bei Gerlos) Segelschule.

Walchsee (bei Kufstein) Segelbootverleih. Kurse für Windsurfing.

Wasserskilauf:

Schwarzsee (bei Kitzbühel) Elektrisch angetriebener Rundkurs.

Walchsee (bei Kufstein).

Motorbootfahren:

Boote mit Verbrennungsmotoren sind auf allen Tiroler Seen verboten. Auf dem Achensee sind auch Elektroboote untersagt; auf allen anderen Seen sind sie bis zu einer Leistung von 500 Watt zugelassen.

Über andere Sportmöglichkeiten (zum Beispiel Tennis, Squash, Reiten, Golf, Angeln) geben die regionalen und örtlichen Fremdenverkehrsverbände Auskunft. (Fischen ist nur mit behördlicher Bewilligung in Form der Fischereikarte erlaubt.)

Museen

Innsbruck

Von den zahlreichen Museen, Galerien und Ausstellungen in der Landeshauptstadt sei auf folgende besonders hingewiesen:

Tiroler Landesmuseum Ferdinandeum, Museumstraße 15 (s. S. 163): Sammlungen zur Ur- und Frühgeschichte, bedeutende Gotiksammlung, Niederländergalerie, Kunstgewerbe und anderes – Umfangreiche Bibliothek.

Landeskundliches Museum im Zeughaus Kaiser Maximilian I., Zeughausgasse (s. S. 164): Landeskundliche Sammlungen, Bergbaugeschichte, Kartographie, Relief des Zillertales, Landesverteidigung (mit Schwerpunkt auf dem Jahr 1809).

Tiroler Volkskunstmuseum, Universitätsstraße 2 (neben der Hofkirche; s. S. 163): Sammlung alter Tiroler Nationaltrachten von Nord- und Südtirol, Bauernstuben von der Gotik bis zum Rokoko, sakrale und profane Volkskunst, große Krippenschau.

Schloß Ambras (s. S. 90): Kunst- und Wunderkammer des 16. Jahrhunderts, Waffensammlung.

Bergisel-Kaiserjägermuseum: Teil der Gedenkstätte zur Erinnerung an den Tiroler Freiheitskampf 1809. Andreas-Hofer-Galerie und Landesehrenhalle.

Bergiselpanorama: Riesenrundgemälde der Schlacht am Berg Isel, Rennweg 39, an der Hungerburgbahn-Talstation.

Regionale Heimatmuseen

Überall im Lande sind Heimatmuseen eingerichtet, die in ihren Sammlungen regional unterschiedliche Schwerpunkte setzen. An dieser Stelle kann nur eine Auswahl angeboten werden.

Alpbach, Bauernhof-Museum. Vollständig eingerichteter Tiroler Bauernhof.

Fulpmes, Schmiedemuseum. Ausstellung zur Schmiedetradition in Fulpmes.

Hall i. T., Stadtmuseum (im Nordwesttrakt der Burg Hasegg). Ausgrabungsfunde, Münzen und anderes.

– *Münzerturm.* Hier können auch nach historisch überlieferten Methoden eigenhändig Münzen geprägt werden.

– *Bergbaumuseum* (Oberer Stadtplatz). Darstellung des Bergbaubetriebes in natürlichen Größenverhältnissen (Stollen, Schächte, Bohrmaschine, Rutschbahn, Gesteinsproben).

Imst, Heimatmuseum mit prähistorischen Funden, Schemen- und Krippensammlung.

Jenbach/Stans, Schloß Tratzberg (s. S. 68ff.).

Kramsach, Freilichtmuseum mit originalgetreu wiederaufgebauten Tiroler Bauernhäusern (s. S. 60).

– *›Musterfriedhof‹*: zusammengetragene Marterl mit deftig-sinnigen Grabsprüchen.

Nassereith, Fasnachtmuseum im Gemeindeamt.

Wattens, Rätersiedlung am ›Himmelreich‹. Ausgegrabene rätische Siedlungsanlage (4.–1. Jahrhundert v. Chr.).

– *Heimatmuseum:* Fundmaterial aus einem freigelegten Urnenfeld (18.–13. Jahrhundert v. Chr.).

Dölsach/Osttirol, ›Aguntum‹, Ausgrabungsstätte (s. S. 197).

Lienz/Osttirol, Heimatmuseum auf Schloß Bruck (s. S. 171f.). Ausgrabungsfunde aus Aguntum und Lavant. Egger-Lienz-Galerie.

Die Öffnungszeiten sind unterschiedlich. Manche Museen sind nur an einem Tag der Woche zu besichtigen, oder sie werden nach Vereinbarung geöffnet. Ein Anruf bei der jeweiligen Fremdenverkehrswerbung hilft, vergebliche Wege zu vermeiden. Und noch ein Tip: Unter orts- und sachkundiger Führung kann selbst das bescheidenste dörfliche Heimatmuseum zum Erlebnis werden. Es lohnt sich deshalb, gerade in den kleinen Orten nach einem Führer zu fragen, mit dem man vielleicht eigens einen Termin vereinbaren kann. Auch an einem Regentag wird dann der Museumsbesuch mehr als eine Verlegenheitslösung sein.

Brauchtum und Jahreskreis

Sogenannte ›Tiroler Abende‹, Platzkonzerte heimischer Trachtenmusikkapellen, Kirchweih- und andere Dorffeste werden in fast jedem Ort des Landes veranstaltet. Darin den Kern Tiroler Brauchtums zu entdecken, wird Einheimischen und Gästen nicht leicht gemacht. In den Heimatmuseen kann man diese Spuren am ehesten verfolgen, aber hier und da sind die alten Bräuche auch heute noch gelebte Tradition. Wenn sie zum großen Teil auch heidnischen Ursprungs sind, soll, um sie vorzustellen, doch das Kirchenjahr den ›roten Faden‹ bilden.

In die Adventszeit fällt der *Barbaratag* (4. Dezember). Man schneidet einen Zweig vom Kirschbaum, damit er zu Weihnachten in der warmen Stube blühe und dem ganzen Hause Glück bringe. St. Barbara ist die Schutzpatronin der Bergleute und Artilleristen, die an diesem Tag in ihren Trachten und Uniformen zur

Kirche ziehen. St. Nikolaus (6. Dezember) ist nicht nur für die Kinder ein willkommener Tag. Mancherorts (zum Beispiel im Zillertal, in Schwaz und in Gerlos) werden *Nikolausspiele* aufgeführt, in denen neben dem Heiligen auch profane Figuren auftreten, deren Darsteller die Gelegenheit zu allerlei Anspielungen auf aktuelle Ortsereignisse nutzen.

Heidnische und christliche Elemente mischen sich im Brauch des ›*Anklöpfelns*‹. An den letzten drei Donnerstagen vor Weihnachten ziehen die Anklöpfler von Haus zu Haus und singen ihr Klöpfllied. Dabei kann es wild und dämonisch zugehen oder auch feierlich wie in Stans bei Schwaz. Dort singt ein »Hoherpriester«, umgeben von in Schwarz und Weiß gekleideten Leviten, sein »Gesätz«, und Gott Bacchus hält ihm dazu das dicke, schwere Buch und blättert die hölzernen Seiten um.

Am Vorabend von *St. Thomas* bäckt man den Weihnachtszelten, ein süßes Brot mit getrockneten Birnen, Feigen und Nüssen. Hier und da geht wohl auch noch der Bauer mit der Glutpfanne (Räucherpfanne) durch Haus und Hof, um seinen Besitz zu segnen. Der Thomastag selbst ist dann der bevorzugte Schlachttag.

Am 6. Januar klingt die Weihnachtszeit mit dem *Sternsingen* aus, und es ist üblich, die als Heilige Drei Könige verkleideten Jungen zu beschenken.

Etwa ein halbes Dutzend verschiedener *Fastnachtsbräuche* hat sich erhalten. Ihnen allen gemeinsam ist das ›Laufen‹, sowohl als Namensteil wie auch in der aus kultischen Tänzen entwickelten Form. Ob ›Schemenlaufen‹ in Imst, ›Schleicherlaufen‹ in Telfs und Nassereith oder das ›Huttlerlaufen‹ in der Umgebung von Innsbruck, sie alle haben ihren Ursprung in jener Zeit, als man mit dem stampfenden, hüpfenden Springtanz über die gefrorenen Felder die Lebensgeister der Saat aufwecken und durch dröhnenden, mittels umgehängter Schellen und Kuhglocken erzeugten Lärm die bösen Dämonen vertreiben wollte. Auch die verschiedenen Vermummungen als Hexen, Riesen und Zwerge und die Zentralfiguren der ›Roller‹, ›Hütltuxer‹ oder ›Spiegeltuxer‹ mit den entsprechenden Kostümen haben ihren uralten Sinn.

In Erl und Hinterthiersee beginnen etwa zu dieser Zeit die Proben zu den *Passionsspielen,* die jahrhundertealte Tradition besitzen. Die Tage um Ostern haben für die Bergbauern seit jeher eine besondere Bedeutung. Der Frühling befreit das Land von den Gefahren, denen es im Winter ausgesetzt war, und weckt die Natur zu neuem Leben. Im Paznauntal steckt man geweihte Palmzweige in den Acker, damit die Saat vom Spätfrost verschont bleibe. Und im Brixental werden bei Gewitter Eier, die am Gründonnerstag gelegt wurden, vor die Haustüren gebracht, weil man glaubt, sie könnten den Besitz vor Überschwemmung und Vermurung schützen.

Maifeiern um den geschmückten Maibaum, prunkvolle *Fronleichnamsprozessionen* unter Beteiligung der Trachtenmusikkapellen und *Sonnwendfeuer* gehören, wie in anderen Landschaften, auch in Tirol zum Festprogramm des Frühlings und Sommers.

Wann der *Almabtrieb* stattfindet, wird in den einzelnen Orten immer erst Ende

August/Anfang September kurzfristig festgelegt. Man sollte in seinem Urlaubsort unbedingt versuchen, diesen Brauch mitzuerleben, der sich trotz Technisierung der Landwirtschaft und Entwicklung des Tourismus bis heute erhalten hat. Immer noch ziehen die geschmückten Kühe zu Tal, voran die ›Moarin‹, die beste Milchspenderin des Almsommers, als Kranzkuh, und hat es in den vergangenen Monaten dort oben eine Seuche gegeben oder ist Vieh durch Unwetter umgekommen, tragen die Tiere schwarze Bänder am Glockenriemen.

Maurach-Eben am Achensee begeht in diesen Septembertagen das Fest der heiligen Dienstmagd Notburga mit einer prächtigen Prozession durch die Wiesen und Felder der Gemeinde.

Diese wenigen, kurzen Hinweise sollen weder als kulturgeschichtliche Arbeit, noch als umfassende Aufzählung verstanden werden. Jeder Reisende kann an seinem Urlaubsort weitere oder andere Formen des Brauchtums kennenlernen, und in jedem Falle lohnt sich dann der Versuch, Einblick in den Sinn solcher Traditionen zu bekommen.

Wo und was ißt man in Tirol?

»Dort findet der harmlose Wanderer nicht allein Litaneien, Rosenkränze und Andachten, sondern ... gute Weine, statt unaufhörlichen Kalbsschnitzeln einen unerschöpflichen Schatz von Forellen, Hühnern, ... Rehböcken ... sowie eine Freundlichkeit und Aufmerksamkeit des Empfangs und der Pflege, über welcher er selbst die Wirthin ... vergessen könnte.«

Ludwig Steub, 1869

Das ›Durchgangsland‹ Tirol mußte zwangsläufig zu einem Land der Gastlichkeit werden. Alte Urkunden erwähnen *Kloster-Hospize* (zum Beispiel St. Christoph am Arlberg), und nach deren Muster richteten Pfarrherren weitere Herbergen ein, die ›*Widum*‹ genannt werden. (Mit Ausnahme des Widums von Navis – »Hier der Wirt ein Seelenhirt, auf Euer ewiges Wohl bedacht sein wird« – mußten sie später auf Verlangen der Bischöfe von Brixen und Innsbruck aufgelassen werden.)

Wirt und Wirtin sind in Tirol sehr angesehen. In einer Zeit, in der politische Tagesereignisse vorwiegend und am schnellsten mündlich übertragen wurden, waren die Gasthäuser natürlich vorzügliche »Nachrichtenzentralen«. Andreas Hofer, der Sandwirt, und Josef Speckbacher aus dem Gnadenwald bei Hall haben sich einen besonderen Namen gemacht. Und auch in unserer Zeit spielte ein Wirt in der Politik eine Rolle: Alois Grauß aus Rotholz war von 1951 bis 1957 Landeshauptmann von Tirol.

Viele schöne Wirtshäuser haben wir auf unseren Fahrten durch das Land kennengelernt. Ihre Bausubstanz, ihr plastischer und farbiger Schmuck, prächtig gestaltete Schilder weisen auf ihre Geschichte hin. Dabei haben die zahlreichen Gasthöfe zur ›Post‹ eine besonders alte Tradition, andere – wie zum Beispiel der ›Goldene Adler‹ in Innsbruck – wurden bekannt, weil berühmte Leute hier einkehrten.

Der Speiseplan der Tiroler Bergbauern wurde in früherer Zeit von ihrer wirtschaftlichen Armut bestimmt. Das *Mus* (Brei) bildete in mannigfachen Variationen den Hauptbestandteil der täglichen Nahrung. Noch heute verrät der im Ötztal gebräuchliche Ausdruck ›Vormues‹, was es dort in vergangener Zeit zum Frühstück gab. Doch keine Sorge! Heute braucht der Gast in dieser Beziehung keine ›Abenteuer‹ zu fürchten. Im Gegenteil, freuen Sie sich auf eine kräftige *Speckjause,* auch ›Neuner‹ genannt. Kenner ziehen den Tiroler Speck jedem anderen vor.

Raffinierte, aufwendige eigene Gerichte konnte das Land nicht entwickeln, so überrascht es nicht, daß man heute typischen Speisen aus den angrenzenden Ländern begegnet. Besonders vielfältig ist natürlich die österreichische Küche vertreten. Berühmt wurden jedoch die *Tiroler Knödel,* die in der Hauptsache aus Semmelbrot, Speck und Eiern hergestellt werden. Auch hier gibt es mannigfache Spielarten. Man kann sie in fast jedem Gasthof bestellen und ißt sie entweder »zu Wasser«, das heißt in einer Suppe, oder »zu Land«, also zum Beispiel mit Kraut, Gulasch und Salat. Ein nicht minder beliebtes Gericht ist das ›*Tiroler Gröstl*‹, das allerdings nur selten auf einer Speisekarte zu finden ist. Wie die Hauptbestandteile, in Würfel geschnittene Kartoffeln, Speck-, Rindfleisch- und Wurststücke, mit in Milch verquirlten Eiern übergossen, gebraten und vielleicht noch zusätzlich gewürzt werden, dazu hat jede Hausfrau ihr Geheimrezept.

Aus dem Kochbuch einer Tirolerin

Plentene (Mais- oder Buchweizen-) Knödel
Man nehme 4 Tassen feingehacktes Grünzeug (Lauch, Mangold, Schnittlauch, im Winter auch etwas Kraut), 1 Tasse in Würfel geschnittenen Speck, 2 Tassen plentenes oder schwarzplentenes (Mais- oder Buchweizen-) Mehl, eine Handvoll Roggenmehl, eine halbe Tasse Wasser. Die Zutaten gut mischen, zu Knödeln formen, und diese in kochendes Wasser legen. Nach 20 Minuten mit Kraftbrühe oder zu Kraut und Gulasch servieren.

Erdäpfelblatteln mit Zöttlkraut
Man nehme 1 kg Kartoffeln, 200 g Mehl, 3 Eidotter, Salz und Muskat. Die erkalteten Kartoffeln werden passiert und mit den anderen Zutaten zu einem festen Teig geknetet. Den ausgerollten Teig schneidet man in rechteckige Blätter, bäckt diese in heißem Öl goldgelb und serviert sie sehr heiß zu gekochtem Zöttlkraut (Sauerkraut aus Weißkohl).

Weizene Kasnocken
Zutaten: 500 g Knödel-(Semmel-)brot, ein halber Liter Milch, 200 g Graukas (unreifer, in Essig gelegter Käse), 30 g Weizenmehl, 3 Eier, 50 g Schnittlauch, Peter-

silie, 1 Zwiebel. Die feingeschnittene Zwiebel wird geröstet und unter das Knödelbrot gemischt; Milch und Eier verrühren und darüberschütten. Dann den Graukas würfelig schneiden und mit Schnittlauch und Salz daruntermengen. Etwa 10 Minuten kochen lassen, mit geriebenem Käse bestreuen und mit gebräunter Butter übergießen.

Schwarzplenten-Torte
Zutaten: 250 g Buchweizenmehl, 250 g Butter, 250 g Zucker, 250 g geriebene Mandeln, 6 Eidotter, 6 Eiweiß, 1 Päckchen Backpulver, Vanillezucker oder -aroma. Butter mit 150 g Zucker und 6 Eidottern schaumig rühren. Mandeln, Mehl, Backpulver und Vanille gut vermengen. Eiweiß von 6 Eiern mit 100 g Zucker zu Schnee schlagen und vorsichtig unter die Dottermasse ziehen. Den Teig in eine Tortenform geben und 45 Minuten bei mäßiger Hitze backen. Die erkaltete Torte zweimal durchschneiden, mit Preiselbeermarmelade füllen, zusammensetzen und mit Schlagsahne verzieren.

Wichtige Adressen

Die folgenden Institutionen können Ihnen bei Ihren Reisevorbereitungen behilflich sein.

Tiroler Fremdenverkehrswerbung
A-6010 Innsbruck, Bozner Platz 6, Tel. 05222/20777, Telex 05-3196

Auslandsvertretungen der Österreichischen Fremdenverkehrswerbung:

Bundesrepublik Deutschland und Berlin
Frankfurt am Main Roßmarkt 12, D-6000 Frankfurt am Main, Tel. 069/285216, 283181
Hamburg Tesdorpfstraße 19, D-2000 Hamburg 13, Tel. 040/4102013
Köln Komödienstraße 1 (neben dem Verkehrsamt am Dom), D-5000 Köln 1, Tel. 0221/233238, 233239
München Rosental 21/3, D-8000 München 2, Tel. 089/2607035
Berlin Tauentzienstraße 16 (Eingang Marburger Straße), D-1000 Berlin 30, Tel. 030/248035, 241012

Weitere Anschriften finden Sie auf S. 317.

Raum für Ihre Reisenotizen

Anschriften neuer Freunde, Foto- und Filmvermerke, neuentdeckte gute Restaurants, etc.

Register

Orts- und Sachregister

Abfaltern (Osttirol) 193; Farbt. 50
Absam 84f.
Achenpaß 62, 313, 314
Achensee 62, 317
Afling 248
Aguntum (Osttirol) 10, 11, 172, **197f.**, 319; Abb. 79
Ahornboden s. Karwendel
Aldrans 86
Alpbach 61f., 318
Ampaß 86
Anras (Osttirol) 193, 203; Abb. 50
Aquileia 10
Arlberg(paß) 13, **270**, 278, 283, 315
Arzl 216
Asch (Osttirol) 197, Abb. 75
Assling (Osttirol) 308; Farbt. 51
Aufenstein bei Matrei a. Br. 15, **208**; Farbabb. 34, 35
Aurach 308
Austerlitz 13
Axams 201f.

Bad Häring 25, 282
Bayern 11, 13, 91
Berghütten 316
Berwang 241
Biberwier 243
Bichlbach 241
Bozen 14
›Bozner Schule‹ 14
Breitenwang 224
– Bad Kreckelmoos 224
Brenner(paß) 13, 92, **200**, 278, 314, 315; Abb. 81
Brixen 11, 16, 91, 203
Brixen im Thale 18, 26
Brixlegg 60
›Brixner Schule‹ 14, 176, 197
Burgstein 213

Dölsach (Osttirol) 198f.

Ebbs 24, **52**
Ehrenberg, Paßfestung 241
Elbigenalp 18, 222; Abb. 98, 102
Ellbögen 206
Ellmau 49; Abb. 8
Erl 52, 320
Erpfendorf 51
Europabrücke 202f.

Feichten 218, 317
Fernpaß 220, 224, 243, 314
Felbertauern 165f.
Fieberbrunn 49
Fiecht 70
Finstermünz 267, 314; Farbabb. 42
Fiss 266
Flaurling 249; Farbabb. 10
Fliess 264
Forchach 222
Frankreich 12, 13
Fügen 15, **64**; Abb. 15, 16

Fulpmes 203f., 318; Abb. 50, 51
Füssen 120, 224, 291, 313

Galtür 273
Garten bei Lermoos 242
Gnadenwalder Höhenstraße 79; Farbabb. 20
Gödnach (Osttirol) 199; Farbabb. 52
Going 49
Götzens 17, 201; Farbabb. 12
Grän 222
Gries am Brenner 211
Grins 272
Gschnitz 17, 210; Abb. 83

Habichen bei Ötz 212
Hall **79ff.**, 278, 291, 318f.; Farbabb. 2, 4
- Burg Hasegg 80, 81
- Magdalenenkapelle 82; Abb. 23
- Pfarrkirche 14, **81f.**; Abb. 24, 25
- Rathaus 82; Farbabb. 3
Hart 64f.
Haiming 261f.
Hatting 249
Heinfels, Schloß bei Sillian (Osttirol) 193; Abb. 76
Heiterwang 241
Hinterriß 70
Hinterthiersee 53, 320
Hintertux 317
Hippach 67
Hochgurgl 317
Hopfgarten (Osttirol) 291
Hopfgarten (Brixental) 25f.; Abb. 5

Imst **244ff.**, 319, 320; Abb. 88
Imsterberg 261
Innsbruck 11, 12, 15, **87ff.**, 291, 308, 314, 315, 318, 322; Farbabb. 6; Abb. 46–48
- Altes Landhaus 17, **113**
- Ambras, Schloß **87ff.**, 318; Farbabb. 30, 31, 37, 38; Abb. 27, 28, 31
- Berg Isel 90, 91, 96, 164, 200, 318
- Dom (Pfarrkirche) 17, 24, 31, 120f.; Abb. 40
- Dreifaltigkeitskirche **126f.**
- ›Goldenes Dachl‹ 14, 116ff.; Abb. 33–35
- Hofburg 122f.; Farbabb. 5, 36; Abb. 41, 42
- Hofkirche **123ff.**, 257; Abb. 36–39
- Kapuzinerkirche 127; Farbabb. 40
- Servitenkirche 96
- Stadtteil Wilten **93ff.**
- - Kloster Wilten mit Stiftskirche **93ff.**; Abb. 29
- - Pfarrkirche 51, **95f.**, 203; Abb. 30, 32
- Tiroler Landesmuseum Ferdinandeum 163, 318; Farbabb. 11, 39
- Tiroler Volkskunstmuseum 163, 318; Abb. 43–45
- Universität 128, 258
- Vororte 128, 161f.
- - Arzl 162
- - Hötting 161
- - Mühlau 161f.
Ischgl 273f.

Jenbach 68; Farbabb. 22
Jerzens 217
Jochberg 31

Kaisertal 52
Kaisheim bei Donauwörth 256
Kals (Osttirol) 169f.
Kaltenbrunn 217f.
Kappl 274
Karres 261
Kartitsch (Osttirol) 196
Karwendelgebirge 62, 276
- Ahornboden 70, 308; Farbt. 7
Kauns 217
Kematen 248f.
Kirchberg 27
Kirchbichl 23
Kirchdorf 51
Kitzbühel **28ff.**, 286, 315; Farbabb. 17, Abb. 6
- Katharinenkirche 31
- Liebfrauenkirche 30f.
- Pfarrkirche 30
Klamm, Schloß bei Mötz 260

Kössen 51
Kramsach 60, 319
Kronburg 261
Kufstein **20ff.**, 291, 313, 315; Umschlagvorderseite; Abb. 1–3
Kundl 54f.

Ladis 265; Abb. 91, 92
Landeck **262ff.**
– Angedair 262f.
– Perfuchs 262f.; Abb. 90
Lanersbach 67
Längenfeld 213
Lans 86
Lavant (Osttirol) 172, **198**; Farbabb. 53; Abb. 80
Lech-Aschau 221
Lechtal, Oberes 222, 224; Farbabb. 16; Abb. 99–101, 103–106
Leithen 252
Lermoos **242f.**; Abb. 96
Leutasch 317
Lichtwer, Burg bei Brixlegg 60; Abb. 17
Lienz (Osttirol) 165, **171ff.**, 315, 319; Abb. 67, 69
– Franziskanerkirche 14, 176
– Pfarrkirche **172ff.**; Farbt. 60; Abb. 68
– Schloß Bruck 171f.; Farbabb. 21; Abb. 66
Lueg 211

Mariastein 53f.; Farbabb. 18; Abb. 4
Maria Thal 60
Martinsbühel bei Zirl 250
Mathon 273
Matrei am Brenner 206f.; Abb. 84, 85
Matrei (Osttirol) 14, **166ff.**, 291; Farbt. 57; Abb. 54, 55
– Kirche St. Nikolaus 167f.; Farbabb. 54, 59; Abb. 56, 57
Matzen, Burg bei Brixlegg 60; Abb. 17
Mauern bei Steinach 209; Abb. 82
Maurach-Eben 62, 308, 321
Mayrhofen 63, **67**
Melans, Ansitz bei Absam 85
Meran 14, 91, 122, 247
Mieders 203
Mieminger Plateau 244, 252; Farbabb. 43
Mils 78
Mösern bei Seefeld 254
Mötz 260
Münichau, Schloß bei Kitzbühel 28; Abb. 7
Mutters 201

Nassereith 244, 319, 320
Natters 200f.
Nauders 14, **267ff.**, 314
– Schloß Naudersberg 269; Abb. 94
Navis 208, 321
Nesselwängle 221f.
Neustift 204f., 317; Farbabb. 32; Abb. 53
Niederau s. Wildschönau
Niederndorf 51f.
Nikolsdorf (Osttirol) 199
Nörsach (Osttirol) 199

Oberau s. Wildschönau
Oberlienz (Osttirol) 170f.
Oberjochpaß 314
Obermauern (Osttirol) 14, **168**; Farbabb. 55, 56; Abb. 59–65
Obernberg 211; Farbabb. 14
Oberndorf 31
Obertilliach (Osttirol) 196
Obsteig 244
Ötz 16, 212; Farbabb. 19; Abb. 87

Panzendorf (Osttirol) 196
Pasnatsch 273f.
Paznaun 274
Petersberg, Schloß bei Haiming 260f.
Pettneu 271f.; Abb. 95
Pfaffenhofen 249f.
Pflach 220
Pfunds 267
Pians 15, 272
Piburg 212
Pill 77
Pinswang 219f.
Prutz 15, 265, 264f.
›Pustertaler Schule‹ 14, 168

Ranggen 249
Rattenberg 56ff.; Farbt. 33; Abb. 11, 13
Reith bei Brixlegg 18, **61**
Reith bei Kitzbühel 24, 27
Reschenpaß 314
Reutte **220f.**, 308, 313, 317; Abb. 97
Ried (Oberinntal) 265; Abb. 93
– Schloß Sigmundsried 265
Ried (Osttirol) 193
Ried (Zillertal) 65
Rietz 254f.

Salzburg (Stadt) 24, 126
Salzburg (Bundesland) 49, 50
Scharnitz(paß) 313, 315
Schlitters 63f.
Schöfens 207
Schönberg 203, 204, **205f.**; Abb. 52
Schmirn 17, 210
Schwarzsee bei Kitzbühel 28, 318
Schwaz 10, 17, **71ff.**, 286, 291, 320; Abb. 22
– Burg Freundsberg 74f.
– Franziskanerkloster 16, **74**
– Pfarrkirche 14, 23, 68, **72f.**, 78; Abb. 18–21
See 274
Seefeld **252ff.**, 279; Farbt. 25
Sellrain 249
Serfaus 265f.; Farbabb. 24
Sigmundsburg, Jagdschloß am Fernpaß 244
Sillian (Osttirol) 193, 196, 308
Silvretta-Hochalpenstraße 273
Sölden 213, 216, 317
Söll 13, 17, 49
Spiss 267
Stallersattel (Osttirol) 170, 314
Stams 16, **255ff.**; Farbabb. 13, 27
Stamser Alm 259
St. Anton 270f.
Stans 70, 320
Stanz 272f.
– Ruine Schrofenstein 272
St. Christoph **270**, 321
Steinach 209
Steeg 224
St. Georgenberg, Kloster bei Stans 70
St. Jakob 50
St. Jakob am Arlberg 271
St. Johann im Walde (Osttirol) 170
St. Johann i. T. 18, 24, **32f.**, 317; Abb. 9
– Ortsteil Weitau 32f.
St. Justina (Osttirol) 176
St. Leonard 217
St. Martin im Gnadenwald 79; Abb. 26
Stockach 224
Strass 63
Straßen (Osttirol) 196f.; Abb. 78
St. Sigmund 249
Stuben 266f.
Stumm 66
St. Veit i. Defereggen (Osttirol) 14, 170
Südtirol 8, 13, 165, 275

Tannheim 222
Tarrenz 244
Telfes 203, 204; Abb. 49
Telfs 254, 320
Tessenberg (Osttirol) 193; Abb. 72–74
Thal (Osttirol) 176; Farbabb. 23; Abb. 70, 71
Thaur 85; Umschlaginnenklappe
Timmelsjoch 314
Tischofer Höhle (bei Kufstein) 10, 20
Tösens 266
Tratzberg, Schloß bei Jenbach **68ff.**, 217, 319; Farbabb. 8, 9, 28, 29
Tridentinisches Konzil 16
Trins 209f.
Tschafein 273

Umhausen 15, 212f.

Vils 219
Vinaders 211
Virgen (Osttirol) 168; Abb. 58
Volders 77f.; Farbabb. 26, 41
– Schloß Friedberg 77
Völs 248
Vomp 70
Vomperberg 70
Vorarlberg 91, 220, 224, 270, 273, 275

Waidring 50
Walchsee 51
Wald 216
Waldlehrpfade 308, 316
Wattens 77
Weißenbach 221
Weißenstein, Schloß bei Matrei (Osttirol) 166
Wenns 16, 216; Abb. 89
Wiener Kongreß 13
Wiener Neustadt 124, 125
Wiesberg, Schloß im Paznauntal 272, 274
Wilder Kaiser 20, 49, 313; Farbabb. 15; Abb. 10
Wildschönau 25, 56
– Niederau 25
– Oberau 25
Wolfsklamm bei Stans 70
Wörgl 53, 291, 308

Zams 262
Zell am Ziller 66f.; Abb. 14
Zillertal 63ff., 288; Farbt. 1
Zirl 250
Zugspitze 241; Abb. 96

Personenregister

A = Architekt, Baumeister
B = Bildhauer, Bildschnitzer
M = Maler
St = Stukkateur

Abel, Arnold (B) 126
Abel, Bernhard (B) 126
Abel, Florian (M) 126
Altmutter, Franz (M) 94, 216
Amberger, Christof (M) 125
Andechs, Grafen von 11, 71, 87, 91, 120, 252
– Otto VII. 91
Andre, Hans (M) 86, 96, 116, 121, 123, 271
Arnberger, Veit (B) 125
Arnold, Josef (M) 213, 261, 265
Asam, Egid Quirin (St) 121
Asam, Kosmas Damian (M) 17, 113, 121
Auerbach, Johann Karl (M) 124
Auersperg, Fürsten 206, 273
Augustus, röm. Kaiser 10

Bachlechner, Josef (B) 209
Bachnitzer, Bernhard (Kunstschmied) 257
Bayuwaren 11, 198
Benedetti, Cristoforo (B) 70, 113
Benedikt VIII., Papst 55
Bergmüller, Johann Georg (M) 204
Biener, Wilhelm 161
Bock, Franz (A) 49
Bocksdorfer, Sebald 90
Bolla, Marx della (A) 123
Bonifatius 11
Broch, Hermann 93
Buchgschwenter, Hans (B) 207, 209, 271
Burghausen, Hans von (A) 30
Burgund, Maria von 118
Busch, Wilhelm 53

Callegari, Alessandro (St) 113
Claudius, röm. Kaiser 10
Colin, Alexander (B) 90, 124, 126, 201
Colleto, Giovanni Speraindio (A) 96
Cranach, Lucas 121, 127
Crivelli, Andrea (A) 123
Cusanus, Nikolaus 86

Däubler, Theodor 93
Dallago, Carl 162
Defregger, Franz von (M) 18, 199
Dienzenhofer, Wolfgang (A) 24, 51
Dominikaner 14
Doppler, Georg (B) 32
Drusus 10
Duca, Ludwig de (Bronzegießer) 126
Dürer, Albrecht (M) 74, 122, 125, 254

Ebner, Ferdinand 93
Egg, Erich 68, 78
Egg, Franz (B) 113

Egger, Georg (A) 196
Egger, Rudolf (Archäologe) 198
Egger-Lienz, Albin (M) 19, 172
Ehrenstein, Albert 93
Engele, Franz (B) 173

Faistenberger, Simon Benedikt (M) 17, 24, 27, 30, 31, 32, 50, 51, 57
Falger, Anton (M) 222
Falger, Georg (A) 222
Feichtmayr, Franz Xaver (St) 70, 96, 257
Ferdinand I., röm.-dt. Kaiser 122, 123, 125, 126
Ferdinand II., Erzherzog von Tirol 16, 81, 84, 87, 90, 96, 126, 254
Ficker, Ludwig von 93, 162
Fieger, Familie 77, 81, 84
Fischer, Franz Karl 96
Fischer, Johann Georg (A) 120
Fischer von Erlach, Johann Bernhard (A) 50
Flaschberger, Stefan (M) 172
Fontaner, Karl (A) 126
Fort, Gertrud von le 93
Franz I., röm.-dt. Kaiser 123
Franziskaner 13
Freundsberg, Herren von 54, 68, 71
Friedrich IV., Erzherzog von Tirol 12, 80, 117, 211, 219, 252
Fritz, Gregor (B) 25
Frosch, Hans 82
Fueger, Ferdinand Graf 64
Fugger 56, 69, 71, 286
Funk, Ulrich (M) 74
Fussenegger, Gertrud 212

Gallmetzer, Valentin (B) 266
Geiger, Christof (B) 174
Gerhart, Hubert (B) 121
Giener, Franz (M) 85
Giener, Josef (M) 85
Gigl, Anton (St) 55, 57, 118, 202
Gigl, Georg (St) 78
Gilm, Hermann von 72, 161
Glaninger, Ilse (B) 269
Gmeiner, Hermann 245
Godl, Stefan (Bronzegießer) 125, 248
Görz, Grafen von 17, 168, 171, 173, 174
- Euphemia 176
- Leonhard 12, 174
Görz-Tirol, Grafen von 8, 91
- Meinhard II. 12, 262
- Meinhard III. 12
- Margarethe (Maultasch) 12, 22, 49
Goethe, Johann Wolfgang von 118, 200, 250
Götsch, Kassian (B) 213
Gonzaga, Anna Katharina von 96
Gottfried, Conrad (Tischler) 90, 124
Gras, Kaspar (B) 94, 123
Grasmayr, Johann Georg (M) 64, 67, 113, 202, 204
Grasser, Erasmus (B) 72, 118
Gregor XIII., Papst 90
Greil, Philipp Jakob (M) 217, 266
Gru, Giuseppe (M) 205
Guarinoni, Hippolytus (Arzt, A) 77, 78
Guggenbichler, Johann Meinrad (B) 57
Gumpp, Familie, Werkstatt (A) 91
Gumpp, Christof (A) 95, 123, 126, 160
Gumpp, Georg Anton (A) 17, 113, 122, 127, 128, 163, 255
Gumpp, Johann Martin d. Ä. (A) 113, 116, 118, 127, 255
Gumpp, Johann Martin d. J. (A) 122
Günther, Matthäus (M) 17, 24, 50, 57, 70, 96, 201, 209, 272

Haas, Alois (A) 250
Haas, Johann Christof (M) 224
Habsburger 8, 91, 125
Haecker, Theodor 93
Hafenegger, Andreas (A) 222
Hagenauer, Wolfgang (A) 26, 66, 167
Haidl, Nikolaus 121
Haller, Josef (M) 205
Haydn, Michael 53
Heel, Johann (M) 270
Heinrich II., röm.-dt. Kaiser 11, 55
Heis, Leopold (A) 161
Hering, Loy (B) 74

Herkomer, Johann Jakob (A) 17, 24, 120, 219, 220, 241
Hinterholzer, Andreas (B) 216
Hörmann, Theodor (M) 18
Höttinger, Johann Georg (M) 17, 49
Hofenegger, Andreas (A) 241
Hofer, Andreas 13, 91, 124, 206, 321
Hoheneck, Herren von 219
Holzmeister, Clemens (A) 19, 51, 123, 208, 270
Holzmeister, Hans (A) 25
Honeder, Walter (M) 260
Hops, Johann (B) 219
Horer, Balthasar (B) 218
Huber, Franz Michael (M) 258
Huber, Paul (Tischler) 95
Hueber, Andrä (A) 18, 26, 30, 49, 50, 51, 61, 67

Illyrer 197
Ilsung, Georg 68
Isaac, Heinrich 162

Jakob von Seckau 163
Jenewein, Jakob (M) 203
Jesuiten 126f.
Josef II., röm.-dt. Kaiser 12, 17, 18

Kärle, Johann (M) 222, 265
Kästner, Erich 67
Karl VI., röm.-dt. Kaiser 254
Keill, Josef (M) 213
Keller, Josef (M) 205, 222
Kelten 197
Keutschach, Georg von 64
Kirchmayr, Toni (M) 216, 248, 270
Kittinger, Hubert (B) 221
Klabund (d. i. Alfred Henschke) 93
Kleinhans, Franz (A) 242
Klieber, Josef (B) 18
Klocker, Hans (B) 163, 173
Klotz, Hermann (B) 247
Knoller, Martin (M) 78, 193, 209
Koch, Josef Anton (M) 18
Köberl, Wolfram (M) 65, 170
Kölderer, Jörg (M) 118, 125, 253
Kölle, Werkstatt (B) 266
Kölle, Andreas (B) 216, 218, 257, 261, 266
Köpfle, Josef Anton (M) 221, 222
Konrad II., röm.-dt. Kaiser 11
Konradin, Herzog v. Schwaben 255
Krämer, Josef (M) 206
Krager, Matthias (M) 84
Kranewitter, Josef (M) 247
Krumenauer, Stefan (A) 30

Ladner, Johann (B) 274
Länner, Franz (Tischler) 25
Lanner, Albin (Bronzegießer) 123
Lasker-Schüler, Else 93
Leb, Wolfgang (A) 23, 73
Lechleitner, Johann Jenewein (B) 128
Lechleitner, Michael (B) 262
Leitensdorffer, Franz Anton (M) 205
Leitgeb, Josef 162
Lengauer, Josef Martin (B) 51
Leonhard von Brixen (M) 197
Leopold I., röm.-dt. Kaiser 80, 95
Leopold IV., Herzog 82
Leopold V., Erzherzog 123, 126, 127, 254
Löffler, Gregor (Bronzegießer) 125, 161
Löffler, Peter (Bronzegießer) 125
Loxan, Katharina von 124
Lucchese, Alberto (A) 254
Lucchese, Giovanni (A) 84, 90
Ludwig der Bayer, röm.-dt. Kaiser 22, 219
Ludwig II., bayr. Herzog 28

Mader, Georg (M) 249
Mages, Josef (M) 205, 247
Magt, Leonhard (B) 125, 248
Maler, Hans (M) 69
Maller, Max (M) 266
Maria Theresia, röm.-dt. Kaiserin 91, 122, 123, 200, 254
Maulpertsch, Franz Anton (M) 65, 122
Mauracher, Karl (Orgelbauer) 64
Max Emanuel, bayr. Kurfürst 12
Maximilian I., ab 1508 röm.-dt. Kaiser 12, 13, 20, 22, 28, 56, 68, 69, 70, 72, 81, 91,

94, 118, 122, 124f., 161, 168, 171, 174, 217, 250, 252, 253, 267
Maximilian II., Erzherzog 121
May, Karl 93
Mayr, Christof Anton (M) 17, 24, 25, 49, 60, 63, 66, 72, 75, 77, 127
Mayr, Thomas (A) 197, 198
Mayr, Urban (Altarbauer) 257
Medici, Claudia von 120, 127
Michael von Wolkenstein 174
Millauer, Abraham (A) 24, 27, 32, 51, 52
Millauer, Leonhard (A) 52
Millauer, Philipp (A) 52
Milldorfer, Michael Ignaz (M) 79
Milser, Oswald 252
Mitterhofer, Hans (A) 72
Mölk, Josef Adam (M) 24, 25, 32, 82, 173, 176, 196, 206
Moll, Balthasar (B) 124
Moll, Nikolaus (B) 113, 121, 202
Mommsen, Theodor 198
Moosbrugger, Johann Simon (A) 173, 265
Moosbrugger, Josef Anton (A) 173
Moritz von Sachsen 241, 242, 255
Mülinen, Hans von 217
Multscher, Hans (B, M) 163
Mutschlechner, Alois (A) 163

Napoleon I. 13, 91, 92, 206
Natter, Heinrich (B) 18
Nesselthaler, Andreas (M) 27
Neurauther, Michael (Kunstschmied) 257, 258
Nickinger, Christian (A) 55
Nißl, Franz Xaver (B) 64, 65, 66

Obleitner, Johannes (B) 241
Offer, Franz (B) 30
Ort, Anton (Goldschmied) 126

Pacassi, Nikolaus (A) 122, 123, 124
Pacher, Friedrich (M) 15, 168, 176
Pacher, Michael (B, M) 15, 95, 163, 168
Pasquale, Bernardo (St) 95
Paterer, Johann (B) 167, 173
Paumgartner, Familie 23, 71
Payr, Adam (B) 262
Peisch, Peter (M) 193
Penz, Franz de Paula (A) 24, 95, 162, 193, 203ff.
Penz, Ludwig (B) 18
Perger, Johann (B) 209
Perwanger, Johann (M) 271
Peuerweg, Andre (M) 176
Pfefferle, Adrian (A) 126
Pflauder, Peter 27
Philipp der Schöne, König von Frankreich 79, 125
Piazza, Cosimo (M) 127
Pienzenau, Hans von 20, 22
Pötsch, Ruprecht (M) 193
Pound, Ezra 53
Prantl, Josef (M) 210
Puellacher, Josef Anton (M) 254

Quellinus, Erasmus (M) 82

Raffeiner, Emanuel (M) 216
Rainer (Sängergruppe) 64
Rainer, Virgil (B) 167
Rehm, Helmut (M) 207
Reichartinger, Christof (A) 72, 73, 74
Reichlich, Marx 15, 82, 163
Reindl, Hans (B) 212, 213, 254, 257, 260
Reinhart, Heinrich (Bronzegießer) 84, 121
Renn, Franz Xaver (B) 261
Rilke, Rainer Maria 93
Ris, Sigismund (Hofkaplan) 249
Römer 167, 197, 200
Rottmayr, Johann Michael 24
Ruef, Matthias (M) 23, 24

Sachs, Hans 74
Sailer, Rogerius (Abt) 260
Santonino, Paolo 126, 171
Sarnthein, Grafen von 210
Saurwein, Jakob (A) 203
Schaller, Johann Nepomuk (B) 18, 124
Schel, Sebastian 163
Scheller, Christof (B) 73

Schmiedhammer, Georg (Kunstschmied) 126
Schmutzer, Josef (M) 24, 65
Schmutzer, Josef Michael (M) 67
Schnegg, Johann (B) 249
Schöpf, Josef (M) 18, 27, 32, 51, 61, 96, 128, 247, 257
Schöpfer, Wilhelm (M) 78
Schongauer, Martin (M) 74
Schor, Egid (M) 94, 95
Schor, Johann Ferdinand (M) 94
Schuler, Josef (M) 224
Schuler, Nikolaus (A) 264
Sesselschreiber, Gilg (M, Bronzegießer) 124, 125
Sewer, Hans (A) 82
Sforza, Bianca Maria 81, 118
Sigmund (Erz-)Herzog 12, 70, 79, 80, 91, 117, 122, 200, 218, 249, 252, 265
Simon von Taisten 168, 171, 193
Singer, Familie, Werkstatt (A) 72
Singer, Franz (A) 201, 249
Singer, Hans (B, St) 73
Singer, Johann (St) 31
Singer, Jakob (A) 23, 24, 27, 31, 49, 62, 70, 73
Singer, Kassian (A) 24, 26, 31, 51
Slawen 198
Solari, Santino (A) 126
Spaur, Grafen 250
Speckbacher, Josef 81, 321
Spielmann, Max (M) 19, 206, 224
Spillenberger, Johann (M) 30
Stadler, Alois Martin (M) 243, 247
Stainer, Jakob (Geigenbauer) 84
Starkenberg, Johann von 261
Staud, Franz (B) 161, 162, 224
Steinle, Bartholomäus (B) 16, 258
Steub, Ludwig 321
Steyrer, Jörg (A) 55
Stolz, Albert (M) 243
Stolz, Rudolf (M) 23
Straub, Johann Baptist (B) 64
Stremer, Gregor von (Abt) 93
Strickner, Johann Michael (M) 161, 162
Strickner, Josef (M) 96
Strigl, Ivo (M) 73
Sturm, Anton (B) 224

Tänzl, Familie 68, 70, 71
Thaler, Rafael (M) 216
Taisten s. Simon von Taisten
Thamasch, Andreas (B) 257
Thun, Barbara von 174
Tiberius 10
Tirol, Grafen von 8, 10, 252, 261
– Albert III. 12
Tommasi, Natale (A) 163
Trakl, Georg 93, 162
Trapp, Grafen 77
Trautson, Grafen von 206, 272
Trautson, Hans Ritter 116
Trautson, Peter 211
Türing, Familie, Werkstatt (A) 91, 207
Türing, Gregor (A) 81, 116, 121
Türing, Nikolaus d. Ä. (A) 81, 118
Türing, Nikolaus d. J. (A) 123, 163

Umhauser, Johann Michael (A) 77

Vischer, Peter (Bronzegießer) 125
Vogel, Conrad (A) 72
Vonstadl, Josef (A) 209

Waggerl, Karl Heinrich 64
Waibl, Ignaz (B) 212
Walch, Anton Josef (M) 241
Waldauf von Waldenstein, Florian Ritter 82
Waldmann, Johann Josef (M) 57, 63
Waldmann, Kaspar (M) 60, 77, 94, 116, 160, 162
Waldner, Hans (Tischler) 124
Walter, Konstantin Johann (A) 123
Weiser, Simon (A) 51
Weiskopf, Franz (A) 272
Weiß, Johann (M) 26
Welser, Philippine 87, 90, 126
Wiesberg, Herren von 274
Wilhelm von Schwaben (M) 74
Winterhalder, J. J. (M) 122

Wolf, Hugo 60
Wolkenstein-Rodenegg, Geschlecht 171
Wolker, Johann Georg (M) 257
Wurzer, Robert (A) 224

Zanusi, Jakob (M) 32, 57
Zauner, Franz Anton (B) 18
Zeiller, Malerfamilie 220
Zeiller, Franz Anton (M) 24, 67, 167, 197, 221, 241, 244, 249, 255
Zeiller, Johann Jakob (M) 222, 224, 225
Zeiller, Paul (M) 222, 225, 243
Zisterzienser 255f.
Zobl, Michael (A) 222
Zoller, Anton (M) 196, 201, 204, 210, 258
Zoller, Josef Anton (M) 17, 84, 173, 201, 205, 249
Zoz, Edmund (Abt) 255
Zwizel, Jakob 72

Von Bernd Fischer erschienen in unserem Verlag:

Das Bergische Land

Kultur, Geschichte, Landschaft zwischen Ruhr und Sieg

320 Seiten mit 67 farbigen und 154 einfarbigen Abbildungen, 70 Zeichnungen und Plänen, Literaturauswahl, Register, 16 Seiten praktischen Reisehinweisen (DuMont Kunst-Reiseführer)

Münster und das Münsterland

Geschichte und Kultur. Ein Reisebegleiter in das Herz Westfalens

328 Seiten mit 35 farbigen und 95 einfarbigen Abbildungen, 95 Karten und Plänen, 14 Seiten praktischen Reisehinweisen, Register (DuMont Kunst-Reiseführer)

Wasserburgen im Münsterland

206 Seiten mit 15 Farb- und 23 Schwarzweiß-Fotos, Anmerkungen, Literaturhinweisen, Verzeichnis der Wasseranlagen, Register, Übersichtskarte (DuMont Taschenbücher, Band 99)

Hanse-Städte

Geschichte und Kultur

213 Seiten mit 15 farbigen und 98 einfarbigen Abbildungen und Zeichnungen, 2 Karten, Literaturhinweisen, Verzeichnis der Hanse-Städte, Zeittafel, Register (DuMont Taschenbücher, Band 109)

Bitte beachten Sie auch folgende DuMont Kunst-Reiseführer:

Südtirol

Begegnungen nördlicher und südlicher Kunsttradition in der Landschaft zwischen Brenner und Salurner Klause

Von Walter Pippke und Ida Pallhuber. 352 Seiten mit 51 farbigen und 127 einfarbigen Abbildungen, 70 Zeichnungen und Plänen, 16 Seiten praktischen Reisehinweisen, Literaturangaben, Register, Zeittafel

Salzburg, Salzkammergut, Oberösterreich

Kunst und Kultur auf einer Reise vom Dachstein bis zum Böhmerwald

Von Werner Dettelbacher. 320 Seiten mit 38 farbigen und 152 einfarbigen Abbildungen, 9 Karten und Stadtplänen, 49 Zeichnungen, 23 Seiten praktischen Reisehinweisen, Register

Kärnten und Steiermark

Vom Großglockner zum steirischen Weinland. Geschichte, Kultur und Landschaft ›Innerösterreichs‹

Von Heinz Held. 448 Seiten mit 40 farbigen und 148 einfarbigen Abbildungen, 75 Zeichnungen und Plänen, 12 Seiten praktischen Reisehinweisen, Literaturverzeichnis, Register

Oberbayern

Kunst, Geschichte, Landschaft zwischen Donau und Alpen, Lech und Salzach

Von Gerhard Eckert. 400 Seiten mit 53 farbigen und 219 einfarbigen Abbildungen, 80 Plänen und Zeichnungen, 24 Seiten praktischen Reisehinweisen, Literaturangaben, Register

Das Allgäu

Städte, Klöster und Wallfahrtskirchen zwischen Bodensee und Lech

Von Lydia L. Dewiel. 344 Seiten mit 42 farbigen und 118 einfarbigen Abbildungen, 88 Zeichnungen und Plänen, 11 Seiten praktischen Reisehinweisen, Glossar, Literaturverzeichnis, Register

DuMont Kunst-Reiseführer

Ägypten und Sinai – Geschichte, Kunst und Kultur im Niltal
Vom Reich der Pharaonen bis zur Gegenwart. Von Hans Strelocke

Algerien – Kunst, Kultur und Landschaft
Von den Stätten der Römer zu den Tuareg der zentralen Sahara. Von Hans Strelocke

Belgien – Spiegelbild Europas
Eine Einladung nach Brüssel, Gent, Brügge, Antwerpen, Lüttich und zu anderen Kunststätten. Von Ernst Günther Grimme

Bulgarien
Kunstdenkmäler aus vier Jahrtausenden von den Thrakern bis zur Gegenwart. Von Gerhard Eckert

Dänemark
Land zwischen den Meeren. Kunst – Kultur – Geschichte. Von Reinhold Dey

Deutsche Demokratische Republik
Geschichte und Kunst von der Romanik bis zur Gegenwart. Brandenburg, Mecklenburg, Sachsen-Anhalt, Sachsen, Thüringen. Von Gerd Baier, Elmar Faber und Eckhard Hollmann

Bundesrepublik Deutschland

Das Allgäu
Städte, Klöster und Wallfahrtskirchen zwischen Bodensee und Lech. Von Lydia L. Dewiel

Das Bergische Land
Kultur, Geschichte, Landschaft zwischen Ruhr und Sieg. Von Bernd Fischer

Bodensee und Oberschwaben
Zwischen Donau und Alpen: Wege und Wunder im ›Himmelreich des Barock‹. Von Karlheinz Ebert

Die Eifel
Entdeckungsfahrten durch Landschaft, Geschichte, Kultur und Kunst – Von Aachen bis zur Mosel. Von Walter Pippke und Ida Pallhuber

Franken – Kunst, Geschichte und Landschaft
Entdeckungsfahrten in einem schönen Land – Würzburg, Rothenburg, Bamberg, Nürnberg und die Kunststätten der Umgebung. Von Werner Dettelbacher

Hessen
Vom Edersee zur Bergstraße. Die Vielfalt von Kunst und Landschaft zwischen Kassel und Darmstadt. Von Friedhelm Häring und Hans-Joachim Klein

Köln
Stadt am Rhein zwischen Tradition und Fortschritt. Von Willehad Paul Eckert

Kölns romanische Kirchen
Architektur, Ausstattung, Geschichte. Von Werner Schäfke

Die Mosel
Von der Mündung bei Koblenz bis zur Quelle in den Vogesen
Landschaft, Kultur, Geschichte. Von Heinz Held

München
Von der welfischen Gründung Heinrichs des Löwen bis zur Gegenwart: Kunst, Kultur, Geschichte. Von Klaus Gallas

Münster und das Münsterland
Geschichte und Kultur. Ein Reisebegleiter in das Herz Westfalens. Von Bernd Fischer

Zwischen Neckar und Donau
Kunst, Kultur und Landschaft von Heidelberg bis Heilbronn, im Hohenloher Land, Ries, Altmühltal und an der oberen Donau. Von Werner Dettelbacher

Der Niederrhein
Das Land und seine Städte, Burgen und Kirchen. Von Willehad Paul Eckert

Oberbayern
Kultur, Geschichte, Landschaft zwischen Donau und Alpen, Lech und Salzach. Von Gerhard Eckert

Oberpfalz, Bayerischer Wald, Niederbayern
Regensburg und das nordöstliche Bayern. Kunst, Kultur und Landschaft. Von Werner Dettelbacher

Ostfriesland mit Jever- und Wangerland
Über Moor, Geest und Marsch zum Wattenmeer und zu den Inseln Borkum, Juist, Norderney, Baltrum, Langeoog, Spiekeroog und Wangerooge. Von Rainer Krawitz

Die Pfalz
Die Weinstraße – Der Pfälzer Wald – Wasgau und Westrich. Wanderungen im ›Garten Deutschlands‹. Von Peter Mayer

Der Rhein von Mainz bis Köln
Eine Reise durch das Rheintal – Geschichte, Kunst und Landschaft. Von Werner Schäfke

Das Ruhrgebiet
Kultur und Geschichte im »Revier« zwischen Ruhr und Lippe. Von Thomas Parent

Das Sauerland
mit Siegerland und Wittgensteiner Land. Kultur und Landschaft im gebirgigen Süden Westfalens. Von Detlev Arens (Herbst '85)

Schleswig-Holstein
Zwischen Nordsee und Ostsee: Kultur – Geschichte – Landschaft. Von Johannes Hugo Koch

Der Schwarzwald
und das Oberrheinland. Wege zur Kunst zwischen Karlsruhe und Waldshut: Ortenau, Breisgau, Kaiserstuhl und Markgräflerland. Von Karlheinz Ebert

Sylt, Amrum, Föhr, Helgoland, Pellworm, Nordstrand und Halligen
Natur und Kultur auf Helgoland und den Nordfriesischen Inseln. Entdeckungsreisen durch eine Landschaft zwischen Meer und Festlandküste. Von Albert am Zehnhoff (DuMont Landschaftsführer)

Der Westerwald
Vom Siebengebirge zum Hessischen Hinterland. Kultur und Landschaft zwischen Rhein, Lahn und Sieg. Von Hermann Joseph Roth

Östliches Westfalen
Vom Hellweg zur Weser. Kunst und Kultur zwischen Soest und Paderborn, Minden und Warburg. Von G. Ulrich Großmann

Württemberg-Hohenzollern
Kunst und Kultur zwischen Schwarzwald, Donautal und Hohenloher Land: Stuttgart, Heilbronn, Schwäbisch Gmünd, Tübingen, Rottweil, Sigmaringen. Von Ehrenfried Kluckert

---

Frankreich

Auvergne und Zentralmassiv
Entdeckungsreisen von Clermont-Ferrand über die Vulkane und Schluchten des Zentralmassivs zum Cevennen-Nationalpark. Von Ulrich Rosenbaum

Die Bretagne
Im Land der Dolmen, Menhire und Calvaires. Von Almut und Frank Rother

Burgund
Kunst, Geschichte, Landschaft. Burgen, Klöster und Kathedralen im Herzen Frankreichs: Das Land um Dijon, Auxerre, Nevers, Autun und Tournus. Von Klaus Bußmann

Côte d'Azur
Frankreichs Mittelmeer-Küste von Marseille bis Menton. Von Rolf Legler

Das Elsaß
Wegzeichen europäischer Kultur und Geschichte zwischen Oberrhein und Vogesen. Von Karlheinz Ebert

Frankreich für Pferdefreunde
Kulturgeschichte des Pferdes von der Höhlenmalerei bis zur Gegenwart. Camargue, Pyrenäen-Vorland, Périgord, Burgund, Loiretal, Bretagne, Normandie, Lothringen. Von Gerhard Kapitzke (DuMont Landschaftsführer)

Frankreichs gotische Kathedralen
Eine Reise zu den Höhepunkten mittelalterlicher Architektur in Frankreich. Von Werner Schäfke

Korsika
Natur und Kultur auf der ›Insel der Schönheit‹. Menhirstatuen, pisanische Kirchen und genuesische Zitadellen. Von Almut und Frank Rother

Languedoc – Roussillon
Von der Rhône zu den Pyrenäen. Von Rolf Legler

Das Tal der Loire
Schlösser, Kirchen und Städte im ›Garten Frankreichs‹. Von Wilfried Hansmann

Lothringen
Kunst – Geschichte – Landschaft. Von Uwe Anhäuser (Herbst '85)

Die Normandie
Vom Seine-Tal zum Mont St. Michel. Von Werner Schäfke

Paris und die Ile de France
Die Metropole und das Herzland Frankreichs. Von der antiken Lutetia bis zur Millionenstadt. Von Klaus Bußmann

Périgord und Atlantikküste
Kunst und Natur im Lande der Dordogne und an der Côte d'Argent von Bordeaux bis Biarritz. Von Thorsten Droste

Das Poitou
Westfrankreich zwischen Poitiers, La Rochelle und Angoulême – die Atlantikküste von der Loiremündung bis zur Gironde. Von Thorsten Droste

Drei Jahrtausende Provence
Vorzeit und Antike, Mittelalter und Neuzeit. Von Ingeborg Tetzlaff

Savoyen
Vom Genfer See zum Montblanc – Natur und Kunst in den französischen Alpen. Von Ruth und Jean-Yves Mariotte

Südwest-Frankreich
Vom Zentralmassiv zu den Pyrenäen – Kunst, Kultur und Geschichte. Von Rolf Legler

---

Griechenland

Athen
Geschichte, Kunst und Leben der ältesten europäischen Großstadt von der Antike bis zur Gegenwart. Von Evi Melas

Die griechischen Inseln
Ein Reisebegleiter zu den Inseln des Lichts. Kultur und Geschichte. Hrsg. von Evi Melas

Kreta – Kunst aus fünf Jahrtausenden
Von den Anfängen Europas bis zur kreto-venezianischen Kunst. Von Klaus Gallas

Rhodos
Eine der sonnenreichsten Inseln im Mittelmeer – ihre Geschichte, Kultur und Landschaft. Von Klaus Gallas

Alte Kirchen und Klöster Griechenlands
Ein Begleiter zu den byzantinischen Stätten. Hrsg. von Evi Melas

Tempel und Stätten der Götter Griechenlands
Ein Reisebegleiter zu den antiken Kultzentren der Griechen. Hrsg. von Evi Melas

---

Großbritannien

Englische Kathedralen
Eine Reise zu den Höhepunkten englischer Architektur von 1066 bis heute. Von Werner Schäfke

Die Kanalinseln und die Insel Wight
Kunst, Geschichte und Landschaft. Die britischen Inseln zwischen Normandie und Süd-England. Von Bernd Rink

Schottland
Geschichte und Literatur. Architektur und Landschaft. Von Peter Sager

Süd-England
Von Kent bis Cornwall. Architektur und Landschaft, Literatur und Geschichte. Von Peter Sager

Wales
Literatur und Politik – Industrie und Landschaft. Von Peter Sager

---

Guatemala
Honduras – Belize. Die versunkene Welt der Maya. Von Hans Helfritz

---

Das Heilige Land
Historische und religiöse Stätten von Judentum, Christentum und Islam in dem zehntausend Jahre alten Kulturland zwischen Mittelmeer, Rotem Meer und Jordan. Von Erhard Gorys

---

Holland
Kunst, Kultur und Landschaft. Ein Reisebegleiter durch Städte und Provinzen der Niederlande. Von Jutka Rona

---

Indien

Indien
Von den Klöstern im Himalaya zu den Tempelstätten Südindiens. Von Niels Gutschow und Jan Pieper

Ladakh und Zanskar
Lamaistische Klosterkultur im Land zwischen Indien und Tibet. Von Anneliese und Peter Keilhauer

---

Indonesien

Indonesien
Ein Reisebegleiter nach Java, Sumatra, Bali und Sulawesi (Celebes). Von Hans Helfritz

Bali
Tempel, Mythen und Volkskunst auf der tropischen Insel zwischen Indischem und Pazifischem Ozean. Von Günter Spitzing

---

Iran
Kulturstätten Persiens zwischen Wüsten, Steppen und Bergen. Von Klaus Gallas

---

Irland – Kunst, Kultur und Landschaft
Entdeckungsfahrten zu den Kunststätten der ›Grünen Insel‹. Von Wolfgang Ziegler

---

Italien

Elba
Ferieninsel im Tyrrhenischen Meer. Macchienwildnis, Kulturstätten, Dörfer, Mineralienfundorte. Von Almut und Frank Rother (DuMont Landschaftsführer)

Das etruskische Italien
Entdeckungsfahrten zu den Kunststätten und Nekropolen der Etrusker. Von Robert Hess und Elfriede Paschinger

Florenz
Ein europäisches Zentrum der Kunst. Geschichte, Denkmäler, Sammlungen. Von Klaus Zimmermanns

Ober-Italien
Kunst, Kultur und Landschaft zwischen den Oberitalienischen Seen und der Adria. Von Fritz Baumgart

Die italienische Riviera
Ligurien – die Region und ihre Küste von San Remo über Genua bis La Spezia. Von Rolf Legler

Von Pavia nach Rom
Ein Reisebegleiter entlang der mittelalterlichen Kaiserstraße Italiens. Von Werner Goez

Rom
Kunst und Kultur der ›Ewigen Stadt‹ in mehr als 1000 Bildern. Von Leonard von Matt und Franco Barelli

Das antike Rom
Die Stadt der sieben Hügel: Plätze, Monumente und Kunstwerke. Geschichte und Leben im alten Rom. Von Herbert Alexander Stützer

Sardinien
Geschichte, Kultur und Landschaft – Entdeckungsreisen auf einer der schönsten Inseln im Mittelmeer. Von Rainer Pauli

Sizilien
Insel zwischen Morgenland und Abendland. Sikaner/Sikuler, Karthager/Phönizier, Griechen, Römer, Araber, Normannen und Staufer. Von Klaus Gallas

Südtirol
Begegnungen nördlicher und südlicher Kulturtradition in der Landschaft zwischen Brenner und Salurner Klause. Von Ida Pallhuber und Walter Pippke

Toscana
Das Hügelland und die historischen Stadtzentren. Pisa · Lucca · Pistoia · Prato · Arezzo · Siena · San Gimignano · Volterra. Von Klaus Zimmermanns

Venedig
Die Stadt in der Lagune – Kirchen und Paläste, Gondeln und Karneval. Von Thorsten Droste

---

Japan – Tempel, Gärten und Paläste
Einführung in Geschichte und Kultur und Begleiter zu den Kunststätten Japans. Von Thomas Immoos und Erwin Halpern

---

Der Jemen
Nord- und Südjemen. Antikes und islamisches Südarabien – Geschichte, Kultur und Kunst zwischen Rotem Meer und Arabischer Wüste. Von Peter Wald

---

Jordanien
Völker und Kulturen zwischen Jordan und Rotem Meer. Von Frank Rainer Scheck

---

Jugoslawien
Kunst, Geschichte und Landschaft zwischen Adria und Donau. Von Frank Rother

---

Karibische Inseln
Westindien. Von Cuba bis Aruba. Von Gerhard Beese. (Herbst '85)

Kenya
Kunst, Kultur und Geschichte am Eingangstor zu Innerafrika. Von Helmtraut Sheikh-Dilthey

Luxemburg
Entdeckungsfahrten zu den Burgen, Schlössern, Kirchen und Städten des Großherzogtums. Von Udo Moll

Malta und Gozo
Die goldenen Felseninseln – Urzeittempel und Malteserburgen. Von Ingeborg Tetzlaff

Marokko – Berberburgen und Königsstädte des Islam
Ein Reisebegleiter zur Kunst Marokkos. Von Hans Helfritz

Mexiko

Mexiko
Ein Reisebegleiter zu den Götterburgen und Kolonialbauten Mexikos. Von Hans Helfritz

Unbekanntes Mexiko
Verborgene Tempelstätten und Kunstschätze aus präkolumbischer Zeit. Von Werner Rockstroh

Nepal – Königreich im Himalaya
Geschichte, Kunst und Kultur im Kathmandu-Tal. Von Ulrich Wiesner

Österreich

Kärnten und Steiermark
Vom Großglockner zum steirischen Weinland. Geschichte, Kultur und Landschaft ›Innerösterreichs‹. Von Heinz Held

Salzburg, Salzkammergut, Oberösterreich
Kunst und Kultur auf einer Alpenreise vom Dachstein bis zum Böhmerwald. Von Werner Dettelbacher

Tirol
Nordtirol und Osttirol. Kunstlandschaft und Urlaubsland an Inn und Isel. Von Bernd Fischer

Wien und Umgebung
Kunst, Kultur und Geschichte der Donaumetropole. Von Felix Czeike und Walther Brauneis

Pakistan
Drei Hochkulturen am Indus. Harappa – Gandhara – Die Moguln. Von Tonny Rosiny

Papua-Neuguinea
Niugini – Steinzeit-Kulturen auf dem Weg ins 20. Jahrhundert. Von Heiner Wesemann

Portugal
Vom Algarve zum Minho. Von Hans Strelocke

Rumänien
Schwarzmeerküste – Donaudelta – Moldau – Walachei – Siebenbürgen: Kultur und Geschichte. Von Evi Melas

Die Sahara
Mensch und Natur in der größten Wüste der Erde. Von Gerhard Göttler

Sahel Senegal, Mauretanien, Mali, Niger
Islamische und traditionelle schwarzafrikanische Kultur zwischen Atlantik und Tschadsee. Von Thomas Krings

Die Schweiz
Zwischen Basel und Bodensee · Französische Schweiz · Das Tessin · Graubünden · Vierwaldstätter See · Berner Land · Die großen Städte. Von Gerhard Eckert

Skandinavien – Dänemark, Norwegen, Schweden, Finnland
Kultur, Geschichte, Landschaft. Von Reinhold Dey

Sowjetunion

Kunst in Rußland
Ein Reisebegleiter zu russischen Kunststätten. Von Ewald Behrens

Sowjetischer Orient
Kunst und Kultur, Geschichte und Gegenwart der Völker Mittelasiens. Von Klaus Pander

Spanien

Die Kanarischen Inseln
Inseln des ewigen Frühlings: Teneriffa, Gomera, Hierro, La Palma, Gran Canaria, Fuerteventura, Lanzarote. Von Almut und Frank Rother (DuMont Landschaftsführer)

Katalonien und Andorra
Von den Pyrenäen zum Ebro. Costa Brava – Barcelona – Tarragona – Die Königsklöster. Von Fritz René Allemann und Xenia v. Bahder

Mallorca – Menorca
Ein Begleiter zu den kulturellen Stätten und landschaftlichen Schönheiten der großen Balearen-Inseln. Von Hans Strelocke

Südspanien für Pferdefreunde
Kulturgeschichte des Pferdes von den Höhlenmalereien bis zur Gegenwart. Geschichte der Stierfechterkunst. Von Gerhard Kapitzke

Zentral-Spanien
Kunst und Kultur in Madrid, El Escorial, Toledo und Aranjuez, Avila, Segovia, Alcalá de Henares. Von Anton Dieterich

Sudan
Steinerne Gräber und lebendige Kulturen am Nil. Von Bernhard Streck

Südamerika: präkolumbische Hochkulturen
Kunst der Kolonialzeit. Ein Reisebegleiter zu den Kunststätten in Kolumbien, Ekuador, Peru und Bolivien. Von Hans Helfritz

Syrien
Hochkulturen zwischen Mittelmeer und Arabischer Wüste – 5000 Jahre Geschichte im Spannungsfeld von Orient und Okzident. Von Johannes Odenthal

Thailand und Burma
Tempelanlagen und Königsstädte zwischen Mekong und Indischem Ozean. Von Johanna Dittmar

Tunesien
Karthager, Römer, Araber – Kunst, Kultur und Geschichte am Rande der Wüste. Von Hans Strelocke

USA – Der Südwesten
Indianerkulturen und Naturwunder zwischen Colorado und Rio Grande. Von Werner Rockstroh

»Richtig reisen«

»Richtig reisen«: Algerische Sahara
Reise-Handbuch. Von Ursula und Wolfgang Eckert
»Richtig reisen«: Amsterdam
Von Eddy und Henriette Posthuma de Boer
»Richtig reisen«: Arabische Halbinsel
Saudi-Arabien und Golfstaaten
Reise-Handbuch. Von Gerhard Heck und Manfred Wöbcke
»Richtig reisen«: Australien
Reise-Handbuch. Von Johannes Schultz-Tesmar
»Richtig reisen«: Bahamas
Von Manfred Ph. Obst. Fotos von Werner Lengemann
»Richtig reisen«: Bangkok
Von Stefan Loose und Renate Ramb
»Richtig reisen«: Von Bangkok nach Bali
Thailand – Malaysia – Singapur – Indonesien
Reise-Handbuch. Von Manfred Auer
»Richtig reisen«: Berlin
Von Ursula von Kardorff und Helga Sittl
»Richtig reisen«: Budapest
Von Erika Bollweg
»Richtig reisen«: Cuba
Reise-Handbuch. Von Karl-Arnulf Rädecke
»Richtig reisen«: Florida
Von Manfred Ph. Obst. Fotos von Werner Lengemann
»Richtig reisen«: Friaul – Triest – Venetien
Von Eva Bakos
»Richtig reisen«: Griechenland
Delphi, Athen, Peloponnes und Inseln. Von Evi Melas
»Richtig reisen«: Griechische Inseln
Reise-Handbuch. Von Dana Facaros
»Richtig reisen«: Großbritannien
England, Wales, Schottland. Von Rolf Breitenstein
»Richtig reisen«: Hawaii
Von Kurt Jochen Ohlhoff
»Richtig reisen«: Holland
Von Helmut Hetzel
»Richtig reisen«: Hongkong
Mit Macau und Kanton. Von Uli Franz
»Richtig reisen«: Ibiza/Formentera
Von Ursula von Kardorff und Helga Sittl
»Richtig reisen«: Irland
Republik Irland und Nordirland. Von Wolfgang Kuballa
»Richtig reisen«: Istanbul
Von Klaus und Lissi Barisch
»Richtig reisen«: Jamaica
Von Brigitte Geh
»Richtig reisen«: Kairo
Von Peter Wald
»Richtig reisen«: Kalifornien
Von Horst Schmidt-Brümmer und Gudrun Wasmuth
»Richtig reisen«: Kanada und Alaska
Von Ferdi Wenger
»Richtig reisen«: West-Kanada und Alaska
Von Kurt Jochen Ohlhoff
»Richtig reisen«: Kopenhagen
Von Karl-Richard Könnecke
»Richtig reisen«: Kreta
Von Horst Schwartz
»Richtig reisen«: London
Von Klaus Barisch und Peter Sahla
»Richtig reisen«: Los Angeles
Hollywood, Venice, Santa Monica
Von Priscilla und Matthew Breindel
»Richtig reisen«: Madagaskar
Reise-Handbuch. Von Wolfgang Därr
»Richtig reisen«: Malediven
Reise-Handbuch. Von Norbert Schmidt
»Richtig reisen«: Marokko
Reise-Handbuch. Von Michael Köhler
»Richtig reisen«: Mauritius
Reise-Handbuch. Von Wolfgang Därr
»Richtig reisen«: Mexiko und Zentralamerika
Von Thomas Binder
»Richtig reisen«: Moskau
Von Wolfgang Kuballa
»Richtig reisen«: München
Von Hannelore Schütz-Doinet und Brigitte Zander
»Richtig reisen«: Nepal
Kathmandu: Tor zum Nepal-Trekking. Von Dieter Bedenig
»Richtig reisen«: Neu-England
Boston und die Staaten Connecticut, Massachusetts, Rhode Island, Vermont, New Hampshire, Maine
Von Christine Metzger
»Richtig reisen«: New Mexico
Santa Fe – Rio Grande – Taos. Von Gudrun Wasmuth u. a.
»Richtig reisen«: New Orleans
und die Südstaaten Louisiana, Mississippi, Alabama, Tennessee, Georgia. Von Hanne Zens, Horst Schmidt-Brümmer und Gudrun Wasmuth
»Richtig reisen«: New York
Von Gabriele von Arnim und Bruni Mayor
»Richtig reisen«: Nord-Indien
Von Henriette Rouillard
»Richtig reisen«: Norwegen
Von Reinhold Dey
»Richtig reisen«: Paris
Von Ursula von Kardorff und Helga Sittl
»Richtig reisen«: Paris für Feinschmecker
exclusiv. Von Patricia Wells
»Richtig reisen«: Peking und Shanghai
Von Uli Franz
»Richtig reisen«: Rom
Von Birgit Kraatz
»Richtig reisen«: San Francisco
Von Hartmut Gerdes
»Richtig reisen«: Die Schweiz und ihre Städte
Von Antje Ziehr
»Richtig reisen«: Seychellen
Reise-Handbuch. Von Wolfgang Därr
»Richtig reisen«: Sri Lanka
Von Jochen Siemens
»Richtig reisen«: Südamerika 1
Kolumbien, Ekuador, Peru, Bolivien. Von Thomas Binder
»Richtig reisen«: Südamerika 2
Argentinien, Chile, Uruguay, Paraguay. Von Thomas Binder
»Richtig reisen«: Südamerika 3
Brasilien, Venezuela, die Guayanas. Von Thomas Binder
»Richtig reisen«: Süd-Indien
Von Henriette Rouillard
»Richtig reisen«: Texas
Von Horst Schmidt-Brümmer und Gudrun Wasmuth
»Richtig reisen«: Tunesien
Reise-Handbuch. Von Michael Köhler
»Richtig reisen«: Venedig
Von Eva Bakos
»Richtig reisen«: Wallis
Von Antje Ziehr
»Richtig reisen«: Wien
Wachau, Wienerwald, Burgenland
Von Wolfgang Kuballa und Arno Mayer